Essai Sur Les Maladies Des Artisans

Bernardino Ramazzini, Antoine-François de Fourcroy (comte)

ESSAI

SUR

LES MALADIES

DES ARTISANS,

TRADUIT DU LATIN

DE RAMAZZINI,

AVEC DES NOTES ET DES ADDITIONS:

Par M. DE FOURCROY, *Maître-ès-Arts en l'Université de Paris , & Étudiant en Médecine.*

Omnibus ærumnis affecti denique vivunt.

Lucret , lib 3 , verf. 50.

À PARIS

Chez MOUTARD, Imprimeur
LA REINE, de MADAME, & Madame
LA COMTESSE D'ARTOIS, rue du Hurepoix,
près le Pont Saint - Michel.

M. DCC. LXXVII.

Avec Approbation , & Privilege du Roi.

A MONSIEUR
DE LASSONE,
CONSEILLER D'ÉTAT,

Premier Médecin de la REINE, & du ROI en survivance, Président perpétuel de la Société Royale de Médecine, &c. &c.

MONSIEUR,

LE Traité de Ramazzini sur les Maladies des Artifans étant un de ces Ouvrages vraiment utiles, qui ne peuvent être trop généralement répandus, & la Société Royale de Médecine dont vous êtes le Préfident, ayant paru defirer qu'il soit traduit, je me suis empreffé de me livrer à un travail dont

cette Compagnie a pensé qu'il pourroit ré-
sulter quelque bien pour le public. Elle a
entendu avec bonté dans une de ses séances,
le Discours préliminaire que j'ai ajouté à
cet Ouvrage, & les Commissaires qu'elle a
nommés pour l'examiner, l'ont jugé digne
de son approbation. Je sens tout le prix
d'un pareil suffrage, & c'est une dette dont
je m'acquitte envers elle en vous priant de
permettre que ce Traité paroisse sous vos
auspices. Je pourrois à bien d'autres titres
vous en offrir l'hommage. La seule crainte
qui me reste, c'est que son mérite ne ré-
ponde pas au nom illustre qui le décore.

J'ai l'honneur d'être avec beaucoup de
respect,

MONSIEUR,

Votre très-humble & très-
obéissant serviteur,

DE FOURCROY,
Chargé du soin des Livres de la
Société Royale de Médecine.

EXTRAIT *des Regiſtres de la Société Royale de Médecine, du 17 Décembre 1776.*

Nous avons examiné, par ordre de la Société Royale de Médecine, la Traduction de l'Ouvrage de Ramazzini ſur les maladies des Artiſans, par M. de Fourcroy.

Cet Ouvrage contient trois parties, ſavoir, un Diſcours préliminaire, la Traduction du Texte latin, & des Notes placées à la fin.

Le Diſcours préliminaire préſente une notice raiſonnée des Auteurs qui, avant & depuis Ramazzini, ont traité le même ſujet. Les premiers n'ont parlé des maladies des Artiſans que ſuccinctement, par occaſion, & dans des Ouvrages faits ſur d'autres matieres. Les ſeconds n'ont fait que copier Ramazzini, ſe répéter les uns les autres, & ont fort peu ajouté au travail du Médecin de Padoue; c'eſt ce que M. de Fourcroy prouve en comparant les différens textes. Il examine enſuite le rapport que les Arts ont avec les maladies, & conſidere ſucceſſivement, ſoit les maladies produites par les Arts, ſoit celles dont les Arts préſervent. Ce Diſcours eſt terminé par l'expoſition d'un plan nouveau que le Traducteur propoſe ſur les maladies des Artiſans. Il le diviſe en deux claſſes : dans la premiere, ſeroient compriſes les maladies cauſées par les vapeurs qui s'élevent, ou les molécules qui ſe détachent des différens corps. La ſeconde contiendroit l'hiſtoire des maux qu'entraîne l'exercice trop violent, ou l'inaction & la gêne continuée de certaines parties du corps.

M. de Fourcroy nous a paru, dans la Traduction, s'être particuliérement attaché à rendre fidélement le sens de Ramazzini : il ajoute à la fin de la plûpart des chapitres, un Supplément relatif aux objets qui y sont traités. Tantôt ce Supplément contient des observations faites par M. de Fourcroy, ou qui lui ont été communiquées ; tantôt on y trouve la comparaison de quelques passages des Auteurs modernes, avec le texte de Ramazzini.

Les notes qui terminent ce travail servent, les unes à expliquer le texte, les autres y ajoutent. Elles offrent quelquefois des doutes sages sur le sentiment de Ramazzini même. On peut les regarder comme des matériaux propres à être un jour employés dans l'Ouvrage, dont M. de Fourcroy a exposé le plan à la fin de son Introduction.

Nous avons lu l'Ouvrage entier avec satisfaction. Nous le regardons comme une production de la plus heureuse espérance, & nous croyons qu'il mérite l'approbation de la Société. Ce 17 Décembre 1776.

Signés M A U D U Y T, & A.-L. D E J U S S I E U.

MM. Mauduyt & de Jussieu ayant été nommés Commissaires par la Société Royale de Médecine, pour examiner un Ouvrage, *intitulé :* Essai sur les Maladies des Artisans, traduit du Latin de Ramazzini, par M. de Fourcroy, avec des Notes, *& en ayant fait un rapport avantageux dans la Séance*, *tenue le Mardi* 17 *Décembre* 1776, *la Société Royale l'a jugé digne de son approbation : & je certifie que le présent Extrait est en tout conforme à ce que contiennent ses Registres ; en foi de quoi j'ai signé le présent. A Paris, ce* 17 *Décembre* 1776.

VICQ D'AZYR,
Secrétaire perpétuel de la Société
Royale de Médecine.

INTRODUCTION

A L'ESSAI

SUR LES MALADIES

DES ARTISANS,

Traduit du Latin de Ramazzini, &c. (1).

En réfléchissant sur le grand nombre d'avantages que les Arts ont produits à l'homme, on seroit d'abord tenté de croire qu'il ne manque plus rien à son bonheur, qu'il jouit en paix de tous les biens, qu'il change à son gré les productions de la Nature, & qu'il est le maître

_____

(1) Cette Introduction a été lue à la Séance de la Société Royale de Médecine, du Mardi 12 Novembre 1776.

de tout ce qui l'environne. De-là des Génies enthousiastes ont célébré sa puissance, &, non - contêns de le constituer Roi de la terre qu'il habite, ils ont osé même le comparer aux Dieux. L'homme, ont-ils dit, a mesuré le ciel & les mondes qui y sont dispersés; il a changé la surface de son globe; il a pénétré dans ses profondeurs; il en a tiré les richesses les plus précieuses. Son génie ne s'est pas borné là. Parmi le grand nombre d'individus qui vivent avec lui, soit fixés à la terre sous le nom de végétaux, soit jouissant comme lui de la locomobilité, il a distingué avec exactitude l'utile du dangereux, le poison de l'aliment; &, son adresse suppléant à sa force, il a terrassé ces animaux furieux que la Nature sembloit avoir armés contre lui.

Mais qu'un examen réfléchi trouve cet éloge outré! Que de maux ne voit pas le Philosophe dans la source même de tous ces biens prétendus! En effet, ces hommes qui arrachent à la terre les métaux qu'elle recéle, ne périssent-ils pas souvent sur l'or qu'ils retirent; les flots tumultueux ne servent-ils pas de tombeau à plusieurs de ceux qui les bravent. Ces astres dont l'homme a mesuré le cours, ne dessèchent-ils pas ses moissons par leurs mauvaises influences; ce globe dont il a sillonné légérement la surface, ne s'entr'ouvre-t-il pas souvent, & n'enfouit-il pas des villes entieres dans ses profondeurs. Les serpens que les Naturalistes ont décrits & disséqués; les végétaux dont ils connoissent la forme, l'organisation même & l'économie, n'ulcerent-ils pas leurs entrailles, ne portent-ils pas dans leurs fluides des principes coagulans & déléteres, n'attaquent-ils pas même quelquefois la vie dans son foyer. Enfin, le fusil qui terrasse les bêtes fauves, ne sert-il pas à se détruire mutuellement, & n'a-t-on pas mille exemples qu'il n'épargne pas même le Chasseur imprudent.

A cette réponse, que deviennent ces

titres pompeux de Roi de la terre & des
animaux, prodigués à l'homme avec tant
de complaisance ? A quoi font réduits fa
puissance & fon génie ? N'eft-on pas forcé
de convenir, de bonne foi , que la fomme des maux qui l'accablent égale au
moins celle des biens dont il jouit, fi elle
ne la furpaffe ; & les éloges qu'on lui a
prodigués ne doivent-ils pas fe changer
en lamentations fur fon fort ?

Telle eft donc la malheureufe condition de l'homme, que, pour fe procurer
les biens dont il a befoin dans l'ordre de
la fociété, il s'expofe aux plus grands
maux. En effet, outre les maladies que
fa foible conftitution, fes fautes dans le
régime, l'air même qu'il eft obligé de
refpirer, lui caufent, il en eft une claffe
plus inévitable encore & plus meurtriere,
parce que la caufe qui leur donne naiffance agit fans ceffe fur lui. Ce font les
maladies auxquelles les Arts expofent
ceux qui les exercent. On ne peut douter
de l'exiftence de ces maladies particulie-

res ; & les malheureuses victimes de leur profession ne sont que trop fréquentes, dans nos grandes villes sur-tout, où le luxe est porté à son comble. Pour mettre de l'ordre dans ce que nous avons à dire sur l'histoire de ces maladies, nous le partagerons en quatre Sections.

La premiere Section offrira le travail du Médecin Italien, l'histoire de son Ouvrage, & le sort qu'il eut parmi les Savans.

La seconde comprendra le détail de ce qui a été fait sur les maladies des Artisans avant & depuis Ramazzini.

Dans la troisieme, nous examinerons les influences des Arts sur les maladies, de quelque classe qu'elles soient.

Enfin, la quatrieme Section sera le tableau d'un plan plus étendu sur les maladies des Artisans.

SECTION PREMIERE.

Les faits isolés & en petit nombre, relatifs aux maladies des Artisans, que

les Médecins, avant la fin du dix-septieme siecle, avoient répandus dans
leurs Ouvrages, ne pouvoient être que
d'une utilité médiocre.; si un travail-
leur infatigable n'eût entrepris de les
lier, d'y joindre ses observations particulieres, & d'en faire un corps complet d'Ouvrage qui pût instruire les Médecins, & leur faire ouvrir les yeux,
trop long-temps fermés sur le sort malheureux des Artisans. Ramazzini obser-
vant à Modene des Vidangeurs qui travailloient aux latrines de sa maison,
frappé des dangers qu'ils couroient,
réfléchit aux moyens de les diminuer,
& de rendre leur condition moins affreuse. Son cœur compatissant souffrit,
& son génie ardent lui suggéra l'idée
de remédier à ces maux. C'est à cette
époque, qui fait honneur à son ame,
que nous devons le Traité qu'il nous a
laissé sur les maladies des Artisans, dont
il seroit inutile de faire un éloge étendu.
La nouveauté du sujet, la difficulté de

le traiter, le travail immense qu'exigeoit l'assemblage nécessaire des observations faites avant lui, les détails minutieux & multipliés sur les manœuvres des Artisans qu'il falloit consulter eux-mêmes, l'âge avancé de Ramazzini, rien ne fut capable de le décourager & de le détourner de son projet. Consulter les Ouvrages nombreux des Praticiens pour en extraire ce qui avoit rapport à son objet ; ceux des Historiens, des Economistes sur les manœuvres, sur l'histoire des Arts dans les différens âges du monde ; écrire aux Médecins célebres des autres villes pour avoir des éclaircissemens sur les maladies des Ouvriers particuliers aux lieux qu'ils habitoient ; parcourir les boutiques & les atteliers à sa portée, pour y puiser des connoissances qu'aucun Auteur ne pouvoit lui donner ; interroger les différens Ouvriers sur leur profession & leurs maladies : telle fut la tâche que se proposa Ramazzini, & qu'il remplit avec tant de zele & d'exac-

a vj

titude. Son Ouvrage parut, pour la premiere fois, à Modene en 1700. Quelques années après on le publia, traduit en Allemagne. En 1713 il fut réimprimé à Padoue avec un Supplément de douze chapitres ; il a été depuis imprimé plusieurs fois dans les différentes éditions des Ouvrages de Ramazzini, qui ont été données à Londres & à Geneve. Pour prouver quel sort eut ce Traité, & quelle réputation il s'acquit parmi les Savans, je me contenterai de traduire ici l'éloge qui se trouve inséré dans les Actes de Leipsick (1). Voici comme il est conçu. « Cet Ouvrage précis, relative-

---

(1) *Caterùm opus hoc pro tantâ rerum varietate succinctum quidem est, exquisito tamen sermonis nitore ornatum, ex longa & indefessa experientia sinu collectum, & innumeris Autorum tàm veterum Græcorum & Romanorum, quàm modernorum præcipuè observationibus medicis, philologicis, mechanicis, variisque ad artificia enchirisibus necessariis excultum, nec solis adeò medicis, sed & aliis rerum ejusmodi curiosis utilissimum. Act. erud. Leipsiæ, mens. Januar., an. 1702.*

» ment au grand nombre de faits qu'il
» contient, eſt autant recommandable par
» la beauté & l'ornement du ſtyle, par les
» avis ſalutaires qui s'y trouvent & qui
» ſont le fruit d'une longue & heureuſe
» expérience , que par le tableau pré-
» cieux qu'il nous offre des obſervations
» ſans nombre recueillies des anciens
» Grecs , dés Romains, des modernes
» même , tant ſur la Médecine que
» ſur les autres Sciences. Il plaît éga-
» lement & aux Médecins , & à tous
» les autres Amateurs des Sciences ,
» par les connoiſſances intéreſſantes
» qu'il contient ſur la méchanique des
» différens Arts ». Telle eſt la maniere
dont les Auteurs des Journaux de Leip-
ſick ont parlé de cet Ouvrage. D'ailleurs,
ceux qui ont médité les écrits de Ramazzini ſavent aſſez les apprécier, ſans qu'il
ſoit néceſſaire d'en faire un éloge plus
étendu, & qui pourroit devenir ſuſpeſt.
Contentons-nous de faire obſerver que
pluſieurs Auteurs ont donné à ce Mé-

decin le nom d'Hippocrate latin , ou de
troisieme Hippocrate.

SECTION II.

Pour avoir une connoissance exacte
& satisfaisante des travaux des Médecins sur les maladies des Artisans , nous
croyons qu'il convient de faire trois
classes des Auteurs qui s'en sont occupés.
En effet les uns, & c'est le plus grand
nombre, n'ont donné que des observations éparses sur quelque Ouvrier ; les autres ont traité de tous les Artisans & des
maux qui les affligent ; d'autres enfin ont
écrit l'histoire des maladies qui attaquent
constamment des classes particulieres
d'Artisans. Nous allons suivre cette division, & parcourir les Auteurs qui sont
venus à notre connoissance.

I. CLASSE. *Auteurs qui ont donné des*
Observations éparses, sur les maladies
des Artisans.

Il est peu d'Auteurs de Pratique qui
ne puissent être rangés dans cette classe,

parce qu'il est, en général, peu de Médecins qui n'aient eu occasion d'observer
quelque maladie particuliere aux Artisans. Hippocrate en a décrit une particuliere aux Foulons. Aëtius nous a peint
une partie des maux auxquels les Lutteurs
sont exposés. Baillou a vu une ophtalmie
causée par les vapeurs des boues de Paris,
à un malheureux Ouvrier qui les ramas-
soit. Fernel raconte qu'une Sage-Femme,
pour avoir accouché une femme attaquée
de la maladie vénérienne, fut prise d'un
ulcere à la main qui la fit tomber en
pourriture. Poterius a décrit la maladie
d'un Potier de terre dans le sixieme chapitre de sa seconde Centurie. Etmuller nous
a donné le détail de celle d'un Potier
d'étain, dont le métier lui causa un
asthme convulsif. Vedelius, dans sa Pa-
thologie dogmatique, a parlé avec assez
d'étendue des maladies des Ouvriers en
petits objets. Diemerbroeck en disse-
quant dans un hôpital le Domestique d'un
Lapidaire, mort asthmatique, lui trouva

les véfícules pulmonaires remplies de poudre de diamant : l'année fuivante, il fit la même obfervation fur les poumons. de deux Ouvriers du même état.

Quelques Médecins ont éprouvé par eux-mêmes les dangers de différens Arts. Galien nous a fait voir une partie de ceux que courent les Lutteurs, en nous apprenant qu'il fe luxa la clavicule à cet exercice. Le même Médecin qui voyagea beaucoup pour s'inftruire, comme il nous l'apprend lui-même, manqua d'être fuffoqué en vifitant un fouterrein en Chypre, d'où l'on retiroit une eau verdâtre qui fourniffoit le vitriol de cuívre. Il obferva que les Ouvriers, occupés à porter cette eau hors du fouterrein pour en retirer le vitriol par l'évaporation, le faifoient avec une très-grande vîteffe, de peur de périr au milieu de leurs travaux. Plufieurs Savans que la néceffité a forcés de fe fervir de chandelles, dans leurs études nocturnes, fe font très-mal trouvés de la vapeur du fuif; les vertiges

& les douleurs de poitrine qu'ils ont éprouvés, annoncent les maux que cette fubftance doit caufer à ceux qui la travaillent.

Plufieurs Chymiftes, en faifant des expériences, ont manqué périr victimes de leur zele, & nous ont inftruits des maux qui naiffent de différens Arts, par les dangers qu'ils ont courus. Paracelfe & Vanhelmont effuyerent plufieurs maladies, en préparant leurs médicamens chymiques. Takenius fe vit à deux doigts de fa perte, pour avoir refpiré l'odeur de l'arfenic qu'il fublimoit. Ceux d'entr'eux qui fe font occupés des travaux des mines, obligés d'y defcendre pour confulter les Ouvriers, & pour obferver leurs manœuvres : tels que Beccher, Kunkel, Stockhufen, & plufieurs autres, fe font affurés de la qualité nuifible de l'air malfain qu'on y refpire, & des vapeurs mortelles qui en altérent la pureté.

Dans les recueils nombreux des différentes Académies, on trouve quelques faits qui ont un rapport direct aux maladies des Artisans. Ainsi dans les Transactions Philosophiques de la Société Royale de Londres, en 1665, il est question de celles des Mineurs de Fréjus. Olaüs Borrichius a consigné dans les Mémoires de Copenhague une observation sur la maladie d'un Doreur, & une autre sur celle d'une femme qui gagnoit sa vie à faire de la chandelle. Les mêmes actes nous offrent l'histoire de l'ouverture d'un Potier de terre, dont le mauvais état des poumons fut attribué au métier qu'il avoit fait. Dans les Mêlanges Curieux (1), on trouve des détails sur les maladies que les substances métalliques font naître chez ceux qui les travaillent.

Telles sont les sources principales dans lesquelles Ramazzini a puisé les faits qui lui ont servi pour son Ouvrage. Mais depuis ce Médecin, les connoissances se sont

---

- (1) Decad. 1, ann. 3, obs. 131.
Decad. 3, ann. 4, obs. 10, 30, 92.

très-peu accrues, & à peine a - t - on vu paroître quelques obfervations fur les maladies des Artifans. Le Journal de Médecine en contient quelques - unes que nous avons eu foin de rapporter à la fin des chapitres, où elles nous ont paru pouvoir être utiles. Morgagni, dans fes Lettres fur le fiege & les caufes des maladies imprimées à Louvain en 1766, a indiqué la profeffion des Ouvriers qu'il a difféqués, après avoir obfervé leurs maladies. Nous nous fommes fait un devoir d'extraire de cet Auteur tout ce qui peut intéreffer la fanté des Artifans, & de joindre fes obfervations à celles de Ramazzini, avec lequel il eft le plus fouvent d'accord. Enfin Sauvages, dans fa Nofologie Méthodique, a auffi configné quelques faits relatifs à notre objet, que nous avons inférés dans nos notes.

II. CLASSÉ. *Auteurs qui ont traité des maladies de tous les Artifans.*

ON peut dire avec vérité que ceux

qui ont écrit fur les maladies de tous les Artifans, n'ont rien dit de plus que Ramazzini, & n'ont fait que le copier. Ces Auteurs font en affez petit nombre. Nous n'en connoiffons que cinq.

1º. En 1740, il parut un livre intitulé : *La Médecine, la Chirurgie & la Pharmacie des Pauvres*, par Hecquet, mis au jour par M. Lacherie. On trouve dans le fecond volume de cet Ouvrage, des détails affez étendus, & qui comprennent environ cent quarante pages, fur les maladies des Artifans. C'eft un extrait tout pur de Ramazzini. M. Hecquet y indique les mêmes obfervations, les mêmes remedes, & les mêmes préfervatifs, que le Médecin de Padoue, dans l'Ouvrage duquel il paroît avoir puifé.

2º. Le Dictionnaire de Santé, par deux Médecins, donné au Public en 1760, offre dans le fecond volume, à l'article *Maladies des Artifans*, environ cinquante pages fur cet objet. Les Ar-

tisans y sont rangés par ordre alphabé-
tique. En lisant attentivement & avec
soin ces détails, & en les confrontant
avec ceux de M. Hecquet, on y
trouve les mêmes phrases, les mêmes
expressions & les mêmes recettes. Pour
en donner une preuve, il suffira de rapporter quelques passages de ces deux Ouvrages. On lit, page 91 du Dictionnaire
de Santé, *Maladies des Porteurs de*
Chaise : « Les Porteurs de Chaise sont
« un autre genre d'hommes que le poids
» de leur profession accable »; & dans
Hecquet, page 110 : « Les Porteurs de
» Chaise sont un autre genre d'hom-
» mes que le poids d'une profession ac-
» cable »; à la page 92, du même Dictionnaire, vers le milieu : « Si l'on ajoute
» à ces inconvéniens l'habitude où sont
» les Porteurs de Chaise de s'enivrer
» de vin & d'eau-de-vie, l'on saura la
» raison pourquoi le sang souffrant par
» sa turgescence ou trop rarefié, passe
» alors difficilement par le poumon ».

En confrontant avec Hecquet, on trouve, page 3, la phrase suivante : « Si » l'on ajoute à ces inconvéniens l'habi- » tude où font les Porteurs de Chaise » de s'enivrer de vin & d'eau de-vie, » on faura pourquoi le fang bouffant par » fa turgefcence ou trop rarefié, paffe » alors bien difficilement par le pou- » mon ». Il n'y a de différent dans ces deux paffages, que le mot bouffant de Hecquet, auquel les Auteurs du Dictionnaire de Santé ont fubftitué celui de fouffrant. En faifant un affez grand nombre de confrontations femblables, il eft très-aifé de fe convaincre que les Auteurs du Dictionnaire de Santé ont copié Hecquet dans ces détails.

3°. Le Dictionnaire de Médecine, publié à Paris en 1772, eft une répétition du Dictionnaire de Santé. Les Auteurs du premier n'ont fait que changer l'ordre des phrafes du Dictionnaire de Santé, & en ajouter quelques nouvelles, fur-tout au commencement & à la

fin de chaque article. C'eſt ce dont on
peut facilement ſe convaincre en con-
ſultant ces deux livres l'un après l'autre.

4⁹. Le Docteur Nicolas Skragge a ſoutenu à Upſal, le 1 5 de Juin 1764, une
theſe ſur les maladies des Artiſans, que
l'on trouve dans le ſeptieme volume des
Amœnitates Academicœ du Chevalier Von-
linné. Cette Diſſertation d'environ dix
pages, eſt un extrait très-précis du Traité
de Ramazzini dans le même ordre que
les chapitres de ce dernier. Nous devons
faire obſerver 1°. que l'Auteur annonce
avoir ſuivi Ramazzini : « *Adeò verò ſo-*
» *lide hoc argumentum ab italo doctiſſimo*
» *Ramazzini, in ſuo de morbis Artificium*
» *libro, eſt elaboratum, ut maximi idem à*
» *Medicis habeatur pretii. Cùm autem hic*
» *liber rarior ſit atque difficilior, quàm ut*
» *vulgo inſervire queat ; ego non tantùm*
» *optima quœque ex hoc opere ſeligere,*
» *ſed meas quoque & aliorum addere ob-*
» *ſervationes quas in arduo hoc argumento*
» *& plurium omninò operam ad perfectum*

» *fastigium poscente, Ramazzini reliquit*
» *intactas* ». 2ᶜ. Qu'il s'est contenté d'indiquer les maladies auxquelles chaque
Artisan est sujet, sans donner aucuns
détails sur les remedes qui conviennent
à ces maladies. 3°. Qu'il y a quelques
observations propres au Docteur Skragge,
dont voici le précis.

α Les Ouvriers qui font la ceruse
font sujets à la rigidité des membres,
& à la goutte fixe.

β Les Fondeurs en caracteres, aux maladies des nerfs, à l'engourdissement, la
contraction, à la colique de plomb, & au
vomissement.

γ Ceux qui tirent le charbon de terre
de la mine deviennent tout contrefaits,
à cause de la posture qu'ils font obligés
de prendre dans leur travail.

δ Les Maçons, ainsi que ceux qui habitent des maisons nouvellement bâties,
éprouvent une fievre hémitritée, souvent
mortelle.

ε Les Charbonniers font attaqués de
la

la pâleur, de la toux, de l'asthme & de la phthisie.

Ce rapport des deux Dictionnaires entr'eux & avec Hecquet, la conformité de ce dernier, ainsi que du Docteur Skragge avec Ramazzini, prouvent incontestablement la disette des faits & le peu de progrès de la science dans cette carriere depuis le Médecin Italien qui a commencé à la parcourir.

5°. Telle est encore à-peu-près la maniere dont le Docteur Buchan a parlé des maladies des Artisans dans sa Médecine Domestique, traduite par M. Duplanil, en 1775. Ce qu'il en dit appartient à Ramazzini ; mais il a le mérite d'avoir rassemblé en peu de pages le plus utile, & de l'avoir distribué en trois articles séparés. Dans le premier, il traite des maladies causées par les vapeurs malfaisantes des trois regnes. Le second offre celles que procure la vie fatiguante & pénible des Portefaix, &c. Le troisieme expose les maux qui sont l'effet des travaux sédentaires. Ces détails sont tous intéressans, sur-tout par la maniere neuve dont ils sont présentés. Nous nous faisons un devoir d'en donner ici un extrait précis, & d'offrir le tableau de ce qui appartient en propre à M. Buchan.

Ce Médecin, dans son article premier, avertit les Mineurs d'éviter la constipation en mâchant un peu de rhubarbe, ou en avalant une quantité suffisante d'huile d'olive. Il indique les maladies des Plombiers, des Doreurs, des Chandeliers, & de ceux qui respirent des vapeurs animales, & il leur prescrit les regles déjà données par Ramazzini, & par ceux qui ont suivi ce dernier.

Dans son second article, il passe en revue tous les Ouvriers occupés à des travaux pénibles. Il leur conseille d'abord de ne pas faire par ostentation une épreuve inutile de leurs forces. L'érésipele, les coliques, & toutes les maladies du bas-ventre, auxquelles ils sont très-sujets, reconnoissent pour cause, suivant le Médecin Anglois, la tranfpiration fupprimée. La mauvaife nourriture ajoute encore à fon intenfité. En parlant des maux des Laboureurs, il blâme la coutume où font les Ouvriers de la campagne de paffer fubitement du froid au chaud, de dormir au foleil, de refter fans manger des journées entieres. Il leur prefcrit de fe laver les mains dans de l'eau froide, & de les effuyer avec des linges très-fecs, de fe mettre à l'abri pour repofer en fûreté, d'être plus foigneux dans le choix de leurs alimens, d'éviter les excès dans le manger, & fur-tout de ne point s'expofer à être les victimes d'une ardeur imprudente.

Les Soldats & les Gens de mer occupent enfuite le Docteur Buchan. Il n'y a qu'une page, & rien de particulier fur les premiers. Ce qui regarde les feconds eft très intéreffant. Il croit que l'intempérance eft la caufe qui fait périr les Matelots fur les côtes étrangeres, & qu'il feroit poffible de diminuer leurs

b ij

maux dans les voyages de long cours ; en conservant sur mer des légumes & des racines, des fruits acides, de la farine pour faire du pain frais, du moût de bierre en pâte, des animaux vivans, des tablettes de bouillon, & de purée de pois. Il recommande sur-tout l'usage des acides ; on voit que sur ce point, il est entiérement d'accord avec Huxham dont il a imité la dissertation sur les moyens de conserver la santé des Navigateurs, que nous avons extraite avec soin à la fin des maladies des Gens de mer. M. Buchan indique le quinquina comme spécifique contre les fievres putrides intermittentes, à la dose d'un gros par jour, de quelque maniere qu'on l'administre.

Dans le troisieme article, ce Médecin remarque, que la plus grande partie des hommes sont occupés à des travaux sédentaires ; il accuse comme cause des maladies qui naissent de ces travaux, le défaut d'exercice, l'air gâté par la

refpiration de plufieurs Ouvriers enfet-
més dans une petite chambre, l'humeur
de la tranfpiration de mauvais caractere
qui s'exhale de leur corps, la fituation
vicieufe où ils font forcés de fe tenir
dans leurs travaux, & qui, en gênant l'eftomac, trouble la digeftion, & dérange
le jeu des poumons. Outre les moyens
généraux de remédier à ces maux que
M. Buchan indique, il propofe de changer la pofition vicieufe des Ouvriers
par des moyens méchaniques; de faire
faire, par exemple, une table particuliere
pour les Tailleurs, de forte que leurs
jambes ne foient pas pliées; de faire de
l'exercice, de cultiver un petit jardin;
il cite pour preuve de la poffibilité de
cette culture, la ville de Sheffield dans
la province d'Yorck, où les Couteliers
ont chacun un coin de terre qu'ils labou-
rent, & qui leur eft utile par l'exercice
& par le rapport. Mais dans les grandes
villes, telles que Londres & Paris, les
Ouvriers ne pouvant fe procurer cet avan-

tage, doivent le remplacer par tous les exercices du corps.

III. Classe. *Auteurs qui ont écrit sur les maladies de quelques classes particulieres d'Artisans.*

§. I.

Colique des Peintres.

La colique de plomb à laquelle les Peintres, les Potiers de terre, & plusieurs autres Ouvriers sont sujets, a été traitée avec beaucoup d'étendue par un grand nombre d'Auteurs. Sans parler des Médecins dans lesquels on en trouve quelques traces, tels qu'Avicenne, Craton, Cardan, Droet, Fernel, Houllier, &c., Citois est le premier qui ait écrit *ex professo* sur cette maladie épidémique en Poitou. Depuis ce Médecin, on a vu paroître un grand nombre d'Ouvrages sur cet objet : tels sont ceux de MM. *Ilsemann, de colicâ Saturninâ ;* — *Baker, sur la colique du Devonshire ;* — *Huxham, de morbo colico Dammoniorum ;* — *Zeller, Joan. & Immanuel*

Weifmann docimafia figna, caufæ & nox.
vini lithargyro mangonifati, &c., variis
experimentis illuftrata ; — *Combalufier,*
Obfervations & Réflexions fur la colique de
Poitou ; — *Tronchin, de colico dolore*
Pictonum, &c. ; — *B * *, Examen du*
Traité précédent ; — *Poitevin, de colico*
dolore Pictonum dicto, &c. ; — *Gardane,*
Recherches fur la colique métallique, &c.

Ce dernier Médecin vient de publier
la Traduction d'un Ouvrage, intitulé :
Traité des mauvais effets de la fumée de
la litharge, par Stockhufen, &c., qui a
été imprimé en latin à Goflar en 1656,
*in-*12. Stockhufen y prouve qu'il n'y a
que la fumée du plomb qui donne la colique Saturnine ; & M. Gardane, dans les
notes étendues qu'il a ajoutées à fa Traduction, foupçonne que les coliques
épidémiques de même nature ont toutes
été dues au plomb, & non aux boiffons
acefcentes & peu fermentées auxquelles
Citois, Huxham & M. Bonté les avoient
attribuées. Zeller trouva la caufe d'une

pareille colique dont un canton de l'Allemagne fut attaqué, dans une préparation de plomb, avec laquelle on avoit adouci les vins trop verds de cette année ; & le Docteur Baker a reconnu la cause de la colique du Devonshire, décrite par Huxham, dans le plomb dont étoient doublés & cerclés les vaisseaux destinés à recevoir le cidre, de même que les pressoirs dans lesquels on exprimoit le pommé & le poiré. On peut regarder cet Ouvrage comme un des mieux faits & des plus étendus sur la colique de plomb : sa nature, ses symptômes, sa cause, sa curation sur-tout, y sont développés avec beaucoup d'ordre & de clarté. M. Gardane y a ajouté les connoissances acquises depuis Stockhusen, & il a rendu le Traité du Médecin Allemand le plus complet que nous ayons actuellement sur cette matiere.

Avant de finir l'examen de cet Ouvrage, nous croyons devoir faire la remarque suivante. M. Gardane dit, pag. 14

de son Avertissement : « Il paroîtra bien
» étonnant qu'après avoir été cité très-
» avantageusement par Ramazzini, Au-
» teur du dix-septieme siecle, Stockhu-
» sen ait échappé depuis aux recherches
» de la plûpart des Bibliographes ». Qu'il
nous soit permis d'observer que Ramazzini n'a cité Stockhusen que d'après Wedelius, & qu'il n'a point du tout fait mention
de son Traité des mauvais effets de la fumée de la litharge, mais seulement de celui
de l'asthme des montagnes. Il paroît qu'il
n'a pas même consulté ce dernier Ouvrage, d'après ce qu'il en dit, p. 480 :
« *De asthmate montano mentionem habet*
» *Wedelius in Pathologiâ medicâ dogma-*
» *ticâ , sect. 1 , cap. 9 , ubi tradit huic*
» *affectui obnoxios esse metallurgos, de*
» *quo asthmatis genere ait Stockhusium,*
» *integrum Tractatum edidisse , ubi mali*
» *causam in saturni mercurium refert ; mer-*
» *curius etenim plurimus Saturno inest ,*
» *illique gravitatem impertit* ». D'ailleurs,
une preuve que Ramazzini n'avoit au-

cune connoiſſance du Traité de Stockhu-
ſen ſur la colique métallique, c'eſt qu'il
n'a rien dit en particulier ſur cette maladie, qui eſt cependant une des plus im-
portantes de celles qui attaquent les Artiſans (*a*).

Il y a auſſi, dans pluſieurs Ouvrages,
des diſſertations ſur la colique des Peintres. On en trouve une avant l'Eſſai ſur
les maladies des Gens de lettres de M.
Tiſſot. M. de Haën en a dit quelque choſe
dans ſon *Ratio medendi*, tom. 1, &c.
MM. Aſtruc & Dubois ont ſoutenu à Paris deux theſes ſur l'utilité de la ſaignée
dans cette maladie; le premier en 1751,
le ſecond en 1755. Le Docteur Kœnig,
dans une theſe ſoutenue à Straſbourg en
1764, a donné une obſervation relative
à cet objet : *Caſum ægrotantis colicâ Saturninâ laborantis*, &c. Enfin, on trouve
dans le Journal de Médecine un aſſez

(*a*) Voyez la note à la fin du huitieme
chapitre.

grand nombre de differtations fur la colique Saturnine (1).

§. I I.

Maladies des Soldats.

On a beaucoup écrit fur la fanté &
les maladies des Soldats. Les guerres que
les anciens Peuples ont eu à foutenir ,
les ont mis dans la néceffité d'avoir des
Médecins à la fuite de leurs Armées ; &
on lit, dans les Hiftoriens, qu'ils avoient
fur-tout le plus grand foin de la fanté de
leurs Soldats. Cependant les Médecins
de ces temps reculés ne paroiffent pas

---

(1) On peut confulter celles de MM. Wil-
fon, tom. 8, pag. 133 : Vandermonde , t. 13 ,
p. 158 : Bonté , t. 15 , p. 399 & 496 ; t. 16 ,
p. 300 & 398 ; t. 20 , p. 15, 106 & 204 : de
Bordeu , t. 16 , p. 11 , 203 , 483 : Philip, t.
19 , p. 410 , qui admettent la methode active :
& de MM. Vaunier , t. 20 , p. 143 : Marteau
de Grandvilliers , t. 19 , p. 21 : Doazan , t. 13 ,
p. 291 : le Nicolais du Saulfay , t. 21 , p. 24 :
de Glatigny , t. 21 , p. 409 : & Planchon , t.
22 , p. 353 , qui font partifans de la méthode
adouciffante.

avoir fait beaucoup de progrès dans la Médecine Militaire, puisque rien n'est si commun dans Tite-Live, Tacite, &c., que de trouver les détails de maladies qui ont ravagé la plus grande partie des Armées, & auxquelles on n'a pu apporter aucun secours. Polybe, Œlien, Végéce, Hyginus, dans leurs Ouvrages sur l'Art Militaire, ont donné quelques préceptes relatifs à la santé des Soldats, & ils ont dit très-peu de chose sur le soin des malades (1). Si l'on n'avoit pas perdu les Traités de Celse sur l'Art Militaire, nous aurions, sans doute, beaucoup de connoissances sur la Médecine des Armées chez les Romains. Ce n'est gueres que depuis le milieu du seizieme siecle & le commencement du dix-septieme, que les Médecins ont travaillé avec succès sur l'Hygiene, la Médecine

---

(1) Voyez le Discours préliminaire, à la tête de la Médecine d'Armée de M. Monro, par M. le Bégue de Presle.

& la Chirurgie Militaire. Les premiers Ouvrages, eſtimés depuis cette époque, ſont ceux de Schneberger, Portius, Dickelius, Botal, &c. ; mais, depuis le milieu du dix-ſeptieme ſiecle, on a vu paroître une foule d'Ouvrages ſur cette matiere importante. Malgré ces Traités nombreux, il étoit réſervé aux Médecins du dix huitieme ſiecle de rendre ce travail complet. C'eſt principalement aux Ouvrages de MM. Pringle, van-Swieten & Monro, qu'on eſt redevable de cette perfection ; & la Médecine d'Armée eſt devenue, depuis leur publication, & plus facile & plus certaine. Nous n'entreprendrons pas de donner ici un extrait de ces Livres, déjà fait avec exactitude par M. le Bégue de Preſle (1), ni d'offrir une liſte étendue de tous les Ouvrages ſur les maladies des Soldats. Nous

---

(1) Voyez ce que nous avons dit de l'Ouvrage de ce Médecin dans le Supplément du chapitre 40, ſur les maladies des Armées.

nous contenterons de renvoyer le Lecteur à la note qui se trouve à la fin du chapitre 40, dans laquelle nous avons indiqué les plus estimés & les plus utiles.

§. I I I.

Maladies des Gens de mer.

Il y a peu d'Auteurs qui aient écrit, *ex professo*, sur les maladies des Gens de mer. Les Anciens, chez qui la navigation étoit fort peu avancée, & qui ne connoissoient point ces voyages de long cours, qui font aujourd'hui communiquer les deux mondes, n'ont presque rien dit sur la Médecine des Navigateurs. Sans doute que dans ces temps reculés, les Marins moins nombreux, étoient aussi moins exposés à ces maladies qui sont aujourd'hui si communes & si meurtrieres parmi eux. Les Médecins anciens n'ont donc rien pu dire sur cet objet, puisqu'ils n'ont point eu occasion de faire des observations en ce genre.

Nous ne nous proposons pas de don-

ner une fuite exacte & fcrupuleufe de
tout ce qu'on a dit fur l'Hygiene & la
Médecine des Navigateurs : Nous nous
bornerons à faire connoître quelques Ouvrages fur cette matiere.

Plufieurs Médecins ont écrit fpécialement fur la fanté des Gens de mer , &
nous avons de très - bonnes differtations fur cet objet. Telles font celles de
MM. Duhamel du Monceau , *Moyen de*
conferver la fanté des équipages ; Halles,
1°. *Obfervation fur les moyens de confer-*
ver l'eau douce que l'on embarque fur les
vaiffeaux ; 2°. *Obfervation fur les moyens*
d'empêcher que le bifcuit & le bled qu'on
embarque fur les navires , ne foient mangés
par les hannetons, les coffons , les calan-
dres, les fcarabées , & autres infeêtes , &c.
.inférées à la fin du fecond volume de
l'*Hiftoire Naturelle de l'Homme malade,*
par M. Clerc ; Deflandes , fur les moyens
de conferver l'eau-douce dans les vaiffeaux ; *Mémoires de l'Académie Royale*
des Sciences, année 1722 ; Poiffonfer,

Maniere de deſſaler l'eau de la mer;
Huxham, *Nautarum in curſibus explora-
riis , & itineribus ſanitatem conſervandi
methodus:* Cette diſſertation aſſez courte
ſe trouve à la page 86 du troiſieme volume des Ouvrages de ce Médecin; Lind,
Chapitre quatrieme, de la ſeconde partie
de ſon Traité du Scorbut intitulé: *La Cure
Prophylactique ou les moyens de prévenir
cette maladie, ſpécialement ſur la mer;*
Rouppe, quatrieme partie de ſon Traité
des Navigateurs, intitulé: *De Claſſiario-
rum ſanitatem conſervandi modo.* Comme
cet objet eſt très-intéreſſant, nous avons
cru devoir offrir un extrait abregé de
ces Ouvrages, dans le Supplément que
nous avons mis à la fin du Chapitre 50,
qui traite des maladies des Matelots.

Quant aux maladies des Gens de mer,
le Traité du Docteur Rouppe *de morbis
Navigantium,* celui du Docteur Lind ſur
le Scorbut, & l'Ouvrage de M. Poiſſo-
nier Deſperrieres, ſont entre les mains de
tout le monde, & il ſeroit inutile d'ajou-

ter quelque chofe de plus à leur éloge.
Ce que J. de Vigo a dit des fievres des
Marins, & l'Ouvrage de Glauber, in-
tulé : *Confolatio Navigantium* (1), ne
doivent être regardés que comme des
efquiffes des deux précédens. Celui de
Glauber a cependant beaucoup de réputation, & il eft recherché par les
Praticiens.

Comme les Navigateurs font expofés
aux maladies des pays chauds, les Auteurs qui ont écrit fur ces maladies,
peuvent être confultés avec beaucoup de
fruit. Bontius, Pifon, Profper Alpin,
&c. font de ce nombre.

Les Médecins Anglois ont beaucoup
travaillé fur les maladies des Gens de
mer. La Marine qui a toujours été flo-
riffante chez eux, a multiplié les Obfervations & les Ouvrages fur cette matiere. La plûpart font écrits en Anglois,

---

(1) Ces deux Auteurs font cités par Ramazzini, chap. 50.

& ceux qui n'entendent point cette langue, font privés des connoiſſances pré-
cieuſes qu'ils renferment. Cette privation fait ſentir la néceſſité d'une traduction de ces Ouvrages à laquelle M. le
Bégue de Preſle, Docteur-Régent de la
Faculté de Médecine de Paris, & Cen-
ſeur Royal, travaille depuis long-temps,
& qui va paroître inceſſamment. Ce Re-
cueil aura pour titre : *Traité des maladies qui attaquent les Européens dans les
climats chauds.* Il formera deux gros vo-
lumes *in-8°.* On y trouvera tout ce qui
a été écrit ſur le traitement de ces maladies, depuis Bontius, en 1631, juſqu'à M. Clarke, en 1776. M. le Bégue
de Preſle y donne en entier les Ouvrages les plus eſtimés, tels que ceux de
Bontius, Piſon, Sloane, P. Alpin, le
Caan, Towne, Waren, Cleghorn,
Chalmers, Ruſſel, Hillary, Lind,
Rouppe, Biſſet, Bancroft, Clarke, &c.
Le nombre de tous les Auteurs qu'il a
ou inſérés ou extraits dans ſon Ouvrage,

se monte à plus de quarante. Il traite aussi des maladies des Negres, de celles des Femmes & des Enfans, de l'effet de la saignée, des vomitifs, des purgatifs, des véficatoires & de l'opium dans les pays chauds, du régime, des préfervatifs, & des remedes propres à chaque contrée. Enfin il parle dans un Appendice des maladies qui regnent fur mer, & il donne la doctrine de tous les Auteurs qui ont écrit fur ces maladies depuis quarante ans. Un Ouvrage aussi complet que celui là, ne peut qu'être reçu avec empressement, & il répond entiérement à celui que son Auteur a déjà publié fur la Médecine d'Armée.

SECTION TROISIEME.

Après avoir rendu compte du travail des Médecins qui ont vécu avant & depuis Ramazzini, nous croyons qu'il est à propos de faire voir le rapport qui existe entre les Arts & les maladies qui affligent les hommes, & l'utilité qui réfulte de l'obfervation des maladies des Artifans.

Pour démontrer que les Arts doivent néceffairement influer fur les maladies, il eft indifpenfable de parcourir les différentes claffes de ces dernieres. On les diftingue ordinairement en fporadiques, endémiques & épidémiques.

Les fporadiques font particulieres à quelques hommes ; elles font peu de ravage, & doivent leur naiffance ou à un vice héréditaire, ou à quelque faute dans l'ufage des fix chofes non naturelles. On ne peut douter que les Arts n'influent fur cette claffe de maladies, puifque les travaux que tous exigent font des erreurs continuelles dans une ou plufieurs des fix chofes non-naturelles, foit un exercice trop violent, ou plus modéré qu'il ne doit être pour l'entretien de la fanté, foit l'infpiration d'un air infecté de vapeurs nuifibles. Mais nous devons avertir ici que fi les Arts caufent certaines maladies, il en eft d'autres auffi

dont ils garantiffent ; l'influence des
Arts fur les maladies que nous nous pro-
pofons d'obferver , doit donc être confi-
dérée fous deux rapports , ou relativement aux maladies qu'ils font naître , ou
relativement à celles dont ils préfervent.

Il eft inutile de démontrer ici que les
Arts peuvent occafionner des maladies
fporadiques , puifque le Traité de Ramazzini n'offre qu'une fuite de maux
femblables produits par les Arts.

Quant aux maladies de ce genre dont
les Arts préfervent , il y en a plufieurs
exemples dans le Traité de Ramazzini :
ainfi les Ouvriers qui travaillent dans les
mines de cuivre , n'ont jamais mal aux
yeux fuivant cet Auteur ; ainfi ceux qui
exercent leurs jambes dans leurs travaux,
ne reffentent point les douleurs vives de
la goutte ; & les femmes qui s'occupent à
faire des tiflus , ne font pas fujettes aux
fuppreffions de regles.

Il eft affez facile de rendre raifon de
ces influences des Arts. En effet, fi des

maladies peuvent naître par des mouvemens vicieux , & par un air plus ou
moins altéré , les Ouvriers qui font forcés d'employer les premiers dans leurs
travaux , & de refpirer un air mal-fain
dans leurs atteliers, feront vivement attaqués de ces maux ; & , d'un autre côté ,
fi un exercice continué & un caractere
particulier de l'air eft contraire à la production de certaines maladies , il eft in-
conteftable que ceux des Ouvriers qui
jouiffent de ces deux avantages dans leur
profeffion , feront à l'abri des maux
qu'ils éloignent d'eux.

On entend par maladies endémiques,
celles qui font propres à certains lieux.
On les attribue ordinairement aux eaux,
à l'air , aux productions du fol , à la fituation d'un pays , à la nature des foffiles
qu'il contient dans fon fein. Ne peut-on
pas croire que ces maladies , le plus fouvent indépendantes de l'influence des
Arts, en font quelquefois une fuite ?
Des recherches étendues & exactes dé-

couvriroient peut-être le rapport qu'il y
a entre les Arts & ces maladies. Seroit-il
tout-à-fait hors dè vraisemblance , que
des Manufactures qui occupent quelquefois la plus grande partie d'un bourg ou
d'un village , puisent préserver ces lieux
de certaines maladies , ou en faire naître
de nouvelles , en corrigeant l'air & les
eaux, ou bien en altérant leurs qualités ,
& en leur communiquant un caractere
nuisible & même venimeux ? C'est ainsi,
par exemple, que les exhalaisons méphitiques qui s'exhalent des atteliers des
Tanneurs , des Mégissiers , des Corroyeurs, des Bouchers, des Poissonniers ,
rendent des quartiers entiers infects ; &
c'est pour cette raison qu'au rapport de
Paul Zacchias, dans les villes bien po-
licées , ces Ouvriers sont relégués dans
les fauxbourgs & loin du commerce des
autres hommes : ainsi le chanvre qui rouit
dans les eaux, les corrompt, & y laisse
en dissolution une substance venimeuse ,
comme une funeste expérience l'a prouvé
plus d'une fois.

Ces idées bien appréciées ne pour-roient-elles pas répandre des lumieres sur la situation des nouvelles Manufactures, sur le déplacement des anciennes, & leur transport dans des lieux où elles ne se-roient pas nuisibles, enfin sur la nature & la guérison, je ne dis pas de toutes, mais de quelques maladies endémiques. C'est aux Médecins de Province, qui sont à portée de faire des observations en ce genre, à éclaircir ces doutes, & à ré-pondre à cette question.

Les maladies épidémiques attaquent tout un pays à la fois, & sont pour l'hom-me un des fléaux les plus terribles qu'il ait à redouter. L'observation de plusieurs siecles peut servir ici de preuve pour l'influence des Arts sur ces maladies. Dans toutes les pestes qui ont désolé les différentes villes, & dévasté des régions entieres, les Médecins qui les ont décri-tes ont observé constamment des Arts privilégiés, qui mettoient à l'abri de la contagion tous ceux qui les exerçoient ;

& d'autres dont les Ouvriers périffoient,
fans qu'il en reftât un feul. Parmi beaucoup d'exemples qu'on pourroit citer à
cet égard, il fuffira d'en rapporter ici
deux bien frappans. Dans la pefte af-
freufe qui défola Marfeille en 1720,
tous les Boulangers périrent, & on fut
obligé d'en faire venir des villes voifines
pour fuffire aux befoins du peuple. Au
contraire, dans plufieurs autres peftes,
on obferva que les Vidangeurs échappe-
rent à la contagion.

Ces faits finguliers & qui méritent
toute l'attention du Philofophe, ne
pourroient ils pas répandre un très-grand
jour fur la nature, la marche & la guérifon des maladies épidémiques ? N'eft-
il pas probable que des obfervations réitérées fur les Ouvriers qui font tous
frappés de la contagion, ou qui lui échappent tous, éclaireroient fur fa caufe, &
que cette caufe une fois connue, ouvriroit un chemin à la découverte de celle
des épidémies ? Il y a de fortes raifons

c

pour le croire. En effet, les Médecins ont unanimement attribué les maladies populaires à un caractere malin dans l'air, au θειον d'Hippocrate, ou bien à une qualité pernicieuse des alimens. Mais si nous concevons facilement que ces deux causes doivent agir avec plus d'énergie sur des sujets affoiblis, & dont les humeurs sont viciées ; si nous pouvons nous persuader que l'action de ces causes peut être détruite, ou du moins rendue nulle par un exercice continuel, par des substances vaporeuses & préservatives qui, en se mêlant à l'air, corrigent sa qualité nuisible, & lui redonnent sa premiere pureté ; nous verrons pourquoi les Ouvriers, que leur profession rend foibles & cacochymes, sont tous attaqués par la maladie, & pourquoi ceux dont les atteliers répandent des vapeurs d'une certaine nature, résistent à la contagion qui les environne.

Ces considérations sur les Arts doivent donc entrer pour beaucoup dans

l'obfervation des maladies épidémiques;
& un Médecin qui décrit une maladie
de cette nature, doit donc y avoir beaucoup d'égard (1).

Le bien qui réfultera de l'obfervation des maladies des Artifans, relativement aux endémies & aux épidémies,
n'eft pas prochain, il eft vrai ; mais
l'éloignement des fiecles n'eft rien pour
les Savans ; il fuffit que leurs travaux
puiffent être utiles à ceux qui vivront
après eux, pour qu'ils foient engagés à
les pourfuivre avec ardeur, & le bien
des hommes, en quelque temps qu'il
arrive, eft l'unique but où ils tendent
tous.

———————————————

(1) Il feroit à fouhaiter que la Société
Royale de Médecine, dont les travaux s'étendent fur tout ce qui eft utile, voulût bien
charger les Médecins de Province qui corref-
pondent avec elle, de faire des recherches fur
les maladies des Artifans, fur-tout dans les
conftitutions épidémiques qu'ils entreprennent
de décrire.

SECTION QUATRIEME.

AVANT de finir cet exposé, il est à propos de rendre compte d'un plan nouveau qui pourroit être de quelque utilité, si l'on entreprenoit un travail suivi sur les maladies des Artisans ; travail que Ramazzini n'a fait qu'ébaucher, comme il nous l'apprend dans sa Préface, & qu'aucun Médecin n'a continué depuis lui.

Il y auroit d'abord deux objets à remplir dans un pareil travail : 1°. ajouter aux connoissances transmises par Ramazzini : 2°. donner un ordre aux matieres, les lier par des divisions qui pûssent & en faciliter l'intelligence, & en augmenter le prix.

Pour satisfaire au premier objet, il seroit nécessaire,

1°. D'extraire de tous les Auteurs ce qui peut avoir rapport aux Artisans & à leurs maladies ;

2°. De consulter les Praticiens céle-

bres de nos jours , pour avoir dès lumieres plus étendues sur un objet qu'ils font
à portée de voir tous les jours , & sur lequel ils ont tous des connoissances précieuses , & qui restent enfouies ;

3°. De parcourir , à l'exemple de Ramazzini , les atteliers des Ouvriers,
pour observer leurs manœuvres , & en
tirer des inductions utiles sur leurs maladies ;

4°. D'écrire aux Maîtres des Manufactures , pour leur demander des détails
sur la santé & les maladies de leurs Ouvriers , & aux Médecins qui ont occasion de les voir , & dont on peut attendre plus de lumieres sur cette matiere.

Quant au second objet , on pourroit faire des divisions générales , sous
lesquelles , comme sous autant de chefs,
seroient compris les différens Ouvriers.
Le Plan que nous avons à proposer , contient des classes , des ordres & des chapitres , nous allons en offrir un tableau
abrégé.

I. CLASSE. *Maladies causées par des molécules qui, mêlées sous forme de vapeurs, ou de poussiere, à l'air que les Ouvriers respirent, pénétrent dans leurs organes, & en troublent les fonctions.*

II. CLASSE. *Maladies causées par l'excès ou le défaut d'exercice de certaines parties du corps.*

AVANT de passer aux subdivisions de ces deux classes, on traiteroit de l'action des vapeurs sur le corps de ceux qui s'y exposent, & des effets de l'excès ou du défaut d'exercice sur l'économie animale.

On subdiviseroit la premiere classe en quatre ordres.

Le premier ayant pour titre : *Maladies causées par des vapeurs ou molécules minérales*, comprendroit sous autant de chapitres, les Mineurs, les Doreurs, les Potiers de terre, &c.

Dans le second ordre, intitulé : *Maladies causées par des vapeurs ou des mo-*

lécules végétales, feroient rangés les Parfumeurs, les Ouvriers en tabacs, les Cabaretiers, & tous les Ouvriers expo-fés aux vapeurs du charbon.

Dans le troifieme qui traiteroit des *Maladies caufées par des vapeurs ou des molécules animales*, feroient placés les Vidangeurs, les Corroyeurs, les Bou-chers, les Cuifiniers, &c.

Le quatrieme ordre ou *Maladies cau-fées par des vapeurs ou molécules des trois regnes, mêlées enfemble*, renfermeroit les Chymiftes & tous ceux en général qui employent des fubftances des trois regnes dans leurs travaux, & qui font expofés aux vapeurs malfaifantes qui s'en élevent.

Le cinquieme ordre ou premiere di-vifion de la feconde claffe, expoferoit les *Maladies de tous les Ouvriers que leur travail force d'être le plus fouvent affis, & d'exercer en même temps d'au-tres parties.* Tels font les Ecrivains, les Tailleurs, les Ouvriers à l'aiguille, &c.

Dans le fixieme ordre, ou *Maladies causées par la station trop long-temps continuée*, viendroient naturellement les Crocheteurs, les Coureurs, les Menuifiers, &c.

Dans le feptieme ordre ou troifieme divifion de la feconde claffe, dans laquelle on traiteroit *des Maladies caufées par la trop grande application des yeux*, on s'occuperoit des Horlogers, des Jouailliers, & en général de tous les Ouvriers en petits objets.

Dans le huitieme ordre , quatrieme & derniere divifion de la feconde claffe, où l'on parleroit *des Maladies produites par un trop violent & trop long exercice de la voix* ; on feroit conduit à traiter de celles des Chanteurs, des Crieurs publics, des Acteurs, des Joueurs d'inftrumens à vent.

On comprendroit dans le neuvieme ordre qui n'appartiendroit à aucune des deux claffes précédentes, tous les Artifans que leur profeffion oblige à refpi-

rer des vapeurs ou des molécules nuifibles, & à pêcher dans l'exercice, & qui
font par conféquent expofés aux mêmes
maladies que tous ceux des claffes précédentes, comme les Boulangers, les
Amidonniers, les Blanchiffeufes, les Pêcheurs, les Soldats, les Matelots, &c.

En fuivant ces divifions, il y auroit
très-peu d'Artifans qui ne pûffent être
rangés dans une place convenable, &
l'on auroit un enfemble fatisfaifant.

Nous aurions bien defiré pouvoir fui-
vre cet ordre dans notre travail; mais
nous avons mieux aimé nous en tenir à
celui de Ramazzini, connu de tous les
Médecins, & que nous avons craint d'altérer. Si les circonftances nous engagent
à continuer cette efpece de travail, nous
efpérons offrir par la fuite au Public un
Ouvrage plus étendu, & fuivant le plan
qu'on vient de lire.

Nous ne pouvons mieux terminer cette
Introduction qu'en engageant les Médecins de cette Capitale, ainfi que ceux

de nos villes de Province, à se livrer à
ce genre d'observations qui peuvent jetter plus de jour qu'on ne le croit communément sur la nature des maladies
de quelque classe qu'elles soient. En
effet, qui sait si des expériences multipliées & bien faites sur les Arts qui
préservent leurs Ouvriers des maladies
contagieuses, ou qui les y exposent, ne
pourroient pas conduire à la découverte
de la contagion & des moyens propres à
s'en garantir. Ce soupçon, nous l'avouons,
manque de preuves ; mais dans une obs-
curité pareille, n'est-il pas permis, n'est-
il pas louable même de chercher par-
tout à s'éclairer, & la plus foible lueur
que l'œil du philosophe peut appercevoir, ne doit-elle pas lui servir de guide
jusqu'à ce que le flambeau de la vérité
vienne dissiper entiérement les ténebres
qui la déroboient à ses yeux ?

PRÉFACE
DE L'AUTEUR.

IL y a, dans la société, des hommes assez mal-intentionnés pour accuser la Nature, cette mere bienfaisante de tous les êtres, de n'avoir pas veillé sur l'espece humaine avec assez de prudence & de circonspection; & de n'avoir pas prévu tous les dangers auxquels l'homme est exposé par les circonstances de sa vie. Ce reproche se trouve dans des Livres, & est souvent répété dans la conversation. Cependant la plus injuste querelle qu'on lui suscite à ce sujet, & qui lui fait donner si mal-à-propos le titre de marâtre, c'est d'avoir forcé l'homme à pourvoir

chaque jour à l'entretien & à la
conſervation de ſa vie, qui, ſans
ce ſecours, ſeroit bientôt détruite.
En effet le genre humain, délivré
de cette néceſſité, ne connoîtroit
aucune loi, & ce Monde que nous
habitons changeroit bientôt de
face. Auſſi Perſe n'a-t-il pas regardé la main comme la plus induſ-
trieuſe des parties du corps, &
a-t-il ſi ingénieuſement appellé
l'eſtomac le *maître des Arts* (a).

Ne ſeroit-il donc pas permis
d'aſſurer que cette néceſſité, qui
donne aux animaux, même les
moins raiſonnables, un inſtinct
preſque ingénieux, a fait naître
tous les Arts, ſoit méchaniques,
ſoit libéraux, qui malheureuſe-
ment ſont altérés par quelques
maux, ainſi que tous les biens dont
l'homme jouit ? En effet, ne ſom-
mes-nous pas forcés de convenir

(a) *Magiſter artis, ingeniique largitor
Venter.*

que plusieurs Arts sont une source de maux pour ceux qui les exercent, & que les malheureux Artisans trouvant les maladies les plus graves où *ils* espéroient puiser le soutien de leur vie & de celle de leur famille, meurent en détestant leur ingrate profession ? Ayant eu, dans ma Pratique, de fréquentes occasions d'observer ce malheur, je me suis appliqué, autant qu'il a été en moi, à écrire sur les maladies des Artisans. Mais comme dans les Ouvrages de ces derniers, si un d'entr'eux a trouvé quelque chose de nouveau, cette découverte est d'abord très - imparfaite, & demande à être perfectionnée par le travail de ses Confreres, un Ouvrage de Littérature est absolument dans le même cas. Mon Traité doit donc subir le même sort pour plusieurs raisons, mais principalement parce qu'il contient quelque chose de neuf. Le champ

que je défriche n'a été parcouru
par personne que je sache , & il
promet une moisson intéressante
d'observations sur la subtilité &
l'énergie des effluves de différentes
substances. Cet Ouvrage , tout imparfait qu'il est , servira , j'espere ,
d'aiguillon aux autres Médecins ;
& leur secours contribuera à en
faire un Traité complet sur cette
matiere , qui méritera une place
dans les fastes de la Médecine. La
condition malheureuse de ces Artisans respectables , dont les travaux , quoique vils & méprisables
en apparence, sont si nécessaires &
si avantageux pour le bien de la
République , n'exige t-elle pas ce
service ; & n'est-ce pas une dette
qu'a contractée envers eux cet Art,
le premier de tous , qui , comme
l'a dit Hippocrate dans ses préceptes, donne ses secours sans intérêt,
& s'occupe aussi bien des pauvres
que des riches ?

Pour peu qu'on réfléchiſſe aux avantages que les Arts méchaniques ont apportés à la ſociété, on voit d'un coup d'œil l'énorme diſtance qu'il y a, à cet égard, entre les Nations Européennes & ces Barbares de l'Amérique & des autres pays reculés. C'eſt, ſans doute, d'après une pareille réflexion, que ceux qui ont bâti des Villes & poſé les fondemens des Royaumes, ont eu le plus grand ſoin des Ouvriers qui les habitoient, comme nous l'apprenons dans les faſtes de l'Hiſtoire. Ces grands hommes ont établi des Collèges ou Communautés d'Artiſans. Ainſi Numa Pompilius, au rapport de Plutarque, s'acquit la gloire la plus ſolide pour avoir ſéparé les Artiſans ſuivant leur métier, & pour avoir réuni dans des corps différens les Architectes, les Joueurs de flûte, les Doreurs, les Teinturiers, les Tailleurs, les Corroyeurs, les

Ouvriers en cuivre, & les Potiers de terre, &c. Tite-Live nous apprend qu'App. Claudius & Pub. Servilius . Coff. ont inftitué un College de Mercuriaux, ou Communautés de Marchands, appellées *Mercuriaux*, parce que Mercure étoit, chez eux, le dieu du Commerce, comme Vulcain & Minerve occupés au travail des mains, étoient, fuivant Platon (*a*), les dieux des Ouvriers. Sigonius (*b*) & Guidus Pancirolus (*c*) nous ont appris les droits & les privileges accordés à ces Communautés d'Artifans. Ils étoient admis à donner leurs fuffrages, & promus aux dignités; & par conféquent, fuivant la remarque de Sigonius, ils étoient comptés parmi les citoyens de Rome. Dans les Pandectes & dans les Codes, il eft fait mention des

(*a*) *De Legibus.*
(*b*) *De Jure antiquo Romanorum.*
(*c*) *De notitiâ utrinfque Imperii.*

Matelots & des Artifans ; & J. Cæ-
far (*a*), après avoir donné la lifte
des Colleges des Ouvriers, de leurs
droits & de leurs privileges, dit
qu'il leur étoit permis, comme à
une efpece de République, de né-
gocier par foi-même, de fe choifir
des députés & de fe faire des loix,
pourvu toutefois qu'elles ne fuffent
pas contraires aux loix publiques,
ainfi que le rapporte Paulus (*b*).
L'Empereur Vefpafien, fi l'on en
croit Suétone, a entretenu & pro-
tégé les Arts tant libéraux que méchaniques, a pris foin de faire travailler affidument, & d'augmenter ainfi le gain des plus vils Ouvriers. Un jour, un Architecte lui
ayant expofé qu'il pourroit faire
conduire au Capitole une maffe
énorme à très-peu de frais, il lui

(*a*) L. 1, *ff. Quod cujufcumque Univerfitatis*
nomine, vel contrà eam agatur.
(*b*) *In L. Cùm Senatûs. ff. De rebus dubiis.*

répondit : « Laiſſez - moi nourrir
» mon peuple ».

Puis donc que dans les Villes
bien établies, on a toujours fait &
on fait encore des loix pour le
bien - être des Artiſans, il eſt bien
juſte que la Médecine concoure
auſſi au ſoulagement de ces hommes dont la Juriſprudence fait
tant de cas ; & qu'animée par le
zele qui lui eſt particulier, & qui
juſqu'à préſent ne s'eſt point encore montré à l'égard des Ouvriers,
elle veille à leur ſanté, & faſſe en-
ſorte qu'ils puiſſent exercer, avec
plus de ſûreté & moins de crainte,
l'Art que chacun d'eux profeſſe.
J'ai employé, à cet effet, tout l'effort dont je ſuis capable, & je n'ai
pas dédaigné de viſiter quelquefois
les boutiques & les atteliers les
plus vils, pour y obſerver avec ſoin
tous les moyens uſités dans les
Arts méchaniques : j'ai cru qu'un
pareil travail ne ſeroit pas inutile

dans un temps, où la Médecine est réduite presque toute entiere à la Méchanique, & où les Ecoles ne retentissent que de l'automatisme.

J'espere toutefois trouver grace auprès de nos célebres Professeurs, s'ils veulent bien réfléchir que dans une seule Ville, ou dans un seul pays, tous les Arts ne sont point mis en pratique, & que chaque lieu a les siens propres qui peuvent donner naissance à différentes maladies. Je ne me suis attaché en parcourant les boutiques des Ouvriers, (qui sont, à cet égard, la seule Ecole où on peut s'instruire,) qu'à décrire ce qui peut intéresser les curieux, & sur-tout fournir des moyens de guérir ou de prévenir les maladies qui attaquent les Artisans. Je conseille donc au Médecin qui visite un malade du peuple, de ne point lui tâter le pouls aussi-tôt

qu'il eft entré, comme on a coutume de faire fans même avoir
égard à la condition du malade,
& de ne point déterminer prefqu'en paffant ce qu'il a à faire en
fe jouant ainfi de la vie d'un homme, mais plutôt de fe croire un
véritable Juge, & de s'affeoir quelque temps fur un fimple banc,
comme fur un fauteuil doré; &
là, d'un air affable, d'interroger
le malade fur tout ce qu'exigent
& les préceptes de fon Art, & les
devoirs de fon cœur. Il y a beaucoup de chofes qu'un Médecin
doit favoir, foit du malade, foit
des affiftans; écoutons Hippocrate
fur ce précepte : « Quand vous fe-
» rez auprès du malade, il faut
» lui demander ce qu'il fent ;
» quelle en eft la caufe ; depuis
» combien de jours ; s'il a le ven-
» tre relâché ; quels font les ali-
» mens dont il a fait ufage ».
Telles font fes propres paroles :

mais qu'à ces questions il me soit permis d'ajouter la suivante, quel est le métier du malade ? En effet, quoique cette demande puisse se rapporter aux causes occasionnelles, elle me paroît néanmoins à propos & même nécessaire à faire à un malade du peuple. Cependant je remarque ou qu'on l'oublie assez souvent dans la pratique, ou que le Médecin, qui sait d'ailleurs la profession du malade, n'y fait pas assez d'attention, quoiqu'elle soit capable d'influer pour beaucoup sur le succès de sa cure. C'est dans ces vues, & pour contribuer au bien de la République & au soulagement des Artisans, que j'offre mon Traité au Public. Je prie le Lecteur de le recevoir avec bonté, & d'en excuser les fautes en faveur du Sujet.

TABLE
DES CHAPITRES
Contenus dans ce Volume.

d

Fin de la Table des Chapitres.

___

FAUTES A CORRIGER.

Introduct., page xxiij, ligne 16, artificium, *lisez* artificum.

Page 13, ligne 5, dit avoir, *lisez* lui a dit avoir. Pag. 18, lig. 29, de artif., *lis.* de artic. Pag. 20, lig. 29, répété, *lis.* repétée. Pag. 21, lig. 17, on y bâtissoit, *lis.* on bâtissoit. Pag. 38, lig. 2, anthelmintique, *lis.* anthelmentique. Pag. 45, lig. 7, ses vapeurs, *lis.* les vapeurs. Pag. 51, lig. 12, des nerf, *lis.* des nerfs. Pag. 54, lig. 5, prouvé, *lis.* éprouvé. Pag. 55, lig. 10, aussi, *lis.* ainsi. Pag. 60, lig. 10, colomne, *lis.* colonne. Pag. 62, lig. 10, ses, *lis.* ces. Pag. 70, lig. 1, poussées, *lis.* poussés. Pag 105, lig. 2, & pag. 116, lig. 15, Chaufouriers, *lis.* Chaufourniers. Pag. 106, lig. 16, couvir, *lis.* couvrir. Pag. 108, lig. 15, il a, *lis.* il y a. Pag. 123, lig. –, mises, *lis.* mise. Pag. 128, lig. 13, abattu, *lis.* abattus. Pag. 152, lig. 23, roges, *lis.* toges. Pag. 165, lig. 10, se nourrissent, *lis.* se nourrit. Pag. 167, lig. 2, détersive, *lis.* détersif. Pag. 180, lig. 14, observé, *substituez* entendu. Pag. 228, lig. 28, notus, *lis.* natus. Pag. 311, lig. 29, De fin., *lis.* Defin. Pag. 314, lig. 13, pilées, *lis.* pelées. Pag. 323, lig. 16, délétaire, *lis.* délétere. *Id.*, lig. 30, excrescence, *lis.* excroissance. Pag. 330, lig. 29, mêlés, *lis.* mêlées. *Id.*, lig. 31, ægragopiles, *lis.* égagropiles. Pag. 331, lig. 2, peine, *lis.* pierre. Pag. 332, lig. 3, particuliers, *lis.* particulieres. *Id.*, lig 6, derniers, *lis.* dernietes. Pag. 358, lig. 24, tain, *lis.* certain. Pag. 404, lig. 28, froissées, *lis.* froissés. Pag. 443, lig. 7, pas eux, *lis.* pas à eux. Pag. 445, lig. 22, la crasse, *lis.* la crase. Pag. 457, lig. 26, & été, *lis.* & en été. Pag. 476, lig. 3, les malades, *lis.* les maladies. Pag. 485, lig. 18, que j'ai cru rapporter, *lis.* que j'ai cru devoir rapporter. Pag. 544, derniere ligne, ait, *lis.* fait. *Id.* même lig., parce, *lis.* parce que.

ESSAI

E S S A I

SUR

LES MALADIES

DES ARTISANS.

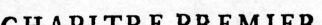

CHAPITRE PREMIER.

Des Maladies auxquelles font sujets les Mineurs.

Les maladies nombreuses qui attaquent les Artisans, & qui leur font
trouver leur perte dans les Arts mêmes,
dont ils attendent leur subsistance, viennent, selon moi, de deux causes principales : la premiere & la plus commune, c'est la mauvaise qualité des substances qu'ils travaillent ; les exhalaisons

A

nuisibles qui s'en élevent, portent avec
elles différentes maladies dans les viscéres où elles s'insinuent. La seconde cause
doit être rapportée aux mouvemens violens & déréglés, aux situations gênan-
tes & extraordinaires que beaucoup d'Ouvriers donnent à leur corps ; elles altérent peu-à-peu la structure naturelle de
la machine, & elles y font naître, quoique lentement, des maladies dangereuses. Nous nous occuperons d'abord
des maladies produites par les substances nuisibles que traitent les Artisans,
& nous traiterons, en premier lieu, de
celles qui attaquent les ouvriers en métaux, & tous ceux, en général, qui emploient les minéraux dans leurs travaux,
tels que les Orfévres, les Alchymistes,
les Distillateurs d'eau forte, les Potiers
de terre, les Miroitiers, les Fondeurs,
les Potiers d'étain, les Peintres, &
quelques autres.

Les Mineurs qui, dans l'énorme profondeur où ils travaillent, entretiennent,
pour ainsi dire, un commerce avec les
enfers, nous fournissent un exemple frappant des vapeurs mortelles & empes-
tées qui s'exhalent des filons métalliques.
Ovide a très - bien dit à ce sujet : « Les
» hommes peu contens des abondantes

» moiſſons & des autres alimens qu'ils
» retiroient de la terre, allerent fouil-
» ler juſques dans ſes entrailles, pour en
» arracher les tréſors qu'elle tenoit cachés
» dans les lieux les plus profonds, comme
» ſi elle eût craint d'irriter leur convoi-
» tiſe (*a*) ». Le Poëte attribue juſtement
aux richeſſes la corruption des cœurs qui
en fut la ſuite ; il reproche aux hommes
leur avarice & leur folie, qui leur a fait
tirer des entrailles de la terre, & montrer à la lumiere, ces vils métaux dont
nous faiſons nos richeſſes, & que nous
rendons, comme l'a dit Pline, le prix
de tous les autres biens, quoiqu'ils
ſoient vraiment l'origine & la ſource de
tant de maux.

L'expreſſion d'Ovide peut auſſi très-
bien ſe rapporter aux maux phyſiques
qui attaquent le corps des Mineurs. Les
maladies auxquelles ils ſont ſujets, auſſi
bien que les autres Ouvriers de ce genre,
ſont, pour l'ordinaire, l'aſthme, la
phtiſie, l'apoplexie, la paralyſie, la cachexie, l'enflure des pieds, la chûte des

---

(*a*) *Itum eſt in viſcera terræ,*
Quaſque recondiderat ſtygiiſque admoverat um-
   bris
Effodiuntur opes, irritamenta malorum.

A ij

dents, les ulceres des gencives, les douleurs & les tremblemens des membres.
Ce font donc les poumons & le cerveau
qui font affectés dans ces Ouvriers, mais
principalement les premiers. L'air porte
avec lui dans ces viscéres, les particules
minérales dont il eft infecté ; ces fubftances exercent leur premiere action fur
leur tiffu, &, bientôt reçues dans les
organes vitaux, le cœur & les vaiffeaux,
elles fe mêlent au fang, elles altérent la
nature du cerveau & du fuc nerveux, &
produifent, par cette altération, les
tremblemens, les ftupeurs, & tous les
maux détaillés ci-deffus. Telle eft la caufe
de l'exceffive mortalité des Mineurs ;
auffi leurs femmes font - elles fouvent
veuves, puifqu'au rappórt d'Agricola, il
y a, dans le mont Crapax, des femmes
qui ont eu jufqu'à fept maris. Lucrece a
dit des Mineurs : « Ne favez - vous pas
» en combien peu de temps ils périffent,
» & combien eft courte la durée de leur
» vie (*a*) ».
    La fouille des mines a été autrefois,
& eft encore aujourd'hui un genre de
fupplice auquel on condamne les crimi-

(*a*) *Nonne vides, audifve perire in tempore parvo*
Quàm foleant, & quàm vita copia defit.

nels les plus coupables : c'eft ainfi qu'on lit dans Gallonius, Traité des tourmens des Martyrs, que les anciens Chrétiens étoient condamnés aux métaux. Saint Cyprien, dans une lettre qu'il a écrite à plufieurs Evêques & Diacres, que la cruauté des Empereurs avoit condamnés à la fouille des mines, les exhorte à fe montrer le véritable or du Chrift, tandis qu'ils font occupés à tirer, du fein des mines, l'or & l'argent qu'elles recelent. Pignorius, dans fon Traité des Efclaves, nous offre, d'après une ancienne peinture, le portrait d'un Mineur, bien propre à faire voir leur malheureufe condition. Ils avoient, en effet, la tête à demi-rafée, (ce figne diftinguoit les efclaves des fuyards qui étoient tout-à-fait rafés ;) elle étoit couverte d'un capuchon de faie. Ceux de notre temps ne me paroiffent ni mieux traités, ni plus propres ; car, malgré les habits qui les couvrent, & la nourriture appropriée qu'on leur procure, la malpropreté du lieu qu'ils habitent, & l'abfence de la lumiere, les rend hideux & plus femblables à des ombres qu'à des hommes. Quelle que foit, en effet, la nature des métaux qu'ils retirent de la terre, les maladies affreufes qui les af-

saillent , réfistent souvent aux remedes
les mieux indiqués ; & la Médecine , en
portant son secours à ces malheureux ,
semble leur faire plus de mal que de
bien , puisqu'elle prolonge leurs miseres
avec leur vie.

Cependant les grands avantages que
les Princes & le Commerce en retirent ,
l'usage si multiplié & si nécessaire des
métaux dans presque tous les Arts , sont
de puissans motifs qui nous engagent à
étudier leurs maladies , & à proposer les
moyens préservatifs & curatifs pour leur
conservation. Les Anciens en ont usé de
même à leur égard ; & , de notre temps,
ceux qui ont écrit sur la Métallurgie ,
ont parlé avec assez d'étendue des maladies des Mineurs , du régime & des remedes qui leur conviennent. On peut
compter parmi ces Auteurs , 1°. Geor.
Agricola (a) ; 2°. Bernard Cæsius de Modene (b) , dont la Minéralogie contient
beaucoup de connoissances intéressantes
sur les hommes condamnés aux métaux ,
sur leur diete & leur prophylactique ;
3°. Athanase Kirker , dans son Monde

(a) Tom. 1 , l. 6 , *de re metallicâ.*
(b) L. 1 , sect. 5.

souterrein (*a*) ; 4°. P. Lana , dans son Instruction de l'Art & de la Nature (*b*) ; 5°. D. Ramlovius, qui a écrit , en Allemand, un Traité sur la paralysie & le tremblement des Ouvriers en métaux. Nous devons donc consulter la Médecine pour secourir & consoler ces Artisans , dont le sort est si à plaindre ; & , pour y procéder avec méthode , il convient de rechercher d'abord la maniere d'agir des miasmes métalliques sur l'économie animale, maniere d'agir qui doit être autant multipliée que le sont les différentes especes de substances minérales : nous devons ensuite proposer les remedes les plus appropriés , & qui , sur-tout , agissent avec le plus d'énergie & de promptitude possibles.

Parmi les différentes especes de mines , les unes sont humides & contiennent de l'eau dans leur profondeur ; les autres sont seches & sans eau dans leur fond : le feu est quelquefois nécessaire dans ces dernieres , pour briser les rochers. Dans celles qui contiennent une eau stagnante , les jambes des Mineurs sont affectées par les vapeurs épaisses &

(*a*) Tom. 2 , l. 10 , sect. 2 , chap. 24.
(*b*) Tom. 3 , *de morbis sympat.*

A iv

vireufes qui s'en exhalent. Souvent, quand
des pierres, détachées par les coups de
pioches, tombent dans ce cloaque, l'o-
deur infecte qui s'en éleve renverfe fubitement les Ouvriers, & on les en retire
à demi-morts (1). Dans les mines fe-

_____

(1) Les exhalaifons minérales, fi funeftes
aux Ouvriers, font de plufieurs efpeces, &
produifent différens effets fuivant leur nature.
Les unes tuent les Mineurs plus ou moins
fubitement, d'autres ne leur font prefque
point de mal. Ces dernieres font appellées
fimplement exhalaifons ; elles paroiffent le
matin dans les mines, & altérent les filons
métalliques, qu'elles rendent comme cariés
par leur contact. On rapporte aufli à ce genre
de vapeurs les inhalations, dont la nature eft
diamétralement oppofée à celle des exhalaifons, puifqu'elles fourniffent à la reproduc-
tion des métaux. N'eft-il pas vraifemblable que ces inhalations font des vapeurs
phlogiftiques, qui, féparées de certaines dé-
compofitions fouterreines, font prêtes à fe
combiner avec une terre métallique, atténuée,
& préparée de maniere à former les métaux ?
Cette façon d'envifager les inhalations, éloi-
gneroit beaucoup ces vapeurs, des exhalaifons, avec lefquelles les Naturaliftes femblent
les avoir confondues. Il n'y a que ces deux
fortes de vapeurs qui ne nuifent pas aux Mineurs : ils en reconnoiffent trois autres efpeces très-pernicieufes ; le feu brifou ou terou,
le ballon, & la mouphette ou pouffe.
Le feu brifou, terou, ou feu fauvage,

ches, le feu qui, dans d'autres circonftances, purifie les poifons, & dont on

---

fort avec fifflement des fouterreins, & paroît, dans les mines, fous la forme de toiles
d'araignées. Si cette vapeur rencontre les lampes des Ouvriers, elle s'allume avec une ex-
plofion très-violente. Pour en prévenir les funeftes effets, un homme couvert de linges mouillés, & armé d'une longue perche au bout de
laquelle eft une lumiere, defcend dans la
mine, fe couche à plat ventre, & enflamme
le feu brifou, en y préfentant fa torche : les
Ouvriers, après cette opération, peuvent y
travailler avec fûreté.

Le ballon eft la plus finguliere & la plus
dangereufe des exhalaifons ; c'eft une poche
arrondie fufpendue en l'air, formée par une
vapeur circonfcrite : quand les Ouvriers l'ap-
perçoivent, ils n'ont d'autre reffource que dans
la fuite ; mais, fi malheureufement le ballon
creve avant qu'ils aient le temps de fe fouftraire à fon action, il fuffoque fubitement
tous ceux qui fe trouvent daus la mine.

La mouphette eft une vapeur épaiffe qui
regne, fur-tout en Eté, dans les mines. Elle
paroît avoir un grand rapport avec l'air fixe :
comme lui elle éteint les lumieres ; c'eft auffi
à ce figne que les Mineurs font avertis de fa
préfence ; lorfque la lumiere de leur lampe diminue, ils fe fauvent le plus vîte qu'il leur
eft poffible. Le mal le plus léger que la mouphette puiffe occafionner aux Mineurs,
eft une toux convulfive qui les conduit
à la phtifie : fouvent ils tombent éva-
nouis, en fe fauvant ; on les retire alors, on

A v

se sert pour fendre les masses énormes
des rochers qui résistent à tout autre
agent ; le feu, dis-je, dégage des matieres métalliques un gas empesté, dont
il augmente l'énergie par le mouvement
qu'il lui communique : ainsi les malheureux Mineurs ont à combattre tous les
élémens. Mais il n'y a aucune exhalaison
plus à craindre pour ces malheureux, &
qui les conduise plutôt à leur perte, que
celle des mines de mercure. A peine, si
l'on en croit Fallope dans son Traité des
métaux & des fossiles, les Mineurs y peuvent-ils travailler trois ans : au bout de
quatre mois, au rapport d'Ermuller dans
sa Minéralogie, chap. du Mercure, leurs
membres sont agités de tremblemens

---

leur fait avaler de l'eau tiede avec de l'eau-de-
vie ; ils vomissent beaucoup de matieres noires. Mais les maux qui suivent cette fausse
guérison, doivent avertir les Mineurs, qu'il
vaut beaucoup mieux prendre des précautions
avant de se mettre à l'ouvrage : un flambeau
allumé, descendu dans la mine avec une corde,
pourra les instruire de l'état de l'air ; si sa
flamme reste vive, & brûle comme dans l'atmosphere ordinaire, ils n'ont rien à craindre,
& peuvent le respirer en sûreté ; mais si elle
diminue, & s'éteint, alors ils doivent corriger l'air par les feux, le ventilateur, ou la
machine de Sutton.

convulfifs , ils deviennent fujets à la paralyfie & au vertige ; & tous ces maux font produits par les miafmes du mercure , les plus grands ennemis que les nerfs aient à combattre. Une lettre écrite de Venife à la Société Royale de Londres , & inférée (*a*) dans fes Actes philofophiques , nous apprend que , dans les mines de mercure de Fréjus , aucun Mineur ne peut travailler plus de fix heures de fuite. On y lit qu'un de ces Ouvriers , ayant eu l'imprudence d'y refter fix mois , fut tant imprégné de mercure , qu'en pofant un morceau de cuivre fur fes lévres , ou en le frottant avec le doigt , il le blanchiffoit en très-peu de temps. L. Tozzius , dans la feconde partie de fon Traité de pratique , chap. de l'afthme , nous avertit que les Mineurs font très-fujets à cette maladie ; leurs dents font auffi très-vacillantes & tombent affez fouvent ; c'eft pour cela que les Affineurs de mercure ont coutume de tourner le dos au vent , pour ne pas avaler la fumée de ce demi-métal.

Vanhelmont , dans fon Traité de l'afthme & de la toux , en décrit une cer-

(*a*) Lib. 1 , *menfis Aprilis*, *1665.*

taine espece, qu'il range entre l'asthme
sec & l'humide. Il attaque, dit-il, les
Mineurs, ceux qui s'occupent du départ
des métaux, les Monnoyeurs, & tous
les autres Ouvriers de ce genre; il est
produit par un gas métallique que l'air
porte dans leurs poumons, & dont l'action stimulante resserre les vaisseaux de
ce viscere. Wedelius (*a*), dans sa Patho-
logie médicinale & dogmatique, fait
mention de l'asthme des montagnes, qu'il
assure être très-commun parmi les Ouvriers en métaux. Il nous apprend que
Stockusen a fait un Traité entier sur
cette espece de maladie, & il en attribue la cause au mercure contenu, en
grande quantité, dans le plomb, dont
il augmente la pesanteur. Le même Auteur (*b*), en exposant la maniere dont
ces fumées métalliques peuvent produire
l'asthme des montagnes, maladie terrible, croit que c'est par le desséchement
des bronches, & par les obstructions que
forment ces épaisses fuliginosités (1).

_____

(*a*) Sect. 2, cap. 9.
(*b*) Sect. 3, cap. 5.
(1) C'est l'espece d'asthme que Sauvages
appelle *asthma metallicum*, & qu'il dit être
engendrée par les fumées métalliques, sulfureuses, &c. Son traitement, suivant ce Mé-

· Sennert , dans fon Livre du confen-
tement & de la diffenfion des Chymiftes
avec les Galéniftes (*a*), rapporte qu'un
Médecin qui pratiquoit près des mines
de Mifnie , dit avoir trouvé en fubftance,
dans les cadavres des Mineurs , les métaux qu'ils avoient tirés de la mine pendant leur vie. Statius (*b*) , dans une lettre à Junius qui demeuroit alors dans les
montagnes de la Dalmatie , en parlant
des hommes qui fortoient de ces mines ,
nous les a dépeints brillans de la couleur
de l'or qu'ils retiroient des entrailles de
la terre. Si donc la couleur métallique
peut fe communiquer aux humeurs , à
· moins que ces dernieres n'aient reflué

---

decin , eft prefque le même que celui de la
colique de Poitou. Il eft d'accord , en ce
point , avec Etmuller qui propofe , pour la
cure de cet afthme , les mercuriaux , l'antimoine diaphorétique , &c. comme Ramazzini le fait obferver plus bas.

 Sauvages a auffi parlé de la toux qui accompagne cette maladie , *tuffis metallicolorum* : auf-
fi-bien que du tremblement des Ouvriers en
métaux , *tremor metallurgorum* , pour lequel
il confeille les décoctions fudorifiques faites
avec la racine d'acorus , de grande bardane ,
de glouteron , le lait mêlé avec la décoction de
bois de fquine , les eaux minérales fulfureufes.

(*a*) Chap. 9.
(*b*) L. 4, *Syl.*

vers l'intérieur , comme nous l'apprend
Galien ; ſi ce phénomene s'obſerve dans
preſque toutes les maladies des Mineurs ,
il n'eſt pas étonnant que la peau de ces
Ouvriers ſoit colorée comme le métal
qu'ils travaillent , & qui a infecté leur
ſang. Leurs poumons ſont comme ces
fourneaux, au haut deſquels ſe ſubliment
le pompholix , la cadmie, & tous les autres concrets métalliques , produits par les
vapeurs condenſées des métaux en fuſion.

Dans les mines de vitriol , les Mineurs ſont ordinairement atteints d'un
étouffement violent. Galien , dans ſon
Traité de la vertu des médicamens ſimples (*a*) , décrit une caverne de Chypre , dans laquelle les Ouvriers pui-
ſoient une liqueur qui ſervoit à faire le
vitriol. Il rapporte qu'étant deſcendu environ à la profondeur d'une ſtade , il vit
une eau verte qui diſtilloit par gouttes
du haut du rocher , & qui tomboit dans
une eſpece de lac. Il ſentit une odeur
ſuffoquante , & il obſerva que les Ouvriers nuds portoient l'eau vitriolique
hors de la caverne , avec le plus de
vîteſſe poſſible. Or, rien n'eſt plus dangereux pour les poumons qu'un acide

(*a*) Liv. 9.

quelconque , & le vitriol en contient
une très - grande quantité. Sans doute,
beaucoup de Praticiens de notre ville
feroient furpris de voir un Médecin,
amateur de l'Hiſtoire Naturelle, bra-
ver le danger, deſcendre dans des ſouter-
reins profonds, pour examiner & ſui-
vre, pour ainſi dire, la nature dans ſes
atteliers les plus cachés : ainſi je ſais que
je fus tourné en ridicule pour m'être
expoſé à quelques dangers, en recherchant la ſource des fontaines de Modene, & pour être deſcendu dans les puits
ſitués au ſommet des montagnes, qui,
dans leur profondeur, contiennent le
pétréole. De pareils Médecins doivent
être renvoyés à l'école de Galien qui,
en Naturaliſte infatigable, & afin de
mieux connoître les vertus dés médicamens, a entrepris beaucoup de voyages,
& a pénétré dans les ſecrets les plus
myſtérieux de la nature, avec cette curioſité ſi digne d'un Philoſophe.

Pour revenir à notre objet, les parties
intérieures ne ſont pas les ſeules affectées dans les Mineurs ; les mains, les
jambes, les yeux, la bouche, s'en reſ-
ſentent auſſi. Dans les mines de Miſnie,
d'où on tire le pompholix noir, les bras,
les jambes des Mineurs, ſont rongés

d'ulceres jufques aux os, au rapport d'A-
gricola. Cet Auteur nous fait remarquer
auffi que les gonds & les ferrures des
portes, qui fe trouvent dans les mines,
font de bois, parce que le fer, fuivant
l'obfervation des Mineurs, eft rongé par
le pompholix qu'on en tire.

Il y a encore, dans les mines, des
maux beaucoup plus terribles que ceux-
là : ce font des peftes animées, qui tourmentent & font périr les miférables Mineurs, de petits infectes, affez femblab-
bles à des araignées, qu'Agricola, d'a-
près Solinus, nomme lucifuges. Ces animaux vivent principalement dans les
mines d'argent ; les Mineurs qui s'af-
feyent deffus, fans précaution, en font
piqués dangereufement. Il y a auffi des
efprits, des fpectres qui épouvantent &
attaquent les Ouvriers, & qui, au rapport d'Agricola (*a*), ne font mis en
fuite que par des prieres & par des jeû-
nes. On peut voir, fur cet article, Kirker, dans fon Monde fouterrein. J'ai
cru d'abord très-fabuleux ce qu'on racon-
toit de ces efprits habitans dans les mines ; mais un habile Métallurgifte, chargé du foin d'examiner les mines des

_____

(*a*) **Lib.** *6*, *de re metal.*

montagnes de Modene, m'a assuré que,
dans celles de Hanovre, assez célé-
bres dans l'Allemagne, il n'étoit pas
rare de voir des Mineurs frappés de ces
esprits, qu'ils appellent *knauff kriegen*,
mourir deux ou trois jours après cet
accident, ou guérir facilement, s'ils
sont assez heureux pour vivre au-delà
de ce terme. Dans les Actes philosophiques de la Société Royale de Londres (*a*), il est fait mention de ces esprits. Le même Métallurgiste m'a raconté que, dans les mines de Goslar,
d'où on tire le vitriol sous forme pulvérulente, les Mineurs travaillent tout
nuds, & que, s'ils restoient habillés
un jour entier, dans les mines, leurs habits se réduiroient en poudre en en
sortant : c'est peut-être pour la même
raison que les Ouvriers qui, du temps
de Galien, portoient l'eau hors des mines de vitriol en Chypre, travailloient
aussi tout nuds, comme nous l'a fait
observer ce Médecin Naturaliste.

Dans le sein de la terre, il se fait
un grand nombre de combinaisons métalliques, qui échappent à nos recherches, malgré les connoissances impor-

_____

(*a*) Tom. 2, *mensis Novembris*, 1669.

tantes & multipliées, que nous ont données les Chymistes sur la nature & le
caractere des métaux & des fossiles que
nous possédons jusqu'à présent. C'est pour
cela qu'il est impossible de connoître &
de distinguer les différences des substances nuisibles qui s'exhalent des mines,
& de savoir pourquoi elles affectent une
partie plutôt qu'une autre. Qu'il nous
suffise donc de savoir que l'air des mines, saturé de particules également nuisibles aux poumons, au cerveau & aux
esprits animaux, introduit par la respiration, cause une stase dans la masse du
sang & des esprits, de laquelle naissent
tous les maux qui assiegent les Mineurs.
C'est donc à ceux qui sont préposés au
travail des mines, & aux Médecins qui
y sont employés, à veiller, autant qu'il
sera en eux, à la santé des Ouvriers, &
à diminuer leurs maux, s'ils ne peuvent
en détruire absolument la cause. Ces
hommes, dans leurs maladies, doivent
être regardés comme sans espérance, &
on ne doit leur administrer que des remedes adoucissans. & palliatifs; car il
faut connoître, a dit Hippocrate (*a*),
les maladies incurables, afin d'en dimi-

(*a*) *De Artif.*, num. 68.

nuer la férocité. Pour corriger l'air infect
& mal-fain qui eft altéré par *les vapeurs*
métalliques , par la refpiration des Ouvriers, & les flambeaux qui y font allumés , les maîtres des mines ont coutume
d'en introduire de nouveau & de plus
pur , par le moyen de foufflets , ou de
ventilateurs , qui communiquent à l'extérieur , par des galeries ouvertes , depuis
le fond de la mine jufqu'à fon fommet.

Ils garantiffent auffi les mains & les
jambes des Ouvriers , par des gants &
des efpeces de bottes. Les Anciens
avoient autant de foin de la fanté des
Mineurs , fuivant Jul. Pollux (*a*); ils
les enveloppoient de facs de cuir , & leur
faifoient attacher à la bouche des veffies,
pour qu'ils n'avalaffent pas la pouffiere
pernicieufe répandue dans les mines , &
qu'ils puffent refpirer l'air contenu dans
leur cavité. Pline (*b*) rapporte la même
chofe au fujet de ceux qui, de notre temps,
poliffent le minium. Suivant Kirker ,
les Ouvriers des mines d'arfenic fe couvrent le vifage de mafques de verre , qui
font & plus propres & plus fûrs. Le même Auteur prefcrit , d'après un habile

(*a*) L. 7 , chap. 32.
(*b*) L. 33 , H. N. , chap. 5.

Métallurgiste, différens remedes, tant pour la préservation que pour la guérison des maux des Mineurs. Il recommande beaucoup la liqueur suivante : on distille un mêlange d'huile de tartre, de laudanum, & d'huile de vitriol (1). Le produit de cette distillation doit se prendre à la dose de trois gros. Kirker loue également le bon vin & les bouillons gras, pour prévenir les maladies énoncées ci-dessus. Pour les guérir, il prescrit le baume d'ortie, celui d'aimant ; il conseille d'assaisonner les alimens des Mineurs, de nitre, & de sel extrait de l'alun. Juncken, dans sa Chymie expérimentale, propose l'esprit de sel dulcifié, pour détruire l'effet pernicieux des vapeurs métalliques dans l'érosion de la bouche, du gosier & des gencives ; les gargarismes, préparés avec le lait, pourront être très-utiles, en absorbant les particules métalliques qui sont inhérentes dans ces parties, & en adoucissant leur action corrosive. C'est pour cela

---

(1) Le produit de cette distillation est un mêlange de laudanum & de tartre vitriolé, qui agit comme calmant & apéritif. La dose modérée, à laquelle ce remede est recommandé ici, doit être répété pendant long-temps pour avoir quelque succès.

qu'Agricola, dans le Livre déjà cité, dit
que le beurre convient beaucoup à ceux
qui travaillent dans les mines de plomb.
Quand les jambes & les mains font en-
dommagées, comme dans les mines d'où
on retire le pompholix noir, Pline (*a*)
recommande la pierre d'affo, il fait obferver que ceux qui ont les jambes attaquées par les vapeurs métalliques, font
guéris dans les carrieres d'où on tire cette
pierre (1). Peut - être, ce médicament

(*a*) L. 36, H. N., c. 17,

(1) La pierre affos, affienne, d'affo
ou farcophage , tire fon nom d'une ville
de l'ancienne Troade, contrée de l'Afie mi-
neure, qui eft actuellement une partie de la
Natolie propre. Autrefois on y bâtiffoit, avec
cette pierre, des tombeaux, qui avoient la
propriété de confumer les corps avant quarante jours. On eft fort embarraffé pour connoître fa nature. Les Auteurs de matiere médicale n'en ont rien dit ; on n'en trouve pas
même le nom dans MM. Hermann, Boëcler,
Geoffroy, Crantz, Spielmann, Vogel, Lewis:
Lemery & Caftelli en difent très-peu de chofe.
C'eft, fuivant eux, une pierre fpongieufe,
légere, friable, parfemée de veines jaunes,
pulvérulente, & falée à la furface.
La pouffiere qui la couvre eft aftringente,
déterfive, nettoie & cicatrife les vieux ulceres.
Il paroît qu'elle ne differe pas beaucoup de
l'alun tombé en efflorefcence : fa vertu fem-

détruit-il l'acrimonie métallique , par sa vertu corrosive , qui lui a fait donner le nom de sarcophage. Cæsalpin (*a*), dans son Traité *, de metallicis ,* nous avertit que cette pierre , qui naissoit à Asso, ville de Troade, nous est inconnue; & il lui en substitue une autre qu'on trouve dans l'isle d'Elbe, d'où on tire l'alun fossile.

Quant à l'asthme, produit par les gas métalliques, Etmuller (*b*) propose quelques remedes particuliers pour le guérir. Les médicamens ordinaires ne faisant rien dans cette espece d'asthme , il recommande, pour cette maladie grave , le mercure doux, le turbith, les cathartiques , l'antimoine diaphorétique, le bézoardique solaire, & tous les autres remedes de cette classe.

Les vapeurs minérales sont aussi très-nuisibles aux yeux des Ouvriers, & il

_____

blable à celle de ce sel, le nom d'assos qui, dans quelques anciens Auteurs, est synonime d'alun , paroissent nous l'indiquer ; & cette opinion acquiert une nouvelle force par ce qu'on lit à l'article, pierre assienne, du Dictionnaire d'Histoire naturelle. Toutes les especes de pierre assienne , ou de sarcophage, que nous avons vues, dit l'Auteur de ce Livre, étoient de la mine d'alun en efflorescence.

(*a*) Cap. 51.
(*b*) Cap. 14.

eft tout naturel de chercher un remede approprié, dans le regne auquel elles doivent naiſſance. Horſtius (*a*) a guéri une ophtalmie cauſée par des vapeurs métalliques, & qui avoit réſiſté à tous les remedes externes, par les remedes minéraux adminiſtrés à l'intérieur. On loue, pour ces maladies, les collyres faits avec l'écaille du cuivre. Les Anciens connoiſſoient la vertu de ce métal dans ces maladies, car Macrobe (*b*) remarque que ceux qui reſtoient dans des mines de cuivre, avoient toujours les yeux en très-bon état ; ce qui dépend, ſelon lui, de la vertu deſſicative de ce métal, pour laquelle Homere l'a appellé ϱωποπα χαλϰον. Celſe (*c*) donne auſſi la préférence au collyre de Cléon, compoſé d'écaille de cuivre, de ſafran & de tutie (1). On peut auſſi faire entrer le nitre dans ces collyres, puiſ-

(*a*) L. 7, obſ. 27.
(*b*) L. 7, cap. ult.
(*c*) L. 6, c. 6.

(1) Le mot ſpodium, employé par notre Auteur, a trois ſignifications ; ſavoir, celles d'ivoire calciné, de cendres de roſeaux, & de tutie : il nous ſemble que c'eſt cette derniere ſubſtance dont il eſt queſtion dans le collyre de Cléon.

que, suivant le témoignage de Pline (*a*)
& l'observation des Modernes, les Sal-
pétriers n'ont jamais mal aux yeux. En
un mot, les remedes les plus convenables & les plus énergiques pour combattre les maladies caufées par les fubftances métalliques, doivent fe prendre
parmi les minéraux; & c'eft une fageffe
de la nature d'avoir placé le remede tout
à côté du mal.

Mais les Mineurs ne font pas les feu-
les victimes de ces peftes métalliques;
beaucoup d'autres Ouvriers qui travaillent aux environs de ces lieux y
font auffi fujets, tels que ceux qui manient & tranfportent les fubftances minérales tirées du fein de la terre, ceux qui
les grillent, ceux qui les fondent, & enfin ceux qui les affinent. Les mêmes maladies les attaquent, quoiqu'avec un peu
moins d'activité à caufe de l'air libre au
milieu duquel ils font leurs travaux. Cependant, au bout d'un temps plus ou
moins long, les vapeurs métalliques qu'ils
avalent (1) les rendent afthmatiques,

_____

(*a*) L. 31., H. N., c. 10.

(1) Quelquefois les Ouvriers qui travaillent hors la mine, font expofés à des maux
plus terribles que les Mineurs eux-mêmes. Le

sujets aux maladies de la rate, lents &
presque léthargiques , & enfin ils tombent dans le marasme. Hippocrate nous
a dépeint le Métallurgiste avec son style
précis & si énergique. L'homme qui
travaille les métaux, dit ce grand Médecin (*a*), a l'hypocondre droit gonflé, la
rate grande , le ventre tuméfié, dur ; il
a la respiration difficile , la couleur pâle
& livide & il doit craindre les récidives
dans le genou gauche (1) : tels sont les
maux que nous a tracés le divin vieillard,
& qui assiegent le Métallurgiste. Il est
bien étonnant que Vallesius, ce Commentateur si scrupuleux des épidémiques, ait traité ce passage avec si peu de
détails. Il ne fait, en effet, aucune remarque sur les mots, homme métallique , & aucun des Auteurs dont nous

---

feu qu'ils emploient dans leurs travaux, réduit
une partie des métaux qu'ils traitent en vapeurs ; & , malgré les précautions qu'ils prennent , ils en avalent toujours assez pour leur
causer des maladies auxquelles ils succombent
souvent.

(*a*) 4 Epid. n. 13.

(1) Un Praticien célebre de Paris a vu un
homme qui eut une tumeur au genou, long-
temps après avoir pris de l'arsenic. Cette observation n'a-t-elle pas quelque rapport avec
le passage d'Hippocrate ?

B

avons parlé n'a songé à expliquer ce passage comme il convient. Galien (*a*) s'est
étendu sur cet endroit, mais il se livre
tout entier à rechercher ce qu'Hippocrate
a entendu par le mot πνευματωδεις, *spiri-*
tuosus, s'il a voulu dire l'enflure du ventre ou la respiration courte. Il me paroît
naturel de penser que le pere de la Médecine a voulu exprimer d'un seul mot,
la cause de tous les maux qu'il énonçoit.
En effet, les hommes qui travaillent les
métaux, sont, pour la plupart, ésoufflés,
sujets aux maladies de la rate ; ils ont le
ventre dur & sont blancs & livides. Foësius traduit les mots, εκ μεταλλον, par
celui qui reste aux environs des mines.
Outre les Mineurs, tous ceux qui demeurent ou travaillent aux environs des
mines, sont donc exposés aux mêmes
maladies qu'eux, puisqu'ils participent à
ces exhalaisons métalliques, qui épaississent & alterent les esprits vitaux & animaux, dont la nature est éthérée & subtile, & qui troublent ainsi toute l'économie naturelle du corps. On doit leur
administrer les mêmes remedes qu'aux
Mineurs, seulement il faut avoir attention de les prescrire à plus petite dose.

(*a*) 3 De diff. respir., cap. 14.

CHAPITRE II.
Des Maladies des Doreurs.

QUITTONS maintenant les mines, & ces atteliers de Vulcain où le feu violent fait fondre & bouillir les métaux; transportons-nous dans les villes, & fixons nos regards sur ces infortunés Artisans, dont les substances minérales creusent le tombeau. Tout le monde sait le tort que le mercure fait à la santé des Ouvriers qui dorent l'argent & le cuivre. Comme ils ne peuvent y réussir qu'en amalgamant l'or avec le mercure (1), &

---

(1) Les Doreurs en or moulu, ou en vermeil doré, sont les seuls qui se servent de l'or amalgamé avec le mercure. Ils mettent, dans un creuset rouge, ces deux métaux ensemble, à la proportion d'un gros d'or sur une once de mercure; & quand le mélange est fondu, incorporé & lavé, ils l'appliquent sur leur métal qu'ils ont auparavant déroché, c'est-à-dire, lavé à l'eau-forte affoiblie avec de l'eau, pour le préparer à recevoir l'or. Quand il est étendu sur la piece à dorer, on la chauffe sur une poële grillée; le mercure alors se volatilise, & c'est cette opération qui est la plus funeste pour les Doreurs. Ils ne sauroient prendre trop de précautions pour se garantir de ces

B ij

qu'en faisant volatilifer au feu le dernier de ces métaux, malgré la précaution
qu'ils ont de détourner le vifage , ils avalent une partie des vapeurs pernicieufes
du mercure, qui les rendent , même en
très peu de temps, fujets aux vertiges,
à l'afthme , à la paralyfie , & qui leur
donnent un afpect morne & la pâleur de
la mort (1). Il y a très-peu de ces Ouvriers qui vieilliffent dans leur métier ;
& s'ils réfiftent quelque temps , leur état
devient fi malheureux que la mort leur
paroît préférable , & qu'ils la defirent
avec empreffement. Juncken , dans fa

---

vapeurs. Nous propoferons, dans une autre
note, les moyens que nous croyons les plus
propres à cet effet.

(1) M. Sauvages a parlé de cette pâleur,
& l'a défignée fous le nom de *chlorofis ra-
chialgica* ; elle rend le vifage jaune ou de
couleur d'olive , elle eft familiere. aux Mineurs , aux Doreurs , &c. Rien n'eft meilleur,
dans ce cas, que la décoction de racine de
fquine & de bardane. On verra plus bas ,
dans une obfervation de Borrichius, que ces
deux Médecins font d'accord pour fa cure,
puifque tous deux recommandent les fudorifiques. Une pareille comparaifon entre la pratique des Auteurs eft bien fatisfaifante , &
fuivie dans toutes les maladies ; elle feroit du
plus grand fecours pour les Médecins , fur-
tout pour les jeunes.

Chymie expérimentale déjà citée, dit
qu'ils ont des tremblemens des mains &
du col, que leurs dents tombent, que
leurs jambes font mal affurées, & qu'enfin ils font attaqués de tremblemens uni-
verfels, & de la danfe de Saint-Guy.
Fernel (*a*), dans fon Traité des caufes
cachées, affure la même chofe ; &, dans
fon Livre fur les maladies vénériennes,
il raconte le malheur d'un Ouvrier qui,
en dorant un meuble d'argent, devint
ftupide, fourd & prefque muet pour
avoir refpiré la vapeur du mercure. Foreftus (*b*) rapporte qu'un Doreur devint paralytique en s'expofant aux vapeurs du même demi-métal. Dans les
actes de Copenhague, on trouve une
belle obfervation d'Olaüs Borrichius, fur
un certain Allemand qui paffoit fa vie à
dorer des lames de métal. Ce malheureux n'ayant pas affez pris de précautions
pour éviter les fumées mercurielles, il
fut attaqué d'un vertige très-violent,
d'un ferrement de poitrine confidérable,
d'afphixie. Son vifage étoit cadavéreux,
fes membres étoient agités de convulfions, & on le croyoit mort, lorfque

---

(*a*) Sect. 5, *de Merc.*, l. 2, cap. 7.
(*b*) Vol. 2, p. 196.

B iij

différens alexipharmaques , sur-tout la décoction de la racine de pimprenelle , & de saxifrage le firent suer, & le rendirent à la vie. Ce Médecin célebre pense que les particules déliées du mercure volatilisé, s'attachant aux nerfs de cet Ouvrier, ont produit les tremblemens , & que, bientôt portées dans la masse du sang, elles en ont arrêté le mouvement naturel. Je ferois trop long si je voulois rapporter ici toutes les observations de ce genre, qui se trouvent dans les écrits des Médecins. Les exemples pareils se multiplient tous les jours dans les grandes villes, & dans un siecle sur-tout où rien ne paroît ni assez beau, ni assez élégant, si l'or n'y brille avec profusion : ainsi, chez les Grands, les vaisseaux de l'usage le plus vil sont dorés comme ceux qu'on sert sur leur table (1).

J'ai eu occasion de voir derniérement un jeune Doreur qui est mort, après avoir été alité deux mois. Ce jeune homme ne se préservant pas assez des vapeurs mercurielles , qui s'exhaloient de ses ouvrages, tomba dans la cachéxie : son

_(1.) *Adeò ut in Magnatum domibus matulæ & egestoriæ sellæ deauratæ spectentur , cariùsque egeratur quàm bibatur ; ut olim de quodam lusit Martialis.*

visage devint pâle & cadavéreux ; ses
yeux étoient gros , sa respiration très-
difficile , son esprit aliéné , stupide , tout
son corps languissant & paresseux ; sa
bouche se remplit d'ulceres puants ,
d'où découloient sans cesse des flots d'u-
ne sanie du plus mauvais caractere. Il
mourut cependant sans aucune trace de
chaleur fébrile. Je fus fort étonné de ce
phénomene , & je ne compris même
pas comment , avec une si grande putréfaction des humeurs , il n'y avoit aucuns
symptômes de fievre. Bientôt , en con-
sultant les Auteurs , mon étonnement
cessa ; Baillou (*a*) m'apprit qu'un homme soupçonné d'être attaqué de la vérole , ayant en même-temps une fievre
quarte , en fut délivré par des vapeurs
de mercure , qui lui exciterent un ptyalisme. Fernel (*b*) , dans son Traité de la
vérole , parle d'un homme , dont le cerveau réduit en liqueur couloit & s'é-
chappoit par les yeux , qui vécut cependant sans fievre pendant longues années ,
& succomba à la fin à sa maladie. Il remarque qu'on l'avoit frotté auparavant
de mercure , mais il avoue ingénûment

(*a*) L. 2, Epid. p. m. 131.
(*b*) Cap. 7.

qu'il fut étonné de ne lui avoir jamais vu
de fievre ; & , dans son second Livre, *de*
abd. rer. causis , chap. 14 , il donne la
raison pourquoi le mercure arrête le
mouvement fébrile , & dit que c'est par
sa vertu narcotique , vertu qui le rend
capable d'assoupir les douleurs quelcon-
ques , d'arrêter les hémorrhagies , & de
tempérer l'ardeur & l'âcreté de la bile.
Y a-t-il donc une qualité fébrifuge dans
le mercure ? Peut-être , un jour éloigné
verra éclore un fébrifuge , tiré du regne
minéral, dont on enrichira la Médecine , & dont on ne fera point un secret
blâmable , comme Riviere : ainsi nous
avons vu le regne végétal fournir le fameux fébrifuge du Pérou ; & un remede anti-dysentérique , derniérement
découvert , dont le célebre Leibnitz a
fait un Traité , c'est l'ipecacuanha. Pour
réussir dans cette découverte, il faut s'é-
clairer du flambeau de l'expérience : il
seroit, par exemple , permis & même
raisonnable de purger , avec les mercuriaux, dans les fievres intermittentes. Le
mercure doux n'est pas un remede aussi
dangereux qu'on le croit communément :
il faut cependant le prescrire avec beaucoup de précaution, car ce demi-métal ,
dans des mains inhabiles , est semblable

à un cheval indomptable, comme l'a dit Borrichius, en racontant l'histoire d'un homme illustre qui mourut d'une fievre violente, pour s'être laissé appliquer sur le poignet, par un Charlatan, deux sachets pleins de mercure, dont l'action narcotique éteignit la chaleur vitale en même-temps que le feu de la fievre ; tant doivent être suspects les bienfaits d'un ennemi si perfide, & qui, nouveau Protée, prend tant de formes différentes. Ne peut-on pas dire de ce demi-métal, ce que le Prince des Poëtes a dit de son Dieu Mercure (1) ?

« Son pouvoir aux enfers tient une ombre en
» chaînée,

---

(1) C'est ici le lieu de s'élever contre un abus dangereux, & qui ne tend à rien moins qu'à détruire la population. C'est de l'usage du sublimé corrosif dont nous voulons parler. Il n'est aucun guérisseur de la plus petite classe, qui ne l'emploie actuellement sans en prévoir les suites : plusieurs Praticiens célebres de cette Capitale en ont vu des effets funestes, quoiqu'il ait été administré avec toutes les précautions requises. Outre qu'il n'est pas sûr qu'il détruise tous les symptômes vénériens, & qu'il dénature le virus de cette cruelle maladie, il porte encore, dans le corps des malheureux qui le prennent, le germe de maux qui pourront leur coûter la vie. On a vu ce remede, un ou deux ans après

B v

» Il peut, quand il lui plaît, la rappeller au
» jour,
» Il donne le sommeil, & l'ôte tour-à-
tour (*a*) ».

Mais, pour revenir à notre objet, les
Auteurs qui ont écrit des poisons & sur

---

son administration, jetter les malades dans un
état de marasme affreux, attaquer leur poitrine, & les faire périr d'une phtisie pulmonaire
bien caractérisée. Ceux qui l'ont administré
plusieurs fois, savent très-bien que, dans le
traitement, leurs malades se plaignent quelquefois de chaleur brûlante de poitrine, & ils
arrêtent à ce symptôme, pour avoir recours
aux adoucissans & aux tempérans. Cet ennemi est donc d'autant plus redoutable qu'il agit
avec plus de lenteur, & qu'on peut moins
s'en défendre, lorsque l'on en apperçoit l'action. Laissons-le boire, à grande dose, aux
Moscovites, & sachons que nos climats tem-
pérés doivent nous en interdire l'usage. L'illustre Baron Van Swieten nous l'a transmis,
avec cette candeur qui caractérise une belle
ame ; il le regardoit comme un remede puissant, mais dont il falloit bien étudier l'action. Ce n'est qu'à de tels hommes qu'il est
permis d'essayer les poisons, & d'en faire des
médicamens : mais malheureusement la troupe
nombreuse de ceux qui guérissent, suit l'exemple d'un grand maître, & le remede prostitué
devient dangereux.

(*a*) *Animas ille evocat orco*
Pallentes, alias ad tristia tartara mittit,
Dat somnos, adimitque, & lumina morte resignat.

les minéraux, nous fourniffent des remedes contre les troubles produits par
les vapeurs du mercure ; ils confeillent,
en général, tous ceux qui augmentent le
mouvement du fang & des efprits animaux, & qui excitent la fueur. En effet,
le mercure caufe une lenteur dans le
mouvement de nos liquides, comme il
eft aifé de s'en convaincre, en confidé-
rant les accidens qui furviennent à ceux
qui ont avalé des vapeurs mercurielles,
& comme le démontre l'autopfie, puifqu'on trouve le fang coagulé & concret
dans les cavités du cœur, comme dans
cette guenon dont Avicenne parle, & qui
avoit bu du vif-argent. Ainfi donc toutes
les eaux cordiales, fpiritueufes, l'efprit-
de-vin lui-même, feront mis en ufage
dans ces cas-là ; on pourra employer auffi,
avec fuccès, l'efprit de fel ammoniac,
de térébenthine, le pétréole, les fels volatils, ceux de corne de cerf, de vipere,
& tous les autres remedes de cette nature. La thériaque doit être fufpecte, à
caufe de l'opium qu'elle contient. On préférera les décoctions des plantes alexipharmaques, de chardon-béni, de fcor-
dium, de fcorfonere, & d'autres femblables, à leurs eaux diftillées qui, fuivant la judicieufe remarque de Vanhel-

'mont, ne font que les fueurs des végétaux. Fallope propofe la poudre & les feuilles d'or, comme le plus prompt à s'unir au mercure, & à en arrêter les mauvais effets. Ister (*a*) loue beaucoup la décoction de gayac, dont le goût, femblable à celui du poivre, femble annoncer la même activité. Poterius (*b*) recommande les fleurs de foufre infufées dans le vin contre les maladies caufées par le vif-argent & pour ceux qui ont reçu les vapeurs de ce demi-métal, & qui en ont été frottés; mais quand l'abondance des humeurs exige la purgation, il faut ordonner aux Doreurs des médicamens beaucoup plus actifs que dans les autres maladies, parce que les inteftins dont la fenfibilité & l'irritabilité font affoupies, réfiftent aux ftimulus ordinaires. Les remedes antimoniaux réuffiffent très bien dans cette circonftance. La faignée y eft pernicieufe; car les efprits & les humeurs ont befoin d'être mis en mouvement, plutôt que d'être ralentis. Les anciens Mineurs avoient coutume, comme nous l'avons remarqué d'après Pline, fur-tout dans

<hr />

(*a*) *In Exercit.*, *de lue venereâ.*
(*b*) *Pharmacop. fpagyrica*, fect. 3.

les mines de plomb & de mercure, de
se couvrir le visage de vessies lâches ; les
masques de verre, suivant Kirker, sont
maintenant en usage pour éviter les
miasmes métalliques. Ces deux moyens
pourroient être fort utiles aux Doreurs :
l'exercice leur est aussi très - nécessaire
pour échauffer leur corps, ainsi que des
chambres chaudes , un feu brillant
dans leurs cheminées ; car rien n'est
plus propre à éloigner le mercure
que cet élément devant lequel il fuit ,
pour me servir d'une expression poéti-
que (1).

------

(1) Les Doreurs pourront éviter les funestes
effets des vapeurs mercurielles , en prenant
les précautions suivantes :

1°. Ils doivent choisir un attelier assez
grand , élevé , bien percé, de deux fenêtres
s'il est possible , & sur-tout n'y demeurer que
pendant leur travail.

2°. Ils feront construire une forge vis-à-vis
la fenêtre ou la porte , dont le tuyau vaste
puisse bien tirer. Par ce moyen , les fumées
de mercure , poussées par l'air de la porte ou
de la fenêtre , sortiront , avec rapidité , par
le tuyau de la forge , & ils n'en avaleront
point du tout.

3°. Si le local les empêche de prendre ces
précautions, ils auront un tuyau de fer blanc,
ou mieux de tôle , dont l'extrêmité inférieure
sera évasée en forme de pavillon assez grand ,

Il est bien étonnant que le mercure, qui passe pour un si bon anthelmintique, & qu'on donne aux enfans pour tuer leurs vers, ou infusé, ou bouilli dans l'eau, ou mêlé avec une conserve quelconque, soit si pernicieux lorsque ses fumées & ses exhalaisons sont reçues par la bouche & par le nez, qu'elles tuent

---

pour contenir leur poële, & dont l'autre bout recourbé s'ouvrira dans le tuyau d'une cheminée voisine, ou par un carreau de leur fenêtre.

4°. Sur-tout, ils auront attention de tourner le visage en travaillant ; ils pourront gratte-bosser dans leurs forges ou dans leur pavillon, ou bien ils auront soin d'attendre, pour faire cette opération, que le plus gros des fumées soit dissipé.

5°. Une diète lactée, l'usage fréquent du beurre, les alimens doux, leur seront très-avantageux. Ils auront soin, sur-tout, de ne pas faire d'excès dans le vin, qui leur est pernicieux.

6°. De temps en temps ils pourront se purger, ou prendre un vomitif, pour chasser le peu de miasmes de mercure, inhérens à leurs intestins, & prévenir les suites funestes qu'ils pourroient entraîner.

Ces moyens faciles & peu dispendieux, mis en pratique par les Doreurs, contribueront, sinon à détruire, du moins à diminuer la somme de leurs maux.

presque en un instant, comme on a occasion de l'observer parmi les Argenteurs
& les Doreurs. N'est-il pas vraisemblable
que cela a lieu, parce que le mercure,
atténué & divisé, par l'action du feu,
en des molécules très-subtiles & très-pé-
nétrantes, attaque tout à la fois les poumons, le cœur & le cerveau, en s'intro-
duisant par la bouche & par les narines?
De cette maniere , il peut facilement
arrêter le cours des esprits animaux &
de tous les fluides, en agissant comme
un narcotique ; tandis que l'infusion,
la décoction & même une dose de
plusieurs onces, d'une livre de mercure
en substance, comme on le donne dans
la passion iliaque, ne cause aucun des
accidens ci-dessus énoncés, parce que,
ne trouvant pas à l'intérieur du corps
une chaleur capable de le diviser & de le
réduire en vapeurs, il reste en masse,
& se fait jour par son poids, en sur-
montant tous les obstacles qui s'opposent à son passage. C'est à cause de cette
vertu particuliere au mercure qu'un
certain jaloux, suivant Ausone, trouva
un antidote dans ce demi-métal , lorsque sa femme adultere, après l'avoir
empoisonné, lui en fit prendre en substance , dans le dessein d'accélérer sa

*

mort (1). C'est ainsi que le feu qui dénature certains poisons, exalte l'action de quelques autres, & rend vénéneuses des substances innocentes de leur nature. Ambroise Paré (*a*) rapporte que le Pape Clément VII mourut par la fumée d'un flambeau empoisonné qu'on portoit devant lui , & ajoute qu'il est faux de

---

(1) Voici l'épigramme d'Ausone , citée par Ramazzini :

Toxica zelotypo dedit uxor mœcha marito ,
Nec satis ad mortem credidit esse datum ;
Miscuit argenti lethalia pondera vivi ,
Cogeret ut celerem vis geminata necem ;
Dividat hæc si quis , faciunt discreta venenum ;
Antidotum sumet , qui sociata bibet.

Les deux derniers vers de cette épigramme, ainsi que plusieurs autres passages de cette nature , qu'on trouve dans les écrits des Anciens , sembleroient annoncer qu'ils avoient plus de connoissances que nous sur les poisons. En effet , ils ont beaucoup travaillé sur ces substances , ainsi que sur les antidotes. Mais le merveilleux qui regne dans leurs ouvrages , & qui est venu , sans doute , de trop de crédulité , doit rendre leurs secrets suspects , & nous empêcher de regretter un grand nombre d'antidotes , qui n'ont dû , peut-être , la réputation dont ils ont joui dans ces temps reculés , qu'à la bonne foi , ou même à l'ignorance de ceux qui les ont célébrés.

(*a*) L. 20 , *de venenis* , cap. 7.

croire que le feu purge tout, & détruit
ce qu'on lui oppofe : opinion qui , felon
lui , caufe la perte de ceux qui ne prennent pas affez de précautions. Eft-il donc
fi à propos, & fi néceffaire à la sûreté
publique , de brûler les habits & les
meubles des morts, dans les peftes qui
affligent une ville; & ne feroit-il pas
bien plus utile d'enfouir ces effets avec
les cadavres, & d'abandonner la coutume où l'on eft de tout livrer aux flam-
mes (1) ? Il me femble qu'il ne peut y
avoir aucun doute à cet égard. Chez les

_____

(1) M. Mead , dans fa differtation fur la
pefte , chap. 2 , p. 273, 74, 75, 76, penfe de
même que Ramazzini. Il regarde le feu comme utile pour purifier l'air & éloigner la contagion , mais il croit qu'il eft nuifible lorfque
cette maladie eft déclarée, & qu'alors il augmente plutôt le mal qu'il ne le diminue. Il fe
fonde fur ce que 1°. l'Eté eft le temps où la
pefte exerce fes ravages, tandis qu'elle diminue, ou qu'elle s'arrête entiérement pendant
l'Hiver. 2°. Sur ce que Mercurialis a obfervé,
dans une pefte de Venife, que les Forgerons,
brûlés par un feu continuel, en ont été pris
avec le plus de férocité. 3°. Enfin, fur l'expérience funefte, qui a démontré, dans les
peftes de Londres & de Marfeille, qu'il mou-
roit beaucoup plus de monde lorfqu'on allu-
moit des feux dans les rues, qu'avant ou après
cette opération.

Romains, la loi des douze Tables avoit
prévu cet inconvénient. Il étoit défendu
de brûler les corps au-dedans de la
ville ou près des maisons des Particuliers, de peur que l'air ne fût altéré par
la fumée qui en exhaloit. Le feu produit
différens effets, suivant la diversité & le
mélange des corps sur lesquels il agit.
Tantôt il développe & répand les poisons, tantôt il les concentre. Le mercure nous offre un exemple frappant de
cette action différente : on le boit crud,
sans aucun danger, si on le sublime avec
des substances salines il devient corrosif, si on ajoute à ce sel mercuriel une
certaine quantité de mercure par l'action du feu, le sel corrosif s'adoucit, devient mercure doux & préparé convenablement, c'est un des meilleurs phleg-
magoges, & des plus puissans anti-vé-
nériens (1).

───────────────

(1) *Maladies de deux Doreurs, le mari &*
la femme.

Nous avons eu occasion d'observer une
maladie terrible qui a attaqué le mari & la
femme, tous deux Doreurs en or moulu. Elle
sera d'autant mieux placée en cet endroit,
qu'elle donnera un exemple frappant des maux
que le mercure est capable de produire, &

qu'elle pourra fervir de réfumé fuccint à ce chapitre.

Cet homme étoit très-occupé à Paris ; il doroit, depuis le matin jufqu'au foir, dans une chambre affez vafte, mais baffe, où il couchoit lui, fa femme, & fes enfans. Ayant pris affez peu de précautions contre les va-peurs mercurielles, il lui vint d'abord des chancres à la bouche, en très-grande quan-tité ; fon haleine, à cette époque, étoit fé-tide, il ne pouvoit ni avaler, ni parler, fans des douleurs effroyables. De pareils accidens, guéris par la ceffation de fon ouvrage & les remedes appropriés, reparurent trois ou qua-tre fois de fuite, feuls & fans aucun autre fymptôme ; mais bientôt, à ce mal, fe joi-gnit un tremblement univerfel très-violent, qui attaqua d'abord fes mains, puis tout fon corps : il fut obligé de refter dans un fauteuil, fans pouvoir faire un pas ; fon état étoit digne de pitié ; agité de mouvemens convulfifs per-pétuels, il ne pouvoit ni parler, ni porter fes mains à fa bouche fans fe frapper lui-même ; on étoit obligé de le faire manger & il n'a-valoit que par une déglutition convulfive, qui cent fois manqua de le fuffoquer. Ce fut dans cet état affreux de fa maladie, qu'il eut recours à un Empyrique qui frotta fes jambes d'une pommade, les fit baigner dans du gros vin, dans lequel on faifoit infufer des herbes aromatiques, & lui prefcrivit tous les ma-tins & tous les foirs, environ un gros d'une poudre rouge à prendre dans une pomme. Ces remedes fecrets, & dont par conféquent on ne peut connoître l'indication, eurent un ef-fet fingulier : fon tremblement ceffa un peu ; fes jambes & fes cuiffes s'enflerent prodigieu-

sement, il y vint des cloches en grande quantité, on les perça avec une aiguille, elles
rendirent en abondance une eau trouble séreuse, qu'on conserva dans des pots par l'ordre de l'Empyrique. Au bout d'un certain
temps il s'y fit un dépôt, parmi lequel on ap-
percevoit manifestement des globules de mercure. Ce fait ne doit pas paroître surprenant,
puisqu'on a vu plus d'une fois dans les cadavres des hommes, qui avoient pris beaucoup
de mercure dans leurs maladies, ce demi-
métal en substance dans leur cerveau, les intestins, les poumons, dans leurs os même.
Au bout de cinq ou six mois d'un pareil
traitement, notre malade se sentit beaucoup
mieux : son tremblement étant très-diminué,
& n'existant presque plus, il se crut guéri ; &,
malgré l'avis de son Médecin, qui lui con-
seilloit de se servir encore de ses remedes pendant deux ou trois mois, pour s'assurer une
guérison parfaite, il se négligea. Peu-à-peu il
essaya de marcher avec deux cannes, & se
sentit enfin assez fort pour hasarder de sortir
de sa maison, & de se promener dans les
rues : l'exercice le fortifia, mais il lui restoit
une sensibilité singuliere ; le bruit d'un cheval, ou d'une voiture quelconque, le faisoit
tressaillir, au point qu'il auroit été bien des
fois dans le cas d'être écrasé, s'il n'eût pris
la précaution de marcher contre les murs &
contre les boutiques. Il étoit alors obligé de
s'arrêter de crainte de tomber ; il ne pouvoit
exprimer la sensation désagréable que lui faisoit ce bruit. Enfin, ayant recommencé son
ouvrage, malgré les précautions qu'il prit,
son tremblement augmenta & se fixa dans ses
mains : une remarque singuliere, c'est qu'ayant

l'habitude de s'enivrer, dans cet état il tenoit son verre sans le renverser, ce qui ne lui arrivoit pas lorsqu'il n'avoit pas bu ; & il m'a dit avoir fait cette observation sur plusieurs de ses confreres, qui étoient dans le même cas que lui. Les soins qu'il eut de ne travailler que très-peu, d'écarter ses vapeurs de mercure par un courant d'air, l'exempterent des maux cruels qu'il avoit déjà soufferts ; il n'éprouva plus que le tremblement des mains, & un bégaiement insupportable, le *psellismus metallicus* de M. de Sauvages, qui résista à l'électrisation recommandée, dans ce cas, par M. de Haen qui en a eu du succès. Ce Doreur a vécu trois ou quatre ans après, sans aucun autre accident, & il est mort d'une fracture du bras, à trois endroits différens. Il est à remarquer que ce bras étoit affligé de rhumatisme, & qu'il y portoit un cautere depuis longues années.

Sa femme eut à-peu-près les mêmes symptômes, mais beaucoup moins graves dans le commencement. Elle eut de particulier un ptyalisme continuel, qui la dessécha & la rendit comme un squelette. Dans la suite, cette malheureuse femme devint asthmatique ; les accès de cette maladie, d'abord éloignés, se rapprocherent de plus en plus, elle avoit un râle continuel, ne crachoit, ni ne toussoit sur la fin de cette maladie, qui fut la même pendant dix-huit ans ; elle ne pouvoit ni marcher, ni se pancher, sans crainte d'être suffoquée : fixée sur un fauteuil depuis plus d'un an, les symptômes de son asthme devenant de plus en plus graves, elle fut enfin délivrée de ses maux par une mort heureuse pour elle, & qui eut quelque chofe d'affreux pour ceux qui en furent fpectateurs.

Ce tableau effrayant pour les Doreurs & pour tous les Ouvriers en général qui fe fervent du mercure, les Miroitiers & quelques autres, les forcera peut-être de prendre plus de précautions qu'ils ne font ordinairement, pour ne point avaler, ni refpirer les vapeurs pernicieufes de ce métal funefte.

CHAPITRE III.

Des Maladies de ceux qui adminiftrent les frictions mercurielles.

L E mercure nuit auffi à ceux des Chirurgiens qui adminiftrent les frictions aux perfonnes attaquées de maladies vénériennes, lorfqu'elles n'ont pu être guéries par aucun autre remede (1). Depuis que cette cruelle maladie de l'Italie, où elle paffa après le fiege de Naples, s'eft répandue dans toute l'Europe, le mercure eft regardé par les Médecins, comme un des meilleurs médicamens qu'on puiffe employer pour la guérir, & l'expérience de deux fiecles lui a obtenu le premier rang parmi ces remedes. Les anciens Médecins avoient remarqué que rien n'étoit fi puiffant que ce demi-métal pour guérir la galle invétérée : comme la vérole affecte auffi la peau & · la couvre d'ulceres, pour la

(1) Du temps de Ramazzini, on commençoit la cure de la vérole par les fudorifiques ; & l'on n'en venoit au mercure, que lorfque la maladie réfiftoit aux premiers remedes,

combattre, on a essayé le mercure avec
beaucoup de succès. Berengarius de Carpi
est regardé comme le premier qui ait mis
les frictions en usage. C'étoit un très habile Chirurgien & un très-bon Anato-
miste : ses ouvrages étant très-rares dans
notre siecle, les Anatomistes modernes
ont profité de ses travaux & de ses connoissances, sans lui en faire hommage.
Fallope, dans son Traité de la vérole,
rapporte que ce Chirurgien gagna avec
ses frictions, plus de cinq cens mille
ducats d'or, & qu'il tuoit plusieurs de
ses malades quoi qu'il en sauvât la plus
grande partie. On peut donc dire, avec
vérité, que Berengarius fut beaucoup
mieux que les Alchymistes transmuer
le mercure en or par une vraie méta-
morphose : bonheur rare de nos jours, &
que Sennert même a trouvé surprenant.

Ceux des Chirurgiens qui se livrent
à cette manœuvre, n'y sont conduits que
par l'appât du gain ; & la plûpart détestent une fonction si basse & qui com-
porte d'ailleurs beaucoup de dangers.
Les gants dont ils couvrent leurs mains,
sont pénétrés par les atomes de mercure
comme la peau de chamois par laquelle
on passe ce métal pour le purifier, & il
s'insinue

s'infinue facilement par leurs pores. Ajoutez à cela que le feu, devant lequel ils ont coutume de frotter les malades, réduit le mercure en vapeurs ; reçues par la bouche & le nez, elles portent leur action corrofive fur le cerveau & fur les nerfs du Chirurgien. Fab. de Hilden (*a*) raconte qu'une femme étant auprès de fon mari, que l'on frottoit dans une étuve, ayant refpiré cet air mercuriel, éprouva une telle falivation, que fon gofier fe couvrit d'ulceres. Fernel (*b*) nous apprend que ceux qui, pour être guéris, font obligés d'avoir recours à un trop grand nombre de frictions, font attaqués de tremblemens des mains Un Chirurgien, en frottant un malade de mercure, fut pris, au rapport de Frambefarius (*c*), d'un vertige ténébreux continu. C'eft pour cela qu'un Chirurgien de mon pays, ayant appris, à fes dépens, que *le* gain n'égaloit pas le danger, & que les frictions étoient plus cô‍traires au frotteur qu'au malade ; d'ailleurs, ayant éprouvé des coliques, des diarrhées, & une falivation copieufe, en fe

---

(*a*) Cent. 5, obf. 98.
(*b*) *De lue venereâ*, cap. 7.
(*c*) L. 2, Conf. 3, Etmuller, tom. 1, cap. 8, *de vertigine.*

C

livrant à cet exercice, prépare tout l'appareil nécessaire pour la friction, ordonne aux malades de se frotter en sa
présence, & regarde cet usage comme
très-utile aux vérolés, puisque, loin de
courir aucun danger, le mouvement
qu'ils sont obligés de faire, échauffe leur
peau, dilate leurs pores, & ouvre ainsi
un passage plus libre au mercure, qui
alors ne leur doit faire rien craindre,
mais plutôt les rassurer & leur donner
l'espoir d'une plus prompte guérison (1).

—————————————

(1) Nous devons rapporter ici une observation particuliere, qui confirme l'assertion de
Ramazzini.

Le fils du Doreur, dont nous avons raconté
l'histoire à la fin du deuxieme chapitre, em-
brassa l'état de son pere à sa mort. Il avoit
la vérole depuis plusieurs années, & en étoit
même très-gravement malade, puisque, au
milieu de la nuit, il étoit tourmenté de ces
douleurs ostéocopes si terribles, & dont
Fracastor nous a fait une peinture si frappante. Les circonstances ne lui ayant pas permis de se faire guérir, & retardant toujours
d'en venir aux grands remedes, il se mit à
dorer sans songer à son mal : mais il observa
bientôt que ses douleurs n'étoient pas si vives, ni si fréquentes ; que son visage se net-
toyoit, en partie, de ces boutons hideux,
traces certaines du virus vénérien caché, &
qui portent le nom de couronne, ou chape-

Si cependant quelques Chirurgiens gagnoient des maladies à cette manœuvre, comme le tremblement des mains, le vertige ou les coliques, la décoction de gayac déjà recommandée est un remede sûr en cette occasion. En effet, comme le mercure est le vainqueur du virus vénérien, le gayac, par sa vertu fondante & sudorifique, remédie aux maux que ce demi-métal peut causer, comme à l'engourdissement & à l'insensibilité des nerf. Ainsi ces deux remedes réunis guérissent très-bien la

---

let de Vénus ; que sa pâleur & sa foiblesse diminuoit ; enfin, qu'il alloit beaucoup mieux que quelques mois auparavant. Il nous conta cette circonstance heureuse ; nous ne balançâmes pas à en attribuer la cause au mercure qu'il avaloit en assez grande quantité, parce qu'il prenoit très-peu de précautions dans son ouvrage ; nous crûmes que c'étoit une occasion favorable de poursuivre une guérison que le mercure avoit commencée de lui-même, & en conséquence il se mit, par notre conseil, entre les mains d'un Chirurgien qui l'a guéri : il se porte très-bien au moment où nous écrivons, & il n'a encore éprouvé aucun accident funeste de la dorure, qu'il continue toujours avec succès, & dans laquelle il prend exactement les précautions qu'il nous a demandées, & que nous avons indiquées ci-dessus.

C ij

vérole par leur action combinée : d'a-
bord le gayac assaille le virus à diverses
reprises , & diminue son activité ; bientôt le mercure qui lui succede, livre à
cet ennemi un combat en regle , & l'attaque à force ouverte ; enfin , le même
gayac acheve de le détruire, & met le
sceau à leur victoire commune.

CHAPITRE IV.

Des Maladies des Chymiftes.

QUOIQUE les Chymiftes fe vantent
de pouvoir apprivoifer tous les poifons
minéraux, ils ne peuvent cependant fe
garantir eux-mêmes de leurs effets pernicieux ; ils font fujets aux mêmes maladies que les Ouvriers en métaux, &
la couleur livide de leur vifage dément
leur bouche, & découvre leur feinte.
Léonard de Capoue raconte que Paracelfe & Vanhelmont, tous deux célebres
Chymiftes, ont éprouvé plufieurs maladies graves, en préparant leurs médicamens. Juncken (*a*) dit que ceux qui
font le verre d'antimoine font fujets
à la pulmonie & au vertige, à caufe
de la fumée que répand ce demi-métal
expofé au feu. Ettmuller (*b*) avoue que,
fe portant très-bien, & préparant du
clyffus d'antimoine, la retorte tubulée
dont il fe fervoit s'étant caffée, la vapeur de foufre & d'antimoine qu'il

(*a*) Chym. expérim. ; feét. 5.
(*b*) Tom. 1, *de tuffi*, p. m. 203.

C iij

avala, lui causa une toux qui dura quatre
semaines ; il l'attribua, avec raison, à
l'acide que contenoit cette vapeur, qui
irrita les organes de sa respiration. L'accident que Takenius a prouvé, &
qu'il raconte lui-même (*a*), est assez curieux & intéressant pour tenir place en
cet endroit. Voulant sublimer de l'arsenic jusqu'à le fixer au fond de son vaisseau, & ayant ouvert ce dernier après
beaucoup de sublimations, il fut fort étonné de sentir une odeur agréable ; mais,
une demi-heure après, son estomac étoit
douloureux & comme déchiré, il respiroit difficilement, pissoit du sang, étoit
tourmenté de coliques & de convulsions dans tous les membres. L'usage des
huileux & du lait le rétablirent un peu,
il lui resta, pendant tout l'hiver, une
espece de fievre hectique, dont il ne se
débarrassa qu'après un long usage d'une
décoction d'herbes vulnéraires, & de
sommités de choux pour aliment. J'ai
connu un Chymiste de mon pays, assez
célebre, Charles Lancillotus ; il étoit attaqué de tremblemens convulsifs, ses
yeux étoient malades, il avoit perdu ses
dents, sa respiration étoit courte, labo-

(*a*) *Hipp. chemic.*, *cap.* 23.

rieufe , & fon haleine très-puante ; fon
afpect auroit fuffi pour faire perdre le
renom à fes remedes, & fur-tout aux
cofmétiques de fa compofition qu'il louoit
avec beaucoup d'empreffement.

Je fuis loin cependant de regarder l'é-
tude de la Chymie comme un travail
nuifible ; les Chymiftes font eftimables
de chercher la nature & la compofition
intime des corps , & d'enrichir auffi
l'Hiftoire Naturelle de leurs découvertes , en faifant un facrifice de leur fanté.
Ce n'eft pas leur faute fi, pour diminuer
la virulence des minéraux , ils font les
victimes de leurs recherches ; car l'exactitude , néceffaire à la préparation des
médicamens chymiques , exige qu'ils
foient préfens aux procédés , & qu'ils
s'expofent à l'action nuifible des vapeurs
du charbon ; puifque le moindre changement, ou la moindre négligence dans
la compofition de ces remedes , peut
changer tellement leurs qualités , qu'ils
deviennent de grands poifons, comme
Defcartes nous l'a fait obferver. Juncken (a) nous avertit auffi, qu'un Médecin ne peut ordonner des remedes chymiques , fans bleffer fa confcience , s'il

_____

(a) Ep. 15.

ne les a préparés lui-même, ou s'il ne
les a vu faire par un habile Chymiste.
Ainsi, quand un cheval scabreux & difficile à dompter, renverse son écuyer &
le foule aux pieds, celui-ci n'est point
coupable de cette faute. Il ne faut pas
non plus se moquer d'un Chymiste, si
on le voit quelquefois pâle & défait, en
sortant de son laboratoire.

Il s'est élevé, il y a quelques années,
un procès considérable entre un habitant
de Final, bourg d'Italie, & un commerçant de Modene. Ce dernier avoit, à
Final, un vaste laboratoire où il fabriquoit
le sublimé. L'habitant du bourg appella
le commerçant en Justice, le pressant de
changer son laboratoire de lieu, parce
qu'il incommodoit tout le voisinage par
les vapeurs du vitriol, qu'on calcinoit
pour la composition de son sublimé. Pour
appuyer son accusation, il avoit une at-
testation d'un Médecin de ce bourg, &
un nécrologe du Curé, qui démontroient
qu'il périssoit chaque année plus de
monde dans ce bourg, & sur-tout dans le
voisinage du laboratoire, que dans les
lieux d'alentour. Le Médecin attestoit,
que le marasme, & les maladies de poitrine sur-tout, tuoient presque tous ceux
qui étoient voisins du laboratoire, & il

en attribuoit la cause aux vapeurs du vitriol, qui gâtoient l'air de ces lieux, & le rendoient nuisible aux poumons. M. Bern. Corradus, Commissaire d'artillerie dans le duché d'Est, prit la défense du commerçant ; & M. Casina Stabe, Médecin de Final, celle de l'habitant de ce bourg. Il y a eu, sur ce procès, plusieurs écrits de part & d'autre; on a disputé, avec chaleur, sur la nature & les effets de la vapeur du vitriol. Enfin, les Juges renvoyerent le marchand absous, & déclarerent innocent le vitriol. Je laisse aux Naturalistes à juger, si ce Jurisconsulte ne s'est pas trompé dans son Jugement.

Pour revenir à notre objet, je croirois faire une injure aux Chymistes, si je leur proposois quelque remede, soit pour prévenir, soit pour guérir les maux que leur Art leur a attirés, & qui sont souvent en plus grande abondance que le profit; puisqu'il est peu de maladies contre lesquelles ces Artistes n'aient un remede tout prêt. C'est pourquoi je passe à d'autres objets (1).

_____

(1) Les maux que les expériences chymiques peuvent occasionner à ceux qui les tentent, n'ont point détourné les Chymistes modernes des travaux multipliés & intéressans

auxquels ils se livrent : le zele qui les anime
tous, est le seul préservatif qu'ils y opposent ;
& bravant les vapeurs pernicieuses du soufre,
des acides minéraux, de l'alkali volatil, des
différens foies de soufre, des métaux en fusion, des substances en fermentation, & de
beaucoup d'autres corps qu'ils traitent ; ne
redoutant rien des explosions violentes, des
airs inflammables concentrés, des distillations
dangereuses, &c., on les voit tous les jours
enrichir la Physique, la Médecine, la Phy-
siologie, les Arts sur-tout, des plus précieuses
découvertes. Il faut donc du courage pour ces
travaux utiles, mais il faut encore de la prudence. Des hommes aussi précieux que les
Chymistes se doivent, à leurs compatriotes, &
à l'Univers entier ; s'ils s'exposent à des expériences périlleuses, ils mettent en danger une
vie consacrée au bien public. Ainsi quelques
personnes soupçonnent, que trop peu de précautions ont conduit au tombeau un des célebres Chymistes de la Faculté de *Médecine* de
Paris, qu'elle vient de perdre. Personne,
d'ailleurs, n'est plus dans le cas de se garantir
du danger qu'eux, puisqu'outre un assez grand
nombre de spécifiques, que leur Art leur fournit contre ces effets pernicieux, la Médecine,
qu'ils exercent presque tous, leur peut encore
apporter du secours : on ne doit donc que les
engager à prendre le plus de précautions qu'il
leur sera possible, & à bien mériter ainsi de
la société, en lui conservant des hommes
dont elle a tant besoin.

CHAPITRE V.

Des Maladies des Potiers de terre.

IL eft encore dans toutes les villes, d'autres Ouvriers, qui éprouvent les funeftes effets des vapeurs métalliques : tels font les Potiers de terre, dont le métier eft un des plus anciens & des plus en vigueur. Pour vernir leurs vaiffeaux, ils fe fervent de plomb calciné ; ils le pulvérifent, avec de l'eau, dans des vaiffeaux de marbre, en y agitant un morceau de bois arrondi, fufpendu à la voûte de leur attelier, & armé, dans fon extrêmité inférieure, d'une pierre quarrée. Avant que de mettre leurs vaif-feaux à la cuite, ils les enduifent de leur vernis avec des pinceaux : dans toutes ces opérations, ils avalent les vapeurs vénéneufes du plomb, qui, peu de temps après, leur font reffentir les maux qu'el-les ont coutume de produire. En effet, leurs mains tremblent, ils deviennent paralytiques, fujets aux maladies de la rate, affoupis, cachectiques, ils perdent leurs dents ; & il eft rare de voir un Po-tier de terre, dont le vifage ne foit plom-

C vj

bé & cadavérique. Les Actes de Copenhague (*a*) offrent l'histoire d'un de ces
Ouvriers, dont le cadavre ouvert fit
voir le poumon droit adhérent aux côtes, desséché, & presque phtisique. On
attribua la cause de ce mal au métier
qu'il avoit fait, & qu'il avoit quitté trop
tard, après en avoir éprouvé l'insalubri-
té. P. Poterius raconte qu'il guérit un
Potier de terre, paralytique du côté
droit, avec une distorsion des vertebres,
& une roideur du col, en lui donnant la
décoction de sassafras, & les baies de
laurier. Il parle d'un autre Potier qui
mourut subitement. Telles sont les maladies de ceux qui travaillent le plomb,
pour la Poterie. Il est étonnant que ce
métal qui, par les travaux des Chymistes, fournit tant d'excellens remedes,
& qu'on appelle communément la colomne des Chirurgiens, renferme, en son
sein, de si mauvaises qualités, & les manifeste par les vapeurs qu'il exhale quand
on le broie dans l'eau. Cependant cet
étonnement cesse, quand on apprend de
Boyle, si versé dans la Chymie, que le
vif-argent est fixé & se concretre, en un
instant, par la vapeur du plomb en fu-

(*a*) Vol. 2, obs. 21.

fion : c'eft pour cela que Trufthonus, dans fon Traité de l'ufage de la refpiration, a dit élégamment que Saturne enchaîne Mercure, comme Vulcain a enchaîné le Dieu de la guerre. Cette obfervation nous fait comprendre comment le plomb, quoique froid par fa nature, s'irrite contre les bourreaux qui le broient avec la pierre, & affecte fi dangereufement les Potiers de terre ; en portant la lenteur dans leur fang & dans leurs efprits, & en attaquant principalement leurs mains (1).

Les Chymiftes ont découvert un efprit acide très cauftique, très-pénétrant dans le plomb ; & les Affineurs d'or & d'argent en ont prouvé l'exiftence, par les

---

(1) Cet effet, fi femblable à celui du mercure, pourroit faire foupçonner que ce dernier exifte dans le plomb, & que c'eft à fa préfence que l'on doit le tremblement auquel font fujets les Potiers de terre. M. Groffe a dit qu'en faturant de l'acide nitreux de plomb, il fe précipite une poudre grife dans laquelle on découvre du mercure : mais malheureufement cette expérience n'a pas réuffi de même à MM. Macquer & Baumé, qui l'ont répétée avec beaucoup d'exactitude. Il n'y a donc aucune certitude à cet égard ; & l'on doit fe contenter d'obferver l'effet, fans connoître la caufe.

dangers qu'ils courent en mêlant le plomb avec ces deux autres métaux dans l'opération de la coupelle (1). Les Auteurs de la Collection chym. de Leyde (*a*) , avertiffent auffi de l'âcreté de cet efprit du plomb. Voïci comme ils s'expriment à ce fujet : « Si quelqu'un , » pendant l'opération de la coupelle, re- » çoit, par la bouche ou par le nez, les » vapeurs qui s'élevent du plomb, il s'ex- » pofe à être fuffoqué, ou tout au moins , » à perdre fes dents , s'il n'en reçoit » qu'une petite quantité ».

M'étant propofé de rechercher les caufes occafionnelles des maladies des Artifans, avec le plus d'exactitude poffible , & parcourant , à cet effet , les atteliers des Ouvriers , il me prit envie de

----

(1) Ce n'eft point l'acide du plomb qui produit fes mauvais effets , c'eft le plomb lui-même volatilifé en partie par la violence du feu, ou du moins la vapeur affez fenfible qui s'en éleve quand on le tient fondu fur le feu ; vapeur formée , en grande partie, par le phlogiftique du métal qui fe volatilife , & qui , abandonnant la terre métallique , réduit le plomb en chaux ; vapeur que les Coupelleurs refpirent en grande quantité , qui eft épaiffe , jaunâtre , douce , & qui feule eft capable de donner la colique Saturnine. *Stockhufen.*

(*a*) Cap. 165.

faire des notes & des réflexions sur l'Art de fabriquer & de vernir les vaisseaux de terre : Art dont l'ancienneté, prouvée par les fouilles des terres & par les décombres des anciennes villes, atteste en même-temps l'utilité, & sans lequel nous serions contraints de nous servir, à beaucoup plus de frais, des vaisseaux d'étain & de cuivre, pour la cuisine, & l'ornement de nos tables (1). J'ai cru

_____

(1) Les expériences malheureuses qui se sont multipliées à l'infini depuis Ramazzini, doivent nous avoir instruits du danger qui suit l'usage des vaisseaux de cuivre, de plomb, & d'étain dans nos cuisines : le verd-de-gris qui se met aux premiers ; la chaux grise produite par l'eau, & l'air qui ternit le second ; enfin, le mélange d'une certaine quantité d'arsenic dans l'étain le plus pur, démontrée par M. Margraf, suffiroient seuls pour les bannir des usages domestiques. Cependant on continue de s'en servir par-tout : les casseroles dont l'étamage se détruit & s'altere ; les fontaines de cuivre dont les robinets sont souvent encroûtés de verd-de-gris ; les balances dans lesquelles on pese le sel, & qui sont plus vertes que jaunes ; les pots-au-lait dans lesquels on porte cette denrée à la ville, & dont la vieillesse a totalement détruit l'étamage ; les comptoirs des Marchands de vin, sillonnés par cette liqueur qui s'y est creusé des canaux, & qui, revendue à bas prix, porte, avec une douceur perfide, un poison redoutable dans l'esto-

qu'il étoit très-important de rechercher
comment les vaiffeaux de terre, cuits
d'abord dans des fourneaux particuliers,
enduits enfuite d'un mêlange de plomb
calciné & de cailloux pulvérifés délayés
enfemble dans de l'eau, & remis au feu
dans d'autres fourneaux, fe couvrent à
cette fois d'une couche de vernis ; ce qui
les rend d'un fi grand ufage dans prefque tous les befoins de la vie , & ce qui
les fait recommander par les Chymiftes
dans toutes les opérations fpagyriques.
Mais ce travail me paroiffant affez long
pour m'éloigner de mon objet principal,
j'ai craint qu'on ne m'appliquât le reproche qu'Horace fait aux Poëtes qui
s'écartent trop de leur fujet : « C'eft faire
» comme un Potier qui, ayant commencé
» un grand vafe, n'en feroit qu'un fort
» petit à force de tourner la roue (a) ».

___

mac de ceux qui le boivent ; bien d'autres abus
encore, qu'il feroit trop long de détailler dans
cette note, fubfiftent toujours & s'immolent
des victimes. Il y a tout lieu de croire que le
Gouvernement, qui ne ceffe d'avoir les yeux
ouverts fur ces maux, tranchera d'un feul coup
les têtes de cet hydre, qui lui enleve chaque
année un grand nombre de fes fujets, & qui
altere la fanté de beaucoup d'autres.

(a) *Amphora cœpit*
Inftitui ; currente rotâ, cur urceus exit ?

C'eft pourquoi j'ai abandonné mon premier deffein , & je l'ai remis à une occafion plus favorable, pour un Ouvrage que je médite fur la Méchanique raifonnée des Arts (1).

Quant à la guérifon de ces Ouvriers , rarement ils font en état d'être tout-à-fait rétablis. Ils n'appellent ordinairement les Médecins, que quand ils ne peuvent plus fe fervir ni de leurs mains , ni de leurs pieds, quand ils ont les vifceres durs & engorgés; d'ailleurs , l'indigence qui les accable eft encore un obftacle pour le Médecin. Il faut alors

---

(1) Ramazzini avoit formé le projet d'un Traité fur les Arts, comme il nous l'apprend lui-même ; fes occupations multipliées l'ont empêché d'exécuter fon plan. Depuis ce Médecin, on a vu éclore plufieurs Traités intéreffans fur cet objet. Mais l'étendue qu'il exige ne permettoit pas à un feul homme de l'entreprendre : l'Académie Royale des Sciences a fenti la néceffité & l'importance d'un pareil travail ; en le partageant entre fes membres , elle l'a rendu complet , & n'a rien laiffé à defirer fur cet objet. Il n'y avoit qu'une Société , auffi favante & auffi nombreufe , qui pût fournir une pareille carriere. L'exactitude du ftyle & des defcriptions , la beauté & la richeffe des planches qui les accompagnent, forment un enfemble admirable, & qui fera precieux dans tous les temps.

avoir recours aux remedes palliatifs ,
aux adoucissans, & les avertir de quitter
leur métier. J'ai employé avec succès ;
dans ces cas, les purgatifs mercuriels ,
le mercure doux avec un électuaire lénitif pendant plusieurs jours, ainsi que les
frictions repétées des piéds & des mains ,
avec le pétréole de notre pays. Les martiaux, qui coûtent peu, seront d'un grand
secours pour désobstruer leurs visceres :
on doit les leur administrer pendant
long-temps , & préférer la limaille d'a-
cier, infusée dans le vin avec la canelle ,
à tous les autres martiaux que la Chymie prépare. Ce remede est peut-être le
plus efficace de tous , & convient mieux
à la malheureuse condition de ces Ouvriers.

Il faut aussi observer que, dans l'Art
de la Poterie, il y a différentes manœuvres. Les uns manient & préparent
la terre argilleuse (1); d'autres assis au

_____

(1) *Alii in cretâ manibus ac pedibus subigen-
dâ occupati sint.*

Le mot *creta*, que Ramazzini a employé en
cet endroit, ne peut induire en erreur. La no-
menclature peu exacte de son siecle , jette
souvent dans l'embarras ; mais il est clair que
c'est une espece d'argille dont il a voulu parler ici , parce que, dans son Traité de l'origine des fontaines de Modene , il la désigne

tour, ou à la roue qu'ils font mouvoir, donnent, avec leurs mains, la forme à leurs vaiffeaux. Comme tous ne font pas affectés des mêmes maladies, on ne doit pas, au feul nom de Potier de terre, leur donner indifféremment les remedes propres à corriger l'âcreté métallique : feulement on obfervera que tous font fans couleur, livides, cachectiques, & toujours malades, parce que tous manient continuellement une terre molle, & habitent dans des atteliers humides (1). Quant à ceux qui font occupés

---

fouvent fous les noms de *creta figularis*, *argilla*; & par ce qu'il dit, dans la même Differtation, pour prouver que les eaux de ces fontaines ne peuvent venir de celles des pluies; qu'une couche cretacée fépare les eaux impures du ciel, de celles que fourniffent les fources, & qui font au-deffous de cette couche. *Ne verò his aquis fubterraneis pluviales aquæ permifceri queant, maximè obftant ftrata cretacea quæ aquas impuras à lymphis illis puriffimis, tanquam fepta firmiffima, dirimunt.* Or, on fait qu'il n'y a que l'argille qui ait la propriété de retenir l'eau au-deffus d'elle fans la filtrer, phénomene fur lequel eft fondé l'art de glaifer les baffins.

(1) Les Potiers de terre habitent, à Paris, plus dans les fauxbourgs que dans la ville ; il y en a cependant quelques-uns dans celle-ci, mais ils choififfent des rues étroites pour y

au tour, pour peu qu'ils aient la vue foible, ils deviennent ſujets au vertige, &
ſont aſſez ſouvent tourmentés de la ſcia-
tique (1), parce qu'ils fatiguent leurs

---

avoir un logement moins cher. Ils ont tous
leurs atteliers dans des ſalles baſſes, humides,
quelques-uns ſur l'eau. La terre humide qu'ils
manient pour en ſéparer les pyrites, qu'ils
appellent *ferumine ;* l'eau dont ils l'arroſent
pour la rendre molle, afin de la former en
vaiſſeaux au tour & à la roue, rendent l'air
qu'ils reſpirent humide, peu élaſtique, & leur
occaſionnent de la gêne dans la reſpiration :
auſſi beaucoup d'entr'eux ſont-ils ſujets aux
maladies de poitrine. J'en ai vu un aſſez grand
nombre ; ils ſont tous pâles, maigres, ou
bouffis. Je me ſouviens d'avoir reſté quelques
heures dans un attelier de Potier de terre, aſſez vaſte & fort bas, pour y obſerver leurs
manœuvres. J'en ſortis avec une difficulté de
reſpirer fort gênante, & un léger vertige qui
dura tout le reſte du jour, & que j'attribuai
au mouvement continuel de la roue & du tour,
que j'avois examiné avec beaucoup d'attention. Ramazzini en parle un peu plus bas.

(1) M. Sauvages, à l'eſpece *rhumatiſmus
metallicus*, nous décrit ſes ſymptômes & ſa
cure. Il commence par une ſtupeur, une dé-
mangeaiſon aux mains & aux bras, une contraction des doigts ; la langue eſt blanche &
muqueuſe, le pouls dans l'état naturel ; les
ſaignées, les émolliens l'aigriſſent, & font
naître la paralyſie des extrêmités ſupérieures.
Les émétiques draſtiques l'appaiſent : on doit

extrêmités inférieures au tour qu'ils font mouvoir fans cesse. Pour appaiser leurs maux , si on ne peut les guérir entiére-ment , on aura recours aux remedes ap-propriés , que les Praticiens recom-mandent dans cette affection rhumatis-male (1).

purger les malades de deux jours l'un , leur donner des lavemens de vin & d'huile , & des narcotiques le soir. Cette méthode est absolu-ment la même qu'on emploie , avec succès , dans la colique de plomb : elle guérit le rhu-matisme métallique en dix ou douze jours ; il est souvent accompagné d'une douleur gra-vatine dans la tête , & sur-tout dans le front , *cephalalgia metallica.* Ces observations sont dues à M. Doazan ; & elles sont assez fréquen-tes à l'Hôpital de la Charité de Paris , où ce Médecin de Bordeaux les a faites.

(1) Morgagni , dans sa septieme épître sur la phrénésie , paraphrénésie & le délire , rapporte , n°. 11 , l'histoire de la maladie d'un Potier de terre , qui mourut , le septieme jour , d'une pleuvro-péripneumonie jointe avec la phrénésie & le délire. Il donne , comme il a coutume de faire , des détails très-étendus sur l'ouverture du cadavre. Nous ne dirons rien de cette description , nous nous conten-terons de rapporter une observation qu'il fit , & qui est analogue à notre objet. Dans le ca-davre de ce Potier de terre , les cartilages des dernieres des vraies côtes du côté droit fai-soient une saillie , comme si un corps quel-conque , placé dans l'intérieur de la poitrine ,

les eût pouffées en-dehors. A l'ouverture de
cette cavité, on ne trouva rien qui pût occafionner cette protubérance ; & le célebre Médecin Italien conjecture, que cette éminence
contre-nature avoit été produite par les con-
tractions trop violentes & trop répétées du
muscle pectoral droit, que les Potiers de
terre exercent continuellement dans leur
métier.

Ramazzini n'a rien dit, ni rien vu de pareil. On ne peut nier que la conjecture de
Morgagni n'ait de la vraisemblance ; l'autorité, d'ailleurs, de cet homme illustre doit entraîner les opinions de ceux qui lisent ses
écrits. Cependant, s'il étoit permis de proposer quelques doutes à cet égard, on demanderoit pourquoi les cartilages ont fait
saillie du côté droit plutôt que du gauche,
puisque les Potiers de terre se servent également de leurs deux bras ? Pourquoi tant d'autres Ouvriers, dont les travaux sont bien plus
violens, & exigent bien plus d'effort de leurs
bras, tels que les Serruriers, les Maréchaux,
les Sonneurs, &c., n'ont pas de semblables
courbures aux cartilages costaux ? Malgré ces
petites difficultés, qui ne portent aucune atteinte à la judicieuse remarque de Morgagni,
il est incontestable qu'une action trop vive,
& trop multipliée des muscles pectoraux,
peut dilater la capacité de la poitrine, en
tirant les côtes & les cartilages en-dehors, &
sur-tout dans l'enfance & la jeuneffe où les os
résistent moins. Auffi est-il prouvé que l'exercice des bras contribue à la dilatation du thorax: ainsi plusieurs Médecins célebres conseillent aux jeunes gens qui ont la poitrine fer-
rée, étroite & applatie, de fonner, de ra-

mer , de frapper du marteau , & de remuer 'e
rateau & tous les outils du Jardinage. En eff.t
ces exercices , en agitant les bras , développ-
ent la capacité de la poitrine , font de la
place aux poumons , & corrigent ainsi , par la
gymnastique , un défaut qui vient souvent de
naissance , & qui se perpétue malheureusement
par la génération. Mais si cet exercice, égal
& soutenu , peut dilater également , & d'une
maniere uniforme , la charpente osseuse du
thorax , il est certain qu'une action d'un des
pectoraux , vive & comme par saccades
peut tirer inégalement les cartilages , & en
faire saillir un plus que l'autre ; c'est, peut-
être , ce qui est arrivé au Potier de Morgagni.
Il faut donc avertir les Potiers de terre , &
tous les Ouvriers en général qui exercent leurs
bras , d'éviter ces especes de secousses violentes , & sur-tout de s'accoutumer à se servir de
leurs deux bras indistinctement , pour tel ou
tel autre ouvrage , pourvu toutefois que la situation qu'exige leur métier, ne les en empêche
absolument.

CHAPITRE VI.

Des Maladies des Potiers d'Etain.

L'ÉTAIN que Pline appelle le plomb blanc, que les Chymistes nomment Jupiter & qu'ils placent entre la Lune & Saturne, orne les tables de plusieurs citoyens, & sert aux Fondeurs pour faire les canons, les cloches, & tous les instrumens en général qui sont fabriqués avec des mêlanges de métaux. Les Chymistes préparent, avec ce métal, différens remedes utiles dans quelques maladies, tels que le beurre, les crystaux d'étain, le bézoardique jovial, & plusieurs autres (1).

---

(1) La chaux blanche d'étain entre aussi dans la composition de l'anti-hectique de la Poterie & du lilium de Paracelse. Ces remedes & tous ceux que fournit l'étain, sont fort peu usités en Médecine ; la plus ou moins grande quantité d'arsenic que contient ce demi-métal, doit rendre toutes ses préparations suspectes. Si, comme nous l'avons déjà dit, pag. 63, les vaisseaux d'étain peuvent nuire dans les usages domestiques, que n'a-t-on pas à craindre de ce poison, lorsqu'on le donne intérieurement comme médicament ?

Les

Les Ouvriers qui retirent l'étain hors de la terre, ceux qui grillent fa mine, & ceux qui l'affinent, ne font pas les feuls qu'il affecte dangereufement. Il nuit encore aux Ouvriers des villes qui fondent les plats, les affiettes, & à ceux qui les regrattent & les poliffent (1). Les Potiers d'étain font fujets aux mêmes maladies que les Ouvriers en plomb & les Potiers de terre : comme le métal qu'ils travaillent eft compofé de mercure & d'un foufre très-âcre (2), ils avalent,

---

(1) Il y a bien plus de danger pour les premiers que pour les derniers. L'étain en fufion répand des vapeurs arfénicales, très-dangereufes pour ceux qui les refpirent. Les Potiers d'étain doivent prendre beaucoup de précautions pour les éviter : une cheminée vafte fous laquelle on fond, & affez large pour contenir leurs différentes chaudieres ; une fenêtre, ou une porte oppofée à cette cheminée, leur feront très-utiles. Ils auront foin auffi de détourner la tête, lorfqu'ils jettent leur étain dans les moules.

(2) La maniere dont Ramazziui énonce la compofition de l'étain, eft fort obfcure, & tient beaucoup de la Chymie ancienne ; le mot mercure fignifieroit-il la terre mercurielle de Beccher ? Mais les Chymiftes ne l'admettent que dans l'argent, le plomb, l'arfenic & le mercure : la volatilité de la liqueur fumante de Libavius prouveroit-elle l'exiftence de cette

D

en le fondant , les vapeurs pernicieuses
qui s'en élevent.

Etmuller (*a*) rapporte l'histoire d'un
Potier d'étain , qui est très-curieuse. Cet
Ouvrier réveillé, au milieu de la nuit ,
par une toux convulsive , un mal-aise
incommode , & une oppression vive , se
levoit de son lit , ouvroit ses fenêtres,
respiroit l'air frais , & erroit dans toute
la maison jusqu'à la pointe du jour ,
heure à laquelle cessoient tous ces accidens. Etmuller , en Médecin habile , attribue la cause de cette maladie nocturne
aux fumées mercurielles qu'il avoit avalées. Il admet dans l'étain une grande
quantité d'antimoine volatil, qui , mêlé
avec le nitre, acquiert la propriété ful-
minante (1). Il rapporte cette espece

terre dans l'étain ; ou bien est-ce simplement
une expression vague , comme celle du mercure des Philosophes , que les Alchymistes
employoient ? Nous serions volontiers de cette
derniere opinion , d'autant plus que la Chymie , du temps de Ramazzini , étoit encore
couverte, en partie , de ce voile épais qui la
cachoit au vulgaire , & peut-être aux Chymistes eux-mêmes.

(*a*) Colleg. consultat. , cas. 17.

(1) Après avoir traduit littéralement ce
passage , nous consultâmes Etmuller pour l'é-
claircir, Nous trouvâmes d'abord l'histoire du

d'afthme aux affections convulfives, &
il regarde comme fa caufe prochaine
& immédiate, le fpafme & l'irritation
d'un plexus nerveux, qui empêchoit l'ex-
panfion des poumons.

Ces Artifans font affez communs dans
les villes; &, dès qu'ils ont befoin du
fecours de la Médecine, ils doivent être
traités comme tous les autres Ouvriers
en métaux. Il faut d'abord avoir égard à

Potier d'étain la 20e., tandis que Ramazzini
cite la 17e.; nous conclûmes que nous avions
entre les mains une autre édition que celle
que Ramazzini avoit eue. En outre, au lieu
de fumées mercurielles, nous lûmes *gas metallicum;* au lieu de antimoine volatil, *fulphur
metallica quidem profapia, fed tamen valde vo-
latile exiftens;* & enfin, pour *quod cum nitro
mixtum, vim fulminantem adfcifit,* cette phrafe
analogue, mais bien plus claire, *fi enim ra-
fura ftanni mifcetur cum nitro, ftrepitum quafi
pulveris pyrii edit.* Il eft donc clair qu'Etmuller
a attribué l'afthme convulfif de cet Ouvrier,
aux fumées fulfureufes & non mercurielles de
l'étain qu'il avoit fondu; & que, pour prouver l'exiftence du foufre dans l'étain, il a
rapporté l'expérience de la détonnation du
nitre par ce métal. Il eft clair auffi que le mot
fulphur, dans cet endroit, fignifie fimplement
phlogiftique. Etmuller rapporte auffi la caufe
éloignée de cet afthme aux fumées du charbon, *carbonum gas,* que les Ouvriers en étain
refpirent dans leurs travaux.

D ij

leur poitrine, comme au premier fiege de la maladie ; car ils fe plaignent principalement de difficultés de refpirer & d'étouffemens. On les guérira comme ceux qui ont l'afthme des montagnes ; on éloignera tous les remedes defféchans ; on emploiera, par préférence, le beurre, le lait, les émulfions d'amandes & de femences froides, la tifane d'orge, & les autres adouciffans & tempérans de cette claffe.

On pourra auffi leur adminiftrer les remedes joviaux ci-deffus énoncés, principalement l'anti-hectique de Potier, qu'on prépare avec le régule d'antimoine & l'étain ; & on fe reffouviendra que les maux produits par les métaux, fe guériffent très-bien par les remedes métalliques.

CHAPITRE VII.

Des Maladies de ceux qui travaillent dans les Verreries & les Glaceries.

LES Verriers me paroiffent être, de tous les Artifans, ceux qui agiffent avéc le plus de fageffe & de prudence. Après avoir travaillé fix mois de l'année l'Hiver & le Printemps, ils fe repofent, & parvenus à l'âge de quarante ans, ils abandonnent leur métier, & paffent le refte de leur vie à jouir en repos de ce qu'ils ont amaffé, ou bien ils fe livrent à une autre profeffion. Leur travail, en effet, eft tellement rude, qu'il n'y a que des hommes robuftes & dans la fleur de leur âge, qui puiffent y réfifter. Je ne crois pas que la maffe vitreufe fondue faffe aucun mal aux Ouvriers, puifqu'ils ne s'en plaignent poinr du tout, & puifqu'on ne fent aucune odeur défagréable ou nuifible dans leurs atteliers. Ce n'eft pas ici le lieu de faire des recherches fur la fubftance qui leur fert à faire le verre, ni fur la maniere dont ils forment leurs vaiffeaux avec le foufle; il nous fuffit

D iij

de savoir que tout ce que ces Ouvriers
ont à souffrir de leur métier, vient & du
feu violent qu'ils emploient, & de quelques minéraux dont ils se servent pour
colorer leur verre. Au milieu de l'Hiver,
on les voit à demi-nuds, occupés sans
cesse à souffler leurs vases auprès des
fourneaux embrasés, les yeux attachés
sur le feu & sur la matiere en fusion;
c'est-là la cause de tous leurs maux. Leurs
yeux recevant la premiere impression du
feu, pleurent continuellement; ils sont
rongés d'une chassie âcre, ils maigrissent
& diminuent de volume en perdant une
partie de leurs humeurs, que le feu consume & évapore. La soif ardente qui les
tourmente, les force de boire souvent:
épouvantés par l'exemple de quelques
personnes qui sont mortes subitement
pour avoir bu de l'eau froide lorsqu'elles avoient très chaud, ils tombent dans
un excès qui leur est préjudicieux, en
buvant du vin immodérément.

Ils sont aussi sujets aux maladies de
poitrine : toujours exposés à l'air, le
corps couvert d'une simple chemise, &
passant, après leur ouvrage, dans un
lieu plus froid que leur attelier, la nature, toute forte qu'elle est, ne peut
souffrir long-temps ces changemens si

fùbits ; de-là , les pleuréfies , l'afthme & la toux chronique , qui les affaillent.

Mais il y a de bien plus grands maux à craindre pour ceux qui font les verres colorés pour les colliers , & pour les autres bijoux dont le peuple fe pare. Pour colorer leur cryftal , ils fe fervent de borax calciné , d'antimoine , & d'une certaine quantité d'or ; ils réduifent ces trois fubftances en poudre , les mêlent avec du verre pulvérifé , & ils en font une pâte qu'ils fondent en verre. Dans ces opérations , malgré le foin qu'ils ont de détourner le vifage & de le couvrir d'un voile , ils avalent des vapeurs nuifibles , qui fouvent les fuffoquent & les font tomber à demi-morts ; ou qui , par la fuite du temps , leur font naître des ulceres dans la bouche , l'œfophage & la trachée-artere , & enfin les rendent poumoniques , comme l'Anatomie l'a démontré , à l'ouverture de leurs cadavres.

Il m'a paru affez furprenant qu'un mê-lange de borax & d'antimoine avec du verre produifît des effets auffi pernicieux : quoique je n'aye pu m'affurer de ce fait par moi-même , (parce qu'à Modene on ne fait pas de verre coloré,) je le regarde cependant comme très-vrai,

puisqu'il m'a été communiqué par M.
Joseph de Grandis, autrefois mon Audi-
teur à Modene, & qui actuellement
exerce la Médecine & démontre l'Anatomie avec beaucoup de gloire à Venise,
où il y a des Verreries fameuses dans
l'isle Mouran. C'est ainsi, comme je l'ai
déjà dit, que les combinaisons des corps
en imposent aux plus habiles Médecins,
sur-tout quand le feu y contribue. Cet
élément, appellé par Vanhelmont le cor-
rupteur & la mort des êtres, donne cependant naissance à beaucoup de corps
nouveaux. Aussi Pline (*a*) a-t-il dit sa-
vamment : « La même matiere forme
» différens corps, suivant les dégrés de
» feu divers qu'on lui applique ».

Ceux qui, à Venise sur-tout, font les
miroirs, éprouvent, comme les Doreurs, les effets pernicieux du mercure,
en enduisant avec ce demi-métal les
glaces, pour rendre plus distincte & plus
apparente l'image de l'objet représenté.
Ce travail étoit, à ce qu'il semble, inconnu aux Anciens, puisque Pline (*b*)
n'en a fait aucune mention dans son Histoire Naturelle, en décrivant les diffé-

---

(*a*) L. 37, H. N., chap. 26.
(*b*) L. 33, chap. 9.

rentes manieres de préparer les glaces.
Les Miroitiers, en maniant le mercure,
deviennent paralytiques, asthmatiques,
& sujets à toutes les maladies décrites ci-
dessus. A Venise, dans l'isle Mouran, où
on prépare les plus grandes glaces, ces
malheureux se voient à regret dans leurs
ouvrages où se peint leur malheur ; & ils
détestent leur métier. Dans une lettre
écrite de Venise à la Société Royale de
Londres (*a*), on lit que ces Ouvriers,
qui donnent le tain aux glaces, deviennent souvent apoplectiques.

Quant aux secours médicinaux qui
conviennent à ces Ouvriers, je n'ajouterai
rien à ce que j'ai dit dans les chapitres
précédens, leur cure étant la même que
celle de tous les Artisans qui emploient
les minéraux dans leurs travaux, & qui
se servent du feu dans leurs opérations (1).

(*a*) Tom. 1 , *mensis Aprilis.*

(1) Il y a peu de secours à apporter à
des hommes qu'un feu violent desseche & brûle
sans cesse. Tous les Verriers sont maigres, foibles, & leur sang est dans un état d'épaississe-
ment considérable. Les maladies aiguës qui les
attaquent souvent, sont terribles. Nous ne
leur conseillerions pas, pour les prévenir, de
sortir de la Verrerie pour respirer un air plus

naturel, comme les Auteurs du nouveau Dictionnaire de Médecine. L'eau de guimauve qu'ils recommandent, peut leur être très-utile, ainsi que tous les délayans possibles. Ces Ouvriers sont toujours dans un état fébrile ; une boisson très-bonne & peu dispendieuse, c'est l'eau aiguisée d'un peu de vinaigre, *posca*, que les Anciens faisoient boire à leurs soldats, lorsqu'ils étoient fatigués par la marche : cette liqueur agréable étancheroit leur soif, appaiseroit la fougue de leurs humeurs, les entretiendroit dans cet état de fluidité inséparable d'une bonne santé. Les excès en tout genre leur sont pernicieux ; leur nourriture doit être humectante & tempérante ; les lavemens simples, ou émolliens, seront très-avantageux pour leur entretenir le ventre libre : ils doivent éviter les exercices pénibles hors de leur profession, les courses fatiguantes, les chants continus & forts, l'agitation violente de leurs membres : l'usage trop fréquent des plaisirs de l'amour augmenteroit leurs maux. Un état qui exige tant de précautions & de ménagemens, doit rendre très-malheureux ceux qui l'exercent. Il en coûte au cœur du Médecin pour leur prescrire des regles si austeres ; mais tel est l'empire de la vérité, qu'il force quelquefois à l'austérité ceux qui en sont les organes.

CHAPITRE VIII.

Des Maladies des Peintres.

Les Peintres ont aussi plusieurs maladies qui leur sont propres, comme les tremblemens des membres, la cachexie, la noirceur des dents, la pâleur du visage, la mélancolie & la perte de l'odorat. Souvent, en prêtant aux portraits des autres plus de beauté & de couleur que la nature ne leur en a donnés, ils manquent eux-mêmes de coloris & d'embonpoint. Tous les Peintres que j'ai connus à Modene, ou dans d'autres villes, étoient valétudinaires : en parcourant leur histoire, on apprend, avec douleur, qu'ils ne parviennent pas à une longue vieillesse, & que les plus habiles d'entr'eux ont été enlevés trop tôt à leur pays (1). Raphaël d'Urbin, ce Peintre

---

(1) Les faits ne sont pas d'accord avec cette assertion. M. Bouvart, dans son examen d'un Traité sur la colique de Poitou, cite dix-neuf exemples de Peintres en tableaux, qui sont morts tous presque vieux ; & il prouve que ce sont les Barbouilleurs seuls dont la profession abrege la vie.

célebre à si juste titre , mourut à la fleur
de sa jeunesse ; & Balthasar Castilioneus
a fait un très-bon poëme sur la mort de
ce grand Artiste.

On pourroit accuser de ce malheur, la
vie sédentaire qu'ils menent, & ce génie
mélancolique qui les suit par-tout, lorsqu'éloignés du reste des hommes, ils repassent dans leur esprit, les idées fan-
tastiques qui les agitent ; mais la principale cause qui rend les Peintres malades, c'est la matiere de leurs couleurs,
qu'ils ont continuellement dans les mains,
& sous le nez. Tels sont le minium , le
cinnabre, la ceruse , le vernis, l'huile de
noix, celle de lin, dont ils adoucissent
& dissolvent leurs couleurs , & beaucoup
d'autres substances colorées tirées des minéraux. De-là l'odeur infecte & latrinale
qu'on respire dans leurs atteliers , qui
s'exhale du vernis & des huiles , & qui,
se portant à la tête de ees Artistes, produit la perte d'odorat qui leur est particuliere. D'ailleurs les Peintres ont coutume de tacher leurs habits en travaillant , & ainsi ils avalent & respirent continuellement des vapeurs pernicieuses qui
attaquent les esprits animaux , & pénétrant dans le sang par les organes de la
respiration , troublent l'économie des

fonctions naturelles, & produifent toutes les maladies que nous avons énoncées. Tout le monde fait que le cinnabre
eft formé par le mercure, que la ceruse
eft préparée avec le plomb, le verd-de-
gris avec le cuivre, le bleu d'outremer
avec l'argent (1); & qu'ainfi prefque

---

(1) Ramazzini s'eft trompé en difant que
l'outremer fe fait avec l'argent, à moins qu'il
n'ait voulu parler d'une efpece de *bleu d'azur*,
qui n'eft qu'une rouille de ce métal. Suivant
quelques Chymiftes, ce bleu fe forme en expofant des lames d'argent minces à l'action
d'un mêlange de fel gemme, d'alkali fixe &
d'alun de roche, dans du vinaigre diftillé ; en
enterrant le vafe qui contient ces fubftances
dans du marc de raifin, & en le vifitant tous
les trois jours, temps où l'on trouve une
pouffiere bleue fur le métal.

Quoi qu'il en foit, l'outremer dont fe fervent les Peintres, & qui eft fi précieux, fe
tire de la pierre d'azur, ou *lapis lazuli*. On
la fait calciner, on la porphyrife, on la mêle
avec de la poix graffe, de la cire & de l'huile ;
on lave ce mêlange dans de l'eau, & il fe précipite une poudre très-fine & d'un bleu très-
beau.

Kunckel indique quelques différences dans
cette préparation. Il veut qu'on éteigne dans
le vinaigre diftillé la pierre rougie au feu,
qu'on la mêle avec un poids égal de cire
vierge & de colophane, qu'on laiffe ce mêlange dans de l'eau pendant huit jours ; qu'on

toutes les couleurs font tirées des minéraux, qui, comme le favent très-bien
les Peintres, en fourniffent de plus vives
& de plus durables que les végétaux;
c'eft de cette fource que découlent tous
les maux qui affligent les Peintres :
leurs maladies font donc les mêmes que
celles des Ouvriers en métaux, & elles
n'en différent que par leur moindre intenfité.

Fernel (*a*) décrit à ce fujet la maladie
d'un Peintre d'Angers, qui eut d'abord

---

le malaxe enfuite dans plufieurs eaux chaudes, pour avoir différens bleus.

Les Chymiftes ne font point encore d'accord fur la nature de cette fubftance; les uns
admettent de l'or & du cuivre dans le *lap. la-*
zuli. M. Margraf croit que c'eft au fer qu'eft
due la couleur bleue.

Quelques autres affurent que cette couleur
fe perd à un feu violent; ce qui fembleroit
prouver qu'elle n'eft point due à une fubftance
métallique. Il y a tout lieu de croire que cette
différence d'opinion vient de la nature différente des pierres d'azur que chacun d'eux a
traitées; différence qui en apporte néceffairement une dans les outremers qu'on en retire.
C'eft auffi pour cette raifon qu'on recommande, pour connoître le meilleur, de le mettre
fur une pêle rougie au feu, fur laquelle il ne
doit pas perdre fa couleur.

(*a*) *De lue vener.*, *cap. 7*.

des tremblemens des doigts & des mains,
& bientôt une vraie convulſion de tout
le bras ; peu de temps après ſes jambes
furent attaquées du même mal, enfin
il fut tourmenté d'une douleur ſi violente à l'eſtomac & dans les deux hy-
pocondres, que ni les lavemens ; ni les
fomentations, ni les bains ne purent le
ſecourir. Dans les accès de cette douleur, trois ou quatre hommes couchés
ſur ſon ventre la diminuoient, & le ſou-
lageoient un peu par la preſſion qu'ils
y exerçoient. Après trois années d'une
ſouffrance auſſi terrible, il mourut dans
le maraſme. Il y eut entre de célebres
Médecins qui le virent, de grandes con-
teſtations ſur la vraie cauſe de cette
douleur, tant avant qu'après l'ouverture du cadavre, parce qu'on ne trouva
rien dans les viſceres qui conſtatât la cauſe
& la nature de la maladie. En liſant cette
hiſtoire, j'ai admiré la franchiſe ingé-
nue de Fernel, qui avoue, comme tout
grand homme doit faire ſuivant Celſe,
qu'aucun des Médecins n'a rencontré
juſte dans cette maladie ; il ajoute que
ce Peintre, en travaillant, avoit coutume, non-ſeulement de nettoyer ſon
pinceau avec ſes doigts, mais encore de
le ſucer imprudemment. Il eſt vraiſem-

blable que le cinnabre s'est communiqué des doigts au cerveau, & à tout le
genre nerveux, & qu'une partie descen-
due dans l'estomac, a porté dans les
intestins un caractere malin & inconnu,
qui fut la cause occulte des maux qu'il
a soufferts.

C'est aussi à la qualité pernicieuse de
leurs couleurs, qu'on doit attribuer l'extérieur cachectique, le teint pâle & livide, & les affections mélancoliques
qui sont propres aux Peintres, & qui les
font reconnoître au premier coup d'œil.
On dit que le Correge étoit si mélancolique, & avoit l'esprit si aliéné, qu'il
ne connoissoit ni son mérite, ni la valeur de ses ouvrages, & qu'il reporta
plusieurs fois aux acquéreurs le prix de
ses tableaux, comme s'ils se fussent trompés en donnant de l'or pour ces peintu-
res admirables, qui, actuellement, ne
peuvent plus être assez payés.

Lors donc que les Peintres seront attaqués de quelques maladies, il faudra,
avec un soin particulier, unir aux remedes accoutumés, ceux qui sont capables de
détruire les mauvais effets des substances minérales ; remedes que nous avons
plusieurs fois recommandés, & que nous
n'indiquerons pas ici, de peur d'ennuyer

nos Lecteurs, par une répétition aussi fastidieuse qu'inutile (1).

---

(1) Quoiqu'il soit très-prouvé que la colique de plomb existât de tous les temps, puisqu'il y a toujours eu des Peintres, des Ouvriers occupés à l'exploitation des mines, &c.; quoiqu'il y en ait des traces dans beaucoup de Médecins anciens, & que Stockhusen en ait fait un Traité particulier, quarante-quatre ans avant l'impression de l'Ouvrage de Ramazzini, il est cependant certain que cette colique n'a point été décrite par ce dernier, & qu'il n'en a fait aucune mention expresse. Quelques passages, il est vrai, semblent y avoir rapport; ainsi les convulsions, la paralysie, le trouble des fonctions naturelles dont Ramazzini fait mention, relativement aux maladies des Peintres, sont en quelque sorte des traces de cette colique. En outre, les remedes métalliques, qu'il recommande dans les maladies des Peintres, offrent encore une analogie frappante avec la guérison de la colique de plomb; mais on ne peut disconvenir que ces rapports sont très-légers, & que Ramazzini semble n'avoir pas connu cette maladie. Il a cependant rapporté, d'après Fernel, la fameuse histoire du Peintre d'Angers; & il auroit pu, s'il avoit eu connoissance de cette colique, disserter, à cette occasion, sur sa nature, sa cause & son traitement.

Ce silence de Ramazzini sur une maladie si terrible, nous oblige d'en dire quelque chose ici. Nous croyons, malgré les Traités excellens & nombreux sur cette maladie, devoir en donner un tableau très-court, parce que des 'vérités, auffi intéreffantes, ne peuvent être trop répétées.

La colique de plomb s'annonce par des douleurs vagues du ventre, des inquiétudes, & des treffaillemens convulfifs. La conftipation, les douleurs d'eftomac, les vomiffemens, la pâleur du vifage accompagnent auffi cette période. Les malades ont la tête lourde & fouffrante, les yeux égarés; ils perdent quelquefois l'ufage de la raifon. Bientôt la douleur du ventre augmente & fe fixe vers le nombril, qui eft retiré & profond. Souvent cette douleur eft fi vive, que les malades fe roulent fur leurs lits, en jettant les hauts cris. Il femble alors qu'une compreffion violente diminue leurs maux, témoin le Peintre d'Angers cité par Fernel, qui n'avoit d'autre foulagement que lorfque deux ou trois hommes fe mettoient fur fon ventre. A cette époque, les urines & les excrémens font retenus: l'anus femble remonté & fermé fpafmodiquement. Il furvient auffi des convulfions, la perte de la vue & de la voix, quelquefois même des accès épileptiques. Pendant ce temps, le pouls eft ondulant & prefque naturel. Si les malades ne font promptement fecourus, les extrêmités fupérieures fe paralyfent, les doigts deviennent crochus, & ces accidens fecondaires femblent être la crife de la colique. D'autres fois, lorfque le mal empire, les malades meurent dans des douleurs effroyables.

L'ouverture des cadavres fait voir les inteftins pleins d'air, defféchés, & peu altérés dans leur couleur. On trouve, à l'intérieur des gros boyaux, des excrémens fecs & noirâtres qui les enduifent, ou qui font formés en petites boules. Tous les visceres sont dans leur état naturel ; la bile est épaisse & noire.

Si l'on en croit quelques Médecins modernes, la colique des Peintres n'a jamais été produite que par les différentes préparations du plomb, & ne peut venir que de cette cause. Les preuves que l'on trouve dans le Traité de Stockhusen, & dans les Commentaires de M. Gardane, semblent mettre cette question hors de doute. Cependant Citois, Huxham, M. Bonté se sont-ils trompés, en assignant pour cause des coliques qu'ils ont observées, les vins verds & aigres, & n'auroient-ils pas pu découvrir le plomb dans les vins mangonisés ? N'existe-t-il pas une colique végétale, dont la cause n'est point due au plomb ? Ce n'est point à nous à prononcer sur cette question. Nous nous bornerons à faire observer que la cause la plus commune de la colique des Peintres est le plomb ; soit qu'on en reçoive les vapeurs lorsqu'il est en pleine fusion, soit qu'on prenne intérieurement quelques préparations de ce métal, ou dans le vin, ou dans quelque médicament.

Quant au traitement de cette maladie, on ne peut douter aujourd'hui de la supériorité de la méthode forte sur l'anti-phlogistique. Cette derniere n'a jamais réussi, tandis que la premiere n'a jamais manqué de procurer la guérison. Quoique la méthode forte soit dans beaucoup d'écrits, nous allons en offrir un Précis, pour terminer ce que nous nous sommes proposé de dire sur la colique des Peintres.

On donne d'abord au malade un lavement purgatif ; dix heures après, on lui en donne un autre, composé de parties égales d'huile de noix & de vin rouge. Le lendemain, on lui administre le tartre stibié à forte dose, proportionnée cependant à son âge, ses forces & son tempérament. Le soir, il prend un bol de thériaque avec un grain d'opium, que l'on continue le troisieme jour. Le quatrieme, on le purge avec un fort purgatif, & on le met à l'usage d'une tisane sudorifique. Si la colique ne cede pas à ce premier traitement, on le recommence ; mais il est très-rare qu'on soit obligé d'en venir là. La paralysie, qui succede souvent à cette maladie, se guérit par l'électricité, les purgatifs, les eaux ferrugineuses, & les linimens aromatiques.

Nous finirons cette note en faisant observer que les Peintres ne sont pas les seuls Ouvriers attaqués de cette maladie, & que tous ceux qui se servent du plomb y sont sujets, tels que, par exemple, les Plombiers, les Potiers de terre, les Fondeurs en caracteres, les Lapïdaires, les Passe-talonniers, &c.

CHAPITRE IX.

Des Maladies de ceux qui font exposés aux vapeurs du Soufre.

Le soufre étant un des minéraux les plus employés pour les usages de la vie, & donnant plusieurs maladies dangereuses à ceux qui l'extraient, qui le fondent, aussi bien qu'à ceux qui l'emploient dans leurs travaux; nous traiterons dans ce chapitre des maux qu'il fait naître.

Ceux qui font exposés à la vapeur du soufre allumé ou fondu, font sujets à la toux, à la dyspnée, à l'enrouement, & aux maladies des yeux. Cette substance est composée de deux parties, comme nous l'apprend son analyse; l'une est grasse & inflammable, l'autre est acide & éteint le feu, plutôt que de s'enflammer à son contact. Quand le soufre est fondu ou enflammé, son acide volatil réduit en vapeurs, cause les maladies énoncées, sur-tout la toux & la foiblesse de la vue, en blessant; par son action irritante, les poumons & les yeux, dont le tissu est fin & délicat. Ainsi Martial, passant en

revue les Marchands & les Ouvriers qui
interrompoient fon fommeil à Rome,
& le forçoient de fe retirer à fa maifon de
campagne ; après avoir parlé des Chaudronniers, des Monnoyeurs, des Boulangers, des Juifs, &c. n'oublie pas les
Marchands d'allumettes qu'il caractérife
par les yeux chaffieux (*a*).

Les Blanchiffeufes éprouvent combien
eft nuifible le foufre qui brûle, quand
elles y expofent leurs étoffes de foie pour
les blanchir. Elles favent que la vapeur
de cette fubftance ternit les rofes de
leurs joues, & les rend pâles (*b*). On a
coutume dans l'Allemagne de faire brûler du foufre dans les tonneaux, pour
préferver les vins du Rhin de la mu-
cidité pendant plufieurs années. Vanhelmont rapporte ce fait en parlant de
l'afthme & de la toux.

C'eft donc l'acide fulfureux, ennemi des poumons & de la trachée artere, qui caufe les maux détaillés ci-
deffus. On fait l'hiftoire de cette femme

(*a*) *Nec fulphurata lippus inftitor mercis.*

L. 12, Ep. 57.

Ni le chaffieux qui vend des allumettes.
(*b*) *Tingit & afflatas fulphuris aura rofas.*

La vapeur du foufre décolore les rofes, &
les teint en jaune.

infidele qui, furprife par fon mari, ca-
cha fon amant dans fon lit, & fe trahit
elle-même en le couvrant d'une toile
foufrée. En effet, la vapeur du foufre ayant affecté vivement fon amant,
il ne put s'empêcher de touffer & d'éter-
nuer, & de fe découvrir ainfi au mari.
Nous avons encore pour preuve l'hiftoire
de ce Boulanger, qui, voyant des bouts
foufrés, (*a*) avec lefquels ils allument
leur bois, enflammés ; & craignant que le
feu prit à fa maifon, ofa les fouler aux
pieds pour les éteindre, & penfa mourir
fur le champ. Il eut pendant plufieurs
jours une toux très-violente, une grande
difficulté de refpirer ; accidens qui pro-
vinrent, fans doute, du refferrement
des véficules pulmonaires par l'acide
du foufre qu'il avoit avalé. L'huile
d'amandes douces, la diete lactée, le
foulagea un peu ; mais il ne furvécut
pas un an à fon imprudence. Etmuller (*b*)
a obfervé que les vapeurs du nitre & du
foufre caufoient une toux opiniâtre ; &
une difficulté de refpirer. Qu'on ne nous
oppofe pas que le foufre eft communément nommé le baume des poumons ;

(*a*) *Rotulas fulphuratas.*
(*b*) *De vitiis expirationis lefæ.*

car il n'eſt tel que quand on lui a ôté ſon
acide abondant, comme nous l'apprennent Juncken (*a*) & Etmuller. Ce dernier dit poſitivement (*b*), que le ſoufre ne doit être appellé le baume des
poumons, que quand on a ſéparé ſa partie graſſe balſamique de ſon acide cor-
roſif. Juncken donne la maniere de faire
cette ſéparation, en ſublimant le ſoufre avec le corail & la corne de cerf,
qui, en s'emparant de ſon acide, laiſſent
la ſubſtance graſſe ſeule & iſolée.

Je ne vois pas pourquoi pluſieurs de
mes Confreres preſcrivent l'eſprit de
ſoufre dans les maladies de poitrine.
Quoique les Auteurs aient écrit que le
ſoufre eſt excellent dans ces cas là, c'eſt
ſe tromper que d'admettre dans ſon
acide les mêmes vertus que dans le ſoufre entier. On tombe encore dans la
même erreur, lorſque, pour guérir la
galle, on donne à l'intérieur, comme
ſpécifique, le même eſprit de ſoufre
mêlé à quelque bouillon, & lorſqu'on
en preſcrit l'uſage pendant long-temps.
Les bons effets du ſoufre qui entrent
dans les onguens contre la galle, n'offrent

_____

(*a*) Chymie expérimentale.
(*b*) *Mineralogia, cap. de ſulph.*

qu'une

qu'une fauffe analogie, par laquelle on
ne doit pas fe laiffer conduire (1).

---

(1) L'ufage intérieur du foufre, à trop
grande dofe, peut nuire, & même agir comme un poifon. Pline l'a regardé comme dangereux, & il a recommandé le lait d'âneffe à
ceux qui avoient pris de ce minéral. Galien a
dit que le foufre produifoit des ulceres, lorfqu'il reftoit appliqué long-temps fur une partie. Un Auteur qui a écrit fur les poifons, que
Vander-Linden appelle Ardoynis, Ramazzini
Arduinus, & Morgagni Ardoynus, nous apprend que celui qui avale du foufre eft attaqué
de chaleur d'eftomac; que fes inteftins fe tor-
dent, fe déchirent & s'ulcerent. Morgagni a
mis le fceau à ces affertions par deux exemples. On trouve dans fa 55ᵉ lettre fur les ulceres & lè fphacele, articles 10, 11, 12, l'hiftoire d'un Portefaix & de fa femme qui,
ayant pris du foufre dans du vin pour fe guérir de la galle, moururent tous deux avec des
traces non-équivoques d'inflammation & de
gangrene à l'eftomac & aux inteftins.
    La femme tomba malade auffi-tôt après
avoir bu ce mêlange; elle vomiffoit, avoit le
pouls dur & ferré, & la refpiration très-difficile: l'huile d'olives, le lait, deux faignées,
ne purent la fauver de la mort qui arriva environ le quatrieme jour de fa maladie. On l'ouvrit. L'eftomac, les inteftins grèles, & une
grande partie du colon étoient diftendus par de
l'air. L'épiploon étoit remonté, & ne couvroit
point les boyaux; le mefocolon tranfverfe
étoit femé de taches rougeâtres. La face ex-
térieure de l'eftomac offroit des vaiffeaux gon-

E

Je conseille donc à tous les Ouvriers
qui sont exposés aux vapeurs du soufre,

------

flés : à l'intérieur, vers le pilore, il y avoit
un espace arrondi environ de quatre doigts,
blanchâtre, rude au toucher, & injecté de
vaisseaux noirâtres, qui désignoit l'érosion de
la membrane interne, & l'effet d'une inflammation locale & d'une gangrene qui en avoit
été la suite.

Le mari robuste, âgé environ de quarante
ans comme sa femme, & ivrogne comme elle,
n'ayant pas pris une si grande quantité de ce
vin sulfuré, eut une santé aussi vigoureuse
qu'elle avoit coutume d'être, six mois entiers
après la mort de sa femme. A cette époque,
une fievre violente le tua en deux jours. Il
vomissoit, avoit le pouls presque naturel,
mais un mal-aise malin & suspect, la respiration laborieuse, des convulsions, un délire
violent dans lequel il s'écrioit qu'il avoit le
feu à l'estomac. A l'ouverture de son cadavre,
on trouva l'épiploon, les appendices épi-
ploïques du colon, & la membrane adipeuse du
rein gauche, noirâtres & livides ; le colon gonflé
d'air, l'estomac resserré, noir en-dehors & enflammé en-dedans dans une étendue de la lar-
geur de la main, vers le grand cul-de-sac.

Après cette histoire, Morgagni, ayant appris que le vin qu'ils avoient bu avoit séjourné
dans un vaisseau de cuivre, attribue la maladie 1°. à la disposition inflammatoire de l'estomac de ces deux sujets, produite par le vin
dont ils faisoient un usage immodéré ; 2°. à
l'action vénéneuse du cuivre ; 3°. à celle du
soufre sur laquelle il insiste.

On ne peut donc douter que cette substance

de s'en préserver autant qu'il fera en eux, & d'appaifer leur toux avec le fyrop de guimauve, les émulfions de femencés de melon, la tifane d'orge, l'huile d'amandes douces, & de faire un ufage journalier du lait dans leurs alimens (1).

inflammable minérale ne puiffe produire des effets dangereux, dans les premieres voies où elle eft portée en fubftance, & où elle agit à la maniere d'un topique.

(1) Les Ouvriers qui emploient le foufre doivent prendre le plus de précautions qu'il leur fera poffible. Les vapeurs de cette fubftance fondue, ou enflammée, font très-pernicieufes; reçues avec l'air dans le poumon, elles agiffent violemment fur cet organe, picotent fa membrane très-fenfible & très-irritable, excitent une toux violente & convulfive; &, fi elles font long-temps infpirées, ou en trop grande quantité, elles arrêtent le mouvement vital, en deffechant fubitement les véficules pulmonaires, & en empêchant ainfi la dilatation de ce vifcere. On a trouvé les poumons d'une perfonne fuffoquée par la vapeur du foufre, deffechés & rapetiffés au point qu'ils étoient retirés dans le fond des cavités thorachiques, & qu'ils n'en occupoient pas à beaucoup près toute l'étendue. Dans le commencement de l'action délétere de cette fubftance, la vapeur du lait chaud refpirée eft d'un fecours très-efficace, en enveloppant les particules âcres du foufre, & en amolliffant & relâchant les membranes qu'il a crifpées & refferrées dans fon action.

E ij

CHAPITRE X.

Des Maladies des Serruriers.

L'EXPÉRIENCE journaliere nous apprend que les Serruriers sont affligés de maux d'yeux. Je pense que ces maladies viennent, non-seulement du feu violent qu'ils regardent continuellement, mais encore des parties sulfureuses du fer rouge qui, frappant & irritant les membranes de l'œil, font sortir par expression, l'humeur des glandes ciliaires ou de Meibomius, & produisent ainsi la chassie, souvent même des ophtalmies. Juvenal, en parlant du pere de Démosthene, qui faisoit des épées, nous le dépeint chassieux (*a*).

En lisant les mots *luteo Vulcano*, employés par Juvenal, en réfléchissant que

_____

(*a*) *Quem pater ardentis massa fuligine lippus,*
A carbone & forcipibus, gladiosque parante
Incude, & luteo Vulcano ad Rethora misit.

Satyr. 10.

Son pere, devenu chassieux par l'éclat du fer ardent, lui fit quitter la forge, les tenailles, & l'enclume sur laquelle il fabriquoit les épées, pour l'envoyer, de son antre enfumé, sous la dictée d'un Rhéteur.

les Poëtes n'ont jamais donné au feu une
pareille épithete , & qu'ils nomment au
contraire cet élément brûlant, étince-
lant, &c. J'ai imaginé que le Poëte vouloit parler de la couleur jaune que les
métaux en fufion communiquent au vifage des Ouvriers , à caufe du foufre
qu'ils contiennent , comme j'ai eu occafion de l'obferver dans la fabrique
des inftrumens de guerre ; voyant enfuite que le mot *luteo* avoit , dans
le vers de Juvenal , la premiere fyl-
lable breve , j'ai penfé qu'il ne pouvoit fignifier la couleur jaune, mais plutôt quelque chofe de terreux , de limoneux (1).

Puis donc que le fer contient une affez
grande quantité de foufre, il n'eft pas
étonnant que , quand on le chauffe au
rouge , il s'en dégage des molécules fulfureufes , comme du charbon. Ces molécules, en picottant les membranes des
yeux, comme des épingles très - âcérées,
produifent la chaffie & des ophtalmies.

---

(1) L'expreffion de Juvenal , qui fignifie
feu terreux, limoneux , ne feroit - elle pas
prife pour le charbon de terre que les Ouvriers de forge emploient ? Il nous femble que
Ramazzini l'entendoit dans ce fens, quoiqu'il
ne l'ait pas expliqué d'une maniere précife.

Beaucoup de Serruriers m'ont consulté pour ces maladies (1) ; je leur ai conseillé le lait de femme, l'eau d'orge, & les autres tempérans, la saignée même, lorsque l'inflammation est vive : ils doi-

---

(1) On ne peut pas nier que des vapeurs sulfureuses, la lumiere excessivement vive du fer rouge, & la chaleur violente des forges ne puissent causer des ophtalmies aux Serruriers. Mais n'y a-t-il pas aussi d'autres causes qui donnent naissance à ces maladies ? Les particules déliées de fer & d'acier, que la lime disperse assez loin, ne peuvent-elles pas s'introduire dans les yeux de ces Ouvriers, y causer de l'irritation en les picottant, & y exciter ainsi une inflammation qui ne doit cesser que lorsque ce corps étranger sortira ? S'il n'y avoit, en effet, que le feu & le soufre qui causassent cette incommodité, pourquoi tous les autres Ouvriers, qui sont exposés aux mêmes vapeurs ignées & sulfureuses, ne l'éprouveroient-ils pas ? Si cela étoit, comme il est assez vraisemblable de le croire, on pourroit se servir, avec succès, du moyen employé par l'épouse de Fabrice de Hilden, qui fut, en cette occasion, plus adroite que son mari. Une pierre d'hirondelle sera encore très-utile, en entraînant avec elle les particules d'acier qui irritent le globe de l'œil. On emploiera, en outre, les remedes antiphlogistiques, que Ramazzini a recommandés contre les symptômes accessoires, & quelquefois assez violens, qui accompagnent cette ophtalmie métallique.

vent aussi faire usage du petit lait de vache, des émulsions faites avec des semences de melon, & d'une diete rafraîchissante, ainsi que tous les Ouvriers qui se servent d'un feu violent dans leurs travaux ; il faut leur recommander spécialement les bettesraves (*a*), pour leur entretenir le ventre libre : car ils ont coutume d'être resserrés. Si leurs maux d'yeux sont opiniâtres, ils trouveront un bon remede dans l'eau où on éteint le fer rouge ; il faut aussi les avertir de ne point trop regarder ce métal, lorsqu'il sort de la forge, & que sa rougeur blesse les yeux (1).

(*a*) Martial appelle ce légume, *Fabrorum prandia* , le dîner des Artisans.

(1) Les Serruriers & tous les Ouvriers en fer, les Maréchaux, les Taillandiers, &c. sont encore sujets à d'autres maladies : les travaux excessifs auxquels ils sont obligés de se livrer, la nourriture assez peu appropriée à leur genre de vie, l'excès de vin auquel ils s'adonnent la plupart, sont des causes suffisantes de maladies aiguës, très-violentes, auxquelles ils sont sujets. Au reste, il n'y a rien de particulier dans le traitement de ces maladies.

Leurs mains sont ordinairement couvertes de durillons, que le maniement des marteaux fait naître. *Condyloma tylus* , Sauvages. Elles perdent ainsi une partie de leur sensibilité ; mais ce mal est fort léger, & ne vaut pas la peine qu'on s'en occupe.

Ils ont encore à craindre le changement subit de l'air. L'Hiver, enfermés dans des atteliers très-chauds, ils en fortent au milieu du jour & au foir; alors le froid extérieur les faifit, &, en arrêtant la tranfpiration, leur occafionne des rhumes, des efquinancies, des pleuréfies, des péripneumonies Pour éviter ces maladies, rendues plus fâcheufes par l'exercice violent auquel leur métier les expofe, ils auront foin de fe bien garnir en fortant de leur attelier, de défendre même de l'impreffion de l'air leurs mains & leur vifage, & de fe fouftraire ainfi aux rhumes de cerveau; le moindre mal que cette imprudence puiffe leur caufer, qui d'ailleurs peut defcendre fur leur poitrine, & entraîner après foi des accidens plus graves.

CHAPITRE XI.

Des Maladies des Plâtriers & des Chaufouriers.

Le plâtre & la chaux font auffi beaucoup de tort à la fanté de ceux qui cuifent, manient & vendent ces fubftances. Tout le monde fait que le plâtre eft mis au nombre des poifons, &
qu'il fuffoque ceux qui en avalent. Ainfi,
au rapport de Pline (*a*), L. Procu-
leius, courtifan d'Augufte, tourmenté
d'une douleur infupportable à l'eftomac,
s'empoifonna avec du plâtre. Ceux qui
font occupés à cuire, à préparer, à battre, & à paffer cette fubftance, ceux
même qui la vendent, ont, comme je
l'ai fouvent obfervé, une grande difficulté de refpirer, le ventre refferré,
les hypochondres dures & tendues, le
vifage pâle & vraïment plâtré. Ces maux
affligent principalement ceux qui broyent
le plâtre à la meule (*b*); ceux qui le
paffent, ainfi que les modeleurs, qui

(*a*) L. 36, H. N , . . 24.
(*b*). *Molâ afinariâ.*

E v

font avec cette fubftance faline ter-
reufe, des ftatues, des buftes pour orner les temples, les maifons des princes, & les bibliotheques. Ce dernier
ufage eft très ancien, puifque Juvenal
a dit dans une de fes fatyres : « Sachez
» d'abord qu'ils font tous ignorans, quoi-
» qu'ils étalent dans leurs maifons les buf-
» tes de Chryfippe (*a*)». Il s'eft ainfi mo-
qué de ces riches préfomptueux qui,
pour fe donner une réputation de fa-
vans parmi le vulgaire, ornent leurs
bibliotheques des buftes des différens
philofophes.

Les Plâtriers, malgré le foin qu'ils
ont de fe couvrir la bouche d'une toile,
avalent une certaine quantité de particules gypfeufes qui voltigent dans l'air,
& qui, pénétrant dans les organes de
la refpiration, fe mêlent à la lymphe,
fe concretrent en tophus, & forment
des incruftations dans les replis tortueux
des poumons.

Qu'il me foit permis de m'écarter un
peu de mon objet, & de m'arrêter un
inftant fur la nature du plâtre ; ceux qui

(*a*) *Indocti primùm quamvis plena omnia gypso*
Chryfippi invenias ....

Satyr. 2.

ont traité des fossiles, ont dit très-peu
de chose de cette substance. Dioscoride
& Galien ont écrit que le plâtre étoit
emplastique & astringent. Pline (a) a dit
qu'il étoit analogue à la chaux. Les Modernes lui attribuent avec Cesalpin (b),
une qualité obstruante & suffoquante.
Amatus Lusitanus admet une vertu dessi-
cative dans le plâtre, & il dit que ceux
qui le préparent, meurent presque tous,
parce que leur tête foible & malade par
la sécheresse que le plâtre y produit, ne
prépare pas ce qu'elle doit préparer, ne
retient pas ce qu'elle doit retenir, &
ainsi laisse les humeurs tomber aux parties inférieures, & produire une phtisie;
c'est de cette maniere qu'il explique la
mauvaise qualité de cette substance.

Pour moi, je suis persuadé que le plâtre est d'une nature particuliere, & qu'il
a une propriété qui, si je ne me trompe,
n'a été observée par personne; c'est une
force expansive & élastique, peu ressem-
blante, & même opposée aux qualités
de la chaux (1). Ma conjecture a acquis

_____

(a) L. 5 , c. 92.
(b) *De metallicis*, cent. 4, cur. 41.
(1) Cette force expansive & élastique n'est
autre chose qu'une seconde extinction des
molécules du plâtre, qui n'ont pas été imbi-

E vj

plus de force par l'obfervation fuivante.
Lorfque les maçons de Modene, après
avoir abattu d'anciennes colonnes qui
feroient bientôt tombées d'elles-mêmes,
veulent en remettre d'autres de marbre
ou de pierre, ils étayent d'abord l'édifice avec de grandes poutres. Ils affem-
blent les pierres de la nouvelle colonne
avec de la chaux & du mortier; maïs
environ à la hauteur de deux coudées,
& vers le lieu où elle doit fe joindre à
l'ancien édifice porté fur les poutres,
ils fe fervent de plâtre & non de chaux.
Ayant obfervé fréquemment cette manœuvre à Modene, où il a beaucoup de
portiques, & qui eft la ville la plus ancienne du pays en deçà du Pô, j'ai demandé aux maçons eux-mêmes, pourquoi ils employoient le plâtre & non la
chaux pour finir leur ouvrage: ils m'ont
répondu, qu'un mur conftruit de chaux
s'affaiffe, & qu'un autre fait de plâtre
s'éléve; & en effet, obfervation qui eft
affez étonnante, cinq ou fix jours après
la conftruction de la colonne nouvelle,
les poutres qui fervoient d'étais, & fou-

bées d'eau quand on l'a gaché : alors il fe
gonfle confidérablement, & ce gonflement a
lieu tant qu'il conferve une partie de fon humidité.

tenoient toute la maffe de l'édifice, s'éloignent, femblent fe raccourcir petit-à-petit, & tombent prefque d'elles-mêmes ; au lieu que fi l'on avoit employé la chaux, on ne pourroit retirer les étais qu'avec beaucoup de difficulté & de danger pour l'édifice, à caufe de la fecouffe qu'on feroit obligé de lui faire éprouver.

Le plâtre reffemble donc à la chaux par fa vertu coagulante : car tous les deux diffous dans l'eau, uniffent & collent enfemble tous les corps entre lefquels ils fe trouvent (1). Mais le plâ-

___

(1) Il y a une différence très-remarquable dans cette propriété du plâtre & de la chaux : le plâtre feul, & fans addition d'aucune autre fubftance, fe durcit, & unit intimement les pierres, ou les morceaux de bois enfemble ; la chaux ne peut le faire fans l'addition du fable. Cette différence a été très-bien éclaircie, & fa caufe eft parfaitement connue, par les travaux de MM. Pott, Margraf & Macquer. Il réfulte de leurs expériences que le plâtre fe durcit feul, par la cryftallifation de la félénite qu'il contient en grande quantité, & qui aglutine entr'elles les différentes parties de la chaux non diffoute dans l'acide vitriolique, en faifant l'office du ciment que l'on mêle à la chaux. C'eft auffi pour cela que, fi l'on met trop d'eau pour gâcher le plâtre, il ne devient dur que très-difficilement, parce que la

tre a de plus une grande élasticité, en
vertu de laquelle il peut élever des maffes énormes ; il preffe, non-feulement
en bas & en haut, mais encore de tous
les côtés ; fa force eft cependant plus
grande, où il y a moins de réfiftance ;
ainfi, fi fur une poutre on bâtit un mur
de brique & de plâtre, & qu'on l'u-
niffe à un pan de mur ancien, la poutre, quoique très-forte, fe courbe en
bas, parce que l'air qu'elle a fous elle
n'offre pas tant de réfiftance que l'ancien mur, & cette courbure ne vient
pas du poids médiocre du nouveau mur,
mais de la preffion que le plâtre exerce
fur la poutre. La chaux, en outre, a la
propriété de retenir toujours de l'humidité qui l'empêche de fe détruire ; ce
qui fait que les murs font durs comme
du fer près du fol, & dans les fondemens des maifons ; le plâtre au contraire s'ufe & tombe de lui-même près
de la terre, tandis que dans les lieux
élevés, comme dans les cheminées,

---

trop grande quantité d'eau diffout toute la
félenite, & l'empêche de fe cryftallifer. Les
Manœuvres font auffi très-au-fait de cette
opération ; l'ufage leur apprend à proportionner la quantité d'eau au plâtre qu'ils ont dans
leur auge.

quoiqu'il soit arrosé par les pluyes, il ne le céde point à la chaux en solidité (1).

Mais pour revenir à notre objet, il n'est pas étonnant que les molécules gypseuses, reçues dans les poumons par la trachée-artere, mêlés avec le fluide séreux fourni par les glandes pulmonaires, produisent des effets si pernicieux en comprimant les vésicules du poumon par leur force expansive, & en bouchant ainsi le passage à l'air qui doit entrer & sortir alternativement de ces espaces vésiculaires. Les Anciens ont prescrit différens remédes pour guérir les maux produits par le plâtre, quoique cette guérison soit, on ne sauroit plus difficile. Galien (*a*), dans son second Livre des Antidotes, recommande une lessive de cendres de sarmens de vignes ; Guaine-

---

(1) Cet effet tient encore à la propriété qu'a le plâtre d'attirer à lui l'humidité, à cause des molécules de chaux qui n'ont pas été imprégnées d'eau. Il est faux que le plâtre résiste aux pluies, puisque l'on voit souvent des murs dégradés à la longue par les eaux du ciel ; & si le plâtre des cheminées ne le cede pas à la chaux en solidité, ce n'est que parce que le feu qui passe sans cesse dans les tuyaux, le desséche & en écarte toute humidité.

(*a*) Cap. 7.

rus (*a*) emploie la cendre en substance (*b*). Sennert (*c*) loue les excrémens de rat. J'ai employé, avec quelques succès, l'huile d'amandes douces récente, les émulsions de semences de melon. Mais ces Ouvriers continuant toujours leur métier, ils meurent presque tous asthmatiques & cachectiques. J'aurois bien voulu ouvrir le cadavre de quelque Plâtrier ; mais ni les prieres, ni l'argent, ne peuvent faire consentir le peuple de Modene à laisser ouvrir les cadavres de ceux qui meurent d'une maladie extraordinaire. Il se fâche même contre un Médecin qui le demande pour le bien public, & il regarde comme une curiosité inutile de chercher la cause d'une maladie qu'on n'a pu connoître (1).

(*a*) *De venenis*, cap. 8.
(*b*) *Pondere tertii.*
(*c*) T. 3, l. 6, p. 6, cap. 2.

(1) Les maux que le plâtre produit sont différens, suivant les différentes manœuvres que les Ouvriers y emploient. Le plâtre crud agit différemment que le cuit. Les Ouvriers qui le tirent de la carriere, sont exposés à des maladies fâcheuses, produites par les fragmens déliés de la pierre à plâtre, qui s'insinuent dans leurs poumons & dans leur œsophage. Ceux qui le calcinent ont à craindre la chaleur violente de leurs fours, & les vapeurs

La chaux ne nuit pas tant que le plâtre à ceux qui la manient. Nouvellement tirée des fours où on la calcine,
elle brûle comme le feu qui a agi sur
elle. Aussi Paul Zacchias (*a*) est-il étonné
qu'on permette des fours à chaux dans
les villes, malgré les vapeurs pernicieuses qui s'en élevent. Il n'y a rien qui re-
tienne plus long-temps les molécules de
feu dans ses pores que la pierre calcaire
qui a éprouvé l'action de cet élément.
La chaux gardée un an délayée dans
l'eau, répand de la fumée, & démontre
le feu qu'elle contient en faisant bouillir

âcres qui s'en élevent & infestent tout le voisinage. Enfin, ceux qui le battent & qui le
passent, sont sujets à des maux de poitrine &
d'estomac, causés par cette poussiere âcre &
ténue, qui voltige & remplit même les rues
où ils travaillent. Ces derniers ont des maladies plus à craindre que ceux qui tirent le plâtre de la carriere, parce que cette substance
saline calcinée acquiert une âcreté considérable que n'a pas le plâtre crud. Outre les adoucissans & délayans que Ramazzini recommande, les purgatifs & les-vomitifs sont très-
indiqués dans ces dégoûts, ces nausées &
ces pertes d'appétit, qui sont particulieres aux
Ouvriers qui tirent le plâtre de la carriere, &
peuvent détruire la couleur pâle & livide, &
la bouffissure qui les distinguent.

(*a*) Q. M.-L., l. 5, tit. 4, q. 7.

l'eau qui la diſſout petit-à-petit ; en vieil-
liſſant & ſe réduiſant en poudre, elle
perd beaucoup de ſubſtance ignée. Elle
bleſſe donc moins les Ouvriers dans
cette derniere circonſtance ; mais cependant elle a toujours une âcreté corroſive qui attaque la gorge, les yeux
& l'organe de la voix. On guérit facilement ces accidens, en buvant de l'eau
& des émulſions de ſemences froides.

La chaux rend les mains des maçons
ridées ; elle y produit quelquefois des
ulcéres, & elle guérit la galle, s'ils en
ſont attaqués ; auſſi tient-elle un rang
diſtingué entre les remédes anti-pſori-
ques, parce que ſon alcali abſorbe &
corrige l'acide qui produit la galle. C'eſt
pour cela que Willis (*a*) recommande
une décoction de chaux dans le diabetes : car, quoique, dit-il, « ce remede
» paroiſſe devoir plutôt exciter un flux
» d'urine par ſa chaleur & ſon action at-
» ténuante, il le guérit cependant quand
» il exiſte, en abſorbant & détruiſant
» les ſels acides qui ſont la cauſe de la
» fonte des humeurs & de leur ſortie
» par les voies unipaires » ; c'eſt pour
cela que Morton loue beaucoup la dé-

(*a*) *In Pharmaceuticâ rationali.*

coction de chaux dans la phtifie pulmonaire (1).

Quelques Chymiftes ont imaginé que
la chaux vive contenoit deux fels dif-
tincts, qui, fans action après la calcination, forment l'effervefcence qu'on obferve, quand l'eau les diffout, & leur

---

(1) Toutes ces étiologies hafardées font
dues à Sylvius de Leboë, qui regardoit l'acide
comme caufe de toutes les maladies. Ramazzini avoit, à ce qu'il paroît, adopté en partie ce fyftême, puifqu'il attribue à un acide
vicieux, la galle, le diabetes, la phtifie, &
les ulceres fordides. Il y a encore d'autres endroits de fon Ouvrage, où il admet le même
vice dans plufieurs autres maladies ; cependant
l'action de la chaux dans le diabetes, la galle,
la phtifie, & les ulceres, peut très-bien s'expliquer fans avoir recours à un acide dans ces
affections. La chaux agit comme aftringente,
defficative, déterfive, repercuffive, & peut,
par conféquent, guérir les maladies énoncées : d'ailleurs, quand même on ne pourroit
expliquer le *modus agendi* d'un médicament,
l'expérience ne fuffiroit-elle pas pour en permettre l'ufage ? On feroit trop heureux fi de
pareilles opinions ne faifoient point de tort
aux hommes, & n'étoient reçues que dans les
Ecoles. Mais malheureufement beaucoup de
Médecins ont porté cet efprit de fyftême au
lit des malades, & ont facrifié l'expérience
à leur opinion : quand verrons-nous la théorie
d'accord avec la pratique ?

communique le mouvement. Jean Bo-
hon (*a*) regarde cette opinion comme
fort suspecte, puisque l'observation démontre que les alcalis fixes s'échauffent
avec l'eau, sans avoir besoin du mêlange
d'un acide. S. Augustin (*b*) étoit étonné, que la chaux bouillît dans l'eau, &
restât froide dans l'huile. Il y a tout lieu
de croire que la chaux vive contient
beaucoup de sel alcali, puisque les remedes qu'on prépare avec cette substance, guérissent très-bien les ulcéres
sordides, dans lesquels l'acide est très-
abondant. Il sera donc à propos, pour
détruire les maux des Chaufouriers, de
leur prescrire la décoction de mauve,
de violette, le beurre frais, & sur-tout
le lait, qui remédie très-bien à la sécheresse & à l'âcreté du gosier.

TELS sont les différens Ouvriers
que je connoisse, dont les miasmes minéraux alterent la santé; soit qu'ils travaillent ces substances, soit qu'ils les
emploient dans leur ouvrage. Telle est
la maniere de guérir leurs maladies, que
je n'ai fait qu'effleurer. Le devoir du

(*a*) *In suis Meditat., de aëris influxu, cap.* 7.
(*b*) *De civit. Dei, l.* 21, *c.* 7.

Médecin , auprès de ces malades , eſt
de les rétablir le plus promptement qu'il
lui eſt poſſible , en leur adminiſtrant des
remedes forts & appropriés , puiſque
ces malheureux prient ſouvent les Médecins de leur donner ou la mort ou
une guériſon prompte. Il faut donc avoir
ſoin , dans les maladies des Artiſans ,
d'accélérer la cure , ſans quoi l'ennui
d'une maladie longue , leur inquiétude
ſur le ſort de leur famille , les jettent
dans la conſomption. C'eſt ici le lieu
de rapporter ſur cet objet , la maniere
de penſer du divin Platon , qui ne pourra,
ſans doute , que faire plaiſir à nos Lecteurs. Voici ſes propres paroles (*a*) : « Si
» un Ouvrier eſt malade, le Médecin doit
» le guérir, ou par les vomitifs ou par
» les purgatifs, ou par le fer ou par le
» feu. S'il veut lui preſcrire un régime
» exact & ſévère, lui couvrir la tête de
» paquets de médicamens, & lui faire
» tous les autres remedes de cette na-
» ture, l'Ouvrier a ſoin de lui faire ob-
» ſerver qu'il n'a pas le loiſir d'être ma-
» lade ; qu'il ne peut employer ſa vie
» à eſſayer un fatras de médicamens,
» & négliger ainſi ſon travail ; après

(*a*) *De Repub.* , dial. 3 , p. 385.

» cette obfervation , il dit adieu **au Mé-**
» **decin** , & reprenant fon premier train
» de vie , il fe remet à l'ouvrage s'il
» entre en convalefcence , & fi fon corps
» ne peut foutenir la maladie , la mort
» le délivre de tous fes maux ».

J'ai moi-même fouvent obfervé que
les Ouvriers, dont la convalefcence n'eft
pas affez prompte à leur gré , reprennent leurs travaux avec leur mauvaife
fanté , & fe fouftrayent aux remedes dont
l'ufage doit être long-temps continué ,
& qui ne peuvent convenir qu'aux riches (1). En effet , ces derniers ont tou-

_____

(1) En vain les détracteurs de la Médecine fe fonderoient fur ce paffage , pour lui
porter atteinte. Les intentions de Ramazzini
étoient très-pures ; il n'a voulu défigner que
la maniere différente de traiter les maladies
des pauvres & celles des riches : il y a plus ,
c'eft que cette cure plus longue eft néceffaire
dans les maladies de ces derniers , parce qu'ils
ne pourroient pas fupporter les remedes actifs
dont les Ouvriers ont befoin. Il feroit dangereux de donner les mêmes remedes à un Laboureur vigoureux qu'à un citadin délicat ; & le
traitement du premier , qui peut fe faire par
d'amples faignées, des vomitifs & des purgatifs violens , tueroit certainement le fecond
qui n'a befoin que de délayans , de diete ,
d'exercice modéré , de lavemens , de doux la-
xatifs , &c. : d'ailleurs Ramazzini a donné le
correctif de cette phrafe un peu plus bas.

jours à leur côté un Médecin qui leur
coûte peu ; ils ont, en outre, du temps
de reste pour être malades, & font quelquefois semblant de l'être, pour faire
parade de leurs richesses, ainsi que nous
l'apprend Martial d'un certain riche son
contemporain. « Le riche en effet, dit
Platon, un peu après l'endroit cité, « n'est
» pressé par aucun travail ; & s'il est
» forcé de l'abandonner, il a toujours
» sa vie assurée, puisqu'il n'attend pas
» après pour se procurer son nécessaire ».
Il y a toutefois des Praticiens qui, par
une coutume blâmable, prolongent la
cure de certaines maladies, que la nature auroit guéries en bien moins de
temps. Ils commencent d'abord par les
adoucissans & les altérans, ils n'oublient
pas sur tout les syrops. Ils passent ensuite aux purgatifs, aux saignées ; & ils
ont le plus grand soin de faire éclorre
chaque jour une nouvelle formule ; on
pourroit justement leur appliquer ce
qu'Horace dit d'un Poëte ennuyeux,
qu'il compare à la sangsuë (1).

_____

(1) *Quem semel arripuit, tenet occiditque legendo,*
Non missura cutem nisi plena cruoris hirudo.

Si une fois il trouve quelqu'un d'assez com-
plaisant pour l'écouter, il s'acharne sur lui,
& le fait périr d'ennui ; comme une sangsuë

Revenons maintenant à notre objet. Pour guérir les Ouvriers qui se servent de métaux ou de minéraux pernicieux, il faut choisir des remedes dans la classe des minéraux; leur administrer les émolliens végétaux, les antidotes connus, la thériaque, le mithridate, & tous les spécifiques contre les effets pernicieux des poisons. On fera usage des purgatifs & des vomitifs à double dose, à cause de la résistance qu'opposent les substances métalliques adhérentes à leurs viscéres. On consultera les Auteurs qui ont écrit sur les poisons, tels que Guainerus, Cardanus, Arduinus, Baccius, Parée, Sennert, Prevôt, Etmuller, & plusieurs autres. Ils proposent tous dans leurs ouvrages une foule de remedes pour chaque poison en particulier. On recommandera à ces Ouvriers le régime adoucissant, & la diete lactée, comme d'excellens préservatifs. On aura soin sur-tout de ménager leur sang, & d'en être avare ; ils ont rarement besoin d'être

---

qui ne quitte point prise, qu'elle ne soit remplie jusqu'à crever.

Ramazzini applique ces deux vers aux Médecins dont il parle, en changeant le mot *legendo* d'Horace en *medendo* :

Quem semel arripuit, tenet occiditque medendo.

saignés

saignés, si ce n'est dans une inflammation vive. Enfin on leur prescrira toutes les précautions nécessaires, & déjà
indiquées pour les empêcher d'avaler les
vapeurs métalliques qui s'exhalent de
leurs ouvrages.

CHAPITRE XII.

Des Maladies des Apothicaires.

Pour faire digreſſion, nous allons parcourir les boutiques des Apothicaires, qu'on regarde communément comme le temple de la ſanté, & où cependant la mort peut être cachée (1). Ces Artiſtes, en préparant des remedes pour la ſanté des autres, alterent quelquefois la leur. Ils éprouvent ſouvent les effets funeſtes de différentes préparations, comme dans celle du laudanum, dans la pulvériſation des cantharides pour les véſicatoires, & d'autres ſubſtances vénéneuſes, dont les atômes ſubtils élevés par le pilon, pénétrent dans l'intérieur du corps par toutes les voies qui y conduiſent. C'eſt ainſi que l'opium fait naître l'aſſoupiſſement & le ſommeil (2); c'eſt pour cela qu'Etmul-

---

(1) *Niſi forſan inibi, veluti mors in ollâ, interdum deliteſcat.*

(2) L'opium & tous les narcotiques, le ſolanum, le ſtramonium ferax, la juſquiame, le phyſalis ſomnifera, la mandragore, agiſſent puiſſamment ſur les nerfs & en aſſoupiſſent l'action. Souvent les molécules de ces

ler (a) conseille aux Apothicaires de boire
du vinaigre en préparant le laudanum :
car il n'y a rien qui corrige mieux la
substance narcotique de l'opium, que cet
acide. Des expériences nombreuses ont
prouvé que la poudre des cantharides,
mises sur la peau, produit une difficulté d'uriner, & une ardeur dans les
voies urinaires. J'ai connu un Apothicaire qui, ayant touché ses parties gé-

---

substances, que le pilon fait voltiger, produisent des vertiges, un assoupissement, ou
une envie de dormir très-forte a ceux qui les
respirent. Il paroît, par les expériences de
M. Lorry, qu'appliqué immédiatement sur les
nerfs, l'opium agit encore avec plus de
promptitude & d'énergie. Au reste, le même
Médecin a éprouvé que ses effets ne sont pas
à beaucoup près les mêmes sur toutes les personnes. Galien a vu naître une mutité par de
l'opium mis dans l'oreille, afin d'en appaiser
les douleurs ; appliqués sur les yeux, ces poisons y causent une mydriase & une goutte se-
reine. Les Apothicaires doivent donc prendre
des précautions en pulvérisant ces substances,
& en les exposant a l'action du feu ; le castoreum, mêlé avec elles, en corrige la trop
grande force, & diminue leur activité. Le
vinaigre, d'ailleurs, est le remede souverain
dans ces cas, & une expérience multipliée en
a assuré l'efficacité.

(a) *De lethargo*, cap. 7.

F ij

nitales, après avoir porté dans sa main
la racine de pied de veau (1), fut attaqué d'une si violente inflammation
dans la premiere de ces régions, qu'il
manqua de périr par la gangrene & l'hémorrhagie violente qui succéderent au
premier accident. Le Comte de Verulamius (*a*) rapporte que la poudre qui
voltige quand on pile la coloquinte, a
plus d'une fois causé des coliques & des

---

(1) Je fis moi-même l'épreuve fort incommode de l'âcreté de cette racine. En ayant déter-
ré une, dans une herborisation, & voulant en
connoître la saveur, je la portai à ma bouche,
& la coupai en deux morceaux d'un coup de
dent. A l'instant même, je crus avoir un charbon à la bouche; ma langue & mon palais se
couvrirent de tumeurs blanches acérées qui
me cuisoient beaucoup; j'entrai chez un pay-
san le plus voisin, je demandai du lait qui
calma pour l'instant la douleur, j'en pris dans
une bouteille, & j'en tins continuellement une
gorgée dans ma bouche jusqu'à la ville. Le mal
diminua beaucoup dès le soir, mais il me
resta, pendant plusieurs jours, une difficulté
de manger & une sensibilité extrême dans
toute la bouche qui étoit douloureuse; elles
ne céderent qu'à l'eau de miel dont je fis usage
jusqu'à la fin de ces accidens. Instruit à mes
dépens, je me promis bien de ne plus goûter
désormais aux substances âcres, & de ne pas
en mesurer l'action sur mes organes.

(*a*) Syl. syl., cent. 10.

flux de ventre dangereux aux Apothicaires. Tout le monde connoît l'extrême
volatilité de la poudre des cantharides
& l'effet pernicieux qu'elle a coutume
d'opérer sur les reins & sur la veſſie. Si
on obſerve ces inſectes au microſcope,
on voit qu'ils ſont hériſſés de petits
dards très-acérés; on peut conſulter ſur
cet objet Olaüs Borrichius (a). Il dit
avoir obſervé que ces dards ſont plus
petits aux aîles & aux pieds que ſur la
tête, & il croit avoir répondu par cette
découverte, à cette queſtion, ſavoir ſi,
ſuivant l'avis d'Hippocrate, on doit employer les cantharides après leur avoir
coupé la tête, les aîles & les pattes, ou ſi
on doit les adminiſtrer entieres, comme
Galien le veut, & comme l'a prétendu
auſſi Etmuller. Ce dernier penſe que
cette diſpute eſt en pure perte, puiſque
chaque partie des cantharides a également
ment la vertu corroſive & ulcérante. Il
faut donc que ceux qui pilent les cantharides, prennent garde de ne pas avaler la pouſſiere qui voltige, en s'en ga-
rantiſſant d'avance, ou en buvant pendant qu'ils travaillent une émulſion
de ſemences de melon; ils pourront

(a) Bonnet, Méd. Septent., p. 2, pag. 816.

aussi se servir avec succès du lait ou du petit lait de vache, pour tempérer l'ardeur d'urine qui leur survient dans cette opération (1).

Mais ce ne sont pas seulement des odeurs désagréables qui nuisent aux Apothicaires, comme dans la préparation de

---

(1) L'action si singuliere des cantharides sur les voies urinaires ne peut se plier à nos conjectures. Soit qu'on en respire les molécules dispersées dans l'air, qu'on les avale en substance, ou qu'on les applique sur la peau, leur énergie se manifeste sur la vessie, peut-être à cause du mucus qui enduit cet organe, & qui enveloppe & attache les parties déliées de ces insectes ; ou mieux par une vertu spécifique, un *occultum quid*, un rapport secret qu'elles ont avec les organes urinaires. Cette derniere opinion sembleroit autoriser l'observation des Anciens, qui admettoient des remedes céphaliques, ophtalmiques, pectoraux, cordiaux, hépatiques, stomachiques, &c. Quelle que soit la raison & le méchanisme de leur action, elles causent une inflammation vive de la vessie, un priapisme violent, une dysurie, un pissement de sang, quelquefois même des convulsions dans différentes parties. Outre les délayans généraux, les anti-phlogistiques qui peuvent convenir dans tous ces cas, on recommande aussi le camphre : il agit spécifiquement contre l'acrimonie des cantharides, & il détruit les convulsions qu'elles occasionnent, pris à la dose de quelques grains dans de l'huile d'amandes douces.

l'onguent d'althea qui caufe à quelques-
uns des naufées & des vomiffemens : les
odeurs agréables peuvent auffi altérer
leur fanté. Ces dernieres ont une qualité finguliere, & elles produifent des
effets furprenans, fuivant la difpofition
des fujets fur lefquels elles agiffent.
J'ai vu, dans le printems, quelques Apothicaires fe plaindre d'un violent mal de
tête en faifant des infufions de rofes pour
les fyrops (*a*) ; leur boutique alors
eft parfumée d'une odeur de rofes très-
forte (1) qui, chez quelques-uns, produit même une diarrhée.

(*a*) *Syrupis Aureis.*

(1) Il y a, dans le Latin, *cùm tota officina
Peftana rofaria redolet.* Cette expreffion eft
empruntée de Virgile qui a dit, dans fes Géor-
giques :

Biferique rofaria Pæfti.

Voici la note de M. de Lille fur ce paffage.
« La ville de Peftum, en Lucanie, eft au-
» jourd'hui un village de la Calabre. Autre-
» fois ce pays étoit célebre pour fes belles
» rofes, qui croiffent deux fois dans l'an-
» née », p. 342. J'ai cru qu'il m'étoit permis
de ne pas rendre le mot *Peftana*, qui n'ajoute
rien au fens, & qui n'eft, dans cette phrafe,
que comme beaucoup d'autres expreffions poé-
tiques, répandues par-tout dans l'ouvrage de
Ramazzini.

F iv

Ceux des Apothicaires qui ont l'odorat très-délicat, doivent fuir, le plus qu'ils pourront, ces sortes d'odeurs, sortir de temps en temps de leur boutique pour respirer l'air frais, ou avoir sous le nez des odeurs qui leur sont plus agréables, & qui peuvent corriger l'effet nuisible des premieres. On peut voir Sennert (*a*) sur l'odeur nuisible des roses, & Ott. Takenius dans son *Hippocrates Chymicus*. Levinius Lemnius (*b*) nous apprend que les habitans de l'Arabie sont si abattu par les odeurs douces qui parfument tout leur pays, qu'ils recherchent les odeurs les plus fétides comme un baume salutaire qui adoucit (*c*) leurs maux. On lit dans Gaspard à Rejes, qu'un pêcheur ayant respiré les odeurs fortes qui étoient répandues dans le palais de Sebastianus, Roi de Lusitanie, tomba subitement en syncope, & parut n'avoir aucun signe de vie. Le célebre Thomas de Vega le fit porter au bord de la mer ; on le roula par son ordre dans le limon & l'algue marine : bientôt il revint à lui, & reprit sa premiere

---

(*a*) Tom. 1 , l. 5 , sect. 6 , p. 3 , cap. ult.
(*b*) De occult. nat. mir. , l. 2 , c. 9.
(*c*) Camp. Elys. , q. 99.

vigueur , comme il arrive à ces vils
animaux qui font leurs délices de se
vautrer dans les bourbiers les plus sales. Bâcon (*a*) assure qu'à l'ouverture
des magasins d'aromates , où ils ont été
long-temps enfermés , ceux qui trans-
portent & remuent les masses odoran-
tes , sont menacés de fievres & d'inflammations (1).

_____

(*a*) Nov. organ. , l. 2.

(1) La pulvérisation de la coloquinte , des
cantharides , de la racine de pied de veau ; la
préparation du laudanum , de l'onguent d'althea ; l'odeur des roses , dont Ramazzini parle
dans ce chapitre , ne sont pas les seuls dangers
auxquels les Apothicaires sont exposés. Il y a
beaucoup d'autres substances dont les vapeurs , ou les molécules , peuvent faire le plus
grand tort à la santé de ces Artistes. Un détail
exact & précis de tous les corps qui peuvent
nuire , & dont on se sert dans la Pharmacie ,
seroit , sans doute , d'une grande utilité pour
les Apothicaires , sur-tout si l'on y joignoit les
remedes qui peuvent prévenir , détruire , ou
adoucir leur action. Mais ce travail demande
un grand nombre d'observations faites dans
les laboratoires pharmaceutiques , & ne peut
être complet qu'en passant en revue toutes
les substances médicamenteuses. Nous nous
contenterons de rapporter quelques faits , qui
pourront servir de matériaux pour cet Ouvrage.

Parmi les minéraux , l'arsenic , l'anti-

F v

moine, les acides, &c., peuvent produire des
accidens terribles dans les différentes préparations où ils entrent. M. Gardane rapporte,
page 43 de sa Traduction de Stockhusen, que
la poussiere antimoniale, qui s'élevoit d'une
grande quantité de kermès qu'on pulvérisoit,
donna à tous les gens de la boutique où se
faisoit cette opération, un commencement
d'ophtalmie, quelques légeres envies de vomir, & un peu de mal de tête. Le garçon qui
pulvérisoit le kermès, eut un mal de tête violent, des cuissons vives dans les yeux, des
ardeurs d'urine, & sur-tout un serrement de
gorge & de poitrine qui l'empêchoit presque
d'avaler & de respirer. Il guérit assez promptement, au moyen de deux saignées du bras,
de beaucoup de petit-lait, & de lavemens
émolliens.

M. F * * *, Apothicaire à Argentan, voulant faire le foie d'antimoine, mit les substances nécessaires à cette préparation dans un
mortier de fer. Son laboratoire étant trop
étroit pour cette opération, il fit transporter
le mortier dans son jardin. Comme, après
avoir mis le feu à sa matiere, il voulut couvrir son mortier, un coup de vent lui envoya
la fumée abondante qui s'en élevoit, dans le
visage. Aussi-tôt il lui prit une toux convulsive,
qui dura pendant plusieurs mois avec la même
violence; elle étoit accompagnée d'une soif
inextinguible, qui le faisoit boire sans cesse.
Il se déclara une fievre lente, la toux diminua peu-à-peu & le malade maigrit à vue
d'œil, & mourut enfin d'une phtisie confir-
mée environ cinq ans après cet accident.

Le sublimé corrosif, l'aquila alba, le préci-
pité rouge, le verd, le beurre d'antimoine,

& toutes les autres préparations, ou les acides minéraux, entrent dans un état de con-
centration ou de division extrême, expofent
les Apothicaires aux plus grands dangers malgré les précautions qu'ils prennent.

La vapeur de l'acide vitriolique bouillant,
celle des acides nitreux & marin font très-
dangereufes, & peuvent faire mourir ceux qui
les refpirent s'ils ne font promptement fecourus. Un Apothicaire, ayant befoin d'huile de
vitriol rectifiée pour l'æther, fit cette opération la nuit dans une chambre où étoient couchées deux perfonnes, qui n'étoient féparées
du laboratoire que par des planches mal join-
tes. L'appareil étoit placé au milieu de la
chambre, pendant que l'acide diftilloit, la
cornue fe fendit. Bientôt la vapeur vitriolique
réveilla une Domeftique, qui, fe fentant prife
à la gorge & à la poitrine, voulut s'enfuir. Le
bruit qu'elle fit avertit l'Artifte, qui étoit
defcendu pour quelque affaire. Il remonta
très-vîte, & traîna, comme il put, hors de
cette chambre la Domeftique qui n'avoit plus
la force de touffer, & une autre perfonne qui
couchoit près de là, & qui fe fentoit déjà des
mauvais effets de la vapeur acide. Sans ce fecours, ces deux perfonnes auroient peut-être
été étouffées. Comme elles ne reftèrent pas
long-temps expofées à l'action de cette vapeur, cet accident n'a eu aucune fuite.

Beaucoup de végétaux comportent auffi des
dangers dans leurs préparations. Plufieurs,
dans leur exficcation, répandent des vapeurs
de différente nature, qui agiffent fur les
nerfs, les agacent, ou en engourdiffent l'action. Un jeune homme ayant mis, un jour, de
la belladone fécher dans fa chambre, fut at-

taqué de vertiges le lendemain. La fleur de til-
leul répand une odeur qui fait mal à la tête,
à ceux qui ont les nerfs très-irritables. On a
beaucoup parlé des exhalaisons dangereuses
du noyer, de l'if, &c. : les fleurs légumineu-
ses ont quelquefois produit la folie. Les Apothicaires doivent donc exposer les plantes
qu'ils veulent desſécher, dans des lieux élevés, vaſtes, bien aérés, & ſur tout éloignés
des endroits où ils ſont ſouvent ; tels que leur
boutique, leur laboratoire, & leur chambre
à coucher.

Il y a auſſi quelques précautions que les
Apothicaires doivent prendre en préparant
certains remedes compoſés, dans leſquels il
entre quelque ſubſtance âcre, & dont l'action
eſt très violente. Telles ſont toutes les réſines
purgatives, la ſcammonée, l'aloës, la gom-
me-gutte, &c. Quelques-unes ſont ſi actives,
qu'elles produiſent des boutons & des déman-
geaiſons aux endroits de la peau qu'elles touchent. Ils doivent éviter, avec ſoin, de porter leurs mains à leur viſage & à leurs yeux.
J'ai vu un garçon Apothicaire qui fut attaqué
d'une ophtalmie aſſez violente, pour s'être
frotté les yeux, en malaxant la pâte d'églan-
tine, ou des pillules purgatives de Rotrou.
Ces organes devinrent ſur-le-champ très-dou-
loureux, & les paupieres s'enflerent au point
qu'il fut obligé de tenir les yeux fermés. Cet
accident réſiſta au bain d'eau tiede & d'huile,
& il ſe diſſipa de lui-même au bout de ſix
heures.

CHAPITRE XIII.

Des Maladies des Vuidangeurs.

Dois-je maintenant, en fortant des boutiques des Apothicaires, où font répandus les parfums les plus agréables, conduire des Médecins dans les lieux fales & dégoûtans où travaillent les Vuidangeurs? N'exciterai-je pas leur mauvaife humeur par un fi grand contrafte? Cependant des Savans qui tous les jours fe font un devoir d'examiner les excrémens & les urines des malades, pour y découvrir l'état de leurs maladies, peuvent-ils dédaigner de vifiter les latrines, pour y obferver avec moi les maux qui attaquent ces malheureux Ouvriers, & ne doivent-ils pas fe fouvenir de ces paroles d'Hippocrate (*a*), « il faut que le Médecin obferve les » chofes les plus défagréables, & faffe » les actions les plus rebutantes ».

Il n'eft pas non plus déshonorant pour un philofophe de joindre à la contemplation des grandes chofes, l'obferva-

_____

(*a*) *De Flat.*, *n.* 1.

tion des plus minutieuses, & d'avoir recours aux exemples méchaniques. C'est
en ce sens que Socrate (*a*) fit une réponse
adroite & heureuse à Hippias. Ce dernier voyant que Socrate, dans sa recherche de la nature du beau, faisoit
demander par quelqu'un, si sur une belle
marmitte pleine de bons légumes, il
convient de mettre un couvercle d'or ou
de terre, dit avec mépris qu'il ne dis-
puteroit pas avec un tel homme : Socrate alors lui répondit, vous avez raison, mon ami, vous ne pouvez vous
contenter de ces paroles, vous qui êtes
couvert d'un habit si précieux, dont la
chaussure est si élégante, & qui jouissez
dans toute la Grece de la réputation de
sage, pour moi rien n'empêche que je
converse avec cet homme. Puis donc
que dans notre siecle, la Médecine est
réduite à la méchanique, on peut sans
honte s'occuper des Méchaniciens du
bas étage, sur-tout lorsqu'on n'a en
vue que la recherche de la vérité (*b*).

C'est ici le lieu de rapporter l'aventure qui m'a fourni la premiere idée
d'un traité sur les maladies des Arti-

(*a*) *Plato, de Pulchro.*
(*b*) *Plato, loc. cit.*

fans. Comme les maifons de notre ville, très-peuplée pour fon étendue, font fort hautes & remplies de monde, on eft obligé de vuider tous les trois ans les foffes des latrines, placées fous le fol des rues. Pendant qu'on vuidoit la mienne, je m'avifai d'examiner un des Vuidangeurs qui, dans ce goufre infernal, travailloit avec précipitation & anxiété. Touché du danger qu'il couroit, je lui demandai pourquoi il fe preffoit tant, & s'il ne craignoit pas de fe laffer. Alors ce malheureux levant les yeux fur moi, « perfonne, me dit-il, ne peut imagi- » ner ce qu'il en coûte, pour refter plus » de quatre heures dans cette foffe ; c'eft » rifquer de devenir aveugle ». Quand il fortit de ce lieu, j'examinai fes yeux avec attention, ils me parurent enflammés & obfcurcis ; lui ayant demandé quel remede il employoit contre cette incommodité, « il n'y en a pas d'autre, « me répondit-il, que de rentrer chez » foi fur le champ, de fe renfermer dans » une chambre obfcure, & d'y refter » jufqu'au lendemain, en s'y baffinant de » temps en temps les yeux avec de l'eau » tiede ; ce moyen appaife la douleur, & » foulage un peu ». Enfin ayant voulu favoir de lui, s'ils n'avoient pas outre

cela une chaleur au gosier, une difficulté de respirer, une douleur de tête,
si cette odeur affectoit leur nez & leur
donnoit des envies de vomir ; « rien de
» tout cela, reprit-il, aucune partie n'est
» attaquée que les yeux ; & si je vou-
» lois continuer cet ouvrage plus long-
» temps, avant le jour je deviendrois
» aveugle, comme il est arrivé à plu-
» sieurs d'entre nous ». Après ces répon-
ses, il me dit adieu, & gagna son logis
en se bouchant les yeux avec ses mains (1).

Après cette aventure, j'observai beaucoup d'anciens Vuidangeurs borgnes ou
aveugles, qui demandoient leur vie dans
la ville. Je ne suis pas étonné qu'une
exhalaison si pernicieuse blesse le tissu
délicat des yeux. Il y a dans Baillou (a)
l'histoire d'un malheureux Parisien, qui
devint ophtalmique en balayant les rues.
Mais ce qui m'a frappé & ce qui m'étonne

---

(1) M. Sauvages, en parlant de cette maladie des yeux à laquelle les Vuidangeurs sont
sujets, & qu'il appelle *amaurosis Foricario-*
rum, leur conseille de se servir de lunettes
concaves, telles que celles dont on se sert
pour les personnes louches, & de les appliquer de façon qu'elles puissent garantir leurs
yeux de ces vapeurs pernicieuses.

(a) L. 2, Epid.

encore, c'est qu'il n'y ait que les yeux qui soient affectés par cette odeur fétide, sans que d'autres parties, comme les poumons & le cerveau s'en reffentent, quoique la texture molle & délicate de ces viſceres ſemble les rendre plus ſuſceptibles d'être attaqués; la raiſon échoue à cette fois contre l'explication de ce phénomene.

Je croirois volontiers que c'est un acide volatil qui s'échappe de ces foſſes. Cette conjecture paroît aſſez probable par la couleur noire que les vapeurs ſtercorales communiquent aux pieces de monnoie que les Vuidangeurs ont dans leur poche, aux vaiſſeaux de cuivre qui ſont dans les cuiſines voiſines, & aux tableaux qui bruniſſent dès que cette exhalaiſon les a touchés. Mais de pareils effluves ne devroient-ils pas nuire aux poumons, puiſque rien n'eſt ſi pernicieux à ces viſceres, qu'un acide quelconque? Le ſang lui-même, dont la ſaveur & la nature eſt ſi douce, ne devroit-il pas en être altéré? Cependant ces vapeurs malignes n'attaquent que les yeux qui en ſouffrent beaucoup, & qui perdent ſouvent la faculté de voir. Eſt-il ſatisfaiſant pour des Naturaliſtes de ſavoir que, comme certains poiſons ont une antipathie particuliere avec quelques parties du corps humain, le liévre marin, par exemple, avec les poumons, les cantharides avec la veffie urinaire, la torpille avec les nerfs, de même les exhalaifons des excrémens humains livrés pendant trois ans à la putréfaction, ont acquis un caractere de malignité tel, qu'elles n'attaquent que les yeux, fans léfer aucune partie. J'avoue que cette explication donnée par un autre, ne me paroîtroit pas mériter beaucoup de confiance; auffi ne m'efforcerai je pas de la faire paffer pour meilleure qu'elle n'eft.

Rien n'eft plus commode, il eft vrai, que cette antipathie particuliere de certaines fubftances avec quelques parties du corps; c'eft un moyen prompt & facile de répondre aux queftions embarraffantes; mais c'eft expliquer un phénomene obfcur par un autre qui l'eft encore davantage. Olaüs Borrichius (*a*) ne croit pas que les cantharides foient fpécifiquement plus nuifibles à la veffie qu'aux autres parties, toutes chofes d'ailleurs égales, ce Médecin foutient que fi ces infectes pris par la bouche, ou appliqués extérieurement comme véfi-

---

(*a*) Bonnet, Med. Sept., p. 2, l. 8.

catoires, irritent ou ulcérent la veſſie urinaire; cet effet n'a lieu que parce que les ſels volatils des cantharides délayés dans le ſerum du ſang, & portés à la veſſie avec l'urine, excorient & picotent la membrane interne de ce viſcere, qui n'a aucun mucus pour la lubréfier. Il ajoute qu'elles n'agiſſent pas ſur d'autres parties avec tant d'énergie, parce qu'alors leurs ſels ne ſont point diſſous dans le ſerum ſeul comme ils le ſont dans les organes urinaires, & parce que le ſang pur auquel ces ſels ſont mêlés, détruit entiérement leur acrimonie. Ne pourroit-on pas dire avec le même fondement, que les yeux des Vuidangeurs ſont les ſeules parties affectées par les vapeurs des latrines, parce qu'étant plus expoſés & d'un ſentiment plus exquis que les autres, ces vapeurs, par leur action ſtimulante, expriment le fluide lacrymal de ſes canaux, s'y mêlent & forment avec lui un nouveau compoſé, qui ne peut nuire qu'aux yeux ſeuls, & point du tout aux autres organes. Olaüs Borrichius (*a*) raconte l'hiſtoire d'un Cabaretier qui, à l'aſpect du vinaigre, étoit ſaiſi de tremblemens & baigné

(*a*) Act. Haffn., vol. 4, obſ. 44.

d'une fueur froide fur tout fon corps.
Cette obfervation lui fit faire la queftion fuivante. Les vapeurs acides font-
elles nuifibles aux yeux & aux narines ?

Quelle que foit la maniere dont ces exhalaifons pernicieufes attaquent les yeux
des Vuidangeurs, il eft certain que ces
organes font de leur nature auffi prompts
à gagner les maladies, qu'à les communiquer. L'expérience & les meilleurs
Médecins (*a*) attenent que la chaffie
eft contagieufe, & qu'un œil fain reçoit des molécules morbifiques de ceux
qui font chaffieux (*b*).

Ainfi, fuivant moi, la fafcination qui
fe fait par la vue (1), n'a lieu que parce
que des yeux de celui qui veut fafciner

(*a*) *Vide* Galen. p. de diff. feb., cap. 2.
Sennert, t. 2, l. 1, cap. 3.
(*b*) *Dum fpectant oculi lafos, laduntur & ipfi.*
Ovid.
Les yeux fains, en regardant des yeux malades, font affectés de la même maladie.
(1) Il eft étonnant qu'un Médecin, auffi favant que Ramazzini l'étoit, veuille expliquer
un phénomene auquel un Phyficien ne peut
pas croire : il en eft de même, à-peu-près, des
démons des mines, dont il parle dans le premier chapitre.

quelqu'un , il s'élance des particules
ténues qui s'infinuent dans ceux de
l'autre, & qui les bleffent par analogie (*a*).

J'ai guéri une jeune Demoifelle de
condition prefque réduite au marafme,
en l'arrachant à la fociété d'une vieille
tante qui l'aimoit tendrement, & en la
faifant élever avec des petites filles de
fon âge. Ce confeil me mit très-mal avec
la tante , qui s'imagina que je l'avois
fait paffer pour une forciere dans l'efprit de fa niece. Je n'ai jamais pu lui
perfuader que dans la vieilleffe , les yeux
répandent une exhalaifon nuifible & dangereufe pour ceux des jeunes gens. En
effet les yeux ont une expreffion bien différente dans ces deux âges , puifque dans
la jeuneffe ils ne peignent que l'amour
& la volupté, tandis que ceux des vieillards, enfoncés & ternis , ne fem-

---

(*a*) *Exeundum herclè tibi foràs*
Confpectatrix cum oculis emiffitiis.
Plaut. in Aulul.

On explique ordinairement les mots *emiffi-*
tiis oculis, par des yeux curieux, indifcrets,
qui furetent & cherchent par-tout.
Ramazzini les prend ici dans un autre fens,
favoir, des yeux d'où il s'élance, ou qui en-
voient des molécules fubtiles.

blent annoncer que la tristesse & le chagrin.

Ce n'est pas ici le lieu d'ajouter quelque chose de plus sur la nature de la vision ; qu'il me soit seulement permis de citer un passage remarquable de Platon (*a*). Socrate explique à Alcibiade la maniere dont il faut entendre cette inscription célebre mise dans le vestibule du Temple de Delphes. CONNOIS-TOI TOI-MESME, n'avez-vous pas pris gar-» de, lui dit-il, que quand on regarde » l'œil de quelqu'un, on se voit peint » dans la prunelle de cet organe comme » dans un miroir. L'œil en se voyant » peint ainsi, fait sur-tout attention à la » région la plus admirable & la plus utile » qui est le siege de la vision. Nous ne pou-» vons donc bien connoître cet organe » qu'en l'examinant dans un autre œil. »

Mais pour revenir à notre objet, il est juste que la Médecine secoure de son mieux ces malheureux Ouvriers, dont le ministere est si utile dans une ville, & dont les loix se sont occupées spécialement, puisqu'elles contiennent un Edit (*b*) qui défend à qui que ce soit

_____

(*a*) In Alcib.
(*b*) L. 1, ff. de cloacis.

de faire violence à ceux qui nétoient les
égoûts & les cloaques..

Je leur conseille de mettre devant leur
visage des vessies transparentes, comme
ceux qui polissent le minium, de rester
peu de temps dans les fosses, & de quitter tout-à-fait ce métier, s'ils ont les
yeux foibles, de peur que l'appât d'un
gain modique ne les force à mendier
leur vie, après avoir perdu la vue. Je
leur permets aussi d'en croire à leur expérience qui ne répugne nullement à
la raison, & de s'enfermer dans une
chambre obscure, de s'y laver les yeux
avec de l'eau tiede qui tempere l'ardeur
de ces organes, & qui en diminue la
douleur, la seule cause de la contraction
des parties nerveuses & de l'inflammation qui en est la suite. Mais si leurs
yeux sont très-enflammés, s'il y a me-
nace d'ophtalmie, je les fais saigner ; &
après un peu de treve, je leur fais bassi-
ner les yeux avec du vin blanc odorant.
Ce remede est très-salutaire dans ce cas;
il rappelle, pour ainsi dire, les esprits
animaux du cerveau & des nerfs opti-
ques dans l'organe de la vision, d'où ils
avoient été éloignés par l'exhalaison pernicieuse des latrines.

Chez les Anciens, la vuidange des fos-

 les étoit une espece de supplice, comme
la fouille des mines. Ainsi Pline (*a*)
nous apprend que l'Empereur Trajan lui
ordonna par une lettre de remettre à leur
supplice ceux des coupables qui n'avoient
pas recouvré leur liberté au bout de dix
ans, & de n'employer aux métiers qui
étoient assez près du supplice, que ceux
qui avoient été condamnés depuis ce
tems, & qui étoient vieux ; c'étoit au
soin des bains & des fosses qu'on desti-
noit ces derniers.

Peut être trouvera-t-on mauvais que
je m'occupe si long-temps de ces lieux
infects & mal-sains ; mais qu'on se sou-
vienne que rien ne doit paroître vil &
méprisable aux yeux d'un naturaliste, &
sur-tout à ceux d'un Médecin. Qu'on lise
dans Cassiodore (*b*) la lettre du Roi
Théodoric, dans laquelle ce grand Mo-
narque recommande au Lieutenant de
Rome le soin des égoûts, dont la structure étoit si digne d'admiration, qu'on
ne balançoit pas à les regarder comme
supérieurs aux chefs-d'œuvres des autres
villes (1).

(*à*) L. 10, epist. 41.
(*b*) L. 3, epist. 30.
(1) A Paris, les Vuidangeurs sont sujets à
une

maladie bien plus terrible que l'ophtalmie & la goutte fereine de Padoue ; c'est l'afphixie & même la mort fubite qui les attaquent quelquefois, lorfqu'ils s'expofent à la vapeur pernicieufe qui s'exhale d'une foffe qu'on vient d'ouvrir, ou lorfqu'ils percent fans précaution la croûte épaiffe qui fe forme fur les excrémens. Cette vapeur s'appelle le plomb : l'effet en eft fi violent, qu'à l'inftant même de l'ouverture des foffes, ceux qui la refpirent tombent fur le champ comme morts. C'eft une efpece d'air fixé, de gas fétide, ou de mouphette qui fe dégage des excrémens putréfiés, & qui eft même quelquefois inflammable, comme le prouve un fait arrivé à Lyon en Juillet 1749, inféré dans le Journal de Médecine, Avril 1755, par M. Morand. Un Vuidangeur ayant mis fa chandelle près d'une foffe latrinaire, la vapeur épaiffe qui fortit à l'ouverture de la foffe, s'enflamma, & le brûla au vifage & aux mains.

Pour éviter ces malheurs, les Vuidangeurs auront foin de s'éloigner après avoir ouvert la foffe, de laiffer un intervalle entre l'ouverture & le temps de la vuider, de brûler de la paille dans la foffe avant d'y defcendre, de ne s'y expofer que lorfqu'une chandelle, qu'on y aura plongée, s'y confervera allumée ; de ne pas agiter trop violemment cette maffe pourrie d'excrémens, de peur d'en faire dégager des exhalaifons mortelles ; de fe frotter le vifage & les mains de vinaigre, d'en arrofer même leurs habits, & fur-tout de ne pas fe remplir l'eftomac d'eau-de-vie, ce qui leur donne un courage téméraire, & leur cache le danger dont ils peuvent fe préferver très-facilement par les moyens indiqués.

G

Si, malgré ces précautions, un Vuidangeur étoit attaqué de cette espece d'asphixie, on l'exposera à l'air frais, on ranimera la circulation en lui frottant les mains & les jambes, on lui fera respirer le vinaigre, les esprits volatils, la fumée de tabac; on lui fera boire du vin, quelque infusion cordiale, de la thériaque; & dans un cas grave, une vraie apoplexie par exemple, l'émétique à grande dose, les lavemens de sel & de tabac pourront être de très-grande utilité.

CHAPITRE XIV.

Des Maladies des Foulons.

Rien n'est si fréquent que de trouver dans les anciens Auteurs, le nom de Foulon. De notre temps on ne sait absolument pas quel étoit le genre de travail de ces Ouvriers. Pline (*a*) fait mention d'une loi Metella dite aux Foulons, que C. Æmilius & L. Camillus, Censeurs, proposerent & firent accepter au peuple (*b*). Ulpianus a placé les Foulons parmi les marchands, & Varron (*c*) parmi les Ouvriers rustiques.

Ce qu'on peut savoir par les écrits des Anciens, c'est que l'art des Foulons consistoit à s'occuper de la purification des laines, & du nétoyage des habits. Le peuple Romain se servoit de

---

(*a*) L. 35, H. N., cap. 17.

(*b*) Voici une phrase qu'il est impossible de traduire.

In Lege penult., §. *de rebus dubits, hac leguntur : Jabolenus qui habebat Flaccum Fullonem, & Philonium Piftorem, uxori Flaccum Piftorem legaverat.*

(*c*) *De re ruftica.*

G ij

toges blanches, faciles à tacher, & on les envoyoit aux Foulons pour les blanchir & les détacher. Ces Ouvriers, suivant le témoignage de Pline, se servoient de soufre, comme on fait encore pour blanchir les étoffes de soye & de laine. En effet, l'acide de ce minéral est si puissant, qu'il décolore entiérement les roses.

Autrefois, ainsi qu'aujourd'hui, les rues de Rome étoient ou crottées ou pleines de poussiere ; les robes s'y salissoient très vîte, & on les envoyoit aux Foulons, comme à des Blanchisseuses. Ils les frottoient d'abord de craye commune, ensuite ils se servoient d'une espece de terre nommée Cimolée. Nos femmes sont aussi dans l'usage de frotter avec de l'argile à potier l'endroit d'un habit sur lequel il est tombé de l'huile, pour qu'elle ne pénétre pas trop avant, & qu'elle ne s'étende pas davantage. Lorsque la terre glaise est séche, elle tombe d'elle-même, & la tache disparoît, parce que la craye qui participe de la nature du plomb, & qui précipite les acides, s'empare de l'huile qui abonde en acide, quoique ce dernier y soit infiniment combiné.

Les Foulons se servoient aussi d'urine

humaine pour teindre les habits en rouge. Martial , dans fon épigramme contre Baſſa (*a*) , parle des laines deux fois impregnées de pourpre, comme d'une ſubſtance très-fétide ; & dans une autre épigramme, il dit que Thaïs ſurpaſſoit en fétidité la vieille terrine d'un Foulon avare qui vient de ſe rompre au milieu du chemin (*b*). J'oublierai à deſſein tout ce que les Commentateurs de Martial ont dit d'ingénieux pour expliquer ce qu'il entendoit par la mauvaiſe odeur d'une laine deux fois teinte de pourpre , & ce que c'étoit que la vieille terrine d'un Foulon avare qui étoit ſi fétide, & je renverrai mes Lecteurs à ce qu'en a dit le ſavant Zarottus (*c*). Les Foulons , les Dégraiſſeurs de laine , les Teinturiers ſe ſervoient donc d'urine humaine dans leurs travaux. Pline (*d*) a dit que l'urine d'homme guériſſoit les goutteux , & que les Foulons n'avoient jamais la goutte. On peut encore apporter pour preuve ce que Ga-

---

(*a*) L. 4 , Ep. 4.

(*b*) *Fullonis avari Teſta vetus, mediâ ſed modo fracta vid.* L. 6 , Ep. 93.

(*c*) De Medicâ Martialis tractatione , cap. 24.

(*d*) L. 28 , H. N. , c. 6.

lien (*a*) rapporte d'un certain Quintus, Médecin affez célebre de fon temps. Ce dernier faifoit peu de cas de l'infpection des urines, d'après laquelle beaucoup de Médecins fe vantoient de pouvoir prédire les maladies, ainfi qu'il y en a encore parmi nous (1). Il difoit que cette infpection des urines étoit plutôt l'affaire des Foulons, que celle des Médecins. Enfin pour derniere preuve, nous rapporterons d'après Athenée (*b*) l'opinion de Mnefitheus, Médecin d'Athènes; favoir, que l'urine eft beaucoup plus âcre qu'à l'ordinaire, lorfqu'on a

---

(*a*) L. 3, de Sanitate tuendâ, c. 13.

(1) Il paroît que l'infpection des urines, & la confiance que le peuple y met, font toutes deux très-anciennes. Depuis Galien, on a vu beaucoup de ces prétendus Devins qui connoiffent les maladies par les urines. Peut-être y en avoit-il avant Galien, & il y a apparence que cette erreur populaire fe perpétuera encore long-temps.

Il faut que les hommes aient un grand amour pour le merveilleux, puifque, malgré les lumieres de la Phyfique, qui fe répand plus que jamais, on voit tous les jours des gens aller confulter ces Charlatans urinaires, & n'être diffuadés fur leur compte qu'après en avoir été les dupes.

(*b*) L. 11, c. 10, dipnof.

bu un peu trop de vin , & qu'elle eft auffi
plus utile aux Teinturiers pour ôter les
taches des habits.

Les anciens Foulons fe fervoient donc
de beaucoup d'urines pour le nétoyage
des laines & des habits. Cet ufage eft
encore en vigueur de notre temps, puifque dans les atteliers des Drapiers où
on carde les laines & où on fait les draps,
il y a des tonneaux où vont uriner tous
les Ouvriers, & dans lefquels on laiffe
l'urine fe putréfier, pour être employée
dans cet état. Ayant été un jour vifiter
ces atteliers, je fus frappé d'une odeur
très-vive & très-défagréable; je demandai d'où elle venoit, & on me montra
un tonneau dans lequel ils font forcés de
rendre leur urine par une loi établie
entr'eux.

Voici l'ufage qu'ils en font. Après
avoir tiffu les draps & les autres ouvrages de laines, il faut encore leur ôter
l'huile & les autres ordures qui les falif-
fent. Pour cet effet, ils mettent dans
un vaiffeau de bois parties égales, d'u-
rine putréfiée & d'eau tiede, avec
une certaine quantité de favon de Venife, ils trempent dans ce mêlange leurs
étoffes; & afin qu'elles en foient péné-
trées & comme faturées, ils les foulent

aux pieds, & répétent cette manœuvre deux ou trois fois, ayant soin de jetter à chaque fois, l'ancienne lessive ; & d'y en remettre de nouvelle. Après ce travail, ils mettent leurs étoffes dans des presses, & ils les lavent avec de l'eau pure, dans laquelle ils ont dissous du savon de Venise ; les draps ainsi blanchis, reçoivent mieux & plus promptement toutes les couleurs qu'on veut leur donner.

Il y a tout lieu de croire que les anciens Foulons trempoient ainsi leurs habits de laine dans l'urine, & les pressoient avec leurs pieds nuds, & que c'est à cause de cette derniere manœuvre que Pline a dit qu'ils étoient moins sujets à la goutte que les autres hommes.

À Rome, cette ville si peuplée, & où l'on ne faisoit que peu ou point d'usage de la soie, les Foulons & les Teinturiers étoient sans cesse occupés à dégraisser & laver les roges sales, & à colorer les laines. Toutes les fois que les vaisseaux de pierre où ils conservoient l'urine, se cassoient, ils les jettoient dans les rues, & infectoient ainsi les passans par l'odeur fétide qui s'exhaloit de leurs fragmens.

Ces Ouvriers, continuellement dans

des atteliers très-chauds, environnés
d'odeurs infectes d'urine & d'huile pourris, & souvent à demi-nuds, deviennent presque tous cachectiques & asthmatiques. Ils sont tourmentés de toux
& de nausées continuelles. L'air renfermé & saturé de vapeurs nuisibles,
obstruent leurs poumons en y portant
des molécules huileuses & putrides,
gâte la masse de leur sang, & affecte
leurs principaux visceres par les molécules fétides que le torrent de la circulation y entraîne. En outre les vaisseaux
transpiratoires de leur peau obstrués par
cette substance grasse & épaisse, donnent naissance à tous les maux qui suivent ordinairement l'obstruction de cet
organe universel.

Hippocrate nous a laissé l'histoire de
plusieurs (*a*) maladies des Foulons. Il
en décrit une qui fut épidémique parmi
ces Ouvriers. « Ils avoient, dit-il (*b*), les
» aines dures & indolentes, de pareils tu-
» bercules aux environs du pubis & au col,
» la fievre les prenoit avant le dixieme

(*a*) In lib. ep. 4, n: 21, *Fullo collum caput*, &c.

.Lib. 5, n. 24, *Fullo in fyro-phreniticus cùm
ureretur cruribus.*

(*b*) 7. Ep. n. 32.

G v

» j'our, la toux les tourmentoit, &c ».
Vallesius dans cet endroit de son Commentaire, croit qu'il n'est question que
d'un seul Foulon. D'autres Commentateurs, tels que Foësius, Mercurialis,
Marinellus, pensent au contraire qu'il
s'agit de plusieurs Foulons, ou de l'ensemble de ces Ouvriers d'après le texte
grec Τῶν γναφέων οἱ Βουβῶνες. Il est vraisemblable qu'Hippocrate a parlé d'une
maladie qui attaquoit plutôt les Foulons
que les autres Ouvriers, tant à cause de
leur mauvaise nourriture, que des incommodités de leur métier, qui est,
comme nous l'avons vu, la source des
maux qui les accablent. C'est ainsi que
le pere de la Médecine a parlé (*a*) d'une
autre maladie produite par l'humidité de
l'atmosphere, & qui attaquoit les hommes plutôt que les femmes; & parmi ces
dernieres, les esclaves plutôt que les
femmes libres, dont les maladies étoient
constamment bénignes. Ainsi Pline (*b*)
nous fait observer que certaines maladies régnent tantôt sur les grands, tantôt sur les esclaves. Dans mes constitutions de Modene, j'ai décrit une fievre

(*a*) 6 Epid., sect. 7.
(*b*) L. 7, c. 5, H. N., & l. 26, c. 1.

tierce épidémique en 1690 qui n'attaqua que les Laboureurs, & l'année fuivante, il en régna une autre à la ville
qui attaqua les citoyens, & épargna les
Juifs (1). Paulmier a remarqué d'après
Schenckius, que la pefte qui exerça fa
fureur à Paris, n'attaqua point les Corroyeurs. Il eft donc très-vraifemblable
qu'Hippocrate a décrit une maladie épidémique qui févit fur les Foulons, &
qui leur fut commune à tous, parce que
la malpropreté de leur métier les avoit
tous mis dans la même difpofition; &
on peut foupçonner que cette maladie
produite par un vent du Sud, atté-
nua les humeurs épaiffes, & les porta
aux glandes des aines & du col.

La Pharmacie doit fournir les principaux remedes capables de rendre la
fanté à ces Artifans, en les délivrant des
matieres impures qui alterent & l'extérieur & l'intérieur de leur corps. Les
émétiques & principalement les antimoniaux, méritent le premier rang ; j'ai
fur-tout éprouvé le bon effet de ces der-

_____

(1) C'eft-à-dire, les Tailleurs, les Cardeurs de matelats, les Chiffonniers, &c.,
comme on le verra dans une note, au commencement du chap. 31.

niers dans la cachéxie & la fievre lente,
auxquelles les Foulons sont sujets. Les
cathartiques puissans, propres à chasser
les humeurs visqueuses & épaisses, doivent venir après les antimoniaux. Les
purgatifs doux sont plus nuisibles qu'utiles par le trouble qu'ils excitent en pure
perte, à cause de l'embarras considérable des premieres voies & de la lenteur
des humeurs qui y croupissent. On pourra
aussi se servir avec quelques succès, des
apéritifs, des désobstruans, tels que le
syrop cachectique de Fernel, les vins
lixiviels, décrits par Willis, l'esprit
d'urine, l'urine elle-même prise en boisson ; il faut avoir beaucoup de précautions en leur ordonnant la saignée ; ce
n'est pas que je la blâme dans le cas
d'une inflammation vive, mais je crois
qu'on ne doit pas faire couler leur sang
avec tant de profusion, que celui des
autres hommes, parce qu'il est gâté &
dissous.

Anciennement à Rome, sur-tout où
il y avoit tant de bains publics pour l'u-
tilité de ses habitans, les Ouvriers sujets à se salir dans leurs métiers, y trou-
voient un secours bien précieux pour se
laver de temps en temps, & pour délasser leur corps fatigué par un travail

excellif (*a*). Mais de notre temps , où cet ufage fi utile eft aboli , les Ouvriers des villes ne peuvent en profiter ; c'eft pourquoi dès qu'ils font malades , j'ai le plus grand foin de leur faire frotter le corps avec une éponge imbibée de vin blanc, odorant & chaud , pour enlever la craffe qui fupprime leur tranfpiration, & pour les délivrer de la mauvaife odeur qu'elle fait contracter à leur peau ; & je les exhorte, pour éviter les maladies qui les menacent , à fe laver chez eux les jours de fête , & à fe montrer en public couverts d'habits propres. On ne fauroit croire quel bien il réfulte pour les ef- prits animaux de la propreté des habits; auffi je ne faurois trop défapprouver l'o- pinion de quelques Médecins qui ne veulent pas faire changer de draps & de chemifes aux malades , de peur de di- minuer leur force. Hippocrate nous a laiffé fur cet objet une maxime bien im- portante. " Les malades , dit-il (*b*), fe » trouvent très bien de la propreté dans » le boire , dans le manger , & dans » tout ce qui les environne ». Valleffius fait fur cet endroit un Commentaire très-intéreffant.

(*a*) Baccius , *de thermis* , l. 7, c. 7.
(*b*) 4 là 6 Epid.

Il est donc étonnant que Lazare Meffionerus (*a*) trouve à redire que les Médecins fassent changer de chemise & de
draps aux fébricitans, & qu'il apporte
pour raison, que le linge nouvellement
blanchi, a une vertu lixivielle, épaif-
fiffante & coagulante; puisque tous les
Médecins reconnoiffent une qualité déterfive & atténuante dans la leffive. Je
ne vois pas comment les habits fales
peuvent augmenter la force des fébricitans, comme le prétend Verulamius (*b*),
& je ne puis adopter cette opinion fur
laquelle Meffionerus s'appuie. Hippocrate a dit en effet (*c*), qu'il falloit
changer fouvent d'habit en hiver, & en
avoir d'huileux & des fales pour l'été;
mais le livre où fe trouve ce précepte,
n'eft pas du nombre de ceux qu'Hippocrate a composés, fuivant Galien, qui
l'attribue à Polybe. En outre il n'eft
queftion, dans ce paffage, que du régime des gens en santé, & des moyens
qui peuvent faire maigrir les hommes
gras, & engraiffer ceux qui font maigres. En effet, en été les gens maigres

---

(*a*) In suâ de feb. doctrinâ novâ. Exerc. 5.
(*b*) In Hiftor. vitæ & mort.
(*c*) In lib. de falubri diæt. , n. 3.

ne doivent ni fe laver fouvent, ni changer trop fréquemment de chemife, de
peur d'augmenter leur maigreur par une
tranfpiration trop abondante, & par la
diffipation des efprits.

Je ne puis m'empêcher de rapporter
ici les paroles du favant Vallefius : « Les
» Médecins fe rrompent, dit-il (*a*),
» lorfqu'ils défendent à leurs malades
» de changer de draps & de chemifes,
» de fe laver les mains & le vifage, &c.
» croyant diminuer par ce moyen la lon-
» gueur de la maladie, comme s'il étoit
» néceffaire pour la guérifon, de laiffer
» croupir un malade dans fes ordures,
» & comme fi cette méthode n'augmen-
» toit pas la corruption ». On peut confulter auffi fur cet article Lemnius (*b*)
& Gafpard à Réjès (*c*). Il faut donc recommander aux Foulons & à tous les
Ouvriers, que leur métier falit, de fe
laver & de changer fouvent d'habits,
afin de prévenir, autant qu'il eft poffible, les maladies, dont la malpropreté
eft la fource.

Avant de quitter les atteliers des Fou-

(*a*) Com. tex. 8, l. 1, de rat. vict. in acut.
(*b*) De occul. nat. mirac., l. 4, c. 8.
(*c*) In juc. quæft. camp., quæft. 82.

lons, qu'il me foit permis de rapporter
une bonne remarque de Zarottus fur l'é-
pigramme de Martial déjà citée. Comme
du temps de ce Poëte il étoit affez ordinaire à Rome, que les paffans fuffent
infectés par l'odeur des vaiffeaux à Foulons jettés dans les rues, Zarottus tire
de ce fait une conjecture affez probable ;
il croit que ce fut la caufe qui engagea
Vefpafien à mettre un impôt fur l'urine,
comme le rapporte Suétone. Il eft vraifemblable qu'il y avoit alors à Rome des
vaiffeaux deftinés à recevoir l'urine, à
caufe de l'ufage confidérable qu'on en
faifoit pour détacher les habits, & pour
la teinture de pourpre. D'après cela, ne
peut-on pas croire avec notre Auteur,
que Vefpafien, à l'occafion de cet ufage,
fît lever un nouvel impôt, puifque le
gain eft toujours agréable de quelque
fubftance qu'il vienne ? Cedrenus nous
apprend que les Empereurs Grecs fui-
virent l'exemple de Vefpafien. Macrobe
nous donne auffi lieu de foupçonner l'exiftence des vafes faits pour recevoir les urines, quand il fait adreffer ce reproche à
des Juges ivres par Q. Titius : « Il n'y a
» dans les culs-de-facs aucun vaiffeau qu'ils
» n'empliffent, parce qu'ils ont toujours
» la veffie pleine du vin qu'ils ont bû ».

Puisqu'à cette occasion nous nous sommes arrêtés quelque temps sur l'urine, je ne dois pas passer sous silence ce que j'ai observé plus d'une fois sur la vertu apéritive & emménagogue de cette liqueur excrémentielle. J'ai connu plusieurs jeunes Religieuses qui, ayant éprouvé pendant quelques mois une suppression de regles, & n'ayant point été secourues par les remedes ordinaires, reprirent leurs anciennes couleurs, & furent guéries après avoir bu de leur urine, qui leva sans doute leurs obstructions, fit couler leurs regles, & devint ainsi un remede assez familier parmi elles.

Je n'ignore pas qu'on a coutume de faire boire l'urine dans plusieurs maladies, comme dans l'hydropisie; quoique ce moyen ait mal réussi à un certain courtisan du Roi Antigonus, qui, au rapport de Celse (*a*), s'empoisonna en buvant son urine. Il faut cependant observer que, suivant le même Médecin, ce courtisan étoit d'une intempérance connue de tout le monde. Pline appuie encore mon observation sur la qualité emménagogue de l'urine, lors-

_____

(*a*) L. 3 , c. 2.

qu'il dit (*a*), « que les mois des femmes
» font excités par la vapeur de l'urine
» des enfans, qui n'ont pas encore at-
» teint l'âge de puberté ». Il feroit facile d'éprouver ce remede, dont l'action
n'eft pas tout-à-fait hors de vraifem-
blance, en fe fervant fur-tout de l'urine
rendue le matin, qui, fuivant l'expreffion de Vanhelmont (*b*), eft l'urine du
fang. Pour lever les óbftruáions des vif-
céres, on recommande l'efprit de fel
ammoniac, le fel ammoniac artificiel
fait avec l'urine humaine & le fel de cui-
fine, & qui differe peu du naturel. Ce
dernier nous venoit autrefois de l'Afri-
que, il fe trouve près du temple de Jupiter Ammon, dans le fable que les
chameaux arrofent de leur urine. L'urine
humaine qui tient en diffolution les différens fels contenus dans le fang, & qui,
dans le mouvement circulatoire, s'eft
chargée de ces fels & du ferum fuperflu,
a acquis une propriété défobftruante &
fondante. Soleñander (*c*) affure avoir
eu quelque fuccès en faifant boire aux
gens de la campagne leur urine, dans

_____

(*a*) H. N., l. 28, c. 6.
(*b*) De fextup. digeft., n. 79.
(*c*) Conf. 2, fec. 1.

les duretés du foie & de la rate. Ceux
qui voudront faire usage de ce remede,
préparé dans le laboratoire chymique
des visceres, auront soin de boire l'urine
d'un homme sain, plutôt que la leur qui
doit être moins salutaire puisqu'elle participe de leur maladie, comme l'a démontré, avec beaucoup de science & d'é-
loquence, D. Rosinus Lentilius (*a*). Il
est cependant difficile d'engager un malade à boire l'urine d'autrui ; il prend
avec plus de facilité celle d'un enfant,
mais je la crois bien plus foible que celle
d'un adulte, car elle est presque sans couleur & sans saveur, & l'on n'en tire que
très-peu d'esprit & de sel volatil par la
distillation.

Il n'y a peut-être aucun Chymiste qui
n'ait fait quelques expériences sur l'u-
rine, & qui ne l'ait analysée. Les sels
différens & multipliés qu'elle tient en
dissolution, lui font reconnoître la qualité savonneuse & détersive par tous ces
Artistes ; mais il est très-difficile de décider quelle est la substance qui domine
dans cette liqueur. Le fluide aqueux ou
le serum du sang, quand il est agité dans

─────────

(*a*) In Ephemer. gèrman., decad. 3 , an.
2, obs. 116, Exam. αυτουπωσιας.

les vaisseaux par le mouvement circulatoire, absorbe & dissout les différentes
especes de sels, fournis par les alimens
& par les boissons dont les saveurs différent beaucoup entr'elles. Ce fluide
aqueux & salin, porté aux organes urinaires, forme l'urine dont la saveur a
différentes nuances, quoiqu'elle soit
constamment salée & amere. Willis établit dans son excellent Traité des urines,
que ce fluide est composé d'une grande
quantité d'eau, d'un peu moins de sel,
de soufre & de terre, & d'une certaine
quantité d'esprit. Les expériences chymiques démontrent assez qu'il y a beaucoup de sel commun dans l'urine, puisqu'on peut en retirer un esprit acide ;
mais la nature du sel propre de l'urine,
& ses propriétés sont très difficiles à découvrir, malgré les travaux considérables
des Maîtres de l'Art sur cet objet.

Vanhelmont avoue ingénument (*a*)
« que le sel de l'urine est unique, &
» qu'il n'a point son semblable dans la
» nature. En effet, le sel marin, celui
» de fontaine, de rocher, le sel gem-
» me, le nitre, l'alun, le borax, aucun
» sel enfin ne lui est analogue ; il ne

_____

(*a*) In sext. digest. , n. 58,

» reffemble même pas à celui qu'on
» retire des animaux ». Je crois auffi
qu'il eft bien plus difficile de connoître
la nature du fel d'urine humaine, que
de celle d'aucune autre efpece d'animaux; parce que la nourriture de ces
derniers eft beaucoup plus fimple que
celle de l'homme, à qui les trois regnes
de la nature fourniffent des alimens, &
qui, comme dit Horace, fe nourriffent
de rôti, de bouilli, de viandes & de
poiffons(*a*). Tout le monde fait cependant que l'urine humaine fournit des remedes fpécifiques & très-actifs dans les
maladies chroniques; ainfi, de notre
temps, l'efprit de fel ammoniac, tiré de
l'urine, eft regardé comme un remede
polychrefte.

Quant à ce qui regarde l'urine putréfiée, dont les Foulons fe fervent pour
dégraiffer les habits, je fais que les Chymiftes ont parlé, tant de l'urine récente
d'un homme fain, que de celle à laquelle on a fait fubir une longue digeftion dans le fumier de cheval; mais je
ne crois pas qu'ils aient trouvé une différence remarquable entre le fel & l'ef-

---

(*a*) *Ac fimul affis*
Commifcent elixa, fimul conchylia turdis.

prit volatil que l'on retire de l'une &
l'autre espece de ces urines, Les Auteurs
de la Collection chymique de Leyde se
sont servis de l'urine récente d'un homme
sain pour faire leurs expériences, quoique les Foulons reconnoissent une qualité plus détersive dans celle qui a été
gardée ; phénomene dont on ignore absolument la cause. Aristote (*a*) recherche pourquoi l'urine devient fétide, lorsqu'elle a séjourné quelque temps dans
la vessie. Il répond d'une maniere pro-
blématique à cette question, & il dit
que cela peut fort bien venir de ce que
l'urine s'épaissit par son séjour, tandis
que la nouvelle est aussi fluide que la
boisson qu'on a prise. Il seroit peut-être
plus satisfaisant de dire, que l'urine con-
servée long-temps, devient plus fétide,
parce qu'elle entraîne avec elle les impuretés du sang qu'elle a dissoutes, & que
l'urine récente qui vient de la boisson,
n'a pas eu le temps de dissoudre tant de
substances âcres qu'on en trouve dans
l'urine du sang. Peut-être aussi ce fluide
gardé pendant long-temps chez les Foulons, ayant fermenté dans les auges en-
duites de marc d'huile pourrie, perd

(*a*) Sec. 13 , prob. 1.

fon eau furabondante, & devient plus
âcre & plus déterfive. Columelle (*a*)
recommande l'injection de l'urine humaine ancienne dans la bouche & dans
les oreilles des brebis galeufes. « Le
» moyen d'arrêter les progrès de cette
» maladie, eft, fuivant cet Auteur, de
» faire fur le champ une foffe à la porte
» de l'étable, d'y enterrer toute vivante
» & couchée fur le dos la brebis puf-
» tuléufe, & de laiffer aller tout le trou-
» peau fur elle ».

Mais, me dira-t on, fi l'urine d'homme eft d'un fi grand ufage, & fournit
des remedes excellens pour guérir les
obftructions, & combattre les maladies
chroniques ; fi ce fluide, par fa vertu, ga-
rantiffoit autrefois les Foulons de la
goutte, comment fe peut-il que ces Ouvriers foient cachectiques, fujets aux
fiévres lentes, & à toutes les maladies
qui dépendent de l'épaiffiffement & de
la ftafe des humeurs ? Je réponds à cela,
que ce n'eft pas tant la puanteur de l'u-
rine putréfiée, que celle des laines im-
bibées d'huile, & le long féjour que font
les Ouvriers en laines dans des atteliers
clos & malpropres qui produifent les

_____

(*a*) L. 7, c. 5.

maladies énoncées. Il est hors de doute
que les vapeurs fétides reçues sans cesse
par le nez & la bouche, alterent la pureté des esprits animaux; & comme un
séjour trop long dans un lieu parfumé
d'odeurs agréables, devient nuisible, à
plus forte raison des odeurs désagréables, doivent-elles produire le même
effet quoiqu'on les employe quelquefois pour détruire l'engourdissement &
la lenteur des esprits.

Avant de terminer le chapitre, je ferai
remarquer qu'anciennement Modene a
vu fleurir dans son sein l'art des Foulons,
dont il ne reste actuellement que peu de
traces. Il y eut autrefois dans cette ville,
un de ces Ouvriers si riche, qu'il donna
au peuple un spectacle de gladiateurs,
tandis qu'à Boulogne, un Savetier faisoit la même libéralité. Martial a fait
une épigramme sur la folie de ces deux
Artisans, qui briguoient la faveur du
peuple par leurs richesses (a).

Dans ces temps reculés, on estimoit

(a) *Sutor, credo, dedit tibi culta Bononia ludos,*
Fullo dedit Mutinæ, dic ubi Caupo dabit?

Boulogne, un Savetier t'a donné des jeux;
Modene, tu en as reçus d'un Foulon; quelle
est la Ville où en donnera le Cabaretier?

beaucoup

beaucoup les laines de Modene , & sur-
tout celles des troupeaux qui paissoient
dans les plaines situées entre la Scul-
tenna & la Secchia. Ainsi Columelle (*a*),
parmi les laines de la Gaule , préfere
celles des troupeaux qui paissent dans les
campagnes maigres , entre Parme &
Modene (1).

(*a*) L. 7 , c. 8.

(1) Les maladies , décrites par Ramazzini ,
peuvent s'entendre aussi de ceux qui dégrais-
sent & cardent la laine dont on forme les
draps. Morgagni appelle ces Ouvriers *Lanarii.*
Il est d'accord avec Ramazzini sur leurs maladies ; & l'ouverture de leurs cadavres lui a
démontré que la poitrine est la partie la plus
affectée par leur métier. Souvent , dit-il , ces
Ouvriers ont les poumons endommagés par
les suites de leurs travaux , & meurent de maladies de ces visceres. Aussi a-t-il trouvé ces
organes endurcis , rappetissés , constamment
adhérens à la plévre , excepté dans un Ouvrier de cette espece âgé de vingt-quatre ans,
mort d'un coup à la tête ; dont les poumons
étoient entiérement séparés de la plévre , si
ce n'est la portion antérieure & supérieure du
poumon droit. *Caterùm pulmones , quod in La-*
nariis sepiùs vidimus , omninò erant à plevrâ
soluti , nisi quod cum eâ per membranulam summa
duntaxàt anterior pars dexteri colligabatur. Ep.
52 , art. 35. Il parle aussi d'un autre Ouvrier
en laine , qui , ayant des obstructions aux hypochondres , mourut d'une fievre aiguë dont

H

les symptômes concomitans dénotoient une inflammation à la poitrine. N'y a-t-il pas lieu de soupçonner que les vapeurs grasses & fétides que respirent ces Ouvriers, peuvent leur donner des obstructions ? L'observation que Morgagni a faite sur la bile de tous ces Ouvriers, ne vient-elle pas à l'appui de cette opinion ? En effet, il a trouvé la bile cystique, pâle, abondante & peu énergique. Il paroît qu'elle est rendue telle dans ces Ouvriers, par les vapeurs huileuses qu'ils avalent sans cesse, qui émoussent l'âcreté naturelle de ce fluide, & rendent les intestins moins sensibles à son action. Mais ce qu'il est essentiel de remarquer, c'est que presque tous ceux dont il fait l'histoire, sont morts avec des signes certains d'inflammation à la poitrine.

Ils doivent donc avoir la plus grande attention de défendre cette partie des maux qui la menacent. La propreté est le moyen le plus sûr qu'ils aient pour combattre toutes les maladies qui les attaquent. Un attelier grand & aéré, un lavage fréquent avec de l'eau fraîche, des frictions douces & répétées, les apéritifs légers, le vinaigre respiré ainsi que l'esprit de sel ammoniac pourront ajouter à ce premier moyen, & contribuer à les préserver.

CHAPITRE XV.

Des Maladies auxquelles font fujets ceux qui font les Huiles, les Corroyeurs, & les autres Ouvriers de cette claffe.

Il nous refte encore à parcourir beaucoup de boutiques qui exhalent des odeurs fétides, nuifibles aux Ouvriers qui y travaillent. Telles font celles de ceux qui font les huiles, des Corroyeurs, de ceux qui font des cordes d'inftrumens, des Bouchers, des Poiffonniers, des Chaircuitiers, des Marchands de fromage & des Chandeliers. Toutes les fois que j'ai vifité ces atteliers, j'y ai éprouvé des foulevemens d'eftomac, & je n'ai pu fupporter de pareilles odeurs pendant un certain temps, fans être attaqué de mal de tête & de naufées. C'eft donc avec beaucoup de raifon que les loix défendent à ces Ouvriers d'avoir leurs atteliers dans leurs maifons, & leur enjoignent de les faire conftruire dans les fauxbourgs ou au-dehors des villes, comme

H ij

Cepolla (*a*), Paulus Zacchias (*b*), & plusieurs autres, nous l'apprennent. Nous parlerons d'abord des maladies de ceux qui font les huiles.

Dans nos cantons fertiles en noyers, on fait une grande quantité d'huile de noix. Les gens du peuple s'en servent pour s'éclairer, parce qu'ils ne peuvent se procurer de l'huile d'olive qui se vend à trop haut prix. Tout le pays au-deçà & au-delà du Pô, ne produit point d'oliviers; & l'huile d'olive dont nous nous servons, nous vient de Toscane. On fait l'huile de noix comme celle d'olives. On broie les noix avec des meules; quand elles sont réduites en pâte mollasse, on les fait cuire dans une grande poële de cuivre, & on les met à la presse pour en exprimer l'huile. Pendant cette espece de coction, il s'éleve une fumée noire d'une odeur désagréable & rance, que les Ouvriers avalent malgré eux. Telle est la source de tous les maux qui affligent sur-tout ceux qui remuent cette matiere. Leurs maladies sont la toux, l'étouffement, les douleurs de tête, les vertiges & la cachexie. Ajoutez à cela

(*a*) De serv. ur., c. 84, n. 3.
(*b*) Q. M. L., l. 5, t. 4, q. 7.

les cafaques fales & dégoûtantes qui les couvrent , & dont les malpropretés bouchent fouvent les pores tranfpiratoires de leur peau ; de-là la caufe des maladies aiguës qui attaquent principalement leur poitrine, parce qu'ils ne font cet ouvrage que pendant l'hiver.

Ceux qui, dans une chambre fermée, où il n'y a aucune ouverture par où l'air puiffe fe renouveller , & à la lueur de lampe où brûle de l'huile de noix, écrivent, lifent ou font quelqu'autre ouvrage pendant quelques heures, éprouvent combien la vapeur de cette efpece d'huile eft nuifible. Ils ne peuvent quitter cette chambre remplie de fumée, fans avoir un violent mal de tête, le vertige, ou une ftupeur affez profonde. J'ai vu quelques perfonnes à qui cette fumée fut auffi nuifible que la vapeur des charbons ; & je connois, entr'autres, un homme de lettres qui, à caufe du peu d'aifance où il étoit, s'étant fervi d'une pareille huile pour travailler la nuit dans un lieu étroit, fut affoupi & comme engourdi pendant plufieurs jours.

Les atteliers où on prépare l'huile de lin, ne font pas moins fétides. On fait un grand ufage de cette huile dans notre pays pour s'éclairer pendant la nuit, fur-

H iij

tout lorsque l'huile de noix manque. Ceux qui sont employés à la préparation de l'huile de lin, sont sujets aux maladies dont nous avons parlé dans ce chapitre.

Les Corroyeurs qui sont occupés à macérer les cuirs des animaux dans la chaux & la noix de galle, à les fouler aux pieds, à les laver, à les nétoyer, à les enduire de suif, pour tous les différens usages auxquels on les emploie, sont attaqués des mêmes maladies que les Ouvriers précédens, par les exhalaisons sales & fétides qui s'élevent de leurs peaux. Ils ont le visage blême & cadavéreux, ils sont enflés, essoufflés, d'une couleur livide, & très-sujets aux maladies de la rate. J'en ai vu beaucoup d'hydropiques. Comment, en effet, dans un lieu humide, dans un air infecté de vapeurs putrides où ces Ouvriers restent presque toujours; comment, dis-je, les organes vitaux & animaux pourroient-ils rester intacts, & l'économie de tout le corps n'être pas altérée? J'ai vu plusieurs fois des chevaux résister au frein, & ne vouloir pas passer vis-à-vis de pareilles boutiques. J'en ai observé qui, au premier rayon d'odeur infecte qui venoit frapper leurs nazeaux, retournoient sur

leurs pas comme des furieux, & n'écou-
toient plus la voix de leurs guides. C'eft
pour cela que les Tanneries & les Cor-
royeries font situées près des murs des
villes, ou hors leur enclos comme dans
la nôtre, de peur que l'odeur qui s'en
éleve n'infecte l'air que les habitans refpirent. Auffi Hippocrate, dans l'hiftoire
de Philifcus (*a*) qui mourut le fixieme
jour d'une fievre maligne, a-t-il décrit le
lieu où il étoit malade: « Philifcus habitoit
» près le mur, &c. » Dans le commentaire de cette hiftoire, le favant Mercurialis a remarqué que le divin vieillard
avoit défigné, par cette expreffion, un
lieu où les maladies étoient très-communes, puifqu'en effet les environs des
villes font lés endroits les plus propres
à donner des maladies, à caufe de
toutes les immondices & des cadavres
des animaux qu'on y entaffe.

A Rome, les atteliers les plus fales,
comme ceux des Corroyeurs, étoient
relégués au-delà du Tibre. Martial, en
paffant en revue les différentes odeurs
fétides, met de ce nombre celle des
peaux, qu'on faifoit macérer dans le

_____

(*a*) 1 Epid., §. 3.

quartier déjà cité (*a*). Juvenal parle
aussi de ce quartier de Rome où demeuroit le petit peuple, & où étoient les atteliers les plus mal-propres (*b*). On regardoit donc l'air de ces lieux comme
très mal-sain à Rome, à cause de la fétidité qu'exhaloient les boutiques qui y
étoient situées. C'est pour cela que les
Juifs qui habitoient ce quartier, où ils
s'étoient réfugiés, suivant Philon (*c*),
parce qu'il étoit désert & à très-bon
marché, répandoient une odeur infecte
qui ne leur venoit pas de naissance,
comme le vulgaire le croit encore.

On peut aussi ranger avec les Corroyeurs ceux qui font des cordes d'instrumens, & qui sont accablés des mêmes

___

(*a*) *Non ab amore recens hircus, non ora leonis,*
Non detracta cani trans-Tiberina cutis.

                    L. *6*, ep. *93*.

Thaïs sent plus mauvais qu'un bouc qui
sort de faire l'amour, que le gosier d'un lion,
que la peau d'un chien écorché. au-delà du
Tibre.

            (*b*) *Nec te fastidia mercis*
Ullius subeant ablegandæ Tiberim ultrà.

                    Sat. 1*5*.

Ne vas point te dégoûter des marchandises
que tu seras contraint de reléguer au-delà du
Tibre.

    (*c*) De leg. ad Caïum.

maux. Sans cesse , dans des lieux humides & fétides , occupés à nétoyer & dé-
velopper des intestins d'animaux , ils
deviennent , pour la plupart , pâles , livides , cachectiques , & ils ont les jambes enflées.

Ceux qui font le fromage ont aussi
leurs maladies particulieres , à cause de
la fétidité de leur métier. On fait , avec
le lait de vache , des énormes roues de
fromage, auxquelles ressembloient peut-
être ceux que les Anciens appelloient
lunenses , en forme de lune (*a*). Tels
font , parmi nous , les fromages Parme-
san , Laudesan , de Plaisance , & ceux
des autres villes situées en-deçà & en-
delà du Pô. Ces substances exhalent des
vapeurs grasses & fétides , qui nuisent
beaucoup à la santé de ceux qui les fabriquent. En Italie , les fromageries font
situées dans la campagne & les fauxbourgs , & très-éloignées du sein des
villes. Cependant , à Modene , les Juifs
qui , par religion , ne peuvent manger

_____

(*a*) *Caseus Hetrusca signatus imagine lunæ,*
Præstabit pueris prandia mille tuis.
Martial. , l. 13 , ep. 27.
Le fromage marqué de la lune de Toscane ,
donnera mille repas à vos domestiques.

H v

ce qui a été préparé par des mains étrangeres, font du fromage en Eté dans leurs maisons, avec le lait qu'on apporte des fauxbourgs : aussi les lieux où ils préparent cet aliment répandent-ils une odeur très-mauvaise, & les mouches y voltigent en très grande quantité.

J. - Pet. Lotichius, dans son Traité des mauvaises qualités du fromage, rapporte qu'il regne une odeur si fétide dans un bourg de Francfort, où on en fait une très-grande quantité, qu'on ne doit pas, selon lui, chercher d'autre cause de la peste qui a ravagé cette ville.

Mais il n'y a pas de gouffre infernal, ou de lac empesté, qui puisse nuire davantage aux Ouvriers que les lieux où se font les chandelles. En effet, les Chandeliers & tous les voisins en sont si incommodés, que ces atteliers sont relégués aux extrêmités des villes, comme nous le fait remarquer Zacchias, qui a spécialement traité des boutiques où on fabrique la chandelle (a). Les chaudieres où bouillent les suifs de bouc, de bœuf & de cochon, répandent une vapeur si infecte qu'elle affecte tout le voi-

(a). Q. M. L., l. 5, tit. q. 7.

finage. Les Chandeliers penchés fur ces chaudieres, en font très-maltraités ; & les particules graffes & fétides qu'ils reçoivent par le nez & par la bouche, obftruent & embarraffent le tiffu fiftuleux de leurs poumons, & donnènt naiffance aux étouffemens, aux douleurs de tête, & principalement aux dégoûts & aux naufées. Rien, en effet, n'eft fi propre à donner des envies de vomir & des foulevemens d'eftomac que la graiffe, dont le feul afpect fuffit fouvent. Auffi les femmes trop graffes & dont l'embonpoint eft exceffif perdent beaucoup de leur beauté. Martial étoit ennemi de ces fortes de femmes, & il difoit qu'il aimoit mieux la chair que la graiffe. Perfonne n'ignore la facilité avec laquelle les fubftances graffes & huileufes, malgré l'acide qu'elles contiennent, enchaînent & émouffent l'acide de l'eftomac d'où dépend l'appétit (1). C'eft donc

_____

(1) Sans avoir recours à cette étiologie chymique qui eft fort commode, mais rien moins que prouvée, il paroît que les odeurs, la vue même des fubftances graffes & huileufes, produifent le dégoût & les naufées, par une efpece d'antipathie qu'elles ont avec les nerfs de l'eftomac ; antipathie qui a lieu également lorfqu'une huile quelconque, avalée, s'appli-

avec raison que Galien (*a*) recomman-
doit les alimens gras & huileux pour appaiser la faim canine, & pour émousser
les pointes de l'acide qui irrite les membranes de l'estomac. Avicenne (*b*) loue
les alimens gras, la graisse de vache, &c.
pour les voyageurs, & il rapporte qu'un
homme vécut dix jours sans manger,
pour avoir bu une livre d'huile de vio-
lettes avec de la graisse figée (1). Il n'est
donc pas étonnant que les Chandeliers
aient un dégoût & une perte d'appétit
continuels.

J'ai plusieurs fois observé des femmes,
qui demeuroient près de ces boutiques, se

---

que immédiatement sur les nerfs stomachiques, ce qui fait que tous les Médecins rangent
les huiles au nombre des vomitifs. Cette maniere de considérer l'action de l'huile sur l'estomac, explique très-bien l'inappétence, le
dégoût, & les nausées si familieres à tous les
Ouvriers qui emploient l'huile dans leurs travaux.

(*a*) Com. 21, 2 sect.
(*b*) L. 1, fen. 3, d. 5, c. 2.
(1) Nous croyons devoir transcrire la phrase
d'Avicenne :
*Quidam quoque retulerunt, quod unus homo
biberit libram unam olei violacei, in quo cera
dissoluta fuit, donec in emplastri similitudinem
conversa fuerint, decem diebus posteà comedere
non desideravit.*

plaindre de paffions hyftériques à caufe
de la mauvaife odeur. Ce fait pourra paroître étonnant, d'autant plus qu'Hippocrate (*a*) veut qu'on faffe refpirer des
mauvaifes odeurs dans ces affections :
mais 1°. les odeurs agréables n'excitent
pas toujours des fuffocations de matrice ;
on guérit même quelquefois ces maladies avec des remedes aromatiques, tels
que la canelle, la mufcade, qui, fuivant Augenius(*b*), font un fecours in-
faillible dans ces cas, & dont l'ufage eft
confirmé par Etmuller, par Hippocrate
lui-même qui recommande le vin odorant, dans fon Livre fur la nature des
femmes (*c*). 2°. Toutes les odeurs fortes
& défagréables ne font pas également
propres à appaifer les troubles hyftériques, comme l'a obfervé Foreftus (*d*) ;
puifque l'odeur d'une lampe donne naiffance à ces maladies, & détruit le fœtus
dans le fein de fa mere, fuivant l'obfervation des Anciens. Je ne fuis donc point
du tout étonné que l'odeur du fuif pourri
excite des mouvemens défordonnés dans
les efprits animaux, & produife des

(*a*) 2 De morb. mul., n. 78.
(*b*) L. 12, ep. 7.
(*c*) De affec. fœm., ex utero.
(*d*) L. 28, ob. 30.

nausées, des convulsions de l'estomac &
de la matrice. Ainsi, j'ai vu quelquefois
des femmes délicates se trouver mal, &
tomber dans un accès épileptique, à l'o-
deur des chandelles qui les éclairoient
pendant la nuit.

Relativement à l'odeur pernicieuse
des chandelles, on peut consulter Sole-
nander, qui rapporte (*a*) que son frere,
occupé à des études très-sérieuses, avoit
beaucoup souffert de la poitrine & de
la tête, par l'odeur de la chandelle dont
il se servoit. Il ajoute que le suif de bœuf
est plus fétide que celui de brebis, &
que les chandelles ne répandent jamais
une plus mauvaise odeur que lorsqu'on
y a mêlé une certaine quantité de graisse
de porc. Les actes de Copenhague (*b*)
offrent l'histoire d'une femme qui, en
faisant des chandelles, fut prise d'une
violente douleur de tête accompagnée
de vertige, de rougeur des yeux, & de
difficulté de respirer. Olaüs Borrichius la
fit d'abord vomir, & lui prescrivit ensuite des eaux pectorales avec l'oxymel
scillitique. Ces remedes assoupirent l'ennemi pendant quelque temps; mais bien-

(*a*) Sec. 5, conf. 6, p. 461.
(*b*) Vol. 5, obs. 86.

tôt, après en avoir fupprimé l'ufage, cette femme devint afthmatique, & effaya inutilement une foule de médicamens. Elle mourut en déteftant fon métier, & en exhortant les Chandeliers à travailler dans des atteliers ouverts à l'air, s'ils avoient quelque envie de conferver leur poitrine.

Je dois auffi avertir les Gens de Lettres de ne point fe fervir de chandelles dans leurs études nocturnes, & de brûler, s'ils le peuvent, de la bougie, ou de l'huile d'olives, dans des lampes autrefois dédiées à Minerve, à l'exemple des anciens Savans dont les Ouvrages fentoient l'huile. C'eft auffi le confeil donné par Fortunatus Plempius (*a*), qui ajoute que la fumée & l'odeur des chandelles peut produire l'avortement, comme la vapeur de la lampe à laquelle Pline (*b*) attribue cette propriété.

Quant aux maladies des Ouvriers dont il eft queftion dans ce chapitre, il faut employer les remedes propofés par Borrichius, les vomitifs, & fur - tout l'antimoine, les cathartiques puiffans, les forts incififs, principalement ceux

_____

(*a*) De togat. val. tuend., cap. 35, 59.
(*b*) L. 7, H. N., cap. 7.

dans la composition desquels il entre du vinaigre, comme l'oxymel scillitique, &c.; car rien ne corrige & ne chasse mieux une humeur grasse & onctueuse que le vinaigre.

Il faut donc faire tous ses efforts pour détacher & évacuer ces particules visqueuses & huileuses, qui obstruent la peau & les visceres de ces Ouvriers, arrêtent le cours des esprits & de la transpiration. Il faut sur-tout avoir égard à ces molécules grasses, soit dans les maladies énoncées, soit dans toutes celles qui dépendent de la constitution des temps. En effet, comme il y a lieu de soupçonner que ces molécules, reçues avec l'air dans l'intérieur du corps de ces Ouvriers, ont altéré leurs humeurs & leurs esprits, on doit leur prescrire la saignée avec beaucoup de précautions; car, si on étoit prodigue de leur sang, leurs forces seroient bientôt abattues & manqueroient avec leurs esprits, qui ne peuvent être que foibles & faciles à dissiper, à cause du sang appauvri & gâté qui en est la source (1).

---

(1) Ramazzini a compris dans ce chapitre tous les Ouvriers en général, dont le métier les expose à être mal-propres, & qui, pour la plupart, respirent des vapeurs fétides animales. Platner a fait une dissertation très-intéressante sur cet objet, *de morbis ab immunditiis* : il ne balance pas à mettre la propreté au rang des choses non-naturelles , & d'en faire une partie importante de l'hygiene. Cette dissertation peu volumineuse est pleine de connoissances précieuses : l'Auteur passe d'abord en revue toutes les causes qui peuvent altérer la propreté, & faire naître des maladies particulieres ; l'entretien des rues & des égoûts, l'éloignement des atteliers fétides hors des villes , le renouvellement de l'air dans les Hôpitaux, l'usage de la chandelle pernicieux aux Gens de Lettres , le choix d'une maison dont les latrines soient éloignées, la propreté excessive des cuisines & des domestiques, celle des habits ; du linge ; la salubrité des eaux ; le changement de chemises & de draps aux malades, pourvu qu'ils ne soient ni en sueur, ni dans le temps de l'éruption ; le soin extrême qu'on doit avoir de se moucher, de se laver souvent avec l'eau pure & sans mélange d'aucuns parfums, d'éviter le contact des personnes attaquées de quelques virus, ou de quelques suppurations internes dont l'odeur se porte à la bouche, de se nétoyer les dents , de se peigner les cheveux, d'éviter les différentes onctions dont se servent certaines femmes , & qui font plus de tort que de bien à leur peau, le fard, le rouge ; de se couper les ongles , sur-tout pour les Accoucheurs, &c. ; les attentions que les Apothicaires doivent prendre pour entretenir tous leurs vaisseaux propres , & les Chirurgiens leurs instrumens : tels sont , en général, les objets qui occupent successivement Platner, & sur lesquels il donne des préceptes pour éviter les maladies qui naiſſent de la mal-propreté, & jouir, par ce moyen, d'une ſanté vigoureuſe.

Les Bouchers, ſans ceſſe teints de ſang, ſeroient expoſés à beaucoup de maladies, & ſurtout aux putrides, s'ils ne prenoient pas beaucoup de précautions & de ſoins pour entretenir la propreté dans leurs tueriès & dans leurs étaux. Malgré la cauſe multipliée & étendue qui devroit leur procurer mille maux, ils ſont, de tous les Ouvriers, ceux dont l'extérieur fleuri & l'embonpoint annoncent la ſanté la plus vigoureuſe & la plus conſtante. La couleur roſe qui anime leurs jouës, la blancheur & la fineſſe de leur peau, ne peuvent laiſſer aucun doute ſur la qualité ſavonneuſe & coſmétique du ſang.

Leur embonpoint prouve auſſi, que de la grande quantité de viandes qu'ils ont continuellement dans leurs boutiques, il s'exhale des molécules vraiment nutritives qui pénétrent par leurs poumons, leur eſtomac & leur peau, & portent, dans leur ſang, une abondance de ſuc nourricier que ce fluide diſperſe enſuite dans toutes leurs parties. Les Rôtiſſeurs, les Traiteurs, les Cuiſiniers ſont expoſés au même inconvénient, & deviennent preſque tous d'un embonpoint exceſſif.

C'eſt à cauſe de cette ſurabondance de ſucs que les Bouchers ſont aſſez ſouvent ſujets aux lourdeurs de tête, aux étouffemens, aux hémorrhagies, à l'apoplexie même ; maladies qui toutes dépendent d'une pléthore exceſſive. Une ſaignée de temps en temps, la diete exacte à l'approche de ces accidens, ou du moins la diminution de nourriture & l'uſage des délayans, ſont les moyens les plus propres à les garantir de ces maux.

Dans l'Eté , lorsque la chaleur de l'atmosphere accélere la putréfaction de la viande ,
les Bouchers font plus expofés aux maladies
putrides & malignes , à caufe des vapeurs fétides répandues dans leurs tueries , & qu'ils
refpirent fans ceffe : c'eft dans cette faifon
qu'ils doivent redoubler d'attention , laver
fouvent leurs tueries , tuer le moins poffible ,
fe nourrir de légumes & de peu de viandes ,
boire de la limonade, refpirer le vinaigre fimp'e
ou des quatre voleurs , ne refter que le moins
poffible dans leurs étaux , aller après leur travail refpirer l'air fain & frais de la campagne.

Enfin , lorfqu'ils éprouvent des dégoûts &
des naufées , ils peuvent faire ufage de la
boiffon fuivante , recommandée par les Auteurs du Dictionnaire de Santé. Prenez des racines d'impératoire , de galanga , ratiffées &
coupées menu , de chaque une once ; de
myrrhe , d'encens mâle , de chaque un gros ;
de fafran , un demi-gros ; de quinquina , de canelle en poudre , de chaque deux gros. Faites
infufer le tout dans quatre livres de vin blanc ,
fur les cendres chaudes ; paffez la liqueur :
on en boit un petit verre de temps en temps.

Les Poiffonniers doivent prendre les mêmes précautions que les Bouchers , & être encore plus éxacts ; car l'odeur de leurs poiffons
corrompus eft plus dangereufe & plus active ,
que celle de la viande de bœuf & de mouton.

Les Chandeliers ont auffi des maladies particulieres. Ils doivent prendre beaucoup de
précautions pour ne pas laiffer enflammer leur
fuif; accident qui n'a été que trop commun
à Paris. Ceux d'entr'eux qui travaillent dans
des caves , auront attention de ne pas s'expofer aux vapeurs du charbon qui n'ont point

d'iſſue dans ces endroits : ils choiſiront des caves grandes, bien voûtées, hautes, & dont les ſoupiraux ſoient larges.

Les Auteurs du Dictionnaire de Santé, d'après Hecquet, recommandent, pour les maladies de ces Ouvriers, le ſuc dépuré de cerfeuil, de chicorée ſauvage, de méliſſe, par cuillerées, auſſi-bien qu'un demi-gros de thériaque avec le ſuc d'une orange aigre.

Ils leur preſcrivent auſſi de ſe frotter le nez & les temples, pluſieurs fois par jour, avec le vinaigre des quatre voleurs.

CHAPITRE XVI.

Des Maladies de ceux qui préparent & vendent le Tabac.

ELOIGNONS-NOUS maintenant de ces odeurs fétides & nuisibles, pour nous occuper de la substance qui fait les délices de presque tous les nez ; & transportons nous dans les boutiques où on prépare le tabac ; (je peux me servir de ce mot, puisqu'il est reçu dans notre ville). Cette poudre de Nicotiane, dont la découverte appartient à notre siecle, au-moins en Italie, devient chez nous une coutume vicieuse. L'usage qu'en font les femmes, les hommes, & jusques aux enfans, la font mettre au nombre des dépenses journalieres d'une maison. Les Ouvriers qui préparent le tabac, savent quels maux il est capable de produire à la tête & à l'estomac. Entre les marchandises qu'on nous apporte de Livourne en Toscane, il vient des paquets de feuilles de tabac tournées en forme de cordes, que les Ouvriers déploient, secouent, & broient par le moyen d'une meule

mue par des chevaux, à qui on bouche
les yeux & que l'on fait tourner en rond.
Pendant l'action de la meule, ces Ouvriers agitent le tabac en différens sens :
lorsqu'ils ne sont point faits à ce travail,
ils y gagnent des douleurs de tête violentes, des vertiges, des nausées, & des
éternuëmens continuels. Il s'eleve, en
effet, dans cette opération une si grande
quantité de parties subtiles, sur-tout en
Été, que tous les voisins en sont incommodés, & se plaignent d'envies de vomir. Les chevaux qui font tourner la
meule, témoignent l'âcreté nuisible de
cette poussiere qui voltige, en agitant
fréquemment la tête, en toussant, &
soufflant par les nazeaux. J'ai vu une jeune
fille juive, (car les boutiques de tabac,
comme celles de plusieurs autres marchandises, sont louées aux Juifs (*a*) dans
presque toute l'Italie), occupée pendant
tout le jour à déployer ces paquets de
tabac, avoir une violente envie de vomir, aller fréquemment à la selle, &
rendre beaucoup de sang par les vaisseaux
hémorrhoïdaux pour s'être reposée sur
ces paquets.

Je ne veux pas traiter ici de l'usage &

_____

(*a*) *Quorum cophinus fœnumque supellex,*

de l'abus du tabac; ce feroit répéter ce qu'en ont dit Magnenus, qui a fait un Traité particulier fur cet objet, & le favant Etmuller, dans fon Ouvrage nouvellement imprimé à Francfort avec beaucoup d'additions, & qui contient une hiftoire détaillée de cette plante & des médicamens qu'elle peut fournir. Tous les Médecins conviennent que l'ufage immodéré du tabac produit des maux finguliers; & il y a, dans les Auteurs, des obfervations qui confirment cette affertion. On peut confulter fur cet objet Vanhelmont (*a*) qui, blâmant l'ufage où l'on eft de fumer, affure avoir trouvé un eftomac teint en jaune par la vapeur du tabac, dans lequel il admet un virus caché. Simon Pauli & Richard Morton (*b*) penfent que cette fumée rend les poumons flafques, qu'elle defféche ces vifceres, & qu'elle produit un vrai marafme. On pourra auffi lire Théoph. Bonet (*c*), qui a démontré par beaucoup d'ouvertures de cadavres les maux affreux que produifent, fur les poumons

(*a*) In Cuftode errante, n. 46, ac in Tract. de mort. occaf.
(*b*) Quadr. Bot., cap. 6, de pht.
(*c*) In fuo Sepulch., tom. 2, lib. 4, fect. ulcim.

& le cerveau , non-seulement la fumée
de tabac, mais encore la poudre de cette
plante prise par le nez. D'ailleurs, le
chatouillement & l'irritation qu'elle excite dans le nez , & dans la bouche
quand on la mâche ; l'odeur détestable
que répand l'haleine des Marchands de
tabac, prouvent assez qu'il y a dans ce
végétal une acrimonie mordicante ,
comme dans toutes les plantes sternuta-
toires.

Cette poudre si abondante dans les
boutiques des Marchands de tabac, &
d'autant plus âcre qu'elle est plus ténue,
reçue par le nez & la bouche, picotte la
membrane délicate des poumons & de la
trachée artere , arrête & engourdit les
esprits animaux par son odeur vireuse,
& altére en même-temps le ferment de
l'estomac en émoussant son acide.

Qu'on ne pense pas que je veuille
diffamer une plante si célebre, décorée
du titre de Royale, si agréable aux Européens, & dont le commerce fait un
des grands revenus de plusieurs Royaumes. De célebres Ecrivains ont beaucoup
écrit sur ses vertus, & l'ont placée, avec
raison , entre les plantes médicamenteuses. On ne doit blâmer que l'usage
immodéré, ou à contre-temps, qu'on
fait

fait de cette plante ; ufage qui a fait regarder fon action comme fort inconftante, & qui lui a acquis un bon ou un mauvais renom fuivant les circonftances. L'expérience a affez prouvé que les feuilles de tabac contiennent une grande quantité de fel volatil, propre à abforber un acide fuperflu, & qui leur donne la vertu déterfive & vulnéraire. C'eft pour cela qu'Epiphanius Ferdinandus (*a*) recommande beaucoup la décoction de cette plante dans l'empyeme, & la regarde comme un très - grand remede pour cette maladie. Tout le monde fait que les feuilles de tabac mâchées excitent une excrétion abondante de phlegme ; & c'eft ce qui fait commettre des erreurs très-graves, parce que le flux de pituite que cette plante mâchée occafionne, n'eft pas également falutaire à tous les hommes. Dans les corps gras, abondans en fucs vifqueux & épais, la poudre de tabac peut être très - utile, mais il n'en eft pas de même pour ceux dont le tempérament eft bilieux & chaud, ainfi que l'a fait fur-tout obferver Guill. Pifon (*b*). J'ai connu plufieurs perfonnes

(*a*) Hift. 32.
(*b*)L. 4 , c. 45 , de re nat. & med. utr. Ind.

I

dans le marasme, pour avoir trop mâché de tabac : elles s'applaudissoient en
voyant couler perpétuellement un flot
d'humeurs de leur bouche, & elles
croyoient rendre leur santé vigoureuse
par ce moyen. J'ai eu beaucoup de peine
à leur persuader, qu'il étoit très-mal-
sain de tarir ainsi les sources salivaires,
& d'épuiser tout le corps de son suc
nourricier ; tant est grande la folie de
mâcher le tabac & d'en respirer la fumée, folie qui, malgré les avis des
Médecins, sera probablement toujours
à la mode.

Beaucoup de voyageurs nous assurent
que le tabac mâché, ou sa vapeur inspi-
rée par une pipe, ôte l'appétit, & que,
par l'un ou l'autre de ces moyens, on
peut faire beaucoup de chemin sans être
pressé de la faim, & sans sentir son estomac. Un Auteur déjà cité, Guill. Pi-
son (*a*), assure qu'en voyageant dans
des lieux déserts, il ne ressentit ni lassitude, ni faim, après avoir mâché du
tabac. Vanhelmont dit la même chose,
& il prétend que le tabac appaise la faim,
non en la satisfaisant, mais en détruisant

(*a*) In H. N. & Med. utriusque Indiæ, l.
4, c. 43.

cette fenfation, & en diminuant l'exercice des autres fonctions. Etmuller (*a*)
n'eft pas fort éloigné de la penfée de
Vanhelmont ; il croit que le tabac, comme tous les autres narcotiques, engourdit les efprits animaux, & détruit le
fentiment de la faim en émouffant le
ferment falé de l'eftomac par le fel volatil qu'il contient. J'ai, en effet, fouvent obfervé que ces Fumeurs & Mâ-
cheurs de tabac font continuellement
fans appétit, ainfi que les grands Buveurs.
En effet, comme le vin & fon efprit
émouffent le ferment acide de l'eftomac,
de même la fréquente maftication du
tabac, ou fa fumée, énervent la force
de ce vifcere, & détruifent l'énergie du
fuc falivaire, au point que la vapeur
qu'on refpire ne fait plus aucune impreffion fur les nerfs. Le favant Plempius
eft du même fentiment : il affure (*b*) que
le tabac ne nourrit point, mais que l'a-
bondance de l'humeur pituiteufe qu'il
fait couler de l'intérieur de la bouche,
emplit l'eftomac, & détruit ainfi le fentiment de la faim.

Il eft étonnant de voir combien de

(*a*) In Tract. de fame læfâ.
(*b*) De togator. valet. tuendâ.

I ij

moyens l'on a employés pour satisfaire les goûts des différens nez. En effet, on prépare plusieurs sortes de tabacs, comme dans la cuisine on multiplie les assaison-nemens. On le réduit en poudre plus ou moins fine, on lui donne une odeur agréable, ou on lui laisse celle qui lui est propre. Toutes les fois que je vois des Preneurs de tabac inspirer avec avidité cette poudre, ou attirer & rejetter alternativement la fumée du tabac qui brûle, je me représente le Roland de l'Arioste qui respire par le nez le cerveau qu'il a perdu, ou le Cacus de Virgile qui, combattant avec Hercule dans la caverne du mont Aventin,

Prodige merveilleux ! de sa gorge enflammée
Vomit un noir torrent d'une épaisse fumée (*a*).

Voyons maintenant quel secours la Médecine peut donner aux Ouvriers qui préparent le tabac. Comme on ne peut détruire la cause occasionnelle de leurs maux, puisque le desir du gain leur rend l'odeur du tabac moins sensible & moins désagréable, il faut d'abord les avertir des précautions qu'ils ont à prendre en rapant, passant & maniant cette

(*a*) *Faucibus ingentem fumum, mirabile dictu !*
Evomat.

fubftance, qui femble contribuer avec Bacchus & Cérès à entretenir cet efprit vif & fémillant qui diftingue les habitans des villes. Ces Ouvriers doivent éviter, autant qu'ils pourront, le nuage des atomes qui s'échappent de leur ouvrage, en fe couvrant la bouche & les narines, en refpirant fouvent un air frais, en fe lavant le vifage avec de l'eau froide, & la bouche avec de l'eau & du vinaigre; enfin, en buvant ce dernier mêlange, car rien n'eft plus capable d'émouffer & de détacher ces particules âcres adhérentes à l'œfophage & à l'eftomac, que toutes les boiffons où il entre du vinaigre. Ils pourront fe garantir des mauvais effets du tabac, avec le petit-lait, les émulfions de femences de melon, la tifane d'orge, le riz cuit dans le lait. Les douleurs de tête & les naufées dont ils fe plaignent font dues aux lieux clos & humides où ils travaillent, principalement pour broyer le tabac fous la meule. Dans ces cas, je leur ai adminiftré avec fuccès les vomitifs, pour leur faire rendre, par la voie la plus courte, la pouffiere qu'ils ont avalée, & qui, de fa nature, provoque le vomiffement.

En obfervant les maux violens que les différentes odeurs caufent à ceux qui les

travaillent, j'ai eu envie d'ajouter ici
une digreſſion ſur la nature des odeurs :
mais la longueur de cette carriere m'a
arrêté ; j'ai craint de m'y engager trop
avant, & d'être emporté trop loin de
mon objet par l'agrément de la matiere.
En y réfléchiſſant quelque temps, j'ai
obſervé que les Philoſophes & les Médecins, tant anciens que modernes, avoient
beaucoup écrit ſur les odeurs en différens
endroits de leurs Ouvrages, mais qu'il
manquoit à l'Hiſtoire Naturelle un Traité complet & particulier ſur ces ſubſtances. A cet effet, j'ai cru qu'il falloit pour
un pareil travail rechercher d'abord la
nature des odeurs, d'après les opinions
des Philoſophes anciens & modernes ;
en indiquer les différences, & les ſéparer par claſſes ſuivant leurs propriétés,
leur origine particuliere, le ſol qui les a
produites, leur compoſition, leurs mêlanges ; diſſerter ſur les parfums des Anciens ; paſſer enſuite aux médicamens
que fourniſſent les odeurs, & qui ont
donné naiſſance, ſuivant les Modernes,
à la médecine des eſprits végétaux ; enfin, parler des odeurs ſacrées dont il eſt
fait mention dans les Livres ſaints, &
dont ſe ſervoient les Juifs dans leurs ſa-
crifices, & des parfums qu'on brûloit

dans les expiations, les facrifices pour appaifer ou invoquer les Dieux, chez les Grecs, les Romains, les Egyptiens & les Indiens. Telle eft la matiere abondante qui me parut devoir compofer un Traité renfermant, dans un feul Ouvrage, l'hiftoire complette des odeurs, tout ce qui eft épars dans les Auteurs fur cet objet , & les obfervations qui me font particulieres. Petrus Servius, Médecin Romain, a promis autrefois un Traité phyfique des odeurs , dans fon excellente Differtation philologique fur ces fubftances ; mais il n'a pas tenu fa parole, autant que je puis le favoir. Je ne prétends pas non plus engager la mienne pour un pareil effort , qui demanderoit beaucoup de temps & de travail. Il y a , en effet , beaucoup de chofes qui , vues de loin & du premier coup d'œil , paroiffent faciles & fimples, mais qui deviennent pénibles & pleines de difficultés (1)

---

(1) Le tabac eft une de ces fubftances qui font plus de maux que de bien, & dont l'ufage immodéré peut caufer quelquefois la mort. On a vu une Dame mourir d'un cancer du nez , pour avoir pris une trop grande quantité de cette poudre. La petite fille d'un Marchand de tabac , mourut dans des convulfions affreufes, parce qu'elle coucha dans un endroit

lorsqu'on les examine de près. C'est dans
ce sens qu'un Poëte a très · bien dit :

---

où on en avoit rapé une grande quantité. Un
jeune enfant qui en avala par mégarde, échap-
pa à ses premiers effets, mais mourut quelque
temps après de polypes, qu'on ne peut attribuer qu'à ce malheur. Les lézards, les cra-
pauds meurent en très peu de temps, lorsqu'on
met du tabac sur leur dos. Un Médecin de la
Faculté de Paris, qui a les connoissances les
plus étendues en Histoire Naturelle, a éprouvé
que la poudre de cette plante éloigne les insectes, qui s'attachent ordinairement aux
peaux des animaux que l'on veut conserver.
Morgagni semble attribuer une apoplexie
mortelle, à l'usage excessif du tabac auquel le
malade étoit adonné. Le Docteur Hill a vu
mourir de faim une personne qui ne pouvoit
avaler aucune nourriture ; on lui trouva un
polype qui lui bouchoit l'œsophage, & dont
la formation étoit due à la grande quantité de
tabac qu'elle prenoit.

Quelquefois le tabac ne donne pas la mort,
mais cause des accidens très graves. Beaucoup
de faits pourroient prouver cette assertion ;
nous en rapporterons quelques-uns. Un Soldat
ivre avala de la salive imprégnée de tabac, il
évacua, il s'assoupit, &, bientôt réveillé par
de fortes convulsions, il se mit à rire à gorge
déployée, poussa des cris, perdit la vue pour
quelque temps, & parut avoir une vraie folie. Une fille de vingt-trois ans avoit la galle :
un Chirurgien fit appliquer dessus des linges
imbibés d'une décoction de trois onces de
feuilles de tabac ; trois heures après, elle fut

« L'esprit humain est capable des plus
» grandes choses, & souvent les projets

---

agitée de convulsions, de nausées, & vomit
du sang : une saignée, une potion calmante
dissipa l'accident.

Le tabac n'est pas moins dangereux dans
certaines maladies : un jeune homme ayant la
petite vérole, fut si vivement frappé de l'o-
deur de tabac que sa garde rapoit à côté de
lui, que ses boutons rentrerent sur le-champ,
& qu'il ne dut la vie qu'au secours de la Médecine. Une fille, au rapport de Sauvages,
tomboit dans une vraie catalepsie, lorsqu'il
lui sautoit, par hazard, un peu de tabac dans
l'œil : l'action irritante de cette plante est
donc capable d'exciter le retour d'une affection périodique ?

Le tabac agit, en général, bien moins vivement, mais toujours d'une maniere dangereuse, sur tous ceux qui en prennent même
légérement. C'est un corps, dit le Docteur
Hill, que l'Art peut imiter en combinant l'o-
pium & l'euphorbe ; il a la vertu narcotique
& assoupissante du premier, & l'action drasti-
que stimulante du second. Il ronge les nerfs,
détruit l'odorat & le goût. Dissous par la salive & porté dans l'estomac, il en altere l'action & le sentiment, & produit des vents,
des nausées, la maigreur, &c. ; il appesantit
l'esprit, affoiblit l'imagination, & la sensation
agréable qu'il excite entraîne avec elle une
foule de maux.

Nous ne prétendons cependant pas interdire
à tout le monde l'usage du tabac : Ramazzini
lui-même nous apprend qu'il convient aux

I v

» les plus vaſtes ne lui coûtent qu'un
» inſtant (*a*) ».

———————————————————

tempéramens phlegmatiques & aux perſonnes
cacochymes ; nous ne nous récrions que contre l'abus qu'on en fait , & nous deſirerions
qu'on conſultât ſon tempérament & ſes forces
avant que de s'y adonner. Nous ſavons qu'il
eſt des corps privilégiés exceptés de la loi
commune , & qui ne s'en trouvent pas mal.
Ainſi , à Cette en Languedoc , les Ouvriers de
la Ferme s'accoutument à ſon odeur , ne s'en
trouvent aucunement incommodés , & ſont
même moins ſujets que les autres habitans de
Cette aux fievres putrides , qui y régnent ordinairement à la fin de l'Eté. Ainſi , parmi le
peuple , on trouve ſouvent des Fumeurs qui
ont tout le jour la pipe à la bouche , & qui
n'en ſont pas plus malades. Enfin , nous ſavons,
par l'exemple de Diemerbroek & de pluſieurs
autres Médecins , que la fumée de tabac eſt un
des préſervatifs vantés contre la peſte : mais
nous faiſons obſerver que , dans les grandes
villes , un uſage auſſi indiſtinctement reçu ne
peut que faire du tort , aux femmes ſur-tout &
aux hommes foibles ; & nous finiſſons par remarquer que jamais les vapeurs , la foibleſſe
des nerfs , l'hypochondriaciſme n'ont été plus
fréquens en France , que depuis qu'on nous a
apporté le caffé , le thé , & le tabac.

a) *Tollimus ingentes animos, & maxima parvo*
Tempore molimur . . .

CHAPITRE XVII.

Des Maladies des Fossoyeurs.

Lıs Anciens avoient beaucoup plus de soins des morts qu'on n'en a parmi nous, & les hommes occupés à ce minis-tere avoient beaucoup plus d'ouvrage que nos Fossoyeurs. On commençoit par laver les cadavres, on les frottoit de parfums, on les brûloit, & on en met-toit les cendres dans des urnes : à cet ef-fet, il y avoit des hommes pour les laver & les embaumer, *pollinctores* ; d'autres pour les porter sur leurs épaules, *succola-tores* ; & enfin, des gens pour les brû-ler, *ustores*. De notre temps, les Fos-soyeurs n'ont qu'à porter les morts dans les temples, & à les descendre dans les tombeaux. Dans les villes & dans les bourgs d'Italie, chaque famille distin-guée a son tombeau particulier dans les temples ; & les gens du peuple sont en-terrés dans des fosses amples & commu-nes à toute une Paroisse. Les Fossoyeurs, en descendant dans ces lieux infects, pleins de cadavres à demi pourris, & en y en apportant de nouveaux, sont sujets

I vj

à des maladies dangereuses, sur - tout aux fievres malignes, aux morts subites, à la cachexie, à l'hydropisie, & aux catarrhes suffocatifs. Leur visage est toujours cadavéreux, leur aspect triste, comme à des hommes qui ont un commerce avec l'enfer. Rien n'est plus capable de causer des maladies pestilentielles qu'un long séjour dans les tombeaux, & que l'air corrompu qu'on y respire. En effet, cet air altere les esprits animaux dont la nature est éthérée, & les rend incapables des fonctions auxquelles ils sont destinés, c'est-à-dire, de porter la vie dans toute la machine. Hippocrate a dit, avec raison (*a*), que l'air est la source de la vie & de la mort des hommes : il est donc impossible que celui des tombeaux ne soit pas pernicieux aux Fossoyeurs, & ne corrompe pas leur sang. Chez les Anciens, on employoit à ce ministere, ainsi qu'aux métaux & à la vuidange des fosses, des esclaves publics à demi-rasés, & qu'on appelloit *inscripti* (*b*).

_____

(*a*) De Flat., n. 6.

(*b*) *Quatuor inscripti portabant vile cadaver,*
Accipit infelix qualia mille rogus.
                              Martial.

Quatre *inscrits* portoient le cadavre sur le bûcher accoutumé à ce ministere funebre.

De notre temps , on voit des hommes libres , forcés par la dure nécessité de l'indigence , à entreprendre ce vil ministere. Le sort de ces malheureux est très à plaindre ; je n'ai vu aucun Fossoyeur vivre vieux. Tout le monde sait avec quelle facilité les corps des animaux en putréfaction alterent l'air : on a souvent vu des pestes affreuses dévaster des pays entiers , & devoir leur naissance à des cadavres sans sépulture dont la terre est couverte après de grands combats, ou à des anciens tombeaux témérairement ouverts. Il n'est donc pas étonnant de voir naître des maladies pestilentielles , lorsque les Fossoyeurs ont ouvert des tombeaux pour y descendre les cadavres. Un de ces hommes , nommé Piston, avoit inhumé un jeune homme bien habillé & avec une chaussure neuve : quelques jours après , trouvant , vers le midi, les portes du temple ouvertes, il alla à son tombeau, dérangea la pierre qui le fermoit, y descendit, &, voulant ôter les souliers du cadavre, il tomba mort, & fut ainsi puni d'avoir violé ce lieu sacré.

En Eté, il regne souvent dans les temples une odeur infecte qui incommode les assistans. La grande quantité des tom-

beaux & leur ouverture fréquente en est
la cause, malgré la myrrhe & l'encens
qu'on y brûle. C'est donc, avec raison,
que Lilius Gyraldus (*a*) blâme la coutume où l'on est d'enterrer dans les Églises. Anciennement, dans les commencemens de la Religion Chrétienne, on
n'enterroit dans les temples que les Martyrs. Les autres Fideles étoient inhumés
dans des cimetieres voisins des Églises.
Les gens de la campagne se comportent,
avec bien plus de raison que ceux des
villes, dans l'inhumation des cadavres.
Les parens ou les amis du mort le mettent dans un cercueil de bois; ils creusent ensuite une fosse profonde dans un
pré près de leur Paroisse, & ils y des-
cendent le cercueil. Les Athéniens portoient les morts dans des lieux situés
hors de la ville, qu'ils appelloient *cera-*
mici (1). Les Romains avoient une loi
qui ordonnoit de brûler les cadavres hors
de Rome. Les urnes d'airain, ou de

(*a*) *De vario sepeliendi ritu.*

(1) Suidas nous apprend qu'il y avoit à
Athenes deux lieux appellés *ceramici*: l'un,
situé hors de la ville, étoit destiné à la sépulture des citoyens morts les armes à la main;
l'autre, renfermé dans Athenes, étoit habité
par les femmes publiques. *Calepin.*

pierre, qui contenoient leurs cendres,
étoient exposées sur la voie Latine &
Flaminie, & sur-tout dans les chemins
militaires, fameux à Rome par la quantité des tombeaux qu'on y voyoit. Juvenal
a dit, dans sa Satyre premiere : « Fouil-
» lons dans les sépulcres épars sur la
» voie Latine & la voie Flaminie (*a*) ».

Cette coutume étoit fondée sur trois
principales raisons, comme nous le fait
observer Gyraldus. 1°. Pour engager les
voyageurs à pratiquer la vertu ; c'est à
cause de cela que les anciennes épitaphes
leur étoient adressées. 2°. Pour que les
citoyens de Rome, animés par la vue des
tombeaux de leurs ancêtres, combattissent
avec plus de courage, pour défendre
leurs cendres, dans les sieges qu'ils pouvoient avoir à soutenir. 3°. Enfin principalement, pour préserver leur ville des
exhalaisons fétides & pernicieuses qui
s'élevent des cadavres en putréfaction.
Il n'étoit accordé de sépultures dans la
ville, qu'aux Vestales & aux Empereurs.
Une loi des douze Tables défendoit de
brûler les corps près des maisons des

___

(*a*) *Experiar quid concedatur in illos,*
Quorum Flaminiâ tegitur cinis atque Latinâ.

Particuliers (*a*), « non-feulement, dit
» Ciceron, de peur des incendies, mais
» encore à caufe de l'odeur infecte que
» répandent les corps lorfqu'on les brû-
» le ». Les Anciens avoient tant de foin
de conferver l'air de leurs villes pur,
pour la fanté des habitans, qu'ils rele-
guoient, hors de leur enceinte, leurs
cendres avec tous les immondices qu'on
y portoit. Hefiode condamnoit le fumage
des terres par les excrémens, croyant
qu'il falloit avoir plus d'égard à la falu-
brité de l'air qu'à la fécondité des campagnes. Un Arrêt des Ediles défendoit
aufli de rien porter dans les temples qui
fût fait de cuir, parce que c'étoit un
crime d'y renfermer quelque partie qui
eût perdu la vie.

Pour revenir à notre objet, il faut
veiller à la fanté des Foffoyeurs; & il eft
jufte que la Médecine rende quelque fer-
vice à des hommes qui en confervent la
dignité, en enfouiffant avec les cadavres
les erreurs des Médecins. Il faut leur
indiquer les précautions néceffaires pour
diminuer, autant qu'il fera poffible, le

(*a*) *Rogum buftumve novum nè propè ædes
alienas 60 pedes, invito domino, adjicito.* Tull.,
2, de Leg.

danger qu'ils courent dans leur ouvrage
funéraire. Ces précautions font les mêmes
que celles qu'on a coutume de prendre
dans la peste. D'abord ils doivent se laver la bouche avec du vinaigre très fort,
porter dans leur poche un sachet imbibé
de cet acide, & en respirer de temps en
temps l'odeur pour rétablir leur odorat
& leurs esprits. Ils ouvriront les tombeaux quelques temps avant d'y entrer,
pour laisser exhaler les vapeurs malignes
qui y font enfermées. De retour chez
eux, après leur ouvrage, ils changeront
d'habits, & seront propres autant que
leur condition leur permettra. Dans leurs
maladies, le Médecin les traitera avec
beaucoup de prudence. Toutes les fois
que j'ai vu de pareils malades, j'ai beaucoup épargné leur sang : il est, en effet,
cadavéreux & de même couleur que leur
visage. Les purgatifs leur conviennent
beaucoup mieux à cause de la cacochymie putride qui leur est particulière, &
qui les fait mourir plus vîte que les autres hommes (1).

---

(1) Il y a mille exemples funestes des effets
pernicieux des exhalaisons cadavéreuses. Des
morts subites, des maladies pestilentielles &
malignes ont été plus d'une fois produites par

cette cause ; quelquefois elles donnent naissance à des maladies singulieres. Nous avons
eu occasion de faire une observation d'une
maladie semblable, dans un Fossoyeur, qui,
étant imprudemment descendu dans une fosse
qu'il venoit d'ouvrir, sentit, au bout de quelques heures qu'il y resta, une douleur incommode à la poitrine : bientôt il s'apperçut
qu'elle étoit couverte de pustules ; on les bassi-
na avec une infusion de sureau & un peu
d'eau-de-vie. Huit jours après elles disparu-
rent, mais il leur succéda une tumeur assez
élevée, rouge dans son contour, qui s'ouvrit
dans le milieu, & répandit une espece de sanie
purulente de mauvaise odeur : il parut sous
l'aisselle droite une tumeur pareille qui augmenta la douleur. Un Chirurgien les ouvrit
toutes deux, & les traita méthodiquement.
Quelques temps après, le malade sentit des
douleurs vagues & incommodes dans les différentes régions de son corps ; il cracha du pus
& du sang, & sa maladie se termina par cette
expectoration. Ce qu'il y a de particulier,
c'est qu'après cet assaut ce Fossoyeur détestoit
le vin qu'il avoit beaucoup aimé auparavant :
depuis sa maladie, toutes les fois qu'il en boit
avec excès, il crache du sang, & cet accident le retient malgré lui.

Ne peut-on pas regarder cette maladie comme une espece de crise d'une fievre maligne
avortée ? Quelle qu'en soit la nature, il n'est
pas douteux qu'elle a dû sa naissance aux vapeurs fétides & cadavéreuses qui s'exhaloient
d'une fosse nouvellement ouverte.

Les Fossoyeurs doivent donc prendre beaucoup de précautions en ouvrant des fosses
anciennes, & en descendant dans des caveaux.

Ils doivent les laisser ouverts plusieurs heures avant que d'y descendre, y jetter de la paille allumée, & les éprouver avec des chandelles avant que de s'exposer à y entrer.

Les habitans des villes seroient trop heureux si les maux, qui attaquent les Fossoyeurs, ne les assiégeoient point eux-mêmes. Mais, par une coutume qui répugne autant à la sainteté des Loix chrétiennes, qu'à la juste rigueur de celles de la politique, les demeures des morts, placées au milieu des vivans, font partager le danger à tous les hommes, & surtout aux voisins des cimetieres. Un abus aussi pernicieux, ainsi que celui d'enterrer dans les temples, ne peut subsister, sans porter des atteintes cruelles à la santé; & c'est avec raison que plusieurs Médecins ont attribué des maladies putrides & malignes, qui ont dévasté plusieurs villes, aux exhalaisons fétides & continuelles qu'exhalent, en Eté sur-tout, ces lieux impurs situés si désavantageusement.

Déjà des Philosophes, des Médecins celebres ont fait des Mémoires précieux sur cet objet; déjà l'on a déchiré, en partie, le voile qui cachoit le danger aux yeux des Peuples. On a vu successivement plusieurs savantes Dissertations paroître en Europe, depuis plus de vingt ans, sur cette matiere : telles sont celles de MM. Olivier, en Provence; Huberman, en Autriche; Haguenot, à Montpellier; Maret, à Dijon; & Navier, à Châlons. Ces hommes célebres, animés d'un zele toujours égal pour le bien public, & effrayés des dangers affreux que courent leurs concitoyens, ont élevé leurs voix contre cet abus. Ils ont développé, avec étendue, la maniere d'agir de ces vapeurs méphitiques, & indiqué les moyens de remédier à leurs mauvais effets. Des événemens funestes, arrivés sous leurs yeux, leur ont fourni occasion d'éelairer leurs compatriotes. On ne peut se rappeller, sans frémir, la maladie affreuse de Saulieu, qui fut due à des vapeurs cadavériques ; ainsi que la mort des Balsagettes qui ont témérairement descendu dans le caveau de Dijon. Les papiers publics ont annoncé, dans leurs temps, ces accidens terribles.

Malgré tous ces soins & ces dangers, l'abus subsiste encore maintenant. On n'a point encore vu paroître de projet utile sur la translation des cimetieres hors des villes ; & la santé, la vie même de tous les hommes courent encore les mêmes risques. O vérité ! aurez-vous toujours si peu de droit sur le cœur des hommes ?

CHAPITRE XVIII.

Des Maladies des Sages-Femmes.

Il y a une très-grande différence entre l'office des Sages - Femmes & celui des Fossoyeurs, puisque celles - là amenent les hommes à la lumiere, & ceux · ci ne s'occupent d'eux que quand ils en sont privés : cependant l'un & l'autre de ces ouvrages, ayant pour époque l'un le commencement, l'autre la fin de la vie, se réunissent pour prouver la malheureuse condition de l'homme. Si les Sages-Femmes, auprès des femmes accouchées, ne sont pas sujettes à des maux si terribles que les Fossoyeurs en enterrant les cadavres, elles ne sont pas non plus tout-à-fait exemptes de maladies : en effet, au moment de l'accouchement, elles sont inondées du flux utérin qui se précipite par la vulve ; & leur témoignage, aussi-bien que l'observation assez fréquente de pareilles incommodités, prouvent assez que ces dernieres ne peuvent venir que de cet écoulement. Je ne dirai rien ici du méchant caractere des lochies, il suffira de remarquer que cette évacuation, diminuée ou supprimée pendant quelques heures, est capable de causer la mort des Accouchées. Je n'ignore pas que les Anciens ont beaucoup disputé sur la qualité nuisible du flux menstruel, & que cette question est encore agitée actuellement. Pline a dit (*a*), qu'il faisoit aigrir le moût, rendoit *les fruits qu'il touchoit stériles*, faisoit mourir les arbres entés, brûloit les semences & les fruits des jardins sur lesquels les femmes s'étoient assises. Fallope (*b*) a tâché d'absoudre le sang menstruel de ces accusations, & a assuré qu'il est louable & d'un bon caractere, si la femme d'où il provient est saine d'ailleurs; que c'est lui qui nourrit & la mere & l'enfant qu'elle porte dans son sein; & que l'uterus ne s'en décharge que par la pléthore qu'il éprouve. Rodericus à Castro (*c*) & Baillou sont du même sentiment. Ce dernier Médecin (*d*) croit que le sang menstruel péche par la quantité & non par la qualité; & il rapporte,

(*a*) L. 7, H. N., c. 15.
(*b*) De Med. purg., c. 1.
(*c*) De univ. mul. Med., l. 2, c. 10.
(*d*) L. 2, Conf. Hist. 2.

dans des notes sur une certaine histoire, un passage remarquable d'Hippocrate (a), où ce pere de la Médecine appelle le sang menstruel, fleur & non flux, τα καταμήνια ἀνθεῖν. Le même Baillou assure ailleurs que ce sang ne péche ni par la qualité, ni par la quantité, mais que c'est une excrétion opérée par un artifice caché & admirable de la Nature, ou de la divine Providence, pour l'acte de la génération. J'ai moi-même plusieurs fois observé, avec étonnement, des femmes épuisées, & presque réduites dans le marasme par des maladies longues, avoir encore leurs regles. J'ai vu une Religieuse de condition, qui resta dans son lit pendant dix ans, & qui chaque mois, & à des jours marqués, éprouvoit le flux accoutumé, quoiqu'il n'en sortît que quelques gouttes. Malgré ces raisons, il y a tout lieu de croire que le sang des regles a quelque qualité maligne & cachée; & on lui a donné à juste titre le nom de secrétion & d'excrétion, puisque cette évacuation se fait au moyen d'une fermentation qui nous est inconnue, & par des particules salines de différente nature, précipitées dans les glandes de

---

(a) 2. De Morb. mul.

la matrice (1) , & chaſſées hors du corps par les émonctoires de cet organe.

Les femmes, aux approches de leurs regles & pendant qu'elles coulent, éprouvent l'effet de cette action fermentative, & de cette eſpece de criſe. Quelques Médecins ont donc reconnu, avec raiſon, une fievre menſtruelle (2), qui

---

(1) Si on ſubſtitue le nom de vaiſſeaux à celui de glandes, on aura une idée plus juſte du flux menſtruel. Ruyſch, Cowper & Kaw Boerhaave ont mis hors de doute l'évacuation du ſang des regles par les vaiſſeaux de la matrice. Il reſte encore à ſavoir ſi c'eſt par les veines ou par les arteres qu'elle ſe fait ; il paroît que c'eſt principalement par les premieres. La fermentation & la précipitation des ſels, que Ramazzini conçoit dans cette opération naturelle, tiennent entiérement à la théorie de Willis, que l'Auteur avoit adoptée, comme nous l'avons déjà vu. Rien cependant n'étoit plus naturel, ſans avoir recours aux phénomenes chymiques, que de concevoir le flux des regles, comme une ſecrétion qui a ſon organe, ſes périodes réglées, ſa marche & ſon département, ainſi que toutes les autres ſecrétions.

(2) La fievre menſtruelle exiſte réellement ; elle a été obſervée par Valeſcus de Taranta, Profeſſeur à Montpellier. C'eſt une éphémere accompagnée de quelques friſſons légers, de douleurs dans les jambes, à la tête & à l'hypogaſtre, & reconnoiſſable, ſur-tout, par une

eſt

est bientôt suivie d'un meilleur état &
d'une agilité plus grande. C'est pour cela
qu'Oribase (*a*), en traitant des menf-
trues, a dit élégamment, que la source
des plaisirs chez les femmes est souvent
celle de leurs maux. Si on doit croire
l'histoire, le sang menstruel est une espece de philtre ; &, lorsqu'on le boit,
il a la vertu de rendre amoureux ou fou.
Ce fut un tel breuvage que Cesonia fit
prendre à Caïus Caligula, son époux.
Les Chirurgiens célebres, Fragosius,
Lanfranc, &c., entre les differentes
précautions nécessaires pour la guérison
des blessures, recommandent de ne pas
se servir de charpie faite avec du linge
qui a servi à des femmes, quoiqu'il ait
été lavé plusieurs fois ; précepte que les
Chirurgiens observent avec le plus grand
soin, parce qu'ils reconnoissent une qua-

---

modification particuliere du pouls ; observée
& décrite par M. de Fordeu. « Le pouls sim-
» ple de la matrice, dit ce Médecin, est ordi-
» nairement plus élevé, plus développé que
» dans l'état naturel, ses pulsations font iné-
» gales ; il y a des rebondissemens moins cons-
» tans à la vérité, moins fréquens, ou moins
» marqués que dans le pouls nazal, mais ce-
» pendant assez sensibles ».

(*a*) *Vid.* Brasau, l. 5, aph. 36.

K

lité virulente dans le sang des regles :
ils ont aussi attention d'avertir qu'on
écarte de la vue des blessés les femmes
qui ont leurs regles, & les hommes encore échauffés par le coït. Il y a donc quelque vraisemblance dans le fait rapporté
par Pline (*a*) & Camérarius (*b*), savoir,
que les Abeilles suivent les hommes qui
sortent du coït, à cause de l'odeur qu'ils
répandent & qu'elles aiment, quoiqu'elles soient très - chastes par elles - mêmes (1).

(*a*) L. 7, H. N., c. 7.

(*b*) Apud Gaspard. à Réjès, camp. el., q. 54.

(1) La présence & la fougue de l'humeur
séminale sont la cause d'une foule de phénomenes chez les mâles, & peut-être même
chez les femelles ; une odeur particuliere &
forte distingue un pubere d'un enfant. A cette
époque, le rut des animaux parfume les endroits où ils ont passé : tout le monde a pu
observer qu'une chienne en chaleur est suivie
par tous les chiens qui trouvent par hazard ses traces, & qui accourent après elle,
Withof, dans son Traité *de Castratis*, a re-
marqué que les eunuques n'ont plus cette
odeur aromatique & forte, qui s'exhale du
corps d'un mâle robuste : *Gravis ille odor
masculo sexui adeò proprius, quique carni præ-
sertim interdiditur, in illis perit. Commentatio*
2, *pag. 47.* Les Cuisiniers eux - mêmes, les
Bouchers, les Charcutiers reconnoissent à

Quelle que foit la qualité du fang menftruel, & le fentiment actuel fur fa nature, il n'y a aucun lieu de douter de la malignité & de la virulence du flux qui précéde & fuit l'accouchement, puifque fa fuppreffion ou fa diminution font bientôt fuivies de fievres malignes très-meurtrieres, qui n'arrivent pas de même dans la fuppreffion des regles. En effet, dans cette derniere maladie, les femmes ne deviennent tout au plus que cachectiques, & ne meurent que très lentement de pareils maux. Le fœtus dérobe à fa mere la partie la plus pure & la plus fpiritueufe du fang ou du chyle ; &, en la privant de fon fuc nourricier, il donne naiffance à des congeftions dangereufes d'humeurs dans tout le fyftème fanguin ; c'eft par cet abord de fubftance vers la matrice, que ce vifcere groffit & s'épaiffit confidérablement pendant la groffeffe, fuivant les obfervations de Graaff & de Sylvius, de maniere qu'il

---

merveille un animal châtré à l'odeur de fa viande. Il ne peut donc refter aucun doute fur les effluves féminaux. On trouve des détails très-intéreffans & neufs fur cet objet, & fur la cachexie féminale, dans l'analyfe médicinale du fang par M. de Bordeu, §. 41, jufqu'au §. 48.

augmente en même temps & de volume & d'épaisseur. C'est aussi pour cette raison que la saburre humorale qui, tranquille & pour ainsi dire cantonnée pendant la grossesse, ne produit aucun mauvais effet, fait mourir les femmes, lorsqu'elle est dérangée & agitée par l'accouchement, si elle n'a un prompt & libre cours par la matrice.

Les Sages-Femmes, obligées de rester plusieurs heures, les mains étendues pour recevoir l'enfant, près des femmes en travail posées sur une espece de fauteuil fait exprès, éprouvent des maux graves par les lochies qui arrosent leurs mains, & dont l'âcreté enflamme quelquefois & corrode ces organes. Fernel, étonné de l'énergie des maladies contagieuses, rapporte (*a*) qu'une Sage-Femme ayant secouru une femme en travail, en eut la main si malade qu'elle tomba en pourriture; & il remarque que l'Accouchée avoit la vérole. Ce phénomene ne doit pas paroître plus étonnant que de voir une nourrice, allaitant un enfant vérolé, gagner la maladie au sein; & un enfant, nourri par une femme mal-saine, être attaqué des premiers

_____

(*a*) L. 2, de abd. rer. causis, c. 14.

symptômes vénériens à la bouche & au
gosier. Les Sages-Femmes adroites & qui
ont de l'expérience connoissent cet inconvénient, &, lorsqu'elles ont des femmes vérolées à accoucher, elles s'enve-
loppent les mains de linges, & elles se
les lavent souvent avec de l'eau & du
vinaigre ; parce qu'elles ont appris, à
leurs dépens, que la maladie vénérienne,
ainsi que toutes celles qui sont contagieuses, peuvent se communiquer facilement par les mains. Ajoutez à cela les
odeurs fétides & les exhalaisons nuisibles qui s'échappent des lochies, que les
Sages-Femmes reçoivent par le nez &
par la bouche, & dont elles ne peuvent
se garantir qu'en se servant d'odeurs fortes & agréables, qui peuvent faire naître la passion hystérique chez les femmes
qu'elles accouchent.

Les Sages - Femmes ont peut-être
moins de maux à craindre en Angleterre, en France, en Allemagne, & dans
d'autres pays où les femmes accouchent
dans leurs lits. En effet, ces especes de
fauteuils percés dont on se sert en Italie, & sur lesquels les Sages-Femmes
penchées, les mains étendues vers l'orifice de la matrice, attendent l'enfant qui
va en sortir, rendent leur ouvrage long

& fatiguant. Si elles ont affaire à des femmes de qualité, ou si les accouchemens sont laborieux, lorsqu'elles rentrent chez elles, la foiblesse & l'abattement qui les accablent leur font détester leur Art.

Malgré les recherches que j'ai faites, je n'ai pu découvrir si, chez les Anciens, les femmes accouchoient sur des sieges exprès, ou dans leurs lits. Nous aurions acquis cette connoissance avec bien d'autres, si le feu n'eût consumé la bibliotheque de Th. Bartholin, dans laquelle cet homme célebre avoit un excellent Ouvrage, presqu'à la moitié, sur les accouchemens des Anciens. L'usage d'accoucher dans le lit commence à être en vogue dans notre pays, & il mérite toutes sortes de louanges, puisque, par son moyen, on évitera beaucoup de désagrémens. En effet, il arrive souvent, quand les accouchemens ne sont pas de la plus grande facilité, qu'on est obligé, avant que les femmes accouchent, de les porter de leur lit sur le fauteuil, & du fauteuil sur leur lit; transport qui diminue beaucoup leurs forces, & qui les expose à des hémorrhagies funestes, dont elles peuvent mourir sur la chaise même qui leur a servi. Il est prouvé que la situation

penchée facilite plus l'accouchement que
la verticale, puisque les femelles des animaux, qui n'ont besoin que des seules
forces de la Nature, se couchent par terre
dans cette opération. Peut-être regarde-
ra-t-on cette attitude comme nécessaire
aux animaux, pour que leurs petits ne
tombent pas & ne se tuent pas par leur
chûte ; ou bien parce que, quand les
femelles sont couchées par terre, la position de leur matrice, différente de
celle de la femme, rend leur accouchement plus facile : mais les plus petits
animaux, les chiennes, les chattes, les
souris mettent bas de même, quoique
leurs petits ne soient pas exposés à tomber de bien haut. Je ne crois pas non
plus que la situation perpendiculaire de
l'uterus, facilite l'accouchement dans les
femmes en travail, puisqu'il y a lieu de
soupçonner que, dans cette position de
la matrice, l'enfant débarrassé de ses
enveloppes, & cherchant à sortir de cet
organe, se précipite vers son orifice,
& sort alors dans une situation contre-
nature, en présentant les deux mains
étendues, ou dans une autre position
aussi mauvaise, comme l'observation l'a
plusieurs fois démontré.

Mais quels secours la Médecine appor-

tera-t-elle aux Sages-Femmes, pour diminuer les incommodités qu'elles ont à
craindre dans leur Art? elles se repose-
ront de temps en temps, se laveront les
mains avec de l'eau ou du vin. Après leur
ouvrage, elles arroseront leur visage &
leur gosier d'eau & de vinaigre, changeront de vêtemens, & seront de la plus
grande propreté possible. J'ai appris par
une vieille Sage-Femme, que toutes les
fois qu'elle avoit à accoucher une femme
attaquée de maladies vénériennes, ou de
quelque cachexie, elle attendoit les derniers efforts du travail, avant de la mettre sur la chaise, pour n'être pas si long-
temps salie par les lochies sanieuses
qui tombent continuellement sur leurs
bras (1).

_____

(1) S'il y avoit quelque doute sur la communication du virus vérolique par une partie
couverte de l'épiderme, l'observation suivante le détruiroit & confirmeroit l'opinion
de Ramazzini. Cette observation est due à
M. le Nicolais du Saulsay, Médecin à Fou-
geres, & elle est insérée dans le Journal de
Médecine, Mars 1759.

Un Chirurgien, peu de temps après avoir
accouché une femme vérolée, fut attaqué de
dartres ; quinze jours après l'accouchement,
il eut, au bout du doigt medius droit, une
pustule phlegmoneuse qui abcéda & lui fit

tomber l'ongle ; un engorgement douloureux aux glandes des aiffelles du même côté lui furvint à la même époque. Il regarda d'abord fa maladie comme de fimples dartres, & prit des apéritifs, des adouciffans, enfuite des anti-fcorbutiques s'imaginant avoir le fcorbut, & enfin ne guérit que par les bains, les frictions mercurielles, la diete lactée, & quelques purgations. Sa femme avec qui il avoit habité depuis la naiffance de fes dartres, parce qu'il ne croyoit pas qu'elles fuffent véroliques, fut obligée d'en venir aux mêmes remedes, à caufe d'une douleur de tête rebelle, d'une fievre lente, d'un grand amaigriffement, d'infomnies, de douleurs dans les membres, & guérit ainfi que lui par les frictions mercurielles.

Inftruites par ce fait, les Sages-Femmes fe tiendront fur leur garde, & auront foin, en accouchant des femmes qui leur feront fufpectes, de fe laver fouvent les mains avec de l'eau animée de vinaigre, de favon, d'eau-devie, de vin, ou de toute autre fubftance acide, lixivielle, fpiritueufe ou aromatique, capable de dénaturer, d'emporter, ou de détruire entiérement le peu de miafmes vénériens qu'elles pourroient avoir reçus par leurs pores abforbans, & qui feroient encore attachés à leur peau.

CHAPITRE XIX.

Des Maladies des Nourrices.

Les Nourrices succedent aux Sages-Femmes ; la nourriture & le soin des enfans leur est confié, & c'est, en les allaitant, qu'elles peuvent être affectées de différens maux dont nous devons nous occuper. Je n'entends pas seulement par le nom de Nourrices, ces femmes qui, pour de l'argent, donnent leur lait à des enfans étrangers ; mais aussi ces meres respectables, qui nourrissent elles-mêmes le fruit de leurs entrailles. Les principales maladies qui les affectent les unes & les autres, sont le marasme, les passions hystériques, les boutons, la galle, les douleurs de tête, les vertiges, les essouflemens, la foiblesse de la vue, & tous les maux qui attaquent leurs seins, comme la trop grande quantité de lait, son grumélement, l'inflammation, les abscès des mamelles, les coupures & les gerçures des mamelons. Il est assez facile de concevoir comment les femmes qui nourrissent trop

long-temps tombent dans l'atrophie &
le marafme : l'enfant grandiffant chaque
jour & prenant plus de lait à mefure
qu'il avance en âge, (foit que ce fluide
vienne du fang comme le penfoient les
Anciens, ou du chyle fuivant l'opinion
des Modernes,) tire de fa Nourrice tout
le fuc nourricier qui lui étoit deftiné, &
la rend maigre & mince comme un jonc,
fuivant l'expreffion de Plaute, fur-tout
lorfqu'elle allaite deux jumeaux, ou que,
conduite par l'appât du gain, elle nourrit un autre enfant avec un lait qui n'é-
toit deftiné qu'au fien propre. Elles font
auffi attaquées de maladies dartreufes
& de démangeaifons, foit en touchant
& en portant dans leurs bras les enfans
couverts de croûtes laiteufes, (efpece
de purgation qui évite aux enfans des
maladies dangereufes, fuivant Hippocrate (*a*);) foit parce que la partie la
plus falutaire & la plus douce du fang
ou du chyle, portée aux mamelles &
changée en lait, ne laiffe plus que des
humeurs féreufes & faléés pour la nourriture de leurs corps, humeurs qui, portées à la peau, y caufent des boutons &
& des démangeaifons. Une femme qui

(*a*) De morbis lac., n. 7.

K vj

allaitoit, dit Hippocrate (*a*), avoit des pustules sur la peau, qui se passerent dans l'Eté quand elle eut cessé de nourrir. Martianus, notre compatriote (*b*), a très-bien expliqué ce passage en réfutant l'opinion de Valesius, qui suppose que cette femme, en allaitant, éprouva une suppression de regles, d'où il déduit la naissance des boutons, à cause de la cacochymie qui accompagne ces affections. Martianus a dit qu'il falloit plutôt rejetter la cause de ces boutons sur les erreurs que les Nourrices commettent dans le boire & le manger, pensant augmenter leur lait, & conseillées d'ailleurs par un appétit excessif & naturel à cet état; auxquelles erreurs il faut ajouter les veilles, les sommeils interrompus, que les Nourrices éprouvent fréquemment, & qui font naître des crudités propres à produire des boutons, pour peu qu'il s'y associe quelque humeur âcre.

Nous avons encore, dans Hippocrate (*c*), une autre histoire d'une femme

---

(*a*) 2 In 2 Epid.

(*b*) (*Nostrum appello, quia in hisce regionibus notus & educatus, utpotè Saxolensis, non Romanus.*)

(*c*) 4 Ep., c. 14, ex Valef.

qui allaitoit. « La femme de Therfandrus,
» leucophlegmatique & délicate, fut
» prise d'une fievre aiguë pendant qu'elle
» nourriffoit ; sa langue étoit brûlée, &
» tous les fignes d'ardeur exiftoient ; la
» langue fe couvrit bientôt d'afpérités &
» de pointes ; elle rendit des vers par la
» bouche, elle n'étoit pas encore parfai-
» tement jugée au vingtieme jour. ».
Valefius attribue encore la caufe de cette
maladie à la fuppreffion des regles : « Ce
» qui eft, dit-il, très dangereux pour les
» Nourrices, c'eft que le flux excrémen-
» titiel impur qui devroit couler tous
» les mois, fe porte aux mamelles
» pour fournir à la fécrétion du lait ».
J'aime beaucoup mieux la maniere de
voir de Martianus. En effet, les fuppreffions de regles ne font pas extraordinaires chez les Nourrices, & cet écoulement feroit plutôt un mal, s'il avoit
lieu pendant qu'elles allaitent ; il faut
plutôt accufer les erreurs de régime, les
veilles, l'épuifement du fuc nourricier,
& en général toutes les caufes que le
favant Martianus a rapportées. La femme dont Hippocrate donne l'hiftoire,
étoit certainement pleine de fucs épais
& vifqueux dans toute l'habitude du
corps, & principalement dans les pre-

mieres vóies, puifque ce Médecin nous dit qu'elle étoit leucophlegmatique, & qu'elle rendit des vers par la bouche.

Ce font ces mêmes caufes qui donnent naiffance à la foibleffe de la vue, aux douleurs de tête, aux vertiges, aux étouffemens qu'éprouvent ordinairement les Nourrices, aux fleurs blanches auxquelles elles font fujettes, fur-tout lorfqu'elles allaitent pendant plufieurs années. Baillou, le Médecin le plus expérimenté de fon fiecle, dit (*a*) que toutes les femmes qui nourriffent longtemps deviennent maigres, valétudinaires, foibles & fujettes aux fleurs blanches. En effet, leurs humeurs font dans un état colliquatif & leurs vaiffeaux relâchés; ce qui eft arrivé, fuivant le Praticien de Paris, à une certaine femme qui avoit tant de lait, qu'elle crut pouvoir nourrir trois enfans à la fois; mais bientôt cet effort fut fuivi du vuide & du relâchement des vaiffeaux trop diftendus par cette pléthore laiteufe (*1*). Le même Médecin rap-

---

(*a*) L. 2, Ep.

(1) Il y a une vraie cachexie laiteufe. Lorfque l'enfant eft forti de la matrice, ce viscere porte fon action fur les mamelles, & il s'établit entre ces organes un cours d'ofcillations,

porte (*a*) l'hiftoire d'une certaine Nourrice qui nous fournira une précaution
utile pour la guérifon des maladies de
ces femmes. Nous rapporterons les paroles de l'Auteur. « Une femme qui
» nourriffoit eut une fluxion fur l'épine
» qui étoit roide & prefque immobile,
» caufée par les foins & la nourriture
» qu'elle donnoit à fon enfant. Un médi-
» cament actif, l'application du coton &

———————————

dont le but & le terme eft la formation du
lait & fa fécrétion abondante. Alors toutes les
humeurs participent de cette cachexie ; elles
prennent, pour me fervir de l'expreffion de
M. de Bordeu, une tournure particuliere &
dépendante abfolument de ce fluide nourricier. C'eft lui qui donne alors le ton à toute
l'économie de la Nourrice, & c'eft lui auffi
qui eft tout prêt à prendre les impreffions que
toutes les circonftances extérieures peuvent
lui communiquer. Sa préfence, fes égaremens
dans le tiffu cellulaire, chez les femmes qui ne
nourriffent pas, caufent des maladies terribles ; & fouvent alors les femmes femblent
pétries entiérement de lait, elles le mouchent,
le fuent, le rendent par les crachats, les
urines & les excrémens ; il fort par leurs ulceres, &, dans leurs cadavres, on le trouve
caillé à pleines mains, il emplit les cavités, &
enduit le dedans & le dehors des vifceres
& de la matrice principalement. Maladies
chroniq., pag. 373 à 411.

(*a*) L. 2, Epidem.

» de l'huile la guérirent ; on n'employa
» point la saignée ; la chaleur du lit &
» les frictions produisirent la coction ;
» un autre Médecin lui auroit fait ou-
» vrir la veine ». Souvent donc les Médecins se trompent, lorsque rapportant
la cause de toutes les maladies des Nourrices à la suppression de leurs regles, ils
n'ont rien de plus pressé que de les faire
saigner. Dans une pareille circonstance,
les Médecins d'Italie employeroient deux
ou trois saignées, & croiroient faire un
crime en oubliant un pareil remede.
Dès qu'une Nourrice est attaquée de
quelques maladies, ils mettent tout l'espoir de la guérison dans la saignée, fondés
sur ce que, pendant tout le temps qu'elle
nourrit, elle n'a pas eu de regles ; mais
'est souvent une grande erreur, puis-
u'il faudroit ne pas regarder la suppres-
ion des menstrues & l'abondance du
ang, comme la principale cause de la
maladie, mais avoir égard à la cacochy-
nie, produite par l'excrétion du lait long-
temps continuée. Or comme il se pré-
ente souvent des Nourrices malades,
omme d'ailleurs la plûpart de ces fem-
nes ne sont pas nourries splendidement,
xcepté quelques-unes d'entr'elles qui
sont attachées aux Grands, il faut leur

ordonner la saignée avec prudence, de peur d'affoiblir leur corps épuisé, & de rendre la maladie plus grave. Je préférerois volontiers l'usage des purgatifs, à la saignée faite à contre-temps & avec témérité.

Tout le monde sait combien de maladies peuvent affecter les mamelles des Nourrices. Telles sont la trop grande quantité du lait, son épanchement & sa trop grande fluidité qui donne lieu à la perte des forces & à l'atrophie, son grumélement, les inflammations, les abcès aux seins, les gerçures des mamelons. Pour ne pas redire ce qu'on trouve par-tout, je n'ajouterai rien sur les causes & sur la curation de ces maladies; les Praticiens en ont tous parlé avec assez d'étendue, & ils ont indiqué une grande quantité de remedes appropriés (*a*).

Quelquefois les Nourrices se plaignent d'une douleur compressive dans la région dorsale, sur-tout celles qui sont nouvellement accouchées, & qui ont beaucoup de lait, à cause de la mollesse & du relâchement de leurs seins, ou à cause de la foiblesse de leur nourrisson

―――――――――――――――――――

(*a*) *Vide Etmullerum, de valet. infant.*

qui ne les tete pas affez. Ce sentiment
douloureux de serrement qu'elles éprouvent dans le dos, vient de la plénitude
& de la dilatation des vaisseaux chileux
thorachiques qui serpentent sur la colonne épiniere, & qui portent la subf-
tance chyleuse dans les vaisseaux axil-
laires & mamaires pour la sécrétion du
lait. On peut le guérir facilement avec
un régime tempérant, en évitant de
boire du vin trop généreux, & en tirant un peu de sang, si la douleur eft
vive. Au refte, cette douleur, quelquefois accompagnée de la fievre, ne s'observe que chez les femmes fort grasses
& bien nourries.

Les femmes qui nourrissent sont aussi
tourmentées d'affections hystériques,
comme je l'ai déjà dit, celles sur-tout
qui, nourries avec profusion chez les
Grands, sont en même-temps éloignées
du commerce de leurs maris; leur eftomac farci & rempli d'alimens très-
nourrissans, distribue à leur matrice une
grande quantité de liqueur séminale;
& cet organe irrité & agité par la présence de ce suc, se souleve, se dé-
chaîne comme un animal furieux, &
gâte, par ce trouble, le lait qui se forme
dans leurs mamelles. Tous les Méde-

cins qui ont écrit sur la diéte des Nourrices , regardent comme hors de doute,
& comme une décision d'oracle , la régle qui défend aux Nourrices d'habiter
avec leurs maris, de peur que leur lait
ne se gâte. « Je conseille, dit Galien (*a*),
» à la femme qui veut nourrir, de s'abs-
» tenir des plaisirs de Vénus : car le coït
» provoque les regles , & altére le lait ».
Je serois trop long , si je voulois rapporter tous les Auteurs qui ont proposé cet
avis, & qui l'ont cru nécessaire. Je le
regarde comme aussi peu d'accord avec
le raisonnement , que contraire à l'expérience & à la santé des femmes. Je ne
nie cependant pas qu'une Nourrice qui
devient enceinte, ne donne qu'une nourriture mauvaise & trop foible à son nourrisson ; & je conviens que, dans ce cas,
il faut sévrer ce dernier , ou lui donner
une autre Nourrice. Graaff (*b*) rapporte
à ce sujet une histoire curieuse & digne
d'être racontée. Il dit qu'un certain
homme de Delphes ayant chez lui une
chienne assez grasse qui allaitoit un chat,
quoiqu'elle n'eût jamais fait de petits ,
il la gardoit avec précaution pour l'em-

(*a*) In p. de tuend. valet., c. 9.
(*b*) De virg. organ.

pêcher de fortir, parce qu'elle étoit en
chaleur, de peur qu'elle ne fe fît couvrir par un chat ; mais qu'enfin un chien
étranger l'ayant couverte malgré fes précautions, depuis ce temps, le chat ne
voulut plus la teter davantage. Je ne prétends donc pas dire que le coït fréquent
& immodéré ne rend pas le lait mauvais : mais je penfe que la coutume de
nourrir les femmes chez les autres, & de
les éloigner & du commerce & de la vue
de leurs époux, en les empêchant de
vifiter & leurs maifons & leurs enfans,
peut l'altérer encore davantage, puifque
cet ufage, enflammant leurs defirs pour
des plaifirs qu'on leur défend, agite leur
efprit jour & nuit, & les fait tomber
dans des paffions hyftériques très - violentes. Ainfi les fautes des Nourrices, &
de ceux qui les gardent chez eux & avec
plus de foins que leurs proprés femmes,
font fouffrir les innocentes créatures pour
qui ils prennent ces foins à contre-
temps.

Laiffons donc tous les Ecrivains penfer à leur maniere, & adopter l'opinion de Galien ; laiffons les défendre
aux Nourrices d'habiter avec leurs maris, & ordonner qu'elles foient empri-
fonnées dans des lieux féparés des hom-

més : pour moi je ne puis m'attacher à
leur fentiment, & je dirois volontiers
comme cet Orateur (*a*), relativement à
l'éloquence, j'en appelle au peuple. En
effet, dans les familles qui le compo-
fent, je vois toutes les meres nourrir
leurs enfans, à moins que quelque circonftance les en empêche, coucher toutes les nuits avec leurs maris & jouir
des plaifirs de l'Amour, fans éprouver
toutes les incommodités & les altéra-
tions du lait, que redoutent les Médecins pour les Nourrices des Grands &
des Princes, à qui ils font faire vœu de
chafteté. Je ne regarde donc pas cette
précaution comme fi sûre & fi falutaire
que le difent les Praticiens célebres qui
la recommandent. Au refte, dans la ville
que j'habite, il y a peu de Nobles qui
aient chez eux des Nourrices, dont le
tempérament & les defirs, augmentés
par des mêts fucculens & recherchés, peuvent nuire à leur entreprife. D'ailleurs ils
obfervent que leurs enfans ne font pas
mieux élevés chez eux, que ceux du peuple & des Laboureurs, & qu'ils n'ont au-
deffus de ces derniers que plus de maladies & de foibleffe. Pour ces deux rai-

(*a*) L. 7; Ep. 17,

sons, ils les confient tous à des Nourrices qui les allaitent dans leurs maisons avec leurs propres enfans, & ils préférent encore les femmes de la campagne à celles des villes, parce que leur lait plus fort rend leurs nourriçons plus robustes.

Je ne connois gueres que Martianus (a) qui condamne la méthode d'éloigner les Nourrices de leurs maris ; méthode qu'on adopte avec la meilleure foi du monde parce qu'on la croit salutaire. Ce Médecin, après avoir exposé la maniere dont il conçoit que le lait se forme chez les femmes grosses & chez les accouchées, ajoute : « Si ce que je pense est vrai, c'est » une erreur que de défendre le coït aux » Nourrices, & de croire que le lait en » est altéré. Car cet exercice excite un » mouvement dans l'uterus, qui favori- » rise la sécrétion du lait, & donne à la » femme une gaieté vive qui relâche les » vaisseaux, comme disoit Hippocra- » te (b), & qui contribue pour beau- » coup & à l'abondance & à la bonté » de son lait : bien plus, si l'abstinence » de l'amour nuit assez aux femmes qui

_____

(a) De nat. puer. ver., 250.
(b) De morb. mul., l. 1.

» y sont accoutumées, pour leur causer
» différentes maladies dès qu'elles sont
» privées de leurs maris, il est dange-
» reux de faire éprouver une pareille
» privation aux Nourrices ». Telles sont
les paroles de ce savant Médecin. En réfléchissant sur cet objet, on est forcé d'a-
vouer que la formation du lait est due à la
matrice : en effet cet organe, agité par
les plaisirs de l'Amour, communique son
mouvement à toute l'économie de la
machine, & dilate ainsi tous les vaisseaux
sanguins. Je me souviens à ce sujet d'une
ancienne coutume qu'on pratiquoit pendant la célébration des nôces. La Nourrice de la nouvelle mariée prenoit avec
un fil la mesure de son cou, avant qu'elle
entrât dans le lit nuptial, & le matin elle
essayoit le même fil : si, à cette fois, il
n'étoit pas assez long pour faire le tour du
cou, elle s'écrioit avec joie, que la mariée, de vierge étoit devenue femme. Ainsi
Catulle, faisant allusion à cet usage dans
les nôces de Thétis & de Pélée, a dit :
« Sa Nourrice, en la visitant le lende-
» main, ne pourra plus faire le tour de
» son cou avec le fil de la veille (*a*). En

(*a*) *Non illam nutrix orienti luce revisens ,*
Hesterno poterit collum circumdare fila.

effet, cette partie est augmentée de volume dans une nouvelle mariée, par les veines qui se sont gonflées dans l'ardeur du coït.

Ayant souvent réfléchi à l'artifice admirable que la Nature emploie pour faire séparer le lait dans les mamelles, même avant l'accouchement, comme si elle prévoyoit le besoin de l'enfant qui doit naître, je n'ai rien trouvé qui me plut dans ceux qui ont traité cette question, & qui n'ont pas satisfait la curiosité à cet égard. Tels sont Diemerbroeck (*a*), Gasp. Bartholin, fils de Thomas, & quelques autres cités par le premier de ces Médecins. Il sera donc utile de s'arrêter un instant sur cette question.

L'histoire des vaisseaux lactés, que notre siecle a vu commencer par Asellius & finir par Pecquet, (quoique peut-être Hippocrate en ait donné une légere esquisse (*b*), est assez célebre actuellement. Il n'est pas un Médecin, tel nouveau qu'il soit dans son Art, qui ne connoisse le mouvement du chyle dans ses canaux particuliers, & son effusion dans les vaisseaux sanguins, aussi-bien que

---

(*a*) Anat., l. 2, c. 2, dissert. de mam.
(*b*) De gland., n. 3.

l'opinion

l'opinion des Modernes sur la formation du lait, dont ils regardent le chyle comme la source. Il est vrai que l'adresse des Anatomistes n'a pas encore trouvé des canaux entre ces deux liqueurs, quoique Diemerbroeck ait été persuadé qu'il les avoit démontrés par beaucoup d'exemples. Cependant il y a tout lieu de croire que le lait est une portion du chyle, mêlée au sang & séparée de ce dernier dans les mamelles, comme le pensent les Auteurs de la Bibliotheque Anatomique, d'après des conjectures assez probables; c'est à notre compatriote Martianus (*a*) qu'on est redevable de ces premieres idées. Ce célebre Commentateur d'Hippocrate, s'il vivoit actuellement, s'applaudiroit & se réjouiroit de voir démontrer à ses yeux la forêt des veines lactées, dont il a soupçonné l'existence. Nous n'avons donc plus de doutes sur l'origine du lait; les découvertes des Modernes les ont dissipés. Il resteroit seulement à connoître, suivant moi, le méchanisme par lequel le suc chyleux coule à flots dans les glandes des mamelles, avant & après l'accouchement, malgré les lochies abondantes.

(*a*) Com. Hipp., de nat. puer.

L

On sait d'ailleurs qu'il ne peut s'y porter de lui-même, ni être conduit dans
ces organes par une force attractive qui
ne gît que dans l'imagination, ni enfin
y être dirigé & amené par une faculté
intelligente.

Puis donc que les idées des Modernes ne peuvent nous satisfaire sur cette
question, consultons les Anciens, &
voyons si nous n'y trouverons pas quelque chose qui approche plus de la vérité (*a*). Le grand Hippocrate, qui quelquefois a employé le mot NATURE dans
l'explication des phénomenes de notre
vie, a reconnu cependant une nécessité
méchanique pour la formation du lait ;
méchanique que les Auteurs de notre
siecle emploient pour l'explication de
toutes les fonctions, & qu'ils ont substi-
tuée aux fermens qui ont agité les Ecoles
pendant un certain temps, & qui sont

(*a*) Imitons Plaute qui a dit : Je crois
qu'il est très-sage de boire du vin vieux, &
d'entendre d'anciennes Comédies ; car les
nouvelles sont beaucoup plus mauvaises que
les nouveaux écus.

Qui vetere utuntur vino sapientes puto,
Et qui lubenter veteres spectant fabulas ;
Nam nova qua prodeunt fabula,
Multò sunt nequiores quàm novi nummi.

Prolog. Casin,

relégués actuellement chez les Boulangers. Plusieurs endroits de ses Ouvrages
prouvent ce que j'avance. Il dit (*a*): « Que
» les femmes accouchent facilement,
» lorsqu'après avoir déchiré les mem-
» branes, l'enfant offre la tête par son
» propre poids; mais qu'il sort oblique-
» ment & par les pieds, quand sa pe-
» santeur porte sur cette région » Les
Commentateurs ont très-bien rendu le
mot grec ῥοπὴ par ceux de *momentum*
& *inclinationem.* Le père de la Médecine
explique aussi la génération du lait d'une
maniere méchanique : « Le lait, dit-
» il (*b*), est nécessairement formé, parce
» que l'uterus, gonflé par la présence de
» l'enfant, comprime le ventre de la
» mere; lorsque cette cavité est rem-
» plie, la pression que la matrice lui fait
» éprouver, poussé le plus gras des ali-
» mens & de la boisson en-dehors dans
» l'épiploon & dans la chair ». C'est
ainsi que le vieillard de Cos, après avoir
annoncé la nécessité de la formation du
lait, explique ce phénomene par les loix
de la méchanique.

(*a*) Epid. de nat. puer., n. 21 & 42; de
diæt., n. 5.
(*b*) De nat. puer., n. 21.

L'enfant commençant à grandir dans
la matrice de sa mere, ce viscere comprime les intestins, l'estomac, le diaphragme, & toutes les parties situées
au-dessus ; les force d'occuper un plus
petit espace, pousse en même-temps le
chyle des vaisseaux lactés de l'abdomen
dans ceux de la poitrine & des mamelles. Cette compression suffit pour porter le chyle aux mamelles, dont la texture est molle & lâche, par le moyen des
vaisseaux propres, ou par les arteres
mammaires, comme le pensent Lower
& P. Dionis, si les canaux chyleux ne
sont pas assez ouverts ; de cette maniere
on n'a pas besoin d'admettre une force
impulsive pour l'ascension du chyle. Le
mouvement du fœtus dans la matrice
peut encore favoriser cette opinion comme Hippocrate l'a dit (*a*) ; car, dès qu'il
commence à remuer, les mamelles offrent les premiers signes du lait qui les
gonfle. Ainsi l'illustre Pecquet, le premier qui ait apperçu des vaisseaux lactés
dans la poitrine, croyoit que la contraction du diaphragme fait monter le chyle
des veines lactées du bas-ventre dans
les thorachiques, & le conduit ainsi dans

(*a*) P. de morb. mul., n. 37.

la maffe du fang. La maniere dont les
Scythes, fuivant Hérodote (*a*), augmentent le lait de leurs cavales, qui leur fert
de boiffon, eft curieufe & bien digne d'ê-
tre citée. Ils infinuent de l'air dans leurs
parties génitales au moyen de certains
foufflets faits avec des os, & affez femblables à des tubes alongés : tandis que
les uns font occupés à cette manœuvre,
les autres traient les cavales ; ils pré-
tendent enfler & emplir leurs veines, &
faire defcendre leurs mamelles par ce
moyen. C'eft donc la matrice qui dans
une femme groffe, quoique plus éloignée des mamelles que dans les animaux penchés vers la terre, paroît avoir
affez de force, quand elle eft diftendue
par le fœtus groffi, pour comprimer les
parties voifines, & pouffer en-haut les
humeurs contenues dans les vaiffeaux :
le mouvement du fœtus, dans fa pri-
fon, contribue encore à cette action (1).

_____

(*a*) L. 4, in Melp.

(1) Cette maniere méchanique d'expliquer
la formation du lait eft bien peu fatisfaifante,
& ne répond pas aux difficultés qu'on pourroit lui oppofer : n'eft-il pas bien plus fage,
& plus conforme aux loix naturelles, de s'en
tenir à ce concours d'action, cet inftinct commun de la matrice & des mamelles, orga-

Quand après l'accouchement, l'uterus reprenant son étroitesse naturelle, fait cesser cette compression , Hippocrate ajoute (*a*), que le lait continue de se former dans les mamelles , parce que la succion, opérée par l'enfant , aggrandit les vaisseaux mammaires, & attire dans leur cavité la graisse de toute la région abdominale. Cette succion est donc suffisante pour faire continuer l'ascension du chyle ; & , si elle cessoit, la source du lait seroit bientôt tarie. Telle est la maniere méchanique dont Hippocrate a expliqué la génération du lait dans les mamelles. La compression , qu'il regarde comme la cause de cette génération, est encore prouvée par le fait suivant. J'ai plusieurs fois observé à la campagne, que dans les femelles des quadrupedes, qui d'une portée font plusieurs petits, & ont en conséquence une

___

nes, pour ainsi dire, vicaires l'un de l'autre, & qui , par un orgasme particulier séparent le lait l'un après l'autre ? La fievre qui survient lorsque les mamelles attirent à elles la substance muqueuse de la matrice, & qu'on nomme très-à-propos fievre de lait , préside à ce travail & fait la coction nécessaire. Malad. chroniques, p. 398, & suivantes.

(*a*) De nat. puer. , n. 22.

fuite étendue de mamelles , comme
les truies , les chiennes , les chattes ,
&c. , les mamelons qui font le plus
près des cornes de la matrice , & où la
compreffion eft la plus forte , font plus
diftendus & contiennent plus de lait que
les autres , foit avant foit après l'accouchement ; & que c'eft pour cela que les
petits chiens qui tirent les mamelons
du milieu , deviennent plus robuftes &
plus gras que les autres , qui fucent
ceux des deux extrêmités (1).

(1) Il nous paroît plus naturel de regarder
cette diftenfion des mamelons du milieu , dans
les femelles quadrupedes , comme le produit
d'une action plus vive , d'un orgafme plus
étendu dans ces mamelons qui font placés
au centre de l'organe laiteux , & qui en font
comme le foyer où viennent aboutir toutes
les ofcillations. Ajoutons qu'il feroit aifé de
démontrer que les cornes de la matrice ne doivent pas contribuer à la production d'une
plus grande quantité de lait , dans l'endroit
où elles preffent le plus , mais plutôt à quelque diftance de leur région ; & alors , fi on
s'en rapportoit à la compreffion , dans les fe-
mélles quadrupedes , ce feroit les mamelons des extrêmités qui devroient être plus
diftendus & contenir plus de lait. Ne donnons
pas tant à la méchanique , fachons pofer fes
bornes dans les actions animales ; & rappor-
tons-nous-en plus à ce principe vital , fenfi-

L iv

Hippocrate a donc appellé la méchanique au secours de la Médecine, pour expliquer la formation du lait ; & si ses successeurs avoient marché sur ses traces avec plus de soin, depuis long-temps la Médecine auroit acquis beaucoup plus de perfection. Mais malheureusement, embarrassés par des questions difficiles, ils se sont rejettés sur la nature, & ont arrêté les progrès de leur science ; car rien n'est plus trompeur & ne montre tant l'ignorance, que d'employer ce mot en Physique. Diemerbroeck (*a*) a beaucoup disserté sur cette question, en recherchant par quel méchanisme le chyle, qui circule ordinairement vers le cœur, est détourné & conduit aux mamelles, pour y servir à la secrétion du lait. Il réfute d'abord l'opinion de Deusingius, qui rapporte cet effet à une qualité raréfiante, qui fait fermenter tous les fluides du corps humain ; il propose ensuite son sentiment, qui ne me paroît pas posé sur une base plus solide, puisqu'il est fondé sur l'imagination. Il croit que ce

---

tif, toujours agissant, toujours éveillé, & qui préside à la plus petite des actions dans un corps vivant.

(*a*) L. 2, Anatom., cap. 2.

phénomene est dû à l'imagination frap-
pée de la femme, qui occupe son esprit à
réfléchir sur le lait qui lui est nécessaire
pour nourrir son enfant ; opinion qui a
été réfutée avec beaucoup de connoissance
par Bartholin (*a*). Il me semble que,
pour la renverser, il suffira d'apporter la
raison suivante. Les meres nobles & délicates, qui refusent de nourrir leurs enfans pour ne pas gâter la forme de leurs
seins, n'ont ni pensées, ni desirs, sur la
formation de leur lait : au contraire ; elles réfléchissent continuellement à la
crainte qu'elles en ont, & à l'aversion
qu'elles en conçoivent. Cependant, malgré elles & tous les remedes qu'on leur
administre pour empêcher cette formation du lait, le troisieme ou le quatrieme
jour de leur couche, cette liqueur dis-
tend leurs mamelles, & renverse leurs
projets. Bartholin n'ajoute rien de satisfaisant sur cet objet, & il propose son
avis enveloppé de beaucoup de doutes. Il
attribue d'abord aux causes externes,
qui disposent les mamelles à séparer le
lait, le changement subit qu'on y observe lorsque leurs regles coulent pour la
premiere fois, que leurs parties génitales

(*a*) Dissertatio de mammis & lacte.

s'ombragent de poils, que leur voix change, & que les globes de leurs seins s'élevent à l'envi : ensuite, pour la génération du lait, il a recours à la semence du mâle, qui, pendant la conception, excite une fermentation dans leur sang, & prépare le chyle à être séparé dans les mamelles ; & il apporte pour la cause interne, qui les fait gonfler trois ou quatre jours après l'accouchement, le reflux du sang chyleux vers ces parties, flux qui auparavant avoit coutume de se porter, en grande quantité, à la matrice pour la nourriture du fœtus. C'est à peu-près la façon de penser d'Ortloh, qui dit expressément (a) : " Que l'uterus » étant resserré après l'accouchement, » la substance destinée à nourrir le fœ- » tus est résorbée par le sang ; & qu'a- » près cette résorbtion, les glandes » mammaires, distendues plus qu'à l'or- » dinaire, séparent l'humeur que sé- » paroit auparavant la matrice ". Ces idées sont assurément fort ingénieuses ; mais quoiqu'il soit vrai que le lait doit son origine à la matrice, puisque sans conception, comme chez les femmes stériles, les Religieuses, & toutes celles

_____

(a) Hist. Par., dissert. 14.

qui ne fe marient pas, les mamelles ne
fe rempliffent jamais de cette liqueur,
ou du moins que très-rarement, (car ce
phénomene a été obfervé chez quelques
filles ,) il reftera toujours à rechercher
comment & par quelle intelligence, après
que l'uterus eft délivré de fon fardeau,
le fang chyleux qui apportoit la nourriture au fœtus par les arteres de la région
hypogaftrique de fa mere , réforbé par
les veines , porté aux cavités droites du
cœur , mêlé au fang artériel dans les
cavités gauches du même vifcere, eft dirigé enfuite vers les mamelles ; pourquoi il y prend la confiftance & la nature
du lait, pendant que les lochies coulent
encore : on demandera encore pourquoi
ce phénomene n'arrive pas dans un autre
temps, lorfque les femmes , après leurs
groffeffes , font dans l'embonpoint, pleines de fucs & rien moins qu'épuifées,
comme elles le paroiffent pendant &
après leurs couches, foit que cet épuifement vienne des efforts de l'accouchement , ou par les lochies abondantes
qu'elles répandent après cette opération. Cette queftion n'eft point encore
effleurée, & nous ignorons abfolument
par quelle puiffance, par quel méch. a-
nifme , la matiere du lait eft entraî-

née vers les mamelles dans les Accouchées.

Nous devons croire que le divin Architecte a construit la matrice & les mamelles avec un artifice caché, & tel que, par une loi nécessaire, la formation du lait suit la conception de la matrice, comme nous savons que les poumons de l'enfant, à peine sorti de sa prison, commencent leur fonction oisive pendant les neuf premiers mois de sa vie, & sont distendus par l'air atmosphérique qui, s'ouvrant un passage par la bouche & les narines, se débande dans les organes de la respiration par l'élasticité qui lui est propre, & rend le trou oval, qui a servi au fœtus dans le sein de sa mere, inutile, en ouvrant un nouveau chemin au sang dans les vaisseaux pulmonaires qu'il alonge & qu'il dilate. Nous devons avouer que cette sympathie admirable, entre la matrice & les mamelles, échappe à la sagacité de notre esprit, & à la délicatesse de notre œil anatomique. Elle étoit connue d'Hippocrate : « Si les mamelons, dit-il (a), » sont ternes & d'un rouge pâle, les » vaisseaux de l'uterus sont malades ».

(a) 6 Epid., sect. 5.

Bartholin l'a attribuée à la reſſemblance du tiſſu glanduleux du placenta & de la mamelle, deſorte que le ſang chyleux qui couloit avant dans le placenta, porté aux mamelles par le torrent de la circulation, s'y arrête comme dans une partie qu'il connoît & qui lui convient. Mais ſans qu'il y ait de placenta dans les filles qui ont quelquefois du lait, il eſt néceſſaire d'admettre ce rapport entre la matrice & les mamelles, puiſque l'expérience a démontré que la trop grande quantité de ſuc ſéminal dont regorge l'uterus, occaſionne des tumeurs ſquirrheuſes, ſur-tout dans les Religieuſes qui ſont plus ſujettes à ces maladies que les autres femmes, non à cauſe de la ſuppreſſion de leurs regles, mais plutôt à cauſe du célibat dont elles ont fait vœu. J'ai ſouvent vu de ces filles célibataires au viſage de roſe, occupées ſans ceſſe à contenir & à étouffer leurs deſirs, mourir de cancers affreux, quoique leurs regles aient toujours coulé réguliérement. En Italie, chaque ville contenant pluſieurs Couvens de Religieuſes, il eſt rare qu'il y en ait un où cette maladie n'exerce pas ſes ravages. Pourquoi donc les troubles de la matrice affectent-ils plutôt les mamelles que les autres parties?

Il y a entre ces organes un rapport secret qui se dérobe aux recherches des Naturalistes, qu'un jour à venir découvrira peut être à nos neveux, avec d'autres vérités qui sont encore couvertes d'épaisses ténébres.

Cette sympathie entre les deux sources du plaisir est encore prouvée par le chatouillement du mamelon, qui est un violent stimulus aux plaisirs de l'Amour, comme les femmes l'avouent elles-mêmes. Carpus observe (*a*) que la palpation des mamelles, & sur - tout des mamelons qui s'érigent comme le membre viril, réveille les desirs assoupis. Voici les propres paroles de ce Médecin : « Les mamelons servent aussi » à exciter au coït, quand on les tou- » che, tant dans l'homme que dans la » femme, mais sur-tout chez cette der- » niere ». Il y a, en effet, des vaisseaux qui vont des organes de la généra-tion aux mamelles & au mamelon. Ce dernier s'érige quand on le chatouille, & il fait ériger le membre viril par sympathie. Le rapport qui se trouve entre ces organes vient donc plutôt des vaisseaux, que de la ressemblance du tissu

_____

(*a*) Com, 2 in an. mun., pag. 326.

qui n'exiſte quelquefois pas, puiſque, quand les lochies ceſſent de couler, la matrice recouvre ſa premiere grandeur, devient membraneuſe, & différe alors des mamelles dont le tiſſu eſt glanduleux.

Les raiſons & les ſyſtêmes des Modernes ſur la turgeſcence des mamelles après l'accouchement, ne ſont donc pas préférables à l'opinion d'Hippocrate. Ce Médecin de Cos, quoiqu'il ignorât le mouvement du ſang & du chyle que l'on démontre à l'œil, de nos jours, a cependant obſervé avec attention cette ſympathie étonnante & ce commerce mutuel d'affections entre la matrice & les mamelles, & a rapporté avec grande raiſon la formation du lait à la compreſſion & au mouvement du fœtus. Si quelqu'un ne trouve pas cette explication valable, il ne tient qu'à lui d'en propoſer une meilleure. Il y a toutefois lieu de croire que ce ſiecle qui avance vers ſa fin, ne verra pas la ſolution de ce problême, & que le ſouverain Diſpenſateur des êtres la réſerve peut-être pour le ſiecle qui va ſuccéder au nôtre.

Mais, ſans nous arrêter davantage à la recherche de ce phénomene qui a exercé tant de génies, occupons-nous des maladies des Nourrices, & offrons-leur les secours que notre Art peut leur fournir. Si elles ont quelque affection dangereuse, produite par la trop grande excrétion de lait, il faut éloigner cette cause procathartique, en leur ordonnant de cesser de nourrir. Si elles sont menacées de phtisie par la maigreur de leurs corps, la perte de l'appétit, l'insomnie, & la pâleur de leur teint, il faut sur-le-champ les empêcher de nourrir, & leur donner les remedes qui peuvent prévenir la phtisie & rendre l'embonpoint à leurs corps. Richard Morton (*a*) a décrit une espece de phtisie due à l'allaitement : on peut le consulter pour les remedes qui lui conviennent. Celui qui réussit le mieux dans ce cas, est le lait d'ânesse ou de vache, pourvu qu'il ne soit pas contr'indiqué par une fievre trop aiguë, ou par des acides dans les premieres voies. Il est assez raisonnable de réparer, par l'usage du lait, les pertes qu'on a faites de la même liqueur, & d'essayer de guérir, par ce moyen, la consomption à laquelle cette perte a donné naissance. On les mettra d'abord au lait d'ânesse, pour purger & évacuer

-(*a*) Phtis., cap. 6.

les humeurs dépravées , ensuite à celui
de vache pour détruire leur maigreur.
C'est là la vraie méthode d'administrer
le lait dans la phtisie, dont s'est servi
notre Maître, comme il nous l'apprend
dans l'histoire du fils d'Eratolaüs. Ce
jeune homme ayant été épuisé & réduit
à une extrême maigreur, par une dyssenterie longue & dangereuse, Hippocrate
lui donna d'abord le lait d'ânesse pour le
purger , ensuite le lait de vache pour le
nourrir. Voici ce qu'il dit à ce sujet (*a*) :
« Après avoir bu environ deux pintes de
» lait d'ânesse bouilli en deux jours de
» temps, il lui survint un flux de bile
» abondant ; ses douleurs cesserent, &
» l'appétit lui revint : il but ensuite une
» pinte de lait de vache crud en une
» fois, & on mêla une sixieme partie
» d'eau & un peu de gros vin à deux
» verrées de lait , pour le premier
» jour ». La note de Martianus (*b*) sur
cet endroit est très - intéressante : « On
» sait, dit-il, que le lait est très - bon,
» pour redonner l'embonpoint & les
» forces, non pas celui d'ânesse que les
» Modernes préférent aux autres , mais

(*a*) 7 Epid. , n. 3.
(*b*) De nat. mul., n. 15.

» lè lait de vache dont la confiftance eft
» feule capable de produire cet effet ».
La diete lactée, adminiftrée de cette
maniere, réuffira donc en évacuant d'a-
bord les humeurs faburreufes, & en
nourriffant enfuite le corps épuifé. Morton rapporte l'hiftoire d'une certaine
femme qui, après quatre mois de nourriture, ayant éprouvé une grande foibleffe, la perte d'appétit, des fuffocations, & ne voulant pas, malgré fon
confeil, ceffer fa nourriture, & fe mettre à la diete lactée, tomba bientôt dans
la phtifie pulmonaire, caractérifée par la
toux, la refpiration difficile, & la fievre
lenre.

Si les Nourrices font attaquées d'affections hyftériques par la trop grande
réplétion, ce qui arrive principalement
à celles qui font chez les Grands & chez
les Princes, il faut leur procurer quelque
évacuation, leur ordonner la faignée
pour défemplir leurs vaiffeaux gorgés de
liquide, leur prefcrire un régime plus
exact & tous les remedes anti-hyftéri-
ques indiqués par les Praticiens. Si ces
affections font dues à la trop grande
quantité de femence produite par leur
nourriture trop forte; fi, pour me fervir
de l'expreffion des Modernes, leur

ovaire est plein de suc, & que leur trompe de Fallope donne le signal du combat de Vénus, il faut ou leur faire cesser leur ministere, ou leur permettre un commerce modéré avec leurs maris, de peur que leur uterus en fureur (1) ne

---

(1) Les Anciens se faisoient une idée bien singuliere de la matrice ; ils la regardoient comme un animal furieux, tout prêt à se déchaîner contre les autres organes, si elle n'étoit pas appaisée. Galien nous l'a peinte enchaînée par des liens très-forts, les ligamens ronds & les larges : il parle même, à cette occasion, de deux autres especes de ligamens, les antérieurs & les postérieurs, formés par les replis du péritoine, qui en devant unissent la matrice avec la vessie, en arriere avec le rectum. Cette idée, toute extraordinaire qu'elle est, leur paroissoit très-propre à faire concevoir tous les phénomenes singuliers & étonnans que les affections hystériques produisent, tels que les étouffemens, la strangulation, la boule hystérique, la pulsation violente de l'abdomen, &c. Ils ne se trompoient pas dans l'observation de ces accidens, mais bien dans la cause à laquelle ils les attribuoient : c'étoit, selon eux, la matrice qui remontoit, qui s'agitoit en tous sens, & qui se vengeoit, pour ainsi dire, de la langueur & du repos où on la laissoit. Peut-être aussi ces expressions sont-elles figurées, &, dans ce sens, elles sont très-propres à donner une idée des désordres que cet organe est capable de produire.

porte son action sur leur nourrisson. Il y
en a, parmi elles, qui occupées en secret d'idées amoureuses, cachent avec
adresse le feu qui les consume, pour n'ê-
tre pas condamnées à leur état ordinaire.
On n'observe pas chez elles des paroxys-
mes hystériques bien manifestes ; voici
cependant les différens signes qui décou-
vriront cette passion cachée, au Médecin
prudent & attentif. Leur gaieté n'est plus
la même, elles sont taciturnes, som-
bres contre leur ordinaire ; la vue d'un
bel homme, l'entretien qu'elles ont avec
lui, dissipent leur mélancolie, & leur cœur
paroît plus échauffé. De tels signes indi-
quent certainement l'orage qui les agite
& qu'elles veulent en vain concentrer ;
mais assurément ce n'est pas leur faute,
& elles sont bien excusables, puisque
c'est la nature elle-même qui excite la
tourmente, & fait naître, malgré elles,
les idées de plaisir qui occupent leur
esprit : en effet, le foyer de la volupté
une fois allumé, communique son embrasement à tout le corps & à l'esprit
lui-même. De pareilles Nourrices, agitées d'une telle passion, impriment à
leur nourrisson un caractere indélébile ;
& on a observé, dit Vanhelmont (*a*),

_____

(*a*) De infant. nutrit.

que l'âge développe dans les enfans les
defirs ardens pour l'amour, que leurs
Nourrices leur ont communiqués.

Souvent, comme nous l'avons déjà
dit, les femmes qui nourriffent, & fur-
tout celles qui ont de l'embonpoint, qui
font blanches, & qui ont les mamelles
gonflées de lait, fe plaignent d'une douleur compreffive dans les épaules. Elle
eft produite par la trop grande abondance de fuc laiteux, dans les canaux
chyleux thorachiques, qui portent cette
liqueur dans la foufclaviere pour la répandre enfuite dans les mamelles. Pour
la guérir, il fuffit de diminuer leur
nourriture, & de leur défendre les alimens qui forment beaucoup de lait. Hippocrate connoiffoit cette douleur, comme il le dit lui-même én parlànt des
femmes groffes : « Le boire & le manger
» font gonfler leurs épaules ». En cet
endroit de fon Comméntaire, Martianus qui, comme nous l'avons déjà dit,
fait venir la fubftance du lait du ven-
tricule, comme de la fource qui fournit à tout le corps & reçoit de toutes
fes parties, apporte en témoignage les
Nourrices elles-mêmes, qui, dit-il,
« auffi-tôt qu'elles ont bien bu & bien
» mangé, difent fentir une humeur def-

» cendre des épaules aux mamelles en
» passant par les clavicules; ce qui leur
» arrive encore plus sensiblement pen-
» dant que leur nourrisson tete ». C'est
à cause de cela que rien n'est plus capable de diminuer le lait que l'application
des ventouses au dos, & que les Nourrices se refusent constamment à ce remede dans leurs maladies, de peur de
perdre leur lait (1).

---

(1) Il y a entre les aisselles & les mamelles
une communication cellulaire bien manifeste.
Elle n'est malheureusement que trop prouvée
par ces tumeurs dures, indolentes & squir-
rheuses, qui, dans le cancer occulte de la
mamelle, s'étendent en forme de chapelet de
l'une à l'autre de ces régions, & qui ôtent l'espoir de la guérison par l'extirpation. On peut
donc regarder l'aisselle & les mamelles comme
un siphon, dont le mamelon est une extrêmité ouverte, d'où découle le lait qui se forme dans ces deux parties en même temps. D'a-
près cette considération, il n'est pas étonnant
qu'une ventouse, appliquée à l'épaule, détruise le lait, puisque par son moyen on ouvre l'extrêmité borgne du siphon, on diminue, on fait même cesser l'écoulement du lait
par l'autre extrêmité que la Nature avoit ouverte à dessein. Un cautere au bras feroit le
même effet, à cause des traînées cellulaires
qui s'étendent dans toutes ces parties, & qui
établissent entr'elles une communication immédiate. M. de Bordeu, tissu muqueux.

Quant aux démangeaisons qui les tourmentent & dont elles ne peuvent se garantir, puisqu'elles ont toujours, entre leurs bras & contre leurs seins, des enfans dont la tête est ordinairement couverte d'une croûte laiteuse, on les guérira en appliquant extérieurement des anti-psoriques, que l'on préférera aux purgatifs, & aux autres remedes internes qui agissent lentement & qu'on emploie dans les maladies de la peau. On leur permettra les onctions contre la galle, sans avoir besoin de les purger, & l'on n'aura rien à craindre en guérissant, sans autre précaution, un miasme psorique qui n'est attaché qu'à la peau, puisqu'il ne dépend pas d'une corruption d'humeurs, & qu'il n'est dû qu'au contact & à l'attouchement du nourrisson. Mais si cette maladie est due à une cacochymie produite par l'épuisement, les remedes ne seront plus les mêmes, & on n'emploiera les topiques indiqués qu'après avoir évacué les humeurs impures. J'ai vu malgré cela beaucoup de femmes très bien rétablies, être attaquées d'une galle d'un mauvais caractere, quelques mois après avoir cessé de nourrir, pour avoir touché souvent des enfans galleux.

Les Nourrices doivent donc toucher leurs nourrissons avec précaution, & les entretenir ainsi qu'elles dans la plus grande propreté. Si l'on avoit ces soins, on ne verroit pas tant d'enfans sales & rongés d'ulceres mourir éthiques parmi les pleurs & les gémissemens. Galien rapporte (*a*) l'histoire d'un certain enfant qui, ayant pleuré tout un jour, sans que sa Nourrice pût le tranquilliser, soit en l'agitant ou en le posant sur son sein, fut appaisé & pris d'un sommeil très-long, aussi-tôt que, par son conseil, on l'eût lavé & changé de langes.

Avant que de quitter les Nourrices, je dois leur proposer une précaution utile à elles & à leurs nourrissons; c'est d'épargner la nourriture qu'elles leur prodiguent, de ne leur pas offrir le teton toutes les fois qu'ils pleurent. Cette erreur est très-considérable; cent fois le jour, elles leur donnent à teter, & la nuit, pour ne pas voir interrompre leur sommeil par leurs cris, elles les allaitent encore: ainsi elles s'épuisent elles-mêmes, & gorgent leurs enfans de lait, desorte que tous deux en souffrent

_____

(*a*) 2, De sanit. tuend., c. 8.

également.

également. Comment, en effet, l'eftomac
fi tendre & fi délicat des enfans, pourroit il fupporter une fi grande quantité
de lait, fans donner naiflance à des crudités, des rapports aigres, de fréquens
foulévemens, & fans faire coaguler ce
fluide ? Comment les Nourrices ne s'é-
puiferoient-elles pas en fe faifant fans
ceffe teter ? Les femmes de la campagne
nourriffent leurs enfans avec bien plus
de fageffe, elles ne leur donnent à teter
que trois ou quatre fois par jour, les
laiffent pleurer tant qu'ils veulent, &
s'occupent, pendant ce temps, de leurs
travaux champêtres, en imitant, difent-
elles, les vaches qui nourriffent leurs
petits, & qui ne fe laiffent teter que trois
fois dans le jour. C'eft peut-être de cet
abus qu'eft venue la coutume fuivie en
Angleterre & en Allemagne, de nourrir
les enfans avec une bouillie faite avec le
lait de vache, les jaunes d'œuf & le fucre ; moyen qui fert à régler le régime
& à mefurer la jufte quantité d'alimens qu'ils doivent manger. On trouvera d'excellens préceptes fur ce fujet
dans Vanhelmont (*a*), le Zod. Med.

_____

(*a*) De inf. nutrit., an. 3.

M

Gall., Etmuller (*a*), & plusieurs autres Ecrivains (1).

(*a*) Val. infant.

(1) Le but de Ramazzini n'étoit pas de faire un Traité sur la maniere d'élever les en-fans. Il n'a parlé, en passant, que de quelques abus qui se sont glissés dans cette partie de l'éducation, & il a démontré que la nourri-ture des enfans étoit entiérement du ressort de la Médecine. Depuis ce Médecin, on s'est beau-coup occupé de cet objet, & tous les amis de la vérité voient maintenant avec satisfac-tion les anciens préjugés se dissiper, la raison appuyée sur l'expérience régner à leur place, & la voix de la Nature se faire entendre dans le cœur de presque toutes les meres. Mais ce n'est pas assez que les meres allaitent leurs enfans, il faut encore que la Médecine vienne leur dicter les préceptes nécessaires dans ces premieres années de la nourriture, d'où dé-pend presque en entier la constitution forte ou foible des enfans. Il y a, sur cette matiere, un grand nombre de Traités intéressans : nous nous contenterons d'en indiquer deux princi-paux, qui contiennent des regles précieuses à l'humanité & à toutes les meres qui ne dé-daignent pas ce titre. Le premier, intitulé : *Avis aux meres qui veulent nourrir leurs en-fans*, par Madame le Rebours. Le second : *Les enfans élevés dans l'ordre de la Nature*, ou, *Abrégé de l'Histoire Naturelle des enfans du pre-mier âge*, par M. de Fourcroy, Conseiller au Bailliage de Clermont en Beauvoisis. L'Auteur fait voir, dans son Livre, qu'il a beaucoup de

connoiffances en Médecine. On ne peut que
confeiller à toutes les meres qui nourriffent de
fe procurer fon Ouvrage. C'eft un Code bien
propre à les diriger, & où elles trouveront
tout ce qui peut les intéreffer. Je me fais un
devoir de rendre hommage à la vérité, & de
témoigner publiquement ma reconnoiffance à
un homme juftement célebre par fon amour
pour l'humanité & par fes travaux littéraires,
qui d'ailleurs m'eft uni & par le fang & par la
façon de penfer.

CHAPITRE XX.

Des Maladies auxquelles font fujets les Marchands de Vins, les Braffeurs, & les Diftilla-teurs d'Eau-de-vie.

APRÈS nous être occupés des fources de la liqueur précieufe qui conferve & & fait éclore en nous le germe de la vie, nous allons paffer à la contemplation de cette autre liqueur qui fait la joie de nos feftins & des convives. Pour examiner les maladies des Marchands de vins, des Diftillateurs, &c., il faut parcourir les cuviers où les Vignerons font le vin, & les atteliers où on diftille l'efprit de vin & l'eau-de-vie. Nous ne parlerons pas de cette ivreffe que produit la boiffon immodérée de ces liqueurs, mais de celle qui eft caufée par l'odeur & les fu-mées du vin en fermentation difperfées dans l'air, & qui s'infinuent avec lui dans la bouche & dans les narines. Ces Ouvriers, fans boire de vin, occupés tout le jour à transvafer cette liqueur & à retirer les marcs des cuves, font fou-

vent attaqués d'une ivreffe qui les incommode beaucoup, & que leur caufe
la continuité de leur travail.

Comme le vin & l'efprit de vin font
une des plus grandes richeffes des campagnes de Modene, fur-tout entre la
Secchia & la Scuttenna. Comme tout
le pays au delà & en-deçà du Pô font
très-riches en efprit de vin, puifque chaque année elles fournissent des milliers de
muids de cette liqueur à Venife, à Milan
& à d'autres villes, c'eft un fpectacle très-
beau que de voir en automne les cuviers
immenfes, les cuves énormes, les nom-
breufes rangées de tonneaux, & les atteliers où fe fabrique l'efprit de vin.
L'expérience ayant appris qu'on retire
beaucoup d'efprit de vin des marcs, on
les conferve dans les cuves en les pref-
fant avec de groffes poutres, & on les
laiffe fermenter avec le vin pendant plufieurs mois, & même tout l'hyver ; enfuite lorfqu'on met le vin en tonneaux,
on verfe les marcs dans des vaiffeaux de
cuivre avec une certaine portion de vin,
& on les foumet à la diftillation ; mais
cette coutume d'exprimer au preffoir tout
ce qu'il refte de fuc dans les marcs, a été
abandonnée par les Vignerons depuis
qu'ils ont obfervé qu'on obtient bien plus

d'esprit de vin, en les soumettant à la distillation sans les avoir pressurés ; & quoique ce dernier travail demande plus de peine, ils ont relegué les pressoirs hors de leurs atteliers.

Les Ouvriers qui retirent hors des vaisseaux de cuivre le marc fumant après la distillation, pour y en remettre de nouveau, & qui versent dans des tonneaux les vaisseaux pleins d'esprit de vin, sont presque tous ivres. Quoique cet ouvrage se fasse sous des voûtes très-vastes, & non dans des celliers fermés, il s'évapore cependant une si grande quantité d'esprit de vin, que les personnes qui viennent voir ces travaux ne peuvent supporter long-temps l'odeur piquante répandue dans les atteliers. Les poules & les autres volailles, les cochons & tous les animaux qui vivent dans ces lieux, & qui se nourrissent du marc brûlant retiré des vaisseaux distillatoires, s'enivrent. Les hommes qui travaillent pendant plusieurs mois, & même pendant tout un hiver dans ces atteliers, deviennent lourds, languissants, maigres, tristes, sujets au vertige, & perdent l'appétit.

Pour connoître la vraie cause de l'ivresse, il est très-important de savoir par quelle qualité le vin l'a produit, si c'est l'acide ou l'alcaline, la vertu coagulante ou la fondante. Etmuller traite cette question avec assez d'érudition ; & après avoir rapporté les différentes opinions des Auteurs à cet égard, aussi bien que les raisons sur lesquelles chacun d'eux se fonde, après avoir réfuté celles de Takenius, de Bekius & d'autres qui regardent l'acide du vin comme enivrant, il conclut que c'est à la partie alcaline & sulfureuse de cette liqueur qu'est dûe l'ivresse qu'elle procure.

J'ai eu autrefois occasion de m'entretenir de cet objet avec un savant Chymiste, qui, pour me prouver que c'étoit à l'acide volatil qui est contenu dans le vin, & qui, de moût le fait devenir liqueur spiritueuse, qu'étoit dûe la vertu enivrante, m'apportoit des raisons d'un grand poids, que je me fais un devoir de détailler ici avec toute l'étendue qu'elles méritent. Les preuves que le vin, me disoit-il, est de nature acide, sont 1°. l'expérience curieuse de Vanhelmont (*a*), dans laquelle l'esprit de vin est réduit en un instant en un caillé blanc, par l'addition de l'esprit du sel

_____

(*a*) De aurâ vitali.

M iv

ammoniac, caillé d'autant plus épais,
que l'esprit d'urine est plus pur. 2°. L'effervescence que produit dans le sang
chaud l'esprit de vin qu'on y verse, &
que l'acide vitriolique produit seulement
plus vive. 3°. La précipitation des teintures de castoreum, de myrrhe, &c.
par l'esprit de sel ammoniac, dont
l'acide de l'esprit du vin s'empare sur
le champ, en quittant, pour s'y unir,
la substance qu'il tenoit en dissolution.
4°. La foiblesse & le plat qu'on donne
au meilleur vin, en y mêlant des alcalis & des absorbans tels que le soufre,
les yeux d'écrevisses, les coquilles d'œufs,
foiblesse telle qu'il n'est plus en état
d'attaquer le fer, & qu'à la distillation,
il ne donne qu'un esprit phlegmatique
& en très petite quantité. 5°. L'extrac-
tion d'un esprit ardent & inflammable
du vinaigre lui-même, comme le prouvent les opérations chymiques. 6°. Enfin
la qualité alcaline des remédes qui préviennent & guérissent l'ivresse, comme
la graine de moutarde prise à jeun, dont
le peuple se sert pour préservatif, le
poumon rôti des quadrupedes que Pline
recommande (*a*), l'ail que prescrit Hip-

(*a*) H. N., l. 3, c. 14.

pocrate (*a*) à un homme ivre ou qui
veut s'enivrer, & tous les autres remedes qu'on ordonne aux gens ivres, qui,
contenant une grande quantité d'alcali,
ne détruiroient pas l'ivreffe ni fa caufe,
& la rendroient au contraire plus forte,
fi la vertu enivrante du vin confiftoit
dans fa partie fulfureufe & alcaline.
Tels font les raifonnemens de ce Chy-
mifte pour prouver que c'eft l'acide du
vin qui enivre; nous allons leur oppofer ceux des Adverfaires, & nous finirons par ajouter quelque chofe aux raifons du premier.

On eft fondé à croire que la qualité
enivrante du vin, gît dans fa partie fulfureufe & alcaline, parce que 1°. l'efprit de vin eft inflammable, & les acides les plus caractérifes, tels que l'efprit
de vitriol, ceux de nître, de tartre,
détruifent plutôt l'inflammabilité des
fubftances inflammables par elles-mêmes, puifque la poudre à canon arro-
fée d'acide vitriolique & deffechée enfuite, ne prend plus feu, & s'enflamme
au contraire fi on la mouille avec de
l'efprit de vin. 2°. Le vin & l'efprit de
vin font très-utiles dans les ulceres &

(*a*) De vict. rat. in acut., n. 59.

les gangrenes, pour adoucir & corriger l'acide prédominant & corrosif qui ronge les chairs, & entretient les ulcéres ; usage qui ne seroit pas si bon, si le vin étoit acide. 3°. On a constamment observé que l'esprit de vin ne tourne jamais à l'aigre, mais devient seulement plus foible en vieillissant ; aussi les vins s'aigrissent, parce que leur partie spiritueuse se dissipe plutôt qu'elle ne s'affoiblit. On sait d'ailleurs que les vins qui tournent à l'aigre, fournissent une très-petite quantité d'esprit ; ce qui est tout autrement dans les vins qui déposent & sont mucides ; c'est à cause de cela que ceux qui ont des priviléges pour préparer l'eau-de-vie, achettent les vins gâtés, pour en retirer une certaine quantité d'esprit, & n'offrent rien des vins aigris, qui, malgré les soins & la diligence qu'on apporte à les distiller, ne fournissent qu'un phlegme insipide & une liqueur âcre. 4°. Les esprits acides minéraux, comme ceux de vitriol, de nitre, sont dulcifiés par l'esprit de vin qui, s'il étoit acide & enivrant, ne pourroit les corriger ni les rendre moins actifs, puisqu'une substance ne peut diminuer la force d'une autre de la même nature, & ne fait au contraire que l'aug-

menter (*a*). 5°. L'efprit de vin fait effervefcence avec l'efprit de nitre, effervefcence qui prouve une nature oppofée entre ces deux fluides. 6°. On rectifie l'efprit de vin fans diftillation, en
y jettant à plufieurs reprifes du fel de
tartre, de la chaux, des cendres gra-
velées. Si cette liqueur étoit acide, le
fel de tartre & la chaux qui tiennent le
premier rang parmi les alcalis, ne la
rectifieroient point, & loin de la rendre plus forte, ils l'affoibliroient en
abforbant fon acide. Si l'on dit que le
fel de tartre abforbe le phlegme de l'efprit de vin, & le rectifie par cette ab-
forption, on ne voit pas pourquoi ce fel
alcali n'abforbe pas plutôt l'acide qu'on
fuppofe exifter dans l'efprit de vin, &
ne s'en fature pas plutôt que du phlegme.
7°. Les vins paffés à la toile, qui font
plus foibles que les autres, comme Pline
l'a fait remarquer, tournent très-facilement à l'aigre, & fur-tout aux approches
ches de l'été; ce qui n'arrive pas aux
autres vins, que leurs parties fpiritueufes garantiffent de cet inconvénient.
8°. Enfin les vins généreux font moins
nuifibles aux goutteux que les petits vins,

(*a*) Etmull., Pyr. Rat., c. 10.

M vj

comme ceux du Rhin. Sylvius (*a*) condamne ces derniers dans la goutte, parce qu'ils ont peu de spiritueux ; précepte que Craton avoit donné long-temps auparavant, puisqu'il dit (*b*) que ceux qui regardent l'usage des vins légers comme innocent, se trompent grossierement, & qu'il est plus salutaire de boire un peu de vin de Hongrie ou de Malvoisie, qu'une grande quantité de petit vin. Vanhelmont (*c*), Willis, & d'autres Médecins célebres, condamnent aussi les vins acides, qui, selon eux, ne peuvent que rendre les douleurs arthritiques plus aigües, en augmentant l'acide qui en est la cause.

Je vais maintenant répondre aux preuves apportées par le Chymiste déjà cité, pour l'acide enivrant du vin.

1°. L'effervescence & la coagulation de l'esprit de vin par l'alcali volatil, n'est pas assez forte pour démontrer la nature acide du vin. Beaucoup de substances alcalines font effervescence ensemble comme le sel de tartre jetté sur de l'huile de tartre, expérience rappor-

---

(*a*) Append. Prax. Med., trad. 8, n. 254.
(*b*) L. 2, Cons. 27, pro articul. morb. dol.
(*c*) In volup. viven., de ann. Br., p. 2, cap. 14.

tée par J. Bohn (*a*), & qu'il ne faut point attribuer, dit cet Auteur, a un acide masqué, absorbé par le tartre dans la dissolution, puisque l'eau avec le sel offre le même phénomene. Ainsi beaucoup d'acides mêlés ensemble, font effervescence, & on peut mêler des acides à des alcalis, sans qu'il se fasse de coagulation; de sorte qu'on ne peut établir de régle générale sur ce fait chymique.

2°. L'ébullition qui s'excite dans du sang nouvellement tiré, quand on y verse de l'esprit de vin ou de l'esprit de vitriol, n'est jamais la même & differe beaucoup, suivant la nature du sang dont on se sert. En effet, cette liqueur vitale peut être ou trop acide ou trop alcaline; & quand cette effervescence est vive, il y a tout lieu de croire que l'acide y domine.

3°. Je ne vois pas que la précipitation des teintures par l'esprit de sel ammoniac, soit d'un grand poids, puisque l'eau seule peut l'opérer, comme on le fait dans la préparation des résines de jalap & de méchoacan. Si l'esprit de vin étoit acide, il faudroit, suivant la regle

(*a*) De acr. in subl. infl., c. 4.

chymique, (ce qui eſt diſſous par un acide, ſe précipite par un alcali), que l'eau fût un alcali, & tout le monde ſait que cet élément eſt inſipide, ſans aucune acrimonie, & qu'il corrige celle des acides & des alcalis.

4°. Il ne ſuffit pas, pour prouver l'acide enivrant du vin, d'apporter la foibleſſe qu'on lui procure par le mê-lange des alcalis : car deux ſubſtances combinées font un tout bien différent de ſes principes ; ainſi l'eau affoiblit les acides & les alcalis, en étendant & dé-truiſant juſqu'à leur ſaveur âcre.

5°. Accordons aux Chymiſtes qu'on retire une certaine quantité d'eſprit ar-dent d'un bon vinaigre, cela ne prouve pas que cet eſprit ſoit de nature acide. Il n'y a en effet ni acide ni alcali, quel-que pur qu'il ſoit, qui ne contienne en lui-même quelques particules d'une na-ture oppoſée à la ſienne.

6°. Quant à ce qui regarde la der-niere preuve priſe des remedes alcalins qui guériſſent l'ivreſſe ou qui en préſer-vent, il faut obſerver qu'ils attaquent plutôt la cauſe de la maladie, que la ma-ladie elle-même ; qu'ils portent une grande abondance de ſerum aux orga-nes urinaires, & diſſipent ainſi facile-

ment l'ivreffe. Il eft auffi aifé de concevoir que de tels médicamens préferve-
ront de l'ivreffe, puifque Hippocrate a
dit (*a*), « ce qui détruit une action,
» peut l'empêcher fi on le prend avant
» elle ». Au refte, on employe auffi les
acides, le vinaigre lui - même, contre
l'ivreffe. Le vinaigre verfé fur la tête,
un épitheme de fuc de grande joubarbe
avec le vinaigre appliqué fur les tefticu-
les, font, fuivant Etmuller, de puiffans
difcuffifs de l'ivreffe.

C'eft donc à l'alcali volatil, ou au
foufre narcotique du vin qui a la vertu
d'arrêter le mouvement des humeurs &
des efprits, qu'Etmuller & d'autres Médecins attribuent l'ivreffe, & la caufe du
tremblement, de la ftupeur & de l'affou-
piffement qu'il produit comme l'opium;
mais ne feroit-il pas raifonnable de ne
pas croire à cette faculté coagulante du
vin, puifque rien n'eft plus fpiritueux
& plus près de la nature des efprits,
que cette liqueur? Ne pourroit on pas
imaginer que, bu avec profufion, porté
par les vaiffeaux à la tête, il fond & li-
quéfie les humeurs, ouvre & dilate les
bouches des arteres béantes dans le cer-

(*a*) 3, in 6 Epid.

veau, arrose & ramollit ainsi cet organe
par le sérum abondant qu'il y verse, &
qui diminue le ton des nerfs, & donne
naissance à tous les accidents énoncés
ci-dessus ? N'en seroit-il pas de même
de l'opium, & ce soporatif, au lieu d'arrêter & d'épaissir les humeurs & les esprits, comme on le croit, ne les at-
tenue-t-il pas par l'alcali volatil & odorant qu'il contient, & auquel est dû la
vertu diaphorétique & diurétique que
tout le monde lui connoît ? Le savant
Willis (*a*) a été embarrassé dans cette
explication ; il dit que les qualités coagulante & incrassante que plusieurs attribuent à l'opium, ne lui ont pas été dé-
montrées par l'observation. Sans vouloir
faire ici des recherches sur les qualités ou
atténuantes ou coagulantes de l'opium,
j'ose assurer que, malgré que le vin produise les mêmes effets que ce remède,
comme le tremblement, la langueur,
le sommeil profond, l'aphonie, son action est cependant très-différente, puisque ceux qui ont pris de l'opium, ont le
pouls petit, lent, le visage pâle & cadavéreux, les extrémités refroidies, &
qu'au contraire on trouve dans les hom-

(*a*) Pl. R. ; l. 1 , sect. 6.

mes ivrès par le trop de vin ou d'efprit-
de vin , le pouls fort , la face rouge , les
yeux enflammés , les veines gonflées ;
auffi Virgile , en dépèignant Silene ,
dit-il :

« Le vin qu'il avoit bu gonfloit encor fes veines (a) ».

L'autopfie démontre elle-même l'effu-
fion de ferum de la maffe du fang oc-
cafionnée par l'effort que l'efprit de vin
produit dans les vaiffeaux. On a trouvé
dans la tête des hommes morts dans
l'ivreffe , le cerveau rempli d'une grande
quantité de ferum blanchâtre , comme
on peut le voir dans Théophile Bonnet (b). Cet épanchement d'eau eft encore prouvé par la terminaifon de l'i-
vreffe (1) , dont parle Hippocrate (c) ;

(a) *Inflatum hefterno venas , ut femper iaccho.*
Eglog. 6.

(b) Sepulch. , p. 1 , fect. 13 , obf. 87.

(1) On trouve beaucoup d'obfervations
femblables dans Morgagni. Il a conftamment
trouvé le cerveau d'hommes morts dans l'i-
vreffe ramolli , plein d'une humeur limpide ,
& leur eftomac plein de vin , fouvent marqué
de taches inflammatoires. On peut confulter
les épîtres 14 , art. 35 ; 16 , art. 43 ; 25 , art.
14 ; 26 , art. 37 ; 27 , art. 28 ; 41 , art. 13 ; 60 ,
art. 12 ; 62 , art. 5 ; 69 , art. 2 ; 70 , art. 5.

(c) 5 , Aphor. 5.

car quoique le vomissement prompt contribue beaucoup à diminuer les dangers de cette maladie, sa vraie guérison consiste dans un flux abondant d'urines, produit par le serum superflu porté aux voies urinaires : tant est vrai ce vieux adage, « le vin guérit les incommodités qu'il cause », par la qualité qu'il a d'atténuer les humeurs & de porter aux urines. Aristote (*a*) a soupçonné cette vérité, lorsque, recherchant pourquoi ceux qui boivent du vin bien trempé s'enivrent moins que ceux qui le boivent pur, il apporte pour principale raison de ce phénomene, que le vin pur se cuit lui-même comme il fait les autres alimens. Les Anciens ont attribué quelque utilité à l'ivresse, comme on peut le voir dans Hippocrate (*b*). Mnésitheus, Médecin Athénien, a dit dans une Lettre sur l'usage immodéré du vin (*c*) : « Ceux qui se gorgent de vin blessent » leur corps & leur ame ; mais s'enivrer » de temps en temps, purge le pre- » mier, & égaie l'esprit ». La boisson

---

(*a*) Sect. 3, pr. 3 & 22.
(*b*) 3, De diæt., n. 22.
(*c*) Vide Athenæum, l. 11, c. 10 ; & Langium, l. 1, ep. 30.

journaliere amaffe dans notre corps
des humeurs âcres , que l'on évacue
commodément par les voies urinaires,
en buvant beaucoup & en lavant ainfi
les organes qu'arrofe la boiffon. Les
Lacédémoniens, au rapport de cet ancien
Médecin, fe purgeoient par les urines
& le vomiffement, & noyoient leur
chagrin dans le vin (a).

J'ai vu plufieurs fois avec étonnement, en Automne,

Quand déjà fur les bords de la cuve fumante
S'éleve , en bouillonnant, la vendange écu-
mante (b),

ceux qui verfent le vin des cuves dans
les tonneaux , piffer jufqu'à cent fois
dans un jour, & rendre de l'urine ténue
& limpide comme de l'eau. Je crois que
cela vient du gas fpiritueux qui s'évapore
du vin en grande quantité, qui paffe par
les poumons , & entraîne dans le fang
une abondance de ferum. C'eft ainfi que
j'ai éprouvé que le vin nouveau eft bien
plus diurétique que le vieux , quoique
ce dernier foit plus fort : auffi lorfque je
veux évacuer par les voies urinaires le

(a) *Et animum* φιλοτησίας *pocalo exhilarabant.*
(b) *Spumat plenis vindemia labris.*
Virg. Georg., l. 2.

ptincipe séreux trop abondant, je ne crains pas de préférer au vieux le vin nouveau, passé & purgé de ses parties grossieres.

Pour reprendre notre objet, il faut croire que le sang de ces Ouvriers est le premier affecté par les parties volatiles du vin, dont l'air est saturé, & qui, après avoir mis le fluide vital en fermen-tation, attaquent aussi les esprits ani-maux. Tout le monde sait combien le vin est analogue au sang; & ce n'est pas sans raison qu'Androcydes (*a*), illustre par sa sagesse, pour corriger Alexandre le Grand de son intempérance, l'avertissoit qu'en buvant du vin, il eût à se ressou-venir qu'il buvoit le sang de la terre. C'est en raison de ce rapport qu'il affecte les esprits animaux, dont il se forme une si grande quantité par la fusion conti-nuelle d'esprit de vin, que ne pouvant trouver place dans les réservoirs du cer-veau, ils excitent le trouble dans cet organe, de même que, dans la république des abeilles, il s'éleve des guerres intes-tines lorsqu'un essaim de nouvelle for-mation vient augmenter l'ancien. Ainsi naissent les vertiges, la lourdeur & la

_____

(*a*) Plinius, l. 14, H. N., c. 5.

douleur de tête, comme dans une vraie pléthore ; & ces maux légers d'abord, après avoir troublé toute l'économie animale, entraînent après eux la maigreur, la perte des forces, & mille autres maladies qui sont plus douces dans ceux qui y sont accoutumés, & très violentes chez ceux qui exercent cet état pour la premiere fois. Zacutus Lusitanus rapporte (*a*) qu'un homme de cour retiré à sa maison de campagne, étant entré par hazard dans un cuvier, fut frappé comme d'un coup de foudre par l'odeur du vin, tomba sur le champ par terre, & expira au bout de quelques heures.

On comprend aisément que les mêmes accidens arrivent dans ces pays où au lieu de vin on fait de la biere, comme en Allemagne, en Angleterre, & dans presque tous les pays septentrionaux. La vigne fleurit dans ces climats, mais le raisin n'y parvient pas en maturité. On y prépare une liqueur vineuse avec l'orge & les autres grains qui y croissent en abondance; on les laisse fermenter entiers jusqu'à la germination, & on les mêle avec du houblon. Ceux qui boivent immodérément de cette liqueur fermentée

_____

(*a*) De prin. Med. Hist., l. 1, n. 6.

s'enivrent & chancelent comme s'ils avoient bu du vin ; effet que l'eau du fleuve Lynceftrius produit auffi fuivant Ovide (*a*). Virgile nous apprend, en parlant d'une nation du Nord, que ces peuples fe préparoient anciennement de femblables boiffons (*b*).

Il eft donc vrai, comme me l'ont dit beaucoup de Savans, & comme on le lit dans plufieurs Auteurs, que les Ouvriers qui fabriquent la biere dans les braffe-ries, font tourmentés par les mêmes maux que les Vignerons & les Diftilla-teurs de vin (1). Comme cette liqueur enivre très-aifément, (puifqu'on en re-tire un efprit ardent que Platerus (*c*)

(*a*) 15 Met.

(*b*) *Hîc noctem ludo ducunt, & pocula læti Fermento atque acidis imitantur vitea forbis.*

Georg., l. 3.

Paffent au jeu les nuits, &, bravant les hivers, Boivent un jus piquant, nectar de ces déferts.

(1) Les expériences des Modernes fur l'air fixe donnent la raifon de ces phénomenes. Cet air commun dans les brafferies, où vont le puifer les Chymiftes qui veulent le foumettre à leurs expériences, eft abfolument de la mê-me nature que celui que répand le moût en fermentation ; il doit donc produire les mê-mes effets.

(*c*) T. 1, prax. med. cap. 3.

croit appartenir au houblon,) ceux qui
la fabriquent, & qui la mettent dans les
tonneaux, font fujets aux douleurs de
tête, au vertige, & aux anxiétés. La
biere & le vin fe reffemblent beaucoup.
Au Printemps, lorfque la vigne eft en
fleurs, tout le monde fait que le vin
fermente & fe trouble, fans doute à caufe
des effluves odorans répandus dans l'air.
Quand l'orge fleurit, la biere éprouve
auffi un mouvement fermentatif, comme
le favent les Braffeurs, & comme l'attefte
Vanhelmont. Ces deux liqueurs, bues
avec immodération, ôtent l'appétit. Vanhelmont (*a*) affure que la biere émouffe
& affoiblit le ferment de l'eftomac.
Pline (*b*), étonné de voir la qualité
enivrante des liqueurs préparées avec
l'orge, a dit, « que l'adreffe de la gour-
» mandife avoit trouvé le fecret de don-
» ner à l'eau cette propriété ».

.Comment donc, & par quels fecours,
la Médecine remédiera-t-elle aux maux
des Vignerons & des Diftillateurs du
vin, qui, par leur travail, nous procurent une liqueur fi néceffaire & fi utile
tant pour la vie, que pour faire des re-

(*a*) De fame læsâ.
(*b*) L. 14, H. N., c. 22.

medes agréables & d'une grande vertu ?
On peut assurer que si l'esprit de vin
manquoit aux Chymistes, leur science
n'auroit pas été poussée aussi loin qu'elle
l'est actuellement. Galien est le premier
qui ait conçu & desiré trouver le moyen
de séparer, par la distillation, les différentes substances qui constituent le vin.
« J'essaierai, a-t-il dit (*a*), par toutes
» les expériences possibles, de trouver
» l'art ou le moyen de séparer les par-
» ties contraires du vin, comme on le
» fait pour le lait ». Pour moi, lorsque
j'ai à traiter quelques - uns de ces Artisans affectés des maladies ci-dessus désignées, dès que je suis arrivé chez eux, je
leur conseille de s'abstenir absolument
du vin, & à plus forte raison de l'esprit
de vin, ou tout au moins de n'en pas
boire tandis qu'ils travaillent. Je leur
recommande de détourner le visage des
exhalaisons que répand le vin, & de s'en
préserver autant qu'il leur est possible ;
de se laver de temps en temps le visage
avec de l'eau froide, & de sortir par
intervalles hors de leurs atteliers pour
respirer un air frais. Mais quand la
maladie les force à rester au lit & à

_____

(*a*) L. 1, de simp. Med. fac. c. 17.

abandonner

abandonner leur ouvrage, on doit leur prescrire. les remedes propres à guérir l'ivresse & les maux qui l'accompagnent, sur lesquels on peut consulter les Auteurs, & sur tout Etmuller (*a*). Tels sont, par exemple, le vinaigre, le castoreum, l'esprit de sel ammoniac surtout ; car il n'y a rien qui corrige mieux les maux causés par l'excès du vin, que ce qui participe de la nature de l'esprit volatil urineux.

Pline conseille aussi beaucoup de remedes pour prévenir l'ivresse, ils sont tous assez connus ; ce sont les amandes ameres, les choux, & tous les adoucissans. Les Modernes y ont encore fait beaucoup d'additions : ainsi Platerus, dans sa Pratique, nous en donne une liste longue jusqu'à l'ennui. Touché du malheur de ses concitoyens, voyant d'ailleurs qu'il étoit reçu dans la politesse de boire à qui mieux mieux dans les repas, il propose un grand nombre de remedes préservatifs contre l'ivresse ; tels sont l'absynthe, la rhue, le lait, les poumons rôtis des animaux, l'eau & le vinaigre, les fruits aigres, les médicamens composés, les électuaires & les différentes mixtures.

(*a*) De temulentiâ.

N

Quant aux Ouvriers dont il est question, & dont l'état malheureux ne s'ac-
commode point de remedes si recherchés, on emploiera dans leurs maladies
les plus simples & les plus faciles à préparer, le choux, dont on recommande
la vertu depuis tant de siecles, tant pour
prévenir, que pour guérir l'ivresse, le
raifort & l'eau aiguisée de vinaigre, que
Platerus appelle l'antidote de l'ivresse (1).

───────────────────────────

(1) Outre l'ivresse que Ramazzini dit être
une maladie fort commune aux Vignerons,
aux Marchands de vins, aux Brasseurs, & aux
Distillateurs d'eau-de-vie, ces Ouvriers sont
encore sujets à des maladies bien plus terribles. Dans les cuves où l'on fait le vin, dans
les brasseries, dans les caves où il y a beaucoup de vin nouveau, il regne une vapeur subtile nommée *gas sylvestre*, & air fixe, qui pese
plus que l'air, détruit sa vertu électrique, le
prive de son ressort, & tue subitement les
animaux qui la respirent. Un homme qui par
malheur, ou par imprudence, y est exposé,
tombe sur-le-champ, perd la parole & le sentiment, & périt bientôt s'il n'est secouru.
Cette espece d'asphixie s'observe chaque année parmi les Vignerons; & la cuve alors où
ces malheureux foulent, leur sert de tombeau : secourus à temps, & revenus à eux,
ils ne se souviennent point de ce qui leur est
arrivé. Cette vapeur meurtriere demande un
espace très-grand pour ne pas agir avec tant
d'énergie. Dans des cuviers vastes, & où l'air

pouvoit diffoudre le gas qui s'élevoit de la cuve, nous avons vu plufieurs fois des hommes qui fouloient, haleter, avoir beaucoup de peine à refpirer, & être fouvent obligés de fortir du cuvier pour jouir d'un air frais. Le foir, lorfqu'ils foulent à la chandelle, ils ont foin de l'éloigner des cuves de peur qu'elle ne s'éteigne : nous avons obfervé que la lumiere qu'elle répand dans ces lieux eft jaune & foible, & diminue quelquefois jufqu'à s'éteindre. Il n'y a prefque aucun de ces Vignerons, qui n'ait connoiffance de quelque événement funefte, arrivé à fes parens ou à fes amis.

On doit donc leur confeiller de prendre beaucoup de précautions, d'avoir des cuviers vaftes, d'y faire pratiquer des portes & des fenêtres oppofées, pour y entretenir des courans qui emportent le gas meurtrier ; de ne pas refter long-temps dans la cuve, de ne pas tenir leur tête près du marc. Il eft bon de faire remarquer à cet effet, qu'à une certaine hauteur au-deffus des cuves il y a une couche d'air fixe, très-aifé à diftinguer, par fa couleur & fa denfité, de l'air atmofphérique ; c'eft cette couche qu'ils doivent éviter de refpirer : plufieurs fois nous avons vu mourir fubitement de jeunes chiens, des oifeaux, des lapins qu'on y a plongés ; ils doivent donc redouter ces mêmes accidens. Il y a, à cet égard, une obfervation bien effentielle à leur faire faire, relativement à la hauteur de leur cuve. On voit à la campagne des cuves très-hautes qui touchent prefque aux folives des cuviers ; alors la couche meurtriere de vapeurs dont nous avons parlé s'étend jufques en haut, & les Fouleurs doivent en être très-incommodés. Rien n'eft donc plus néceffaire que d'avoir des cuviers élevés, afin qu'il y ait un espace considérable au-dessus des cuves : en effet, plus cet espace est grand & moins le danger doit l'être. Il est essentiel aussi qu'il y ait quelqu'un d'entr'eux qui ne foule pas & qui s'occupe à observer les Fouleurs, pour être prêt à leur porter du secours, s'ils en avoient besoin.

Mais si, malgré tous ces soins, un des Ouvriers est tombé tout-à-coup en asphixie, on le retirera le plutôt possible, on l'exposera à l'air, on lui jettera de l'eau fraîche sur le visage, on l'agitera, & on lui fera avaler une liqueur spiritueuse quelconque : l'air frais & vif est le meilleur & le plus sûr de tous ces moyens.

CHAPITRE XXI.

Des Maladies des Boulangers & des Meûniers.

HIPPOCRATE a dit (*a*) que beaucoup d'Arts, au rang defquels il faut
mettre la Médecine, font nuifibles &
onéreux à ceux qui les exercent, mais
agréables & utiles à ceux qui en ont befoin. L'Art du Boulanger eft certainement de ce nombre. En effet, quoi de
plus utile & même de plus néceffaire à
la vie des hommes, que l'art de faire le
pain ; & quel métier plus nuifible à ceux
qui l'exercent, que le travail des grains ?
Tous ceux qui s'occupent à paffer, moudre la farine, à la paîtrir, & à cuire le
pain dans les fours, ont à combattre différentes maladies produites par leurs travaux. Les Boulangers font pour la plûpart des Ouvriers nocturnes, tandis que
le refte des hommes, débarraffés de leurs
peines, fe livrent au fommeil & répa-
rent leurs forces, ces Ouvriers travaillent ; &, pendant le jour, femblables à

(*a*) De flat., n. 1.

ces animaux qui fuient la lumiere, ils
font forcés de dormir, & font ainfi au
milieu des villes des antipodes, dont
la façon de vivre eft oppofée & contraire
à celle de tous les autres habitans. Martial dit : « Levez vous, déjà le Boulan-
» ger vend les déjeuners des enfans, &
» les coqs annoncent le jour (*a*) ». Ces
déjeuners avoient été cuits & faits pendant la nuit. Au lever de l'aurore, quand
les Ouvriers vont à leurs travaux, il faut
que le pain foit tout prêt ; fans cet ordre, la faim exciteroit bien vîte des fé-
ditions. L'hiftoire nous apprend quels
troubles le défaut de pain a produits dans
les grandes villes ; dernierement encore
la Cour d'Efpagne a craint beaucoup une
émeute du peuple, pour une femblable
caufe. Auffi Juvenal (*b*) recommandoit-
il, pour contenir le peuple dans le devoir, le pain & les jeux du Cirque, ou
bien l'abondance & les fpectacles.

Les Ouvriers qui féparent la farine
d'avec le fon, au moyen des bluteaux,
ceux qui fecouent & portent les facs,

(*a*) *Surgite jam vendit pueris jentacula Piftor,*
    Criftatæque fonant undique lucis aves.
              Mart., l. 14, ep. 223.
(*b*) Sat. 10.

quoiqu'ils garantissent leur visage, ne peuvent s'empêcher d'avaler avec l'air qu'ils respirent, les particules de farine qui y voltigent. Cette poussiere farineuse fermente avec la salive, & forme une pâte qui s'attache au gosier, à l'esto-mac & aux poumons ; c'est ainsi que ces Ouvriers deviennent, en peu de temps, sujets à la toux, essoufflés, en-roués, & enfin asthmatiques, quand leur trachée-artere & leurs poumons incrus-tés de farine, empêchent la circulation de l'air dans leur cavité. Ces molécu-les farineuses attaquent aussi les yeux, & les rendent souvent chassieux.

J'avoue ingénument que je ne con-nois aucune précaution propre à les pré-server de ces maux ; je leur recommande la coutume qu'ils ont de se couvrir la bouche avec une bande de toïle ; mais ce moyen ne suffit pas pour empêcher la farine de se glisser dans leurs poumons avec l'air qu'ils respirent. Pignorius, dans son excellent ouvrage sur les es-claves (a), appuyé sur l'autorité d'Athe-née, nous apprend que cet usage des Boulangers de s'attacher un mouchoir à la figure, étoit très ancien ; mais il est

_____

(a) L. 2.

certain que ce n'étoit pas pour les garantir, mais plutôt (par une idée de
luxe digne d'un Sybarite) de peur que
la sueur du visage ne gâtât la farine,
ou que l'air expiré n'altérât la pâte.
Ces Ouvriers pourront être soulagés
en se lavant souvent le visage avec de
l'eau fraîche & pure, en se gargarisant
avec de l'oxycrat, en faisant usage
d'oxymel, & en se purgeant de temps
en temps, ou en se faisant vomir, lorsqu'ils sont pris de difficulté de respirer,
pour chasser les substances adhérentes à
leurs viscères ; j'ai vu ce remede tirer
des portes de la mort, quelques-uns de
ces Ouvriers.

Ceux qui paîtrissent la pâte & la forment en pains ; ceux qui les cuisent, &
qui travaillent l'hiver dans des lieux
chauds au dégré nécessaire pour faire
lever leur pâte, dès qu'ils sortent à l'air
extérieur pour rentrer chez eux & y
prendre du repos, sont saisis subitement
par le froid. Les pores de la peau se
resserrent, & l'humeur de la transpiration repoussée, donne naissance aux rhumes de cerveau, à l'enrouement, & aux
maladies de la poitrine, telle que la pleu-
résie, la péripneumonie ; maladies si
communes chez le peuple, que presque

tout le monde connoît les remedes qui
leur conviennent. Il eſt cependant très-
intéreſſant d'en connoître auſſi la cauſe
occaſionnelle. On rétablira la tranſpiration ſupprimée, en les faiſant reſter dans
une chambre chaude, en leur adminiſtrant les frictions avec l'huile, & en général tous les remedes diaphorétiques.
J'ai obſervé avec étonnement, que chez
ces Ouvriers, les pleuréſies graves ſe
terminoient par une ſueur abondante
ſans crachats, même au commencement
de la maladie; ce qui, ſelon moi, dépend de ce que, dans ces cas, la fievre
aiguë, accompagnée de la douleur du
côté, a pour cauſe le reſſerrement des
pores tranſpiratoires de la peau, & non
une diatheſe vicieuſe des humeurs; de
ſorte que ces pores ouverts, en laiſſant
couler la ſueur, guériſſent & la fievre
& la douleur pleurétique par la réſorp-
tion qui ſe fait de la matiere qui s'étoit
jettée ſur la poitrine, & qui ceſſe de
s'y porter. Tant il eſt intéreſſant, ſuivant l'avis d'Hippocrate (*a*), d'avoir
égard à l'occaſion & à ſon principe.

J'ai vu quelquefois les mains des Boulangers enflées & douloureuſes, ils les

_____

(*a*) 4, In 2 Epid.

ont tous d'une grosseur prodigieuse ; ce
qui vient de ce que le suc nourricier de
la pâte qu'ils manient continuellement,
est pompé par les vaisseaux de la peau,
& retenu dans la main, d'où il ne peut
facilement sortir, à cause de la roideur
& de la dureté des fibres de cette partie. Il suffit de voir leurs mains pour de-
viner leurs métiers, il n'y a aucun Ouvrier méchanique qui les ait si volu-
mineuses. « L'exercice, dit Avicenne,
grandit un membre », & plus d'un métier prouve la vérité de cette assertion ;
ils pourront se servir avec succès de lessive & de bon vin blanc, pour s'y laver
les mains.

Il y a encore une maladie particuliere
aux Boulangers. Ils deviennent tous bancales en dehors, & leurs jambes ressem-
blent assez aux pattes des écrevisses
& des lézards. Dans les pays en-deçà
& au-delà du Pô, ils se servent d'une
planche épaisse, ou d'une table à trois
pieds, sur laquelle est fixé un morceau
de bois alongé de figure conique qui
se meut en toute sorte de sens, & avec
lequel ils frappent une grande masse de
pâte qu'ils pétrissent en même temps
avec les bras & les genoux, tandis qu'un
autre Ouvrier la retourne. C'est par cette

manœuvre que leurs jambes fe courbent en dehors, où l'articulation du genou oppofe moins de réfiftance. Il n'y a aucun remede à cette incommodité : car malgré la vigueur de l'âge, ils deviennent bientôt bancales, & finiffent par boiter.

Ceux d'entr'eux qui cuifent le pain, font les moins à plaindre ; en effet, fi la chaleur qu'ils éprouvent en mettant leurs pains au four & en les retirant, leur caufe des maux affez graves, fur-tout en été, où ils font tout en fueur, l'odeur du pain chaud compenfe leurs pertes, parce que le pain frais eft un aliment très-analeptique ; fon odeur feule anime les efprits animaux (Wedelius (*a*) l'a dit du fel volatil des plantes) & Beccher (*b*) préfére l'odeur du pain à la qualité roborante des perlés (1).

_____

(*a*) C. 4.

(*b*) L. 1, Phyf. fubterr.

(1) Anciennement on attribuoit des vertus alexiteres, alexipharmaques, cordiales, corroborantes, &c. , à beaucoup de fubftances parfaitement inertes par elles-mêmes, & qui actuellement font réduites aux terreux. Tels font les bols, les pierres précieufes d'où on avoit tiré principalement les cinq fragmens précieux, le corail, la nacre, les perles, les

J'ai observé que les Boulangers sont plus souvent malades que les autres Ouvriers, dans les villes très-peuplées, surtout où le pain coûte moins cher, & où le petit peuple peut l'avoir à assez bon marché, pour n'être pas obligé de le faire lui-même, comme dans les petits bourgs & dans les campagnes, où chacun est son Boulanger. Pline nous apprend (a) que les Romains n'eurent pas de Boulangers jusqu'à l'année 530 de leur fondation, que les bourgeois cuisoient leurs pains eux-mêmes, & que cet ouvrage étoit confié aux femmes; que Rome en-

---

bézoards, & plusieurs pierres fossiles, les bélemnites, les astroïtes, &c. On s'en servoit alors dans toutes les maladies où il y avoit de la malignité, dans la peste même où ils passoient pour spécifiques. C'est sur une pareille opinion qu'est fondé l'électuaire nommé confection-Hyacinthe, à cause de la pierre précieuse qui entre dans sa composition, & à laquelle on attribuoit la principale vertu de ce médicament. On poussoit même la confiance en ces remedes, jusqu'à les porter en amuletes pendus au col, appliqués sur l'épigastre, sur le poignet, &c. On peut voir ce qu'en ont dit MM. Cartheuser dans les chapitres *de amuletis, de terreis & terreo-gelatinosis;* & Clerc, dans son Histoire Naturelle, de l'homme malade, t. 1, p. 421, 22, 23.

(a) L. 14, H. N., c. 11.

fuite étant devenue très-peuplée, le métier de Boulanger fut fait par des efclaves. Quand on aura de pareils Ouvriers
à guérir, de quelque maladie que ce foit,
il fera bon de faire une férieufe attention aux maux que leur métier fait naître.

Il ne fera pas hors de propos de traiter, dans le même chapitre, des maladies des Meûniers blanchis par la pouffiere de la farine. Les particules des
grains réduits en poudre rempliffent tout
le moulin, & ces Ouvriers dont tout le
corps eft expofé à cette pouffiere, la reçoivent malgré eux par la bouche, les
narines, les yeux & les oreilles. J'en ai
vu devenir afthmatiques & hydropiques.
Souvent, dans les efforts qu'ils font pour
foulever & porter les facs pleins de farine, ils fe donnent des hernies, par la
rupture ou l'écartement des fibres du péritoine. Le bruit des roues, des meules
& des eaux, qui frappe continuellement
leur tympan, lui fait éprouver une tenfion trop forte, le déforganife, & les
rend prefque tous fourds.

Il eft encore bon de remarquer que les
Meûniers & les Boulangers font fouvent
attaqués de phtiriafe, ou de la maladie
pédiculaire, enforte que le peuple, pour
plaifanter, appelle les poux des puces de

Meûniers. Cela vient-il de la mal-propreté de ces Ouvriers & de ce qu'ils dorment habillés, ou bien de ce que le mêlange de la farine, avec la crasse de leur peau, favorise la production de ces insectes ? ce phénomene n'est pas bien connu. Il n'en est pas moins vrai que les Meûniers sont toujours escortés de cette armée ; & si Daniel Heinsius avoit connu ce fait, il auroit certainement donné un rang distingué à ces Ouvriers, dans son Ouvrage apolegétique sur les poux (*a*).

Chez les Anciens, ces Ouvriers étoient sujets à des maladies plus graves que dans notre siecle. On ne connoissoit pas alors les moulins que l'eau fait tourner en tombant dans des rigoles, & en agitant des roues énormes. Il y a cependant, dans Palladius, quelques traces sur l'Art de moudre les grains par l'eau. Voici ce qu'en dit cet ancien Auteur (*b*) : « S'il » y a de l'eau, les Boulangers doivent » entreprendre les bains, afin qu'en faisant construire des meules à eau, ils » réduisent les grains en farine par le » secours d'hommes ou d'animaux (*c*) ».

(*a*) *Oratio de laudibus pediculi ad conscriptos mendicorum patres.*

(*b*) L. 1, c. 42.

(*c*) *Quòd si aqua copia sit, fusuram balnea-*

On se servoit anciennement de meules pour mettre en poudre le froment : de notre temps, ces machines ne font utiles que pour brifer groffiérement les grains, & pour les dépouiller de leurs enveloppes. Chez les Anciens, on les faifoit mouvoir par des bêtes de fomme, des efclaves & des femmes ; c'eft de-là qu'eft venu le nom de MEULES A TOURNER A BRAS, parce qu'on étoit obligé d'employer toutes fes forces à ce travail, qui faifoit une efpece de fupplice pour les criminels. Ainfi, dans Plaute, rien de fi fréquent & de fi mauvais augure pour les efclaves que le nom de meule. L. Apulée dit que, devenu Ane, il avoit été attaché à la meule les yeux bandés, de forte que, fuivant fes traces, il étoit entraîné par une erreur trompeufe. Nous lifons auffi, dans l'Ecriture - Sainte, que les Philiftins, après avoir crevé les yeux à Samfon, l'ont condamné à tourner une meule qui, fans doute, étoit à bras. Ils avoient coutume de crever les yeux aux efclaves qu'ils occupoient à cet emploi, pour les préferver du vertige.

---

rum debeant *Piftores fufcipere, ut ibi formatis aquariis molis, fivè animalium, fivè hominum labore, frumenta frangantur.* Palladius, loc. cit.

Cet ouvrage des esclaves & des servantes étoit donc très-rude, & les conduisoit bientôt au tombeau, en leur donnant des maladies dangereuses. C'est pour cela que Job (*a*), dans ses imprécations, s'écrioit qu'il ne manquoit à ses miseres que de voir sa femme moudre pour un autre, c'est-à-dire, suivant Vatablus & d'autres Interpretes, devenir une vile servante, (quoiqu'il y en ait quelques-uns qui expliquent grossiérement & impudiquement ce passage). On peut voir à ce sujet August. Pfeiferus, des antiquités hébraïques (*b*). Chez les Romains, il y avoit aussi une grande quantité de moulins, & chaque quartier de Rome en avoit sa quantité déterminée, comme l'observe P. Victor. (*c*). Mais depuis que, par-tout où il y a assez d'eau, on a construit des moulins dont l'usage est plus avantageux, les autres moulins ne servent plus qu'à écraser & briser les grains. La Religion Chrétienne ayant exclu de son sein tout esclavage, l'ouvrage des Meûniers n'est plus si dur, ni si dangereux. Ces Ouvriers doivent

---

(*a*) Cap. 3.
(*b*) Cap. 1, de molind. hebr.
(*c*) De urbis regionibus.

donc être guéris comme les Boulangers, puifque leurs maux viennent auffi de la farine volatilifée & reçue par leur bouche. Si leurs fardeaux leur ont caufé des hernies, ils fe ferviront de bandages : ils pourroient même, comme je l'ai confeillé avec fuccès, en porter toujours pour fe préferver de cette maladie accidentelle.

Quant à la cure de la maladie pédiculaire, les Meûniers doivent être très-propres, & changer fouvent de chemifes. On leur adminiftrera avec fuccès les lotions avec la décoction d'abfynthe, des feuilles de pêcher, de centaurée, de ftaphifaigre, de lupins ; le fon arrofé de vinaigre, recommandé comme fpécifique dans ce cas par Q. Serénus ; & furtout les linimens, où il entrera un peu de mercure éteint & diffous dans la falive. On pourra auffi employer les linges dont les Doreurs fe fervent pour effuyer leurs vafes, après y avoir appliqué l'or (1).

---

(1) Quelques Boulangers font dans la coutume blâmable de jetter la braife allumée dans leurs caves pour l'y éteindre, & d'aller la chercher après. En y entrant, ils font quelquefois fuffoqués fubitement par la vapeur du charbon qui s'y eft amaffée. Ce malheur eft

arrivé à Chartres chez un Boulanger. Cinq
personnes, dont deux étoient ses propres fils,
furent suffoqués sans qu'on pût les faire revenir à la vie. Un Boulanger trop hardi, qui
voulut le lendemain retirer ces corps avec un
croc, y périt aussi. On l'ouvrit ; on lui trouva
les intestins distendus, rouges, enflammés ;
les poumons tachetés de marques noirâtres,
& les muscles séparés de leurs voisins & de
leurs attaches. De l'eau jettée dans la cave,
éteignit tout-à-fait la braise, & absorba l'air
fixe qui avoit été la cause de la mort de ces six
personnes. Cet usage est donc pernicieux, &
doit être aboli parmi les Boulangers ; ils doivent prendre toutes les précautions possibles
pour éviter les funestes effets de la vapeur de
charbon, éteindre leur braise dans des grands
vaisseaux de tôle fermés très-exactement, &
ne les ouvrir qu'assez de temps après l'y avoir
jettée, pour qu'elle soit entiérement éteinte.

On peut ranger avec les Meûniers les Perruquiers, pour la nature des maladies que la
poudre leur procure. En effet, les houppes qui
la dispersent dans leurs boutiques, les met
dans la nécessité de l'avaler avec la salive, &
de la respirer avec l'air atmosphérique. Il est
assez commun de voir des Perruquiers asthmatiques, sur-tout lorsqu'ils sont à un certain
âge. On doit donc leur recommander les mêmes précautions dans leur travail qu'aux Meûniers ; & les mêmes soins, la même curation
dans leurs maladies.

Quelquefois aussi cette poudre subtile,
liée par la salive, forme des especes de gru-
meaux qui s'engagent & s'arrêtent dans quelques recoins des vésicules pulmonaires, & qui
en irritant la membrane vésiculaire, causent

de la toux, de la douleur, des picottemens, s'y desséchent, y acquérent un certain dégré de dureté, & produisent alors une espece de concrétion. A cette époque, un exercice trop violent à pied, ou à cheval, un chant long-temps continué, ou trop aigu, le ris même peuvent agiter le calcul, & procurer un crachement de sang assez violent : *hæmoptysis calculosa.* « On reconnoit cette espece, » dit Sauvages, à la toux séche & violente, » aux douleurs cruelles de poitrine, & au » crachement de sang abondant ». Les saignées réitérées, les fortes doses d'opiats, les juleps astringens, la diete blanche, le repos du corps & de l'esprit sont, suivant ce Médecin, les remedes qui réussissent dans ces cas. Cette maladie est encore plus redoutable lorsqu'elle est produite par un corps étranger, un fragment de pierre, &c. qui s'est engagé dans les bronches. Les Carriers, les Statuaires, les Marbriers, peuvent être sujets à cet accident. Nous en dirons quelque chose dans une note du chapitre vingt-quatre.

CHAPITRE XXII.

Des Maladies des Amidonniers.

Ceux qui préparent l'amidon ont aussi des maladies particulieres à craindre. Le travail de ces Ouvriers est connu de tout le monde, parce qu'on se sert par tout de cette substance pour blanchir les étoffes de fil & les cols. Dans nos pays, ce sont les Moines qui préparent l'amidon, & qui le vendent aux Apothicaires. Pour le fabriquer, ils mettent, en Eté, du froment dans des vaisseaux de marbre, ils le laissent macérer dans l'eau jusqu'à la germination : alors un de leurs serviteurs le foule, comme on fait le raisin ; & quoique ce travail se fasse en plein air, l'odeur qui s'éleve de cette matiere écumeuse est si forte, que celui qui la presse avec les pieds, & les servantes qui la ramassent, pour en tirer le suc qu'on doit dessécher au soleil, se plaignent de douleurs de tête, de difficultés de respirer, d'une toux très-importune, & sont obligés de laisser là leur ouvrage de temps en temps pour ne pas en être fuffoqués. J'ai fait moî - même cette obfervation & j'ai refpiré cette odeur infupportable , & qui frappoit mon nez comme un acide très-pénétrant. Il y a lieu de croire que l'acide volatil du froment, mis en mouvement par la fermentation, fe fépare & fe détache des autres principes , fe répand en grande partie dans l'air, & produit les douleurs de tête, la difficulté de refpirer, & la toux; car rien n'eft plus ennemi de la texture délicate des poumons , & des parties membraneufes , qu'une exhalaifon acide, telle que la fumée de foufre, ou de toute autre fubftance qui contient cette efpece de fel fimple.

J'ai coutume d'avertir ces Ouvriers de travailler dans des lieux vaftes & bien ouverts à l'air: S'ils font attaqués de quelques maux par leurs travaux, je leur adminiftre l'huile d'amandes douces, les émulfions de femences de melon, la tifane d'orge, le bon vin, l'odeur de l'efprit de fel ammoniac, les eaux thériacales.

A cette occafion, qu'il me foit permis de rechercher la nature & le caractère de l'amidon , qui ne font peut-être pas tels que les Médecins le penfent; les Anciens & les Modernes s'accordent

à dire, que cette substance tempere l'â-
creté des humeurs, arrête les fluxions
& guérit les ulceres. Pline (*a*) l'a recommandée dans le crachement de sang,
& dans la douleur de la vessie. Galien (*b*)
lui donne beaucoup de louanges dans le
flux de ventre, les inflammations de la
trachée-artere, le larmoiement, & dans
tous les cas où il faut amollir & adoucir
des parties ulcérées. Vallesius (*c*) en exposant le fait d'Elisée qui, en jettant de la
farine dans une bouteille où on avoit
fait cuire de la coloquinte, corrigea
l'amertume que ce fruit y avoit laissée,
préfére l'amidon à tous les autres remedes pour guérir la dyssenterie, &
émousser toute sorte d'âcreté; tous ceux
qui ont écrit sur l'amidon, ont pensé
de même.

Cette opinion m'avoit toujours sem-
blée raisonnable, non seulement parce
que l'amidon est fade & sans goût, &
par conséquent très-propre à absorber les
matieres âcres, & à guérir les maux
dont il a été question, mais encore parce

(*a*) L. 22, H. N., c. 25.
(*b*) De simp. Med. fac., 2 de comp. Med.,
2 loc.
(*c*) De Philos. sacrâ, c. 36.

que je me perfuadois que toute la fubftance âcre & acide que la fermentation
y développe, fe diffipe dans l'air, & que
l'eau emporte avec elle tout ce qui en peut
refter, lorfqu'on l'expofe aux rayons du
foleil pour le deffécher : (car, fuivant
Gorrœus (*a*), il faut le deffécher à un
foleil très-ardent, de peur que le peu
d'humidité qui y refte ne lui faffe contracter un goût acide) ; mais l'obfervation fuivante, faite par les femmes, a
beaucoup contribué à me faire regarder
comme fufpectes les bonnes qualités
qu'on lui attribue. On fe fert dans nos
cantons de l'amidon dans prefque toutes
les maifons, & fur-tout chez les Reli-
gieux, pour blanchir & empefer leurs
habits, afin que les plis en foient plus
marqués & durent plus long-temps. Les
femmes qui font cet ouvrage, remar-
quent que les tuniques de fil qui ont été
empefées pendant quelque temps, font
bientôt ufées & rongées ; auffi, pour
obvier à cet inconvénient lorfqu'elles
font fales, elles les lavent dans l'eau
pour diffoudre l'amidon, & elles les gardent ainfi jufqu'à ce qu'elles les donnent aux Blanchiffeufes pour les nétoyer.

(*a*) De fin. Med.

Cette observation prouve que l'amidon a une certaine âcreté cachée, & qui ne se manifeste pas au goût. En effet, s'il corrode au bout de quelque temps les robes, les cols, & toute sorte de linges qu'on en imprègne, pourquoi l'administrer avec tant de confiance dans les maladies de la poitrine, l'âcreté du gosier, les dyssenteries, & dans tous les cas, où, selon Galien (*a*), il faut amollir. Pline, quoiqu'en le recommandant dans les maladies, comme nous l'avons dit ci-dessus, fait entrevoir qu'il avoit quelque soupçon sur sa qualité : « L'amidon, dit-il (*b*), affoiblit les yeux, & ne guérit pas, comme l'on croit, la faim morbifique ». Les femmes sont donc louables d'avoir uni la gomme arabique à cette substance, puisque, suivant leur expérience, ce mélange corrode moins.

Il y a certainement beaucoup de substances dont on fait un usage journalier, & que l'on regarde comme innocentes, parce qu'elles ne nuisent que peu-à-peu & très-lentement, jusqu'à ce que quelque circonstance ait démontré leur

(*a*) L. 22, c. 5.
(*b*) Loc. cit,

qualité

qualité nuifible cachée jufqu'alors. Ainfi beaucoup d'alimens qui femblent être de facile digeftion, portent de mauvais fucs dans les vaiffeaux. Auffi Avicenne a-t-il dit favamment (*a*) : « Celui qui » digere bien les mauvaifes nourritu- » res, ne doit pas prendre le change » & s'abufer; peu à peu elles accumulent » dans fon corps des humeurs mauvaifes » qui font naître des maladies, & ame- » nent fouvent la mort. Galien (*b*), en examinant les qualités des alimens, a dit auffi, « tandis que nous n'y prenons » pas garde, nos vaiffeaux s'empliffent » de fucs pernicieux, qui fe corrompant » à la premiere attaque de putridité, al- » lument des fievres malignes (1) ».

(*a*) 3 P. d. 2, c. 6.
(*b*) 2 De alim. fac., c. 6.
(1) On trouve, dans le Dictionnaire de Santé, quelques moyens préfervatifs & curatifs pour les maladies des Amidonniers.

Afin d'éviter la vapeur acide qui s'éleve de leurs travaux, ces Ouvriers peuvent 1°. entretenir des courans d'air rapides qui la diffipent, en pratiquant des fenêtres oppofées; 2°. fe mettre au cou une efpece d'entonnoir de papier, dont le côté le plus large foit tourné vers la tête, afin de brifer la direction de la vapeur qui vient frapper leur vifage. Mais ce moyen me paroît infuffifant pour une

O

vapeur auffi fubtile ; & il vaut beaucoup
mieux, pour l'éviter le plus qu'il eft poffible,
travailler dans des endroits vaftes & bien
aérés.

Si, malgré ces foins, ils font menacés d'une
fuffocation prochaine, les Auteurs du Dictionnaire de Santé recommandent, avec Hecquet, de les frotter d'eau de Luce, d'eau
thériacale ; de leur faire avaler des cuillerées
d'huile d'amandes douces, pour calmer la
toux quinteufe qui les tient alors. Ils prefcrivent auffi le looch fuivant : Prenez douze
amandes douces pilées, battez-les dans un
mortier, en y ajoutant par dégrés d'eau commune, quatre onces ; de gomme arabique,
un fcrupule ; de magnéfie, un gros : ajoutez
enfuite, de fyrop de guimauve, de diacode,
de chacun une demi-once ; d'huile d'amandes
douces, une once : on le donnera par cuillerées. Si le mal eft moins grave, un bon verre
de vin, un gros & demi de thériaque, tous
les foirs, fuffiront ; s'il eft très-violent, une
faignée diminuera la force de la toux. Après
ces remedes, on leur adminiftrera les anti-
fcorbutiques, & on terminera la cure par les
pilules fuivantes. Prenez, de favon d'A-
licante, deux gros ; d'yeux d'écreviffes, un
fcrupule ; de fafran de Mars apéritif, un
demi-gros ; fuffifante quantité de fyrop d'abfynthe : on fera des pilules du poids de fix
grains. Le malade en prendra douze par jour,
en trois fois.

CHAPITRE XXIII.

Des Maladies qui attaquent les Bluteurs, Sasseurs, & Mesureurs de Grains.

Tous les grains, & le froment sur-
tout, ramassés dans des puits & des fosses
comme en Toscane, ou conservés dans
des greniers au-dessous de la couverture
des maisons, comme dans les pays au-
deçà & au-delà du Pô, ont toujours une
poudre fine qui leur est mêlée. Cette
poussiere est composée de celle que produisent les batteurs en grange, & d'une
autre d'un plus méchant caractere, qui
se forme dans les grains, lorsqu'ils sont
conservés long-temps. Le sel volatil dont
ils sont pleins, les échauffe, les fait fermenter, pour peu qu'on les ait serrés
un peu humides, & les réduit en poussiere en très-peu de temps. Sans cet accident même, il se détache toujours des
molécules tenues de leur enveloppe qui
se desséche & se sépare du froment. Ajoû-
tez à cela la poussiere carieuse, que font
en les rongeant, les teignes, les vers

O ij

du bled (1), les charansons & les autres
insectes ennemis des grains , aussi bien
que leurs excrémens. Toutes les fois
qu'il faut les bluter pour les donner à
moudre , ou les mesurer dans les magasins où on les vend, les Bluteurs & les
Mesureurs sont si incommodés de cette

(1) Il y a , dans Ramazzini , le mot *teredi-*
nes ; nous avons été embarrassés pour le traduire. Il veut dire quelquefois la carie des
bleds ; mais ici il doit s'entendre d'une espece
d'insecte qui les ronge. Les charansons & les
teignes sont, parmi cette classe d'animaux ,
les seuls ennemis des grains bien connus jusqu'à présent. Ramazzini auroit-il voulu parler
de cette espece de vers décrits par M. de
Lalande , dans son Traité sur la maniere de
conserver les grains ? Ces vers sont composés
de huit anneaux ; ils ont la tête armée de deux
cornes rougeâtres , au milieu desquelles est
une petite trompe ; l'insecte en fait sortir des
fils très-fins, avec lesquels il s'attache à tout
ce qui l'environne ; il se change en une espece
de moucheron à ailes argentées. Seroit ce
plutôt la vrillette de la farine, que M. Geoffroy a décrite sous le nom de *byrrhus testaceus*
glaber , *oculis nigris* , & qui est le *dermestes*
ferrugineus , *oculis rufis* , du Chevalier von
Linné ? On sait, enfin, que les tarrieres, ou
tarets, de M. Adanson, qui répondent au mot
latin *teredines* , sont des especes d'insectes,
ou de vers rongeurs des digues & des vaisseaux ; mais ils ne s'attachent qu'aux bois
verds & aux planches séches,

pouffiere, qu'après leur travail, ils ont
coutume de le détefter, à caufe des maux
qu'il produit. En effet, les molécules de
cette poudre leur deffèchent la gorge &
le palais, incruftent les cavités de leurs
poumons, & leur donnent une toux féche & férine. Leurs yeux s'enflamment
& pleurent, ils font prefque tous cachectiques, fujets à l'afthme, à l'hydropifie, & parviennent rarement à un âge
avancé. Cette poudre eft fi âcre, qu'elle
caufe une démangeaifon fur toute l'habitude du corps, telle que celle qu'on
éprouve dans les éruptions cutanées &
prurigineufes.

Etonné qu'un grain fi falutaire que
le froment formât une pouffiere fi pernicieufe, j'ai foupçonné que cette poudre contenoit des petits vers imperceptibles à nos yeux, que le blutage & le
mefurage met en mouvement, difperfe
dans l'air, & qui s'attachant à la peau,
y produifent le prurit auquel ces Ouvriers font fujets. Le célebre Antoine
Lewenhoeck (a) nous dit avoir obfervé
au microfcope des petits vers dans le
bled, qu'il appelle avec raifon *lupi* ; il
y a donc lieu de croire que ce font ces

_____

(a) Arc. natur., ep. 41.

animaux qui attaquent la peau des Ouvriers dont nous nous occupons.

Il est encore aussi étonnant que le bled serré dans des lieux fermés, comme dans les caveaux d'Etrurie, puisse produire une exhalaison si nuisible, qu'elle suffit pour tuer sur le champ celui qui auroit l'imprudence d'y entrer pour tirer des grains, sans permettre auparavant à cette vapeur pernicieuse de se dissiper en lui donnant issue. C'est pour cela que P. Zacchias (*a*) pense qu'il seroit nécessaire pour la salubrité des villes, de défendre de bâtir près des puits à grains; d'ordonner qu'on détruisit ceux qui sont construits près des maisons, & qu'on en rebâtit en plein air, & loin de l'habitation des hommes. Ainsi la République de Lucques a la sage coutume, comme je l'ai appris, de faire tirer le froment des magasins publics tous les ans au mois d'Août, de le bluter & l'exposer pendant quelques jours aux rayons du soleil, & de le resserrer après cette opération. Par ce soin, ils garantissent leurs grains de la carie & de la corruption pendant plusieurs années, & contribuent aussi beaucoup à la santé des citoyens.

_____

(*a*) Q. M.-L., l. 5, tit. 4, q. 7.

Théophraste (*a*) croit que le froment
se réduit plus facilement en poussiere,
& se conserve moins long-temps que
les autres grains, parce que les greniers
où on le serre, ont un crépi uni, fait avec
du mortier, « le froment, dit-il, s'é-
» chauffe plus que les autres grains, par-
» ce qu'il est chaud & sec, & que la
» couche de chaux sur laquelle il pose,
» entretient sa chaleur ». C'est ainsi qu'il
croit que le froment se gâte & se réduit en poussiere. J. C. Scaliger, son
Commentateur, n'approuve pas cette
opinion ; « les substances chaudes & sé-
» ches, dit il, loin de disposer à la pu-
» tréfaction, en garantissent ». Le froment, selon lui, devient pulvérulent,
parce que le tas qu'on en fait n'a pas
assez d'air, & que suffoqué par cette
mauvaise manœuvre, il s'échauffe & se
putréfie. Mais cette raison n'est rien
moins que satisfaisante : car l'expérience
a démontré que le froment se conserve
d'autant plus long-temps, qu'il est en
plus grande quantité, pressé, tassé, sec, &
qu'il n'est jamais agité. Il me paroît à
moi, que le froment se réduit facilement en poussiere, & se conserve moins

---

(*a*) L. 4, ch. 17, de Hist. Plant.

long-temps que les autres grains, parce qu'il contient plus d'esprit volatil, & que son tissu intérieur est plus lâche & moins serré (1).

J'aurois bien d'autres questions à agiter sur cet objet, si je ne craignois de m'écarter trop loin du plan que je me suis proposé, & de m'en attirer le reproche. Il seroit sur-tout bien intéressant de rechercher pourquoi l'ivroie, qui est probablement du froment dégénéré par les pluies trop abondantes du Printemps (2), comme nous l'avons éprouvé les années dernieres, se conserve sain pen-

---

(1) Le froment seroit-il plus aisé à fermenter, à cause qu'il contient une plus grande quantité de matiere glutineuse que les autres grains ?

(2) L'ivroie, ou zizanie, n'est point une dégénérescence du froment. C'est une espece particuliere de plante bien connue & bien décrite actuellement. Les Arabes la nommoient *zizania* ; Lobel l'appelle *triticum temulentum*, à cause de son action en quelque sorte enivrante : c'est le *lolium gramineum spicatum caput tentans*, de J. Bauh. ; le *gramen loliaceum spicâ longiore*, de G. Bauh. & de Tournefort ; & le *lolium temulentum*, du Chevalier von Linné. Son usage est dangereux ; il donne des vertiges, des éblouissemens, des maux de tête, des assoupissemens, lorsqu'il en entre une certaine quantité dans le pain & dans la biere : ce qui arrive quelquefois, parce que cette plante croît parmi l'orge & le bled.

dant vingt ans & plus, tandis que le
bled peut à peine être gardé quatre ans
fans fe réduire prefque tout en pouffiere,
& de favoir fi cela vient de ce que l'ivroie
eft plus dure & plus compacte, comme
on le prouve en la brifant & la mou-
lant; ce qui fait auffi que les autres
fruits fecs & durs, les féves, les pois,
la vefce fe confervent plus long-temps,
ou plutôt parce que les teignes & les vers
déteftent l'ivroie, à caufe de l'amertume
qu'elle leur offre.

Ces dernieres années, les bleds ayant
été attaqués du charbon, on a été obligé
de les laver foigneufement dans de grands
vafes avec de l'eau très-pure, & de les
fécher aux rayons du foleil. Le pain qu'on
a fait avec ces bleds lavés, étoit d'une
blancheur éblouiffante; c'eft pourquoi
il feroit utile de laver & faffer le bled,
quoique très fain, avant de le porter au
moulin (1).

_____

(1) Pline nous apprend que, chez les Romains, on féchoit le grain au feu avant de le
mettre en poudre, parce qu'il eft plus-falu-
taire après cette opération : *Inftituit far tor-*
rere, quoniam toftum cibo falubrius effet. Virgile, en indiquant au Laboureur les travaux
auxquels il peut fe livrer pendant l'orage,
a dit :

Nunc torrete igni fruges, nunc frangite faxo.

O v

Les Ouvriers employés à ce travail, ont coutume de se garnir le nez & la bouche avec des mouchoirs, pour ne pas avaler la poussiere qu'ils font voltiger, de se laver souvent la bouche & les yeux avec de l'eau fraîche, & de secouer leurs habits ; mais toutes ces précautions ne suffisent pas.

Il leur seroit très utile de se baigner pour emporter la poudre qui s'attache à leur peau, & retient leur sueur ; mais malheureusement l'usage des bains tombé en discrédit, prive ces Ouvriers d'un très-grand secours. Il ne faut pas s'imaginer que les anciens fondateurs des villes & leurs législateurs, aient fait élever avec tant de frais & de magnificence des bains publics dans les villes & les bourgs, pour le luxe seulement, & la délicatesse de ces femmes & de ces hommes oiseux qui portent par-tout leur suffisance, mais aussi pour l'avantage des Artisans, afin que ces hommes respectables pussent, à très-peu de frais, remédier à leur malpropreté habituelle, & en même temps refaire leurs corps des lassitudes qu'ils ont éprouvées dans leur ouvrage. Aussi l'on doit bien en vouloir à ceux qui ont diffamé un usage si utile. Les crimes impurs & multipliés qui ont été commis dans ces lieux de pureté, ont armé contr'eux la Religion Chrétienne, qui en a interdit l'usage.

Quant aux maux que la carie des bleds occasionne à ces Ouvriers, pour y remédier, j'ai coutume de leur prescrire les tisanes, les émulsions de semences de melon, le petit lait de vache, la décoction de mauve, pour émousser l'âcreté de la poussiere corrosive. Lorsqu'ils sont attaqués d'asthme, je leur donne les remedes appropriés à ce mal ; & dans toutes leurs maladies, j'observe avec le plus grand soin la partie qui est la plus foible, & je fais tous mes efforts pour en détourner le principe délétaire qui veut s'y porter (1).

—————————

(1) La carie n'est pas la seule maladie des grains, dont la poussiere soit nuisible aux Mesureurs & aux Cribleurs de grains. La coulure, le charbon, la nielle, & sur-tout l'ergot du seigle, sont encore plus redoutables. Tous les Médecins savent les maux affreux qui ont désolé l'Orléanois, & qui ont été produits par l'ergot dont le seigle de ces pays étoit rempli.

On a fait, dans ces derniers temps, un grand nombre d'expériences sur cette maladie du seigle, qui heureusement a attaqué très-rarement le froment. On n'est point encore d'accord sur la nature de cette excrescence. Les uns la regardent comme une simple extravasation de sucs, produite par l'humidité excessive suivie d'un soleil brûlant ; d'autres, d'après les expériences de M. Tillet, croient qu'elle est due à la piqûre d'un insecte dont l'œuf, déposé dans le grain ergoté, y subit toutes ses métamorphoses. Quant à sa qualité nuisible, les expériences de MM. Model & Parmentier semblent avoir jetté quelque doute à cet égard. Si les animaux qui n'en éprouvent aucun mauvais effet, ne sont point une preuve suffisante pour son innocence, on ne peut refuser quelque confiance à un homme qui a le courage d'en manger, & à qui il ne fait point de mal. Il n'y a que des expériences ultérieures qui puissent dissiper tous les doutes & découvrir la vérité.

CHAPITRE XXIV.

Des Maladies des Carriers.

Les Carriers, les Statuaires, les Tailleurs de pierre, & les autres Ouvriers de ce genre, ont des maladies particulieres, dont nous devons aussi nous occuper. Ceux qui, dans les carrieres, séparent les masses de marbres des rochers où elles tiennent, ceux qui les scient, qui les taillent & en font des statues & d'autres ouvrages, avalent souvent en respirant des fragmens de pierre anguleux, pointus, qui sautent sous leurs marteaux ; aussi sont-ils tourmentés de la toux, & quelques-uns d'entr'eux deviennent-ils asthmatiques & phtisiques (1).

---

(1) A la fin du premier volume du *Précis d'opérations de Chirurgie*, par M. le Blanc, on trouve un Mémoire sur la formation du grès, & sur la phtisie qui attaque ceux qui taillent cette pierre ; phtisie que ces Ouvriers appellent *maladie du grès* ou *de Saint Roch*.

L'Auteur, après avoir expliqué la formation du grès par les principes de l'attraction, observe que les particules de cette pierre, qui pénétrent la substance du verre, doivent avec bien plus de facilité s'insinuer par les pores de ceux qui la travaillent. Mais est-il bien prouvé

Joignez à cette cause la vapeur métallique qui s'exhale du marbre, des tufs

---

que les bouteilles de Sévres, exposées à la
poussiere du grès, s'en remplissent au bout
d'un certain temps, quoiqu'elles soient exactement bouchées ? Ne faudroit-il pas , pour
assurer ce fait , avoir recours à des expériences multipliées , & faites avec la plus grande
exactitude ? Et , quand même l'existence de
ce phénomene seroit incontestable , pourroit-
on trouver quelque rapport entre le verre &
la peau des Ouvriers ? Le premier est un corps
passif, tandis que la peau jouit d'une sensibilité extrême , & d'un certain dégré de contraction qui la rend susceptible de s'étendre
ou de se resserrer. Ces deux propriétés suffisent , sans doute, pour prouver l'impossibilité
de l'admission de la poussiere du grès par les
pores cutanés. C'est donc par la bouche des
Ouvriers que s'insinuent les particules subtiles de cette pierre , & c'est par cette voie
qu'elles pénétrent dans les poumons , l'estomac & les intestins , où elles font naître des
obstructions , des inflammations , &c.

Ces Ouvriers , suivant M. le Blanc , sont
très - altérès dans leurs travaux , & boivent
beaucoup. Ils sont sujets aux lassitudes & aux
douleurs rhumatismales. La plûpart sont attaqués de la *maladie de Saint Roch* avant quarante ans ; il y en a cependant quelques-uns
parmi eux, mais en très-petit nombre , qui
échappent à la phtisie , & qui vivent autant
que les autres hommes. Les détails de cette
maladie ont été donnés à l'Auteur par M. Clozier , Correspondant de l'Académie des Scien-

& de certaines pierres, & qui attaquent manifeftement les narines & le cerveau :

---

ces. Elle commençe par une toux fçche qui dure quelques mois, les malades crachent enfuite ; leurs crachats font fucceffivement blancs & favonneux, épais, fanguinolens & purulens. Ils ont beaucoup ou point d'oppreffion, de l'ardeur à la trachée-artere, la voix rauque, & une petite fievre continue ; le foie eft dur, & ils y éprouvent un fentiment de pefanteur ; le ventre eft tendu. L'appétit fe conferve jufqu'à ce que la diarrhée fe déclare. Alors les crachats fe fuppriment, les cheveux & les poils tombent, le fommeil eft perdu ou accompagné de fueurs abondantes ; les malades font maigres & femblables à des fpectres, les jambes, les pieds & les mains leur enflent, & ils périffent peu de temps après l'apparition de cette enflure. Cette maladie dure fix mois, un an, & quelquefois plufieurs années.

Nous ajouterons à ces détails que les Ouvriers, qui taillent les maffes énormes de grès qui fe trouvent fur le chemin de Fontainebleau, connoiffent les dangers de ce travail ; & que, pour s'en préferver, ils ont foin d'avoir le dos au vent, afin que le nuage de pouffiere très-ténue, qui s'échappe lorfqu'ils brifent leur pierre, foit emporté par le courant d'air, & qu'ils en avalent le moins poffible. Cette précaution eft très-utile, & on ne fauroit trop la recommander à tous les Ouvriers qui font expofés aux pouffieres pierreufes, tels que les Marbriers, les Statuaires, les Sculpteurs, les Tailleurs de pierres, &c.

ainsi les Carriers qui travaillent à la pierre de touche, éprouvent tant de mal à la tête & à l'estomac par l'odeur désagréable qui s'en élève, qu'ils ont assez souvent des envies de vomir. On a trouvé dans les cadavres de ces Ouvriers les poumons pleins de petits fragmens de pierre. Diemerbroeck (*a*) rapporte des ouvertures de cadavres de Tailleurs de pierre assez intéressantes. Il a trouvé dans leurs poumons des petits tas de sable ; de sorte qu'en coupant la substance de ces visceres, il croyoit porter son scalpel sur des graviers. Un Sculpteur lui a rapporté que, quand ils coupent des pierres, il s'en échappe une poudre si subtile, qu'elle pénetre des vessies de bœuf attachées dans leurs atteliers ; de sorte qu'au bout d'un an, il a trouvé dans ces vessies une poignée de cette poussiere, qui, disoit-il, conduit peu-à-peu dans le tombeau les Sculpteurs qui ne prennent pas assez de précautions dans leur ouvrage.

Plusieurs observations de Médecins nous apprennent qu'on a trouvé quelquefois des pierres dans l'estomac & dans les boyaux de ces Ouvriers ; on ne

_____

(*a*) L. 2, Anat., c. 13.

peut en trouver une autre cause, que dans les particules pierreuses qui s'insinuent par la bouche, & s'accumulent peu à peu (1). On peut voir Olaüs Borrichius sur la production des pierres dans le petit Monde. Il y a tout lieu de penser, que les calculs ne se forment pas toujours par causes internes, & par des sucs lapidifiques, mais qu'il s'en produit quelquefois par cause externe, sans que les viscères soient de la partie, ou y con-

---

(1) Ces petits fragmens de pierres, amassés dans les vésicules pulmonaires, se collent, s'agglutinent ensemble, & forment des calculs, comme l'a observé Diemerbroeck. Ces concrétions donnent naissance à la toux, aux hémophtisies, (voyez la note à la fin du chap. 21,) & peuvent même occasionner des pleurésies, des péripneumonies dangereuses. M. Clozier a observé que les Ouvriers qui taillent le grès, sont plus sujets aux pleurésies & aux fluxions de poitrine, que les autres hommes exposés à des travaux rudes & violens. Ces maladies dégénerent le plus souvent en phtisies longues, & qui conduisent les malades au tombeau. Il n'y a aucune guérison à espérer dans ces sortes de maladies, à moins que la toux ne fasse rendre ces calculs. Dans ce dernier cas, les balsamiques, le régime adoucissant & tempérant, l'air de la campagne, le lait & l'exercice peuvent guérir le malade, pourvu qu'il n'ait pas une disposition héréditaire à la phtisie.

tribuent. Vedelius (*a*) a observé un semblable calcul dans la servante d'un marchand de chaux. Il dit avoir trouvé dans ses poumons une pierre formée, selon lui, par les particules de chaux qu'elle avoit avalées.

Les Bouchers trouvent fréquemment des pierres dans l'estomac & les intestins des bœufs (1). Ce fait renverse le sentiment d'Aristote qui a prétendu (*b*) que l'homme est le seul animal sujet au

---

(*a*) Pathol. dogm. , sect. 2 , c. 4.

(1) La formation de ces especes de boolites n'est pas difficile à concevoir. Les bœufs, en parcourant des chemins secs & sablonneux, portent leur bouche sur le sol pour y chercher de la pâture ; ils ramassent alors une assez grande quantité de sable qui , porté dans leurs estomacs avec leur salive, s'y colle , & forme des concrétions vraiment calculeuses. Telle est la maniere dont Ramazzini explique la formation de ces pierres ; mais il est une cause plus fréquente & plus inévitable. Souvent , dans les pâturages secs & arides, les plantes dont ces animaux se nourrissent , sont couvertes d'une poussiere fine que le vent entraîne & dépose sur leurs feuilles ; c'est une cause assez commune de ces especes de pierre. Plus souvent ces boolites sont mêlés d'une certaine quantité de poils que l'animal ramasse en se léchant ; on les nomme alors des ægragopiles : leur tissu ressemble assez à celui d'un feutre.

(*b*) Sect. 10 , probl. 40.

calcul, à moins que ce philofophe n'ait voulu parler que de la peine des reins. Scaliger (*a*) affure àvoir vu rendre par des chevaux des concrétions pierreufes, & il en confervoit une dans fon cabinet. On lit dans les Auteurs beaucoup de chofes fur la nature & les propriétés des calculs des chevaux qu'ils appellent hyppolites, & nous devons les en croire fur leur bonne foi. Il me paroît très - vraifemblable que les bœufs & les chevaux, en traînant les charrettes l'été, dans des chemins pleins de poufiere & d'argile, ramaffent avec leur langue qui fort de leur bouche, la poufiere & les petits cailloux qu'ils rencontrent, & donnent ainfi naiffance à des calculs dans leurs eftomacs.

Pour chaffer ces particules nuifibles, attachées à l'eftomac & aux inteftins de ces Ouvriers, & qui peuvent, en s'amaffant, former de vrais calculs, il faudra les purger & les faire-vomir; & on les avertira fur-tout d'éviter, avec fcrupule, les petits morceaux de pierre qui fautent de leurs ouvrages, afin de ne pas les avaler (1).

(*a*) Exerc. 123.

(1) Il n'eft parlé, dans ce chapitre, que des

maladies occasionnées par la poussiere calcaire aux Ouvriers qui la travaillent ; mais il en est d'autres bien plus funestes & particuliers aux Carriers. Ramazzini paroît cependant avoir dit quelque chose de la cause de ces derniers, en parlant de l'odeur fétide qui incommode les Ouvriers qui travaillent la pierre de touche ; mais il n'a fait qu'indiquer ces maladies, & nous devons ajouter ici les travaux des Modernes à ce sujet.

L'air lourd, épais, humide, & par conséquent peu élastique, qui regne dans les carrieres, donne aux Ouvriers qui y travaillent, toutes les maladies qui naissent de la transpiration supprimée, tels que les rhumes, les catarres, le rhumatisme ; l'impureté de cet élément ne peut fournir à leur sang, ce principe actif & peut-être électrique dont il a besoin. Aussi ce fluide vital est-il, chez les Carriers, vappide, foible, phlegmatique, & donne-t-il naissance à des cachexies rebelles & qui sont souvent la cause de leur mort. Ces malheureux, qui sont presque toujours sous terre, menent une vie languissante & périssent d'assez bonne heure.

Pour prévenir ces maux, voici les moyens proposés par M. Hecquet, & depuis par les Auteurs du Dictionnaire de Santé. 1°. Ils ne descendront dans leur carriere que munis d'un sachet pendu à leur col, dans lequel seront deux gousses d'ail pilées avec un peu de camphre. 2°. Ils se frotteront le visage avec de l'eau-de-vie camphrée, ou du vin aromatique ; le vinaigre pourroit suppléer à ces deux remedes. 3°. Le tabac fumé, ou pris par le nez, leur convient à merveille.

Quelquefois, malgré ces soins, les Carriers

de conftitution foible & délicate font attaqués fubitement de défaillances ; alors on doit
au plutôt les mettre au lit, leur faire boire
beaucoup d'infufion de petite fauge, ou de
toute autre plante aromatique qu'on aura fous
fa main, leur frotter tout le corps avec un linge
imbibé de vin chaud & aromatifé, s'il eft poffible. On leur appliquera des ventoufes féches.
On leur fera prendre un gros de confection
d'hyacinthe, avec vingt-quatre grains de la
poudre de la Comteffe, dans un verre d'eau
de chardon-benit. Tous ces remedes font capables de ranimer la chaleur éteinte, d'exciter
le mouvement ralenti des fluides, de remonter, pour ainfi dire, le ton affoibli des vifceres, & de rétablir la tranfpiration diminuée,
ou même fupprimée par l'air épais des carrieres. La faignée ne paroît pas répondre aux
indications que l'on a alors à remplir, & elle
ne convient tout au plus qu'aux fujets très-
pléthoriques.

Il eft encore un accident plus terrible, &
qui eft commun aux Carriers & à tous les
Ouvriers qui travaillent dans les profondeurs
de la terre. Il s'éleve quelquefois, dans les
fouterreins, & fur tout dans les carrieres, des
vapeurs meurtrieres dont nous avons parlé
au fujet des Mineurs. Nous ne répéterons pas
ce que nous avons dit à cet égard, nous aver-
tirons feulement les Carriers de prendre les
mêmes précautions que les Mineurs, d'avoir
attention à leurs lampes dont la lumiere eft
d'autant plus foible que l'air eft moins pur ;
d'entretenir des courans d'air, de brûler de
la paille, & d'être prêts à remonter le plus
vîte poffible au moindre danger.

Si quelqu'un d'eux avoit été suffoqué, on lui administrera les remedes que nous avons indiqués pour les Mineurs, auxquels le même accident peut arriver. On les exposera à l'air, on les agitera, on leur fera respirer quelque liqueur spiritueuse, & on ranimera la circulation par tous les moyens déjà proposés.

CHAPITRE XXV.

Des Maladies des Blanchiffeufes.

Il m'eft fouvent arrivé de traiter des Blanchiffeufes de différentes maladies qu'elles avoient gagnées en faifant leur métier. Ces femmes toujours dans des lieux humides, ayant les pieds & les mains continuellement mouillés, deviennent en peu de temps cachectiques; & fi elles vieilliffent dans leur état, elles meurent hydropiques, comme je l'ai obfervé chez beaucoup d'entr'elles, Elles font auffi fujettes à des diminutions de régles qui leur donnent une quantité de maux, dont il ne faut pas être étonné; car fi l'on voit fouvent des femmes avoir fur le champ une fuppreffion de régles, lorfqu'elles marchent imprudemment à pieds nuds, ou qu'elles fe lavent les jambes à l'eau froide pendant le temps de cet écoulement; à plus forte raifon les Blanchiffeufes qui font leur métier de ces imprudences continuées, y doivent-elles être fujettes. L'atmofphere humide dans laquelle elles font fans ceffe, l'eau, où prefque tout leur corps eft plongé, contribuent encore à la naissance de ces incommodités. Les pores de leur peau bouchés par ce bain froid perpétuel, diminuent la transpiration ; & reportant dans leur sang des sucs visqueux & épais, donnent naissance à la cachexie, aux suppressions des régles, & à tous les maux qui en sont naturellement les suites.

D'autres malheurs accablent encore ces Ouvrieres. La lessive bouillante dont elles se servent, & à laquelle elles mêlent quelquefois de la chaux en place de cendres, répand des vapeurs funestes qui leur occasionnent de la toux & des difficultés de respirer. Gregoire Horstius (a) rapporte qu'une servante ayant penché la tête dans une chaudiere pleine de lessive pour nétoyer du linge qui y étoit; & ayant reçu la fumée que répandoit cette lessive, fut prise d'un serrement affreux de poitrine, qui la suffoqua au bout de sept jours de tourmens inouis. A l'ouverture de son cadavre, on trouva les poumons livides, & les bronches remplies de caroncules noires qui avoient intercepté le passage de l'air. Les vapeurs lixivielles que les Blanchisseuses sont forcées de respirer, sont donc capables

_____

(a) Bonnet., sepulch., t. 3, l. 2, sect. 1.

d'altérer

d'altérer la structure naturelle de leurs poumons, en les desséchant plus qu'ils ne doivent l'être, & en les empêchant ainsi de faire leurs fonctions.

En outre, les chemises & le linge imprégné de mille saletés, de virus galeux, vérolique, de sang menstruel, leur fournit, quand elles le lavent, un mêlange affreux de vapeurs nuisibles, qui affecte leur cerveau & leurs esprits animaux (1).

————————————

(1) Le métier des Blanchisseuses, considéré sous cet aspect, est, sans contredit, un des plus dangereux : elles peuvent, en effet, gagner toutes les maladies contagieuses, par le linge qu'elles manient, & qui contient une grande quantité de molécules exhalées du corps des malades. On croit communément que l'eau, & sur-tout la lessive, emportent les particules nuisibles attachées aux draps & aux chemises. Il n'est pas cependant très-démontré que tous les virus contagieux soient dissolubles dans ces substances. Qui sait si les miasmes varioliques, pestilentiels, &c. ne conservent pas leur nature dans le linge quoique blanchi ? Si l'on pouvoit appuyer cette vérité de l'expérience, on sent de quelle conséquence il seroit, dans des temps de peste par exemple, de ne pas faire blanchir le linge des malades avec celui des personnes saines. Quand cette idée seroit dénuée de vraisemblance, il n'en seroit pas moins certain que le métier des Blanchisseuses peut être regardé, dans la société, comme un moyen de communication

P

Enfin l'âcreté de la lessive leur fait des
gerçures aux mains qui font quelquefois
si considérables, que l'inflammation &
la fievre les accompagnent.

La Médecine qui doit une reconnois-
sance à ces femmes dont la propreté
est l'ouvrage, ne peut-elle pas les préserver de ces maux? Je leur conseille
d'avoir beaucoup d'attention à mettre
des hardes séches, & à quitter celles qui
font mouillées aussi-tôt que leur ouvrage
est fini; de se frotter le corps, de détourner le visage de la fumée de lessive chaude, d'oindre souvent leurs mains avec
l'onguent rosat ou le beurre, d'éviter

---

des maladies contagieuses; & qu'il seroit très-
utile que le linge des malades ne fût, dans aucune circonstance, blanchi & mêlé confusément avec celui des personnes en santé. Nous
terminerons cette note par deux observations
faites par les Blanchisseuses, & qui peuvent
donner quelque force à notre assertion. 1°. Le
linge imprégné de pus vérolique, d'écoulement gonorrhéique, agit manifestement sur la
lessive, en diminue l'activité, & la fait tourner suivant l'expression de ces Ouvrieres. 2°.
Lorsqu'il y a quelque épingle laissée imprudemment dans le linge, les Blanchisseuses se
piquent fortement en le maniant, & ces pi-
qûres leur occasionnent des panaris violens,
quelquefois malins, & toujours longs à
guérir.

les alimens vifqueux, & d'autres fautes de régime. Lorfqu'elles ont quelques maladies, comme des fievres ou des catarres, les purgatifs puiffans, les draftiques même leur conviennent, pour évacuer les humeurs épaiffes & glaireufes qui tapiffent leurs premieres voies : on pourra auffi employer les antimoniaux, fi leur maladie n'eft pas aiguë, auffi bien que les défobftruans & les roborans propres à ranimer la chaleur naturelle, comme on les ordonne pour les cachectiques (1).

_____

(1) Les Blanchiffeufes doivent éviter l'application des corps gras fur les gerçures qui leur furviennent aux mains ; elles ne les laveront qu'avec l'eau d'orge mondé. Si les douleurs étoient vives, elles les étuveroient avec du lait chaud, y laifferoient un linge mouillé de lait ou d'eau d'orge, ou enduit de crême bien récente.

L'ufage immodéré du vin, des ragoûts épicés & falés, de tous les mets échauffans, leur eft très-pernicieux.

Quelques-unes d'entr'elles ont encore d'autres accidens à craindre : ce font celles qui repaffent le linge. La vapeur du charbon qu'elles allument pour faire chauffer leurs fers, peut les fuffoquer, fur-tout fi elles travaillent dans des endroits clos & peu fpacieux. Elles doivent donc ouvrir les fenêtres de ces chambres, tenir leurs fourneaux éloignés d'elles, & fe parfumer de vinaigre.

Tels sont les préceptes particuliers qui avoient échappé à Ramazzini. Nous nous sommes fait un devoir de les extraire du Traité de M. Hecquet : nous ajouterons seulement une remarque sur le danger que courent les Repasseuses. Il nous semble qu'il est beaucoup moindre qu'on pourroit le croire, à cause du fer qu'elles exposent sur le feu, & qui absorbe une grande partie de l'air fixe dégagé des charbons, comme l'ont prouvé les expériences des Modernes, & comme Ramazzini l'avoit lui-même entrevu. Nous aurons occasion de faire observer quelque part ce passage de notre Auteur.

CHAPITRE XXVI.

Des Maladies qui attaquent les Liniers, Chanvriers, & ceux qui cardent les cocons de Vers à soie.

L A nécessité des habits a presque été la même pour l'homme que celle des alimens dès le premier âge du monde, lorsque nos premiers peres, ayant perdu la tunique de la grace, dont Dieu les avoit couverts, virent avec honte leur nudité, & s'empresserent de se la dérober à eux-mêmes. Pour satisfaire à ce besoin, la nature bienfaisante nous a fourni beaucoup de corps propres à nous garantir des injures de l'air; tels sont la laine, le lin, le chanvre, le coton, la soie même, dont nous pourrions cependant aisément nous passer, puisqu'elle ne sert qu'à cacher nos parties, & non à les garantir. Ces matieres qui font la base de nos vêtemens, causent plusieurs maux affreux à ceux qui les apprêtent. Tout le monde connoît assez l'odeur infecte que répand en automne le chan-

P iij

vre ou le lin qui rouit dans les eaux,
& dont l'exhalaison se porte même assez
loin. Les Ouvriers qui cardent le lin
& le chanvre, afin qu'on puisse le filer
& le livrer aux Tisserands pour fabriquer
leurs toiles, sont aussi tourmentés de
maux particuliers. La poussiere âcre &
nuisible qui voltige des matieres qu'ils
manient, pénétrant par la bouche & le
gosier dans les poumons, excite chez ces
Ouvriers une toux continuelle, & les
conduit peu-à-peu à une affection asthmatique.

Les Cardeurs de chanvre viennent des
villes de France situées sur les confins
de l'Italie, & se dispersent en troupe
dans les pays en-deçà & au-delà du Pô,
au commencement de l'hiver, pour suppléer à nos Ouvriers qui ne savent pas
très-bien ce métier. Au premier coup-
d'œil, ces hommes paroissent pâles &
tout couverts de poussiere de chanvre; on
les entend tousser & respirer comme des
asthmatiques. La rigueur de l'hiver, pendant lequel ils ont le plus d'ouvrage, les
obligeant de travailler dans des lieux fermés, ils avalent malgré eux des particules
fétides qui s'échappent du chanvre gras
qu'ils cardent, & qui, en altérant les esprits, & obstruant les organes de la res-

piration, leur donnent des maladies graves. En outre ces particules qui se détachent du lin & du chanvre qui ont roui, dans les eaux stagnantes & corrompues & qui se sont couverts de boue au fond des mares où on les a plongés pour accélérer la putréfaction qui leur est nécessaire, ces particules, dis-je, sont virulentes, & très-ennemies de la nature humaine (1). Ces Ouvriers disent que le lin leur fait plus de mal que le chanvre ; c'est probablement parce que la poudre que répand la premiere de ces substances végétales, est plus fine, pénétre plus facilement dans le réservoir des esprits animaux, & les irrite davantage à se débarrasser de la matiere nuisible qu'elle y porte.

Il y a encore plus de danger pour ceux qui cardent les gâteaux de fleuret ou filoselle, ou les résidus des cocons de vers

----

(1) On trouve, dans Amatus Lusitanus, une observation très-courte qui a du rapport à ce passage, & qui prouve le danger de ces exhalaisons. Nous la rapporterons en latin pour n'en point altérer le sens.

Qui cannas putidas evoluit villicus totus tumuit. Cæterùm ut veneno affectus, curatus fuit : expirant autem ex se canna putida vaporem quemdam prorsùs venenum sapientem. Amat. Lusit., cent. 3 , obs. 84.

à soie, pour en faire des especes de tissus plus employés par les habitans des villes, que ceux de soie, parce qu'ils coûtent moins cher. Quand les cocons de vers à soie, macérés dans l'eau bouillante, ont été dévidés & réduits en fils très fins par des femmes, (qui sont seules occupées à ce travail, comme si la nature n'avoit formé la soie que pour leur usage), il ne reste plus que des filamens épais & grossiers, mêlés de certaines portions des cadavres des vers à soie. On en fait des especes de gâteaux qu'on dessèche au soleil, & que les Ouvriers cardent avec des outils très-déliés; cet ouvrage leur donne une toux férine, une grande difficulté de respirer, & abrége leur vie. Tout le danger qui l'accompagne consiste dans ces molécules cadavéreuses des vers à soie, mêlées aux cocons, & que la carde fait voltiger. Je crois devoir faire remarquer ici, que les excrémens de cet insecte en larve, quand il mange des feuilles de mûrier, mis en tas, & conservés ainsi pendant plusieurs jours jusqu'à leur putréfaction, répandent une odeur si infecte lorsqu'on les remue, qu'elle incommode tout le voisinage; c'est pour cela que dans quelques villes, il y a un Edit qui défend de jetter ces excrémens dans

les rues, & qui ordonne de les port&
hors les enceintes de la ville.

Le ver à soie, ainsi que beaucoup d'autres insectes, comme plusieurs especes
de chenilles qui dépouillent des forêts
entieres de feuilles, & se cachent dans
ces parties qu'elles plient à leur gré ;
tous ces insectes, dis-je, ont donc, je
ne sais quoi de nuisible, une acrimonie
corrosive très-ennemie des poumons. J'ai
vu dans cette ville tous les membres
d'une famille entiere, qui avoit amassé
quelque bien à ce métier, mourir d'une
phtisie, que les Médecins attribuerent à la
profession qu'ils avoient toujours exercée.

Rien, selon moi, n'est plus propre
à émousser cette acrimonie rongeante
& ulcérante, que la diete lactée, que
j'ai coutume de recommander avec soin
à ces Ouvriers. Je leur prescris aussi les
bouillons de mauve, de violette, de chicorée, ou les sucs dépurés de ces plantes ; &, lorsqu'il y a quelque danger dans
leurs maladies, je leur conseille de laisser là leur métier, & d'en entreprendre un autre : car le gain qui détruit la
santé ne peut être compté au nombre
des biens (1).

_____

(1) Les ouvertures de plusieurs cadavres

de Chanvriers & de Liniers, rapportées par Morgagni, *de sed. & cauf. morb.*, ne peuvent laisser aucun doute sur les maladies de ces Ouvriers, & confirment les observations de Ramazzini. Dans cinq cadavres que Morgagni a ouverts, il a constamment trouvé les poumons enflammés, suppurés, gangrénés, & toutes les parties de la poitrine sensiblement affectées. Il en a attribué la cause à la poussiere âcre & nuisible que la carde fait voltiger. Nous rapporterons ici un seul exemple choisi parmi les cinq indiqués, & qui servira à prouver que les Chanvriers & les Liniers sont encore sujets à d'autres maladies, que celles que Ramazzini leur a assignées : nous en tirerons des conséquences utiles à la santé de ces Ouvriers.

Un Cardeur de chanvre maigre & grand, très-sujet aux inflammations de poitrine à cause de son métier, après en avoir eu six ou sept différentes, les unes avec un vomissement de bile, les autres avec le délire, voyant que sa voix étoit enrouée eut l'attention de choisir un chanvre moins sec, & de travailler loin de ses camarades avec plus de précautions qu'il n'avoit fait jusqu'alors. Par ce moyen sa voix lui revint : mais un fardeau qu'il porta inconsidérément, lui donna la fievre & une douleur poignante sous la mamelle droite. De l'huile d'amandes douces, deux saignées du bras ne firent rien ; sa respiration étoit gênée, il ne crachoit point, il vomissoit une bile verte. Le cinquieme jour il fut frénétique, & crachoit sur ceux qui l'approchoient. On le saigna du pied, & on lui mit un cataplasme sur la tête. Malgré ces secours, il eut des mouvemens convulsifs, des soubresauts de tendons, avec une respiration plus facile, &

plus de douleurs à ce qu'il disoit ; cependant il poussoit des cris de temps en temps , & lâchoit sous lui. Enfin, son pouls s'affoiblit sans être inégal , & il mourut un peu après le septieme jour de sa maladie. On lui trouva le poumon droit adhérent à la plévre & au diaphragme par des membranes serrées , le gauche libre & sans adhérence ; mais le lobe supérieur de celui-ci resserré , contenant du pus dans une espece de tubercule , & l'inférieur rouge , dur , pesant , épaissi , plein de pus ; traces certaines d'une inflammation précédente. La plévre étoit aussi enflammée , gorgée de sang , & se séparoit très-facilement des côtes ; le centre nerveux du diaphragme phlogosé , &c.

D'après ces faits anatomiques , Morgagni conclut avec Ramazzini , que les Chanvriers doivent être sujets à la toux continuelle & à l'asthme, à cause de la poussiere pernicieuse qu'ils respirent sans cesse. Il ajoute , que la cause des maladies aiguës des poumons , auxquelles ces Ouvriers sont très-sujets , vient , sans doute , de leur sang appauvri & corrompu , qui leur donne aussi des maladies chroniques dont beaucoup d'entr'eux meurent. Il ne balance pas à croire que le Chanvrier , dont il a rapporté l'histoire , a dû le mauvais état de ses poumons au métier qu'il avoit exercé , aux inflammations répétées qu'il lui avoit attirées , & dont étoient venus , sans doute , la maigreur , la lésion de la voix , &c. Enfin, il rapporte à la même cause la phtisie commençante , qui auroit , sans doute , fait périr cet Ouvrier , si une maladie aiguë ne l'eût enlevé , avant que la premiere eût jetté de profondes racines.

Cet exemple effrayant, & qui se multiplie souvent parmi ces Ouvriers, doit les engager à prendre exactement toutes les précautions que Ramazzini a indiquées, & sur-tout à travailler dans des lieux vastes ; à avoir attention de se mettre le dos au vent, afin de ne pas avaler la poussiere meurtriere du chanvre & du lin ; à se laver souvent le visage & la bouche avec de l'eau & du vinaigre ; à se purger ou se faire vomir de temps en temps, & toutes les fois que des nausées, des maux de tête, des pertes d'appétit, des douleurs d'estomac les avertiront du mauvais état de ce viscere. Enfin, ils doivent abandonner ce métier pernicieux, si une toux fréquente, une maigreur qui augmente de jour en jour, une chaleur âcre & séche qui revient tous les soirs, des douleurs de poitrine & des étouffemens les menacent d'une phtisie pulmonaire commençante. Il faut cependant les avertir qu'avec les précautions indiquées, ils pourront éviter tous ces maux, & faire leur métier sans danger, sur-tout s'ils joignent à ces soins la sobriété & l'éloignement de tous les excès.

CHAPITRE XXVII.

Des Maladies des Baigneurs.

Entre les édifices publics que Rome avoit dans son sein, & qui se sentoient du luxe où la Maîtresse du monde étoit parvenue, les bains étoient un de ceux qui étaloient le plus de magnificence. Les restes précieux de ces monümens, leurs ruines qu'on trouve actuellement dans le sein de la terre, peuvent faire juger de la grandeur de ces bâtimens. Ce n'étoit pas seulement à Rome, mais encore dans toutes les autres villes, dans les maisons des particuliers, dans les maisons de campagne, qu'on élevoit des bains à très-grands frais. Sénéque, ce censeur austere des mœurs de son temps, en reprochant aux Romains le luxe qui les amollissoit, a dit (*a*), « qu'on étoit » pauvre ou vil, lorsque les murs n'é- » toient pas couverts de cercles précieux; » si les marbres d'Alexandrie n'étoient » pas mêlés avec ceux de Numidie; si » les voûtes n'étoient pas cachées par

(*a*) Ep. 86.

» le verre; enfin, si l'eau ne couloit pas
» par des robinets d'argent ». L'usage
des bains est maintenant aboli: à peine
sauroit-on comment les anciens Médecins se servoient eux-mêmes des bains;
à peine connoîtrions-nous la nomencla-
ture de ces lieux, & leur structure, si
les ténebres n'avoient été dissipées par
les ouvrages d'And. Baccius sur les
bains, de Mercurialis sur la Gymnastique, & de Sigonius sur l'ancien droit
Romain. Ces bains construits par les
Empereurs pour les besoins du peuple
dans chaque quartier, donnoient la liberté aux hommes & aux femmes de se
laver à peu de frais & tant qu'on vouloit, ordinairement deux fois dans le
jour. Chaque personne payoit un *qua-*
drans (1), comme nous l'apprend Juvenal, & les enfans s'y lavoient pour
rien (*a*):

Une troupe nombreuse d'esclaves, mâles & femelles, étoient occupés jour &

. (1) La quatrieme partie de l'asse romain.
(*a*) *Nec pueri credunt nisi qui nondùm ære lavantur.*
Juven. , Sat. 2.
Aujourd'hui la jeunesse ne croit plus ces fa-
daises, si ce n'est les enfans qui ne paient point
au bain.

huit dans ces bains : on les appelloit *bal-
neatores , feu aquarioli.* Ces malheureux
toujours dans les eaux , habitans des
lieux humides & voûtés, occupés à laver
les corps , tantôt à l'eau chaude, tantôt
au bain tiede , tantôt au bain froid ; à
nétoyer les fueurs, les mal-propretés ,
& les anciens parfums, &c. , devoient
être , à ce qu'il femble , fujets à beaucoup de maladies , à la cachexie, à l'enflure des jambes , aux ulceres, aux tumeurs froides , & à l'anafarque. Lucilius nous apprend dans fes vers quel
étoit l'office de ces efclaves, & quels
fervices ils rendoient (*a*).

Quoique les bains publics aient été
abolis , foit avec la gymnaftique pour
laquelle ils étoient fpécialement conftruits, foit parce que les Anciens , comme penfent quelques Auteurs, n'ayant
pas de chemifes de fil & ne fe fervant
que d'habits de laine , avoient la peau
plus fale, & par conféquent plus fouvent
befoin d'être lavés ; il y a encore, dans
les villes peuplées, quelques bains pour
l'ufage des valétudinaires , & pour ceux

_____

(*a*) *Scabor , fupellor , defquámmor , pumicor ,
    ornor ,
Expilor , pingor , . . .*

qui, pendant l'Eté, ont coutume de se
baigner, afin d'entretenir la netteté &
la propreté de leur peau. De notre temps,
les personnes qui ont quelques maladies
cutanées, comme la gale, les démangeaisons, la vérole, vont dans ces bains,
ou étuves, où les Baigneurs les lavent
avec de l'eau tiede, & leur appliquent
des ventouses sur tout le corps pour leur
tirer un peu de sang : souvent même les
malades se confient aux Baigneurs, &
se font ainsi laver, frotter & scarifier
sans l'avis du Médecin, qui pourtant devroit être seul capable de savoir si ces
remedes leur conviennent. J'ai souvent
vu quelques-uns de ces imprudens s'exposer à un danger très-pressant & presqu'à la mort, par la grande quantité de
sang évacué par ces ventouses ; quantité
qui va quelquefois à trois ou quatre livres. Quelques-uns imaginent que le
sang de la peau est d'une qualité bien
inférieure à celui qu'on tire des veines
plus considérables ; comme si le sang,
évacué par les ventouses & qui sort par
les petites arteres cutanées, n'étoit pas
plus vermeil que celui des veines, qui
paroît toujours plus noir. Les Baigneurs,
comme je l'ai observé, sont pâles, tristes, bouffis, cachectiques, & tombent

quelquefois dans les maladies qu'ils veulent guérir chez les autres.

Pour ne pas répéter ce que nous avons déjà dit de la cure de la cachexie, & des affections semblables qui attaquent les Ouvriers, je n'en ajouterai rien ici, & je me contenterai de faire observer dorénavant les maladies auxquelles tel ou tel Ouvrier est sujet. Je n'ai point envie, dans cet Essai, de faire un Traité complet de maladies, de décrire les méthodes curatives, & une longue suite de remedes; mais je ne veux que donner aux Praticiens quelques avis, afin qu'ils puissent guérir plus facilement les Artisans (1).

---

(1) Le luxe de nos grandes villes est, à cet égard, au-dessous de celui de l'ancienne Rome. Les bains qui y sont établis n'ont pas de ces especes de valets occupés aux ouvrages les plus vils, & qui auroient dû faire rougir ceux qui en étoient l'objet. Les hommes, ou les femmes, qui servent actuellement dans les bains de propreté, n'ont aucune maladie à redouter.

Quant aux Etuvistes qui sont obligés de soigner les malades, & d'être à leurs côtés pour leur porter les secours nécessaires, ils ont des maladies particulieres à craindre. L'air chaud, humide & peu élastique, qu'ils respirent dans les étuves, suffit pour altérer la santé même des plus robustes. En outre, les exhalaisons du corps des malades, dont l'eau se charge , & qu'elle communique en s'évaporant à l'atmosphere , les exposent à des maladies contagieuses , putrides & malignes. Le meilleur moyen de les éviter , c'est de quitter de temps en temps le malade , de respirer un air frais & pur , de se laver les mains de vinaigre , le visage avec du vin aromatique , & de respirer l'essence de jasmin.

S'ils sont attaqués d'étouffemens & de difficultés de respirer au point de perdre connoissance , on les transportera hors de l'étuve, on les desserrera , on leur fera respirer du vinaigre , de l'alcali volatil , de l'eau de Luce ; on leur agitera les membres , on les frottera avec de la flanelle , on leur fera avaler de l'eau des Carmes , & on leur donnera le lavement suivant , prescrit par les Auteurs du Dictionnaire de Santé. Prenez de diaphœnic , une once ; de crystal minéral , deux gros ; de vin émétique trouble , une once : faites fondre le tout dans de l'eau , & renouvellez le lavement de quatre en quatre heures , jusqu'à ce que la poitrine soit tout-à-fait dégagée.

Les Baigneurs auront aussi attention de ne pas passer subitement d'un air très-chaud dans un air très-froid , afin d'éviter les maux graves que produit la suppression de la transpiration.

CHAPITRE XXVIII.

Des Maladies de ceux qui travaillent dans les Salines.

PLINE a dit, avec beaucoup de savoir & d'éloquence (*a*), que rien n'étoit plus utile que le soleil & le sel ; on peut ajouter que rien n'est plus nécessaire. La Nature, ou son divin Architecte, prévoyant la nécessité du sel pour l'homme, a créé avec le Monde un réservoir de sel dans les mers, dont l'eau, par des canaux souterreins, s'éleve jusqu'aux plus hautes montagnes, & fournit ensuite les fontaines & les sources salées. C'est là l'origine du sel gemme qu'on trouve crystallisé dans différens endroits de la terre, & que l'eau y a déposé en y passant, à moins qu'on ne veuille croire que Dieu ait formé avec la terre des montagnes de sel. Quant au sel artificiel dont on fait le plus d'usage, on le fabrique, en recevant l'eau de la mer dans des fosses & des marais salans, lorsqu'elle couvre ses rivages pendant le flux, & en la

(a) L. 31, H. N., c. 9.

laissant évaporer aux rayons du soleil.

La ville de Cervia, située sur le bord de la mer Adriatique, & soumise autrefois à l'Eglise de Ravenne, fournit du sel à presque toute l'Italie. J'aurois désiré pouvoir y faire un voyage, mais mes occupations ne me l'ont pas permis. J'ai eu soin de savoir ce que je désirois par un commerce de lettres, que le célebre Médecin J. Lanzonius de Ferrare a bien voulu entretenir avec moi ; elles ne me sont pas arrivées assez tôt, pour que j'aye pu en placer les objets parmi les maladies des Ouvriers qui travaillent les minéraux. C'est pourquoi je les ai mis en cet endroit. J'ai appris par ce Médecin qui pratique à Cervia, que l'air de cette ville est rendu si actif par le mêlange des particules salines, qu'il ronge le fer, le ramollit peu-à-peu, & le réduit en poussiere ; que les Ouvriers y sont tous cachectiques, hydropiques, & ont, aux jambes, des plaies d'un très-mauvais caractere ; qu'ils sont affamés & altérés au point qu'ils ne peuvent être rassasiés, ce qui rend, parmi eux, les morts subites assez fréquentes (1) ; que la maniere de

_____

(1) Voyez une Note, à la page 135 *de l'Essai des effets de l'air sur le corps humain,*

les guérir est différente, suivant les différens Médecins qu'ils appellent ; qu'il
y a peu de remedes à faire dans leurs
maladies aigües, toujours accompagnées
d'une affection soporeuse ; que ce symptôme est dû à la quantité de sel qui forme des montagnes énormes, que F.
Leand. Albertus dit avoir vues avec beaucoup d'admiration (*a*). Il est naturel de
croire qu'il s'éleve de ces montagnes une
grande quantité d'esprit de sel, qui sa-
ture l'air de ces lieux d'un acide corrosif, le rend capable d'attaquer le fer,
& de disposer aussi à l'acide le sang de
ces Ouvriers, dont la nature est douce
& bénigne ; que c'est cette disposition
qui donne naissance à la cachexie, aux
hydropisies, aux ulceres des jambes,
dont ils sont attaqués, & qui sont, de
leur nature, entretenus par un acide
prédominant.

On peut aussi rapporter avec beaucoup de raison, à cet acide qui aiguise
le ferment de l'estomac, la cause de
cette faim canine qui les tourmente.

---

par *Arbuthnot*, dans laquelle il est question
d'une mine de sel fort étendue, près de Cra-
covie.

(*a*) In descript. Cerviæ.

Cette faim, qu'Hippocrate a dit (*a*) être
guérie par le vin, dans ses aphorismes,
doit sa naissance, suivant les Anciens,
à un acide contre nature contenu dans
l'estomac; c'est pour cela qu'ils ordon-
noient dans ce cas, les vins forts & épais,
les alimens gras, huileux, comme Galien l'a dit dans son commentaire sur le
passage d'Hippocrate; remedes qui tous
sont capables d'émousser & de dulcifier
cet acide, comme un esprit acide est
dulcifié par l'esprit de vin. Leur soif doit
être aussi attribuée aux exhalaisons salines qu'ils respirent, & à la cachexie séreuse qui leur est particuliere, qui les conduit à l'hydropisie, & qui, dans cette
derniere maladie, leur donne une soif
perpétuelle.

Je ne sais pas si ces maux sont produits par le seul esprit de sel qu'ils avalent avec l'air, ou bien si l'air de la ville
elle-même, qui passe pour très-mal sain,
n'y contribue pas pour beaucoup. Il est
tain que Cervia est abandonnée par ses
propres habitans; c'est pour cela que les
Papes ont accordé à tous ceux qui ne
peuvent payer leurs dettes, la permission de s'y choisir un asyle, & de ne

_____

(*a*) 2, Aph. 22.

pouvoir y être pourfuivis par leurs créan-
ciers; malgré ce privilege, ils paient un
autre tribut à la nature, qui ne les en
exempte pas. D'ailleurs dans d'autres
endroits où on fabrique du fel, les maladies des Ouvriers qui travaillent aux
falines, & qu'on pourroit attribuer à
l'efprit de fel, ne font ni fi terribles, ni
fi dangereufes qu'à Cervia. Venife, la
reine de la mer Adriatique, jouit d'un
ciel affez férein, & d'un air affez pur;
la population y eft très-nombreufe, malgré les exhalaifons de la mer qui l'environne de toute part. On peut voir à ce
fujet l'ouvrage éloquent de L. Tofti, célebre Profeffeur de Médecine à Venife.
Dans la campagne de Plaifance, il y a
des puits d'eau falée qui, évaporée au
feu, fournit du fel que l'on réduit en
grain par le mêlange d'une certaine quantité de fang de bœuf. Les Ouvriers en
grand nombre qui travaillent dans cette
ville, dont les falines font un des revenus les plus confidérables du tréfor du-
cal, ne font pas attaqués de maladies
auffi redoutables que ceux de Cervia.

On peut croire malgré cela, que la
fabrication du fel eft dangereufe pour
ceux qui y font employés, & leur caufe
des maladies graves, non-feulement par

les vapeurs nuisibles, mais encore par les travaux excessifs & pénibles qu'elle exige. On trouve dans Agricola (*a*) la liste des maux qui attaquent ces Ouvriers. Cet historien métallurgique s'étend beaucoup sur cette matiere ; il parle des différentes méthodes d'évaporer les eaux salées, de détourner celles de la mer dans des fosses ; il décrit le travail des Ouvriers, & il fait observer que la chaleur excessive de leurs atteliers, les force à rester presque nuds, & à ne couvrir que leur tête avec des chapeaux de paille, & les parties honteuses avec une espece de bande. On doit donc ajouter aux maux déjà énoncés, ceux que doit produire un feu violent & long temps continué, aussi bien que les chaleurs de l'été.

Je ne prétends pas nier que ce travail nuise infiniment à ces Ouvriers, l'observation suivante suffiroit pour me le prouver. Les boëtes dans lesquelles on nous apporte le sel de Cervia, pour être distribué dans tout le domaine de la Maison d'Este, ont leurs parois à demi-rongées. Il y a des fentes entre les briques qu'on ne peut attribuer qu'à l'esprit de sel qui attaque l'alcali de la chaux, &

(*a*) L. 12, de re metal.

qui s'en fature (1) ; ce qui arrive de même lorfque , pour réduire le fel de Plaifance en grains, on y mêle du fang ou du fiel de bœuf, dont l'alcali eft abforbé par l'acide marin. En outre ceux qui demeurent dans les boutiques publiques, & qui diftribuent le fel, font, pour la plûpart, pâles, & ont une fanté foible & chancelante.

Le fort de ces Ouvriers eft donc très à plaindre. Les lieux de l'Italie, où l'on prépare ce fel au moyen des foffes pratiquées fur le bord de la mer, n'offrent à leurs habitans qu'un air mal-fain, infecté par les vapeurs de l'eau falée &

_____

(1) Ce paffage nous paroît plein d'obfcurités. D'abord, on ne fait de quelle nature étoient les vaiffeaux dans lefquels on envoyoit le fel de Cervia. En outre, l'action de l'acide marin fur les briques ne peut s'expliquer par l'alcali de la chaux, puifque cette derniere terre ne fert point à la fabrication des briques, qui ne font que de l'argille cuite. D'ailleurs, peut-on croire qu'il y a de l'acide marin non-faturé dans le fel marin, quand on n'a aucune expérience pour le prouver, & quand tous les phénomenes chymiques s'oppofent à ce qu'on puiffe l'admettre ? Il paroît, d'après ces réflexions, qu'on ne peut pas conclure de ce fait, que le fel marin eft nuifible aux Ouvriers qui le travaillent.

Q

stagnante, & on ne voit aucun Médecin y fixer fa demeure. Auffi ces malheureux, lorfqu'ils font attaqués de maladies aiguës, périffent-ils faute de fecours, ou tombent-ils dans des maladies de langueur, qui les menent au
tombeau. Des Médecins appellés dans
ces lieux, doivent agir avec beaucoup
de précaution en traitant ces Ouvriers,
& fur-tout leur prefcrire la faignée avec
beaucoup de modération, parce que leur
fang altéré par des vapeurs falines, &
prêt à tomber en diffolution, fait naître, lors de fon évacuation, des défaillances dangereufes, & aggrave le mal.
Les purgatifs violens paroiffent mieux
leur convenir, parce qu'ils chaffent l'humeur féreufe dont ils regorgent, & qu'ils
corrigent l'acide de leurs humeurs par
l'alcali, dont ces remedes abondent prefque tous. On leur donnera avec fuccès
les vins forts, les aromates, tous les
médicamens qui ont beaucoup de fel volatil, le tabac maché ou en décoction, &
tout ce qui peut en général émouffer l'a-
cide de leur fang. La propriété qu'a l'efprit de vin de dulcifier l'acide marin,
doit fervir de guide pour conduire au
genre de remedes qui conviennent aux
maladies de ces Ouvriers.

CHAPITRE XXIX.

Des Maladies propres aux Ouvriers qui travaillent debout.

Nous ne nous sommes occupés jufqu'à préfent que des maladies des Ouvriers, produites par la nature nuifible & pernicieufe des fubftances qu'ils travaillent; nous allons maintenant paffer à celles qui naiffent de caufes différentes; favoir, d'une fituation mauvaife des membres, de mouvemens irréguliers du corps, comme il arrive à ces Artifans qui travaillent fans ceffe debout, affis, penchés, courbés, en courant, à cheval, ou dans toute autre fituation gênante. Nous parlerons d'abord de ceux qui font leur ouvrage debout, tels que les Ouvriers en bois, les Menuifiers, les Scieurs de long, les Sculpteurs, les Ouvriers en fer, les Maçons, & beaucoup d'autres, que je pafferai fous filence, afin de ne pas donner ici une lifte des différens Artifans. Les métiers qui exigent que ceux qui les exercent foient debout, les expofent principalement aux varices; le mouvement tonique des mufcles toujours continué dans ces Ouvriers, retarde le cours du sang artériel & veineux, le fait stagner dans les veines, dont les valvules le retiennent encore. Telle est l'origine de ce gonflement auquel on donne le nom de varices ; tout le monde peut éprouver sur soi-même combien la distension des muscles arrête le mouvement naturel du sang ; il suffit pour cela d'étendre le bras & de tâter son pouls. On le trouve alors très-petit ; les muscles des cuisses & des lombes étendues, compriment donc les arteres inférieures, les resserrent & les empêchent de pousser le sang avec l'impétuosité que lui donne l'action alternative des mêmes organes dans le marcher. De-là le sang qui passe des arteres dans les veines ne recevant pas des premieres assez de mouvement pour remonter vers la perpendiculaire, & manquant de la colonne qui le pousse par derriere dans l'état naturel, s'arrête & produit des varices dans les extrémités inférieures. Ainsi Juvenal a dit des prêtres, dont le devoir les obligeoit de se tenir longtemps debout, pour interroger les entrailles des victimes : « Le prêtre risque de gagner des varices (a) ». Autre-

_____

(a) *Varicosus fiet haruspex.*
Sat. 6.

föis. fe tenir debout & fi ferme que perfonne ne pût vous déranger de place,
étoit un genre d'exercice particulier à
la milice Romaine, comme nous l'apprend le favant Mercurialis (*a*) qui conjecture que C. Marius devint fujet aux
varices, parce qu'il avoit coutume de
refter de bout à l'armée, comme il convient à un grand capitaine. Ainfi Vefpafien, au rapport de Suétone, difoit
fouvent qu'un Empereur devoit mourir debout. C. Marius, accoutumé à
cette pofture, fe fit amputer fes varices, en fe tenant fur la jambe qui n'é-
toit pas malade. Le premier des poëtes
latins nous peint fon héros debout &
appuyé fur fa lance, tandis que fon
Médecin Japis eft occupé à retirer le
fer de fa bleffure (*b*). Aulugelle rapporte (*c*) « que Socrate avoit coutume
» de fe tenir debout pendant un jour &
» une nuit, depuis le lever du foleil,
» jufqu'à ce que cet aftre eût quitté l'ho-
» rifon, & y fût revenu une feconde

(*a*) In gymnafticâ, l. *6*, c. *1*.

(*b*) *Stabat acerba fremens ingentem nixus in
haftam
Æneas*....

L. 12, Æneid.

(*c*) L. *1*, noct. att., c. *1*.

» fois, dans les mêmes attitudes, les
» mêmes impreſſions du viſage, les yeux
» immobiles & fixés ſur le même objet,
» l'air penſif, comme ſi ſon ame eût quitté
» ſon corps pendant tout cet inter-
» valle ».

Les métiers où il faut cette attitude,
produiſent des ulceres aux jambes, des
foibleſſes dans les articulations, des
douleurs néphrétiques, & des piſſemens
de ſang, &c. J'ai vu beaucoup de do-
meſtiques, & même des gentilshom-
mes à la cour' d'Eſpagne où il n'y a
aucun ſiege, ſe plaindre de douleurs de
reins, qu'ils attribuoient avec raiſon à
cette ſituation continuelle. En effet, le
corps étant ainſi élevé, les fibres des
muſcles lombaires ſont néceſſairement
en contraction, & les reins ſe reſſen-
tent de cet effort, à cauſe de leur voi-
ſinage ; le ſang ne circulant pas ſi libre-
ment, n'y dépoſe pas ſa ſéroſité, & produit ainſi les accidens déjà mentionnés.

La foibleſſe d'eſtomac eſt encore une
ſuite de cette attitude ; en effet ce viſcere eſt toujours pendant, ce qui n'arrive
pas dans ceux qui ſont aſſis & courbés,
chez qui l'eſtomac s'appuie ſur les inteſ-
tins. C'eſt ainſi que dans toutes les douleurs de cet organe on courbe le corps en-

devant, on contracte fes genoux & fes cuiffes. Bacon (*a*) remarque que les galériens, quoiqu'accablés de mifere, font affez gras & bien portans, parce qu'en ramant affis, ils exercent plus leurs membres que leur ventre & leur eftomac. On peut rapporter cette obfervation aux Tifférands, qui exercent en même temps & leurs mains & leurs pieds. Tandis que leurs parties externes fe meuvent, les internes fe repofent ; & c'eft ce qui fait qu'ils deviennent plus gras & mieux portans que ceux qui reftent longtemps debout, ou qui fe laffent à de longues marches.

Il me paroît très-important de rechercher pourquoi la ftation, quoique continuée moins long-temps, que le marcher ou la courfe, fatigue davantage. On croit communément que cela vient du mouvement tonique de tous les mufcles fléchiffeurs & extenfeurs, qui font dans une continuelle contraction pour maintenir cette attitude. Le favant Borelli (*b*) renverfe cette opinion, & démontre que, comme l'extenfion du bras fe fait fans l'action des fléchiffeurs, mais par

(*a*) Hift. Nat., cent. 8.
(*b*) De mot. animal., prop. 131.

celle feule des extenfeurs ; de même ,
dans la ftation, il n'y a que les extenfeurs qui agiffent, tandis que tous les
fléchiffeurs font en repos. Cet ingénieux
Ecrivain rend auffi raifon de la grande
laffitude qui fuit la ftation, par l'action
continuée de ces mêmes mufcles : la nature, felon lui, eft ranimée par des actions alternatives ; c'eft pour cela que la
marche ne laffe pas tant que la ftation,
& que, dans cette derniere, on fe laffe
moins en fe repofant alternativement fur
chaque pied. Les animaux eux-mêmes
confirment cette affertion. Les poulets
fe foutiennent quelquefois fur une patte
& levent l'autre. Parmi les quadrupedes,
on voit les ânes arrêtés, lever de temps
en temps une de leurs extrêmités pofté-
rieures, & la pofer fur l'étrier.

Ce n'eft pas feulement dans les mouvemens du corps, mais encore dans toutes les fonctions, que l'alternative de
l'exercice & du repos eft utile. En effet,
fi l'on regarde fixement un objet, fi l'on
entend long-temps le même fon, fi on
mange les mêmes mets, fi l'on refpire
fouvent les mêmes odeurs, la nature,
qui fe plaît au changement & à l'alternative, fe révolte, & ne peut s'y accoutumer fans être incommodée. Ainfi les

Iſraélites, après avoir mangé long-temps la manne du Ciel dans le déſert, deſiroient & ſouhaitoient avoir l'ail & les oignons de l'Egypte. C'eſt dans ce ſens qu'Horace a dit : « Un Joueur d'inſtru- » mens qui touche toujours la même » corde, excite les ris de ceux qui l'é- » coutent (*a*) ».

Il faut donc, quand l'occaſion s'en préſentera, avertir les Ouvriers qui travaillent debout de ne pas continuellement ſe tenir dans cette attitude, de s'aſſeoir, de ſe promener, ou de faire quelqu'autre exercice. Les remedes qui guériſſent la laſſitude, qui rétabliſſent le ton des parties, leur ſeront ſalutaires ; tels que les frictions humides, les fomentations & les bains. Quant à la guériſon des varices, des ulceres, des maladies des reins, des hernies, & des autres affections, on conſultera les Auteurs de pratique qui en ont traité. Mon intention n'eſt pas de détailler la guériſon des maladies, & de répéter ce qui a été déjà dit, mais d'offrir aux Praticiens

---

(*a*) *Et Citharædus*
Ridetur, chordâ qui ſemper oberrat eâdem.
De Art. Poët., verſ. 356.

éclairés le tableau des maladies qui affligent les Artisans (1).

(1) Les Ouvriers sédentaires sont aussi sujets à une espece de varices situées à l'anus, que l'on nomme hémorrhoïdes. Ils se garderont bien de les faire passer, sur-tout si elles fluent. Une pareille suppression peut leur donner des maladies affreuses. D'ailleurs ce flux leur est très-nécessaire, il décharge tout le système méfentérique & hypogastrique, il les garantit des obstructions du ventre, du foie, de la rate, du méfentere & des reins. Ils auront soin même de se faire appliquer des sangsuës à l'anus, pour rétablir le flux hémorrhoïdal s'il étoit supprimé.

Il est étonnant que M. de Haen, qui a fait un Traité sur ces maladies, n'ait pas compté parmi leurs causes la vie sédentaire. On peut le consulter avec fruit, pour s'instruire de la maniere de les traiter, & de l'utilité dont elles font dans presque toutes les circonstances. Les Artisans trouveront de bons avis sur ces maladies, dans le Dictionnaire de Santé, premier volume, art. *Hémorrhoïdes.*

CHAPITRE XXX.

Des Ouvriers sédentaires, & de leurs Maladies.

Les Ouvriers qui travaillent assis, comme les Cordonniers & les Tailleurs, ont leurs maladies particulieres. Le nom latin, *Sutores*, veut dire, ceux qui font des souliers. Martial s'est servi de cette expression, lorsqu'il a dit, au sujet d'un Cordonnier devenu si riche qu'il donna au peuple un spectacle de Gladiateurs : « Muse, brisez mes chalumeaux, & déchirez mes papiers, si la profession de Cordonnier peut procurer tant de richesses à celui qui l'exerce (*a*) ».

Les *Sarcinatores* sont proprement ceux qui cousent les habits, ou les Tailleurs. Ces deux sortes d'Ouvriers & tous ceux, soit hommes, soit femmes, qui travaillent à l'aiguille assis & le corps plié en

---

(*a*) *Frange leves calamos, & scinde, Thalia, libellos,*
   S da Sutori calceus ista potest.
                    L. 9, ep. 75.

Q vj

deux, deviennent courbés, bossus, & leur tête est penchée comme s'ils cherchoient quelque chose par terre. Quant à leur dos, il est plutôt courbé que bossu, parce que les vertebres prominent toutes également. Lorsque ces Ouvriers se penchent pour travailler, les ligamens externes des vertebres sont distendus, s'endurcissent, & ne peuvent plus reprendre leur situation naturelle. Vedelius (*a*) a vu un Cordonnier déjà âgé attaqué de cette maladie, qui étoit incurable parce qu'il l'avoit négligée dans sa jeunesse.

Les Tailleurs qui croisent les jambes en travaillant, sont sujets à un engourdissement dans les cuisses, à la douleur sciatique, & à devenir boiteux. Aussi Plaute a-t il donné cette épithete à ces Ouvriers (*b*).

C'est un spectacle fort plaisant que de voir, certaines fêtes de l'année, ces Communautés de Cordonniers & de Tailleurs, aller en procession en bon ordre, deux à deux, ou bien assister au convoi de quelqu'un de leurs Confreres, & offrir

---

(*a*) Pathol. dogm., sect. 1, c. 1.
(*b*) *Quasi claudus Sutor* . . . . . .
In Aulul., act. 1.

des Artifans.

une troupe de boffus, de courbés, de boiteux d'un côté & de l'autre, comme choifis exprès pour exciter les ris & les plaifanteries.

La gale, la pâleur du vifage, & le mauvais état de tout le corps, attaquent encore tous ceux qui travaillent affis, fur-tout les Tailleurs & les Ouvrieres à l'aiguille. Ces maladies naiffent du défaut d'exercice : lorfque l'on refte dans l'inaction, le fang s'altére, les parties excrémentitielles reftent dans le tiffu de la peau, & changent toute l'habitude du corps. Ils ont auffi le ventre plus relâché que les hommes qui s'exercent, & dont les excrémens font durs, jaunes, & en petite quantité, comme nous l'apprend Hippocrate (*a*). Ce Médecin de Cos (*b*) raconte l'hiftoire de Cléotimus, Tailleur, « qui ayant eu pendant long-temps » le ventre relâché, fut pris de la fievre, » & eut une tumeur tuberculeufe vers le » foie, qui fe porta au bas du ventre & » occafionna une diarrhée ». Il parle (*c*) d'un autre malade reftant dans une boutique de Tailleur, qui rendit du fang par

(*a*) Prorrhet.
(*b*) 7 Epid., n. 60.
(*c*) 4 Epid., n. 9.

le nez, & éprouva un flux modéré par le ventre.

La vie sédentaire que menent ces Ouvriers, & les Tailleurs sur-tout, produit donc une disposition vicieuse dans les organes, & une abondance nuisible d'humeurs. Il n'en est pas de même des autres Artisans qui, quoique assis, exercent leurs bras, leurs pieds, & tout leur corps à leur ouvrage, comme les Potiers de terre, les Tisserands, &c. : les mouvemens qu'ils exécutent, chassent les impuretés de leur sang, & rendent leur santé plus robuste. La douleur des reins est encore une maladie particuliere aux Ouvriers assis. Ainsi Plaute a dit : « Les » lombes deviennent douloureuses lorsqu'on reste assis trop long-temps, ainsi » que les yeux par des regards trop » fixes (a) ».

Je ne vois pas quelles précautions on peut recommander à ces Artisans, puisque la cause occasionnelle de leurs maux subsiste toujours, & qu'ils sont forcés de pourvoir à leurs besoins & à ceux de leur famille. Un purgatif, pris au Printemps & en Automne, peut empêcher qu'il ne s'amasse chez eux une si grande

---

(a) *Lumbi sedendo, oculi spectando dolent.*

quantité d'humeurs, & les délivrer d'u-
ne partie des maladies qui les menacent. On doit les avertir de faire de
l'exercice les jours de fête, & de com-
penser, par l'utilité d'un jour, le mal
qu'ils contractent par un repos exact de
plusieurs. Lorsqu'ils seront alités, à cause
d'une des maladies détaillées ou de toute
autre, il faudra évacuer les humeurs dont
ils abondent, avoir une attention particuliere aux parties que leur métier exerce, parce qu'il s'y fait très-aisément des
dépôts. Il y a, sur cet objet, un endroit
intéressant dans Hippocrate (*a*), où il
parle de deux Ouvriers « qui travail-
» loient avec la main, & dont l'un
» plioit de l'osier ; tous deux tourmen-
» tés de la toux, en furent guéris par
» une paralysie de la main ». Il ajoute,
« que ceux qui ont été à cheval, ou qui
» ont voyagé, sont sujets à la paralysie
» des lombes & des cuisses » : tant les
humeurs se portent facilement aux parties qui, par un exercice trop violent,
ont perdu leur fermeté & leur force (1).

(*a*) 4 Epid, n. 27.

(1) Les Ouvriers qui colorent les talons
pour les souliers de femme, sont sujets à des
maladies particulieres. Les couleurs métalli-

ques qu'ils emploient, les exposent aux mêmes maux que les Peintres, les Plombiers, les Potiers de terre & d'étain : savoir, aux coliques, aux tremblemens, & à la paralysie. Le traitement qui leur convient est absolument le même que celui qu'on emploie pour la colique de plomb.

L'air fétide que répandent les cuirs dont se servent les Cordonniers, leur donnent des nausées & des difficultés de respirer. Ces maux doivent être traités comme ceux des Corroyeurs. Pour les éviter, ils doivent ouvrir leurs portes & leurs fenêtres, & donner un libre accès à l'air dans leurs boutiques.

Pour prévenir les incommodités que font naître la situation gênante, & l'exercice trop violent de leurs mains, qui leur donne des calus & des panaris, ils les laveront dans de l'eau chaude soir & matin, se promeneront une heure avant de se coucher, & se frotteront tous les soirs les reins avec une flanelle. Ces moyens répareront la tension trop forte des ligamens vertébraux, & la lassitude des muscles dorsaux, ranimeront la circulation ralentie dans les reins, & empêcheront ainsi les maux qui les menacent.

Les Tailleurs doivent exercer souvent leurs jambes, y faire des frictions avec une flanelle, sur-tout s'ils y sentent des engourdissemens. Pour se garantir de la courbure que leur posture fait naître, ils pourront se servir du baume suivant, dont on trouve la recette dans le Dictionnaire de Santé. Prenez de la graisse humaine, quatre onces ; des graisses d'oie, de chapon, de chacune trois onces ; de l'huile de laurier, deux onces ; des feuilles de sauge, de marjolaine ; de sureau, d'yeble,

de calament, d'origan, de lavande, de chaque une poignée : faites cuire le tout jufqu'à
confomption des herbes ; coulez enfuite en
exprimant ; diffolvez dans l'expreffion du
baume du Pérou, une once ; de l'huile de pétréole, de lavande, de chacune deux gros :
mêlez pour un liniment, avec lequel il faut
frotter l'épine du dos.

CHAPITRE XXXI.

Des Maladies des Frippiers, des Cardeurs de Matelas, & des Chiffonniers (1).

Les Juifs forment une nation qui n'a pas sa pareille au monde ; sans avoir de siege fixe, elle habite par-tout ; elle est en même temps oisive & travailleuse ; elle ne laboure ni ne seme, & cependant elle recueille. Les maladies de ces hommes ne viennent pas, comme on le pense communément, d'un vice inné, ni de la mauvaise nourriture qu'ils prennent, mais bien plutôt des métiers qu'ils

---

(1) Ramazzini a intitulé ce Chapitre, DES MALADIES DES JUIFS, parce que ce sont eux qui à Modene, à Padoue & dans toute l'Italie, cardent les matelas, & ramassent les chiffons dans les rues pour les vendre aux Fabricans de papier. Nous avons cru qu'il étoit à propos de substituer au mot JUIFS, le nom des Ouvriers dont les maladies sont traitées dans ce chapitre ; d'autant plus qu'à Paris, & dans toute la France, les Juifs ne sont pas employés à ces ouvrages serviles comme en Italie, & qu'un pareil titre auroit pu tromper le Lecteur.

embraffent. C'eft à tort qu'on regarde la puanteur comme naturelle & endémique chez eux ; celle que répand le petit peuple d'entr'eux, eft dûe à l'étroiteffe de leurs maifons, & à leur pauvreté ; lorfqu'ils habitoient Jérufalem, il eft vraifemblable qu'ils y étoient propres & parfumés, puifque les odeurs y étoient en très grande abondance.

Prefque tous les Juifs, & fur-tout le menu peuple qui fait le plus grand nombre, exercent des profeffions où il faut être affis. Ils s'occupent, pour la plûpart, à la couture, & racommodent les vieux habits. Leurs femmes & leurs filles gagnent leur vie à l'aiguille ; elles ne favent ni filer ni carder, ni faire des étoffes, ni aucun autre art de Minerve, fi ce n'eft la couture. Elles font fi adroites à ce dernier métier, qu'elles font des veftes de drap, de foie & de toute autre étoffe, de maniere qu'on n'apperçoit pas les coutures. A Rome, on appelle ce talent *rinacciare.* Elles font pour les jeunes gens des habits de plufieurs morceaux coufus enfemble, & vivent par cet artifice.

Cet ouvrage exige une grande application des yeux ; auffi les Juives qui le font & jour & nuit, à la foible lueur d'une lampe sépulcrale, & dont la mèche est très-petite, éprouvent non-seulement les maux attachés à la vie sédentaire, mais encore sont sujettes par la suite du temps aux foiblesses de la vue, au point qu'à quarante ans, elle deviennent louches & myopes. Si l'on ajoute à tout cela, que dans presque toutes les villes, les Juifs se logent ou plutôt se renferment dans des rues étroites, que les femmes, dans toutes les saisons, travaillent près de leurs fenêtres ouvertes, pour y voir plus clair, on trouvera aisément la cause des maladies de la tête qui les affligent, comme les céphalalgies, les douleurs de dents & d'oreilles, les enchifrenemens, les enrouemens, le mauvais état de leurs yeux; ce qui rend beaucoup d'entr'elles sourdes & chassieuses, comme il arrive aux Tailleurs.

Les hommes occupés toute la journée dans leurs boutiques, à coudre assis, ou à attendre debout des chalands pour vendre leurs vieilles hardes, sont presque tous cachectiques, mélancoliques, hideux à voir, & souvent galeux. Il y a en effet très peu d'entr'eux, même des plus à leur aise, qui n'aient quelque maladie de la peau; de sorte qu'on regarde ces affections comme héréditaires

& naturelles à leurs individus, & qu'on les croit un refte, ou une dégénérefcence, de l'éléphantiafis, qui les a autrefois endémiquement défolés.

Outre les ouvrages de couture, les Juifs ont coutume en Italie de refaire les matelas qui ont fervi pendant quelques années, & dont la laine comprimée par le poids du corps, eft devenue trop dure ; pour cela ils en frappent la laine avec des baguettes fur des clayes d'ofier, ils la fecouent & les rendent ainfi plus mollets, & de meilleur coucher. Ce métier leur procure un gain affez confidérable dans toutes les maifons de la ville ; mais en battant & cardant cette laine falie tant de fois par l'urine & les excrémens, ils avalent beaucoup de pouffiere infecte qui leur donne plufieurs incommodités fâcheufes, une toux très-forte, des étouffemens & des foulevemens d'eftomac. J'ai connu beaucoup de ces Ouvriers très-maltraités par ce travail, & réduits à un état de marafme incurable, qui avouoient l'origine de leur mal, & détestoient leur métier, comme la caufe de leur mort. Je croirois volontiers que le danger de cette pouffiere vient plus des impuretés des corps qui ont couché fur ces matelas, que de

l'ancienneté de la laine. On a coutume,
lorfque quelqu'un eft mort, & lorfqu'on lui a rendu les derniers devoirs,
de donner à blanchir les chemifes, les
draps, & tout le linge qui a fervi pendant la maladie, comme aufli de faire
rebattre en plein air fes matelas par un
Juif ; aufli ces hommes, de même que
les Foffoyeurs, avalent-ils dans leur ouvrage, des molécules meurtrieres, &
font-ils fujets à gagner en même temps
quelques maladies des poumons.

Tout le monde connoît l'art ingénieux
& étonnant de faire du papier avec des
anciennes étoffes de lin & de chanvre,
ufées par le temps, ramollies par l'eau,
putréfiées & battues. Cet Art étoit inconnu aux Anciens qui fe fervoient pour
écrire de tablettes cirées, de peaux, ou des
de feuilles l'arbre Papyrus, qu'on leur apportoit d'Egypte. Les Juifs qui, par l'appât
du gain, ont coutume de louer, pour ainfi
dire, les revenus publics, comme du
temps de Juvenal (a), courent par la
ville pour acheter ces chiffons à vil prix ;
& quand ils en ont une grande quantité, ils les vendent à des cartiers. Ren-
trés chez eux avec leur paquet, ils le

_____

(a) Sat. 3.

retournent & remuent avec attention,
pour en séparer tout ce qui est de laine
ou de soie, qu'ils rejettent comme inutile à la fabrication du papier, (quoique
dans les cabinets (1), on voit du papier
de Chine, fait avec de la soie); & ils font
un tas énorme de ces chiffons dans leurs
boutiques. On ne sauroit imaginer quelle
odeur infecte & abominable s'exhale de
ces ordures, lorsqu'ils les remuent, pour
en remplir de grands sacs qu'ils font
porter aux manufactures de papier.

Cet ouvrage mal-propre leur donne
des toux continuelles, des essoufflemens,
des nausées & des vertiges. Quoi en effet
de plus sale & de plus horrible que ce
monceau de toutes sortes d'ordures, de
dépouilles d'hommes, de femmes, de
cadavres même ! & quel spectacle plus
révoltant que ces tombereaux chargés de

_____

(1) Il y a, dans le Latin, *in musœo Septa-
liano*. Seroit-ce un cabinet formé par Louis
Septalius, Médecin, né à Milan l'année 1550,
& mort en 1630, dont nous avons plusieurs
Ouvrages très-recommandés ? Tels sont, entr'autres, *Cautionum medicarum libri 7 : — de
navis : — de peste : — de morbis ex mucronatâ car-
tilagine evenientibus : — de margaritis :*, &c. Il a
aussi commenté le livre d'Hippocrate, *de aërib.,
aq. & locis*. On ne peut avoir que des soupçons
sur cet objet.

ces débris de la pauvreté & de la misere humaine.

Il faut, malgré cela, tâcher de rendre ce métier le moins pernicieux qu'il est possible pour ces Ouvriers. Rien n'est plus salutaire à ceux qui travaillent à la couture, que l'exercice pris de temps en temps ; rien n'est plus capable de lever les obstructions, d'augmenter & d'entretenir la chaleur naturelle, d'achever & d'aider les coctions, de provoquer la transpiration, & enfin de préserver des maladies de la peau. Je leur conseille donc de délasser leur corps par un exercice utile à leur santé, pendant quelques heures, & sur-tout aux femmes, de reposer un peu leurs mains, & de détourner leurs yeux de leur ouvrage, de peur que des maladies de ces organes ne les obligent à traîner par la suite une vie languissante & misérable. Ils pourront se purger souvent, mais doucement, avec l'électuaire lénitif, les pilules aloëtiques, la rhubarbe, & d'autres remedes de cette classe, afin de ne pas laisser amasser dans leurs premieres voies, une si grande abondance d'humeurs. Je sais par expérience que la saignée ne leur est pas si utile que la purgation. En effet, après cette opération,

leurs

leurs forces les abandonnent, parce que leur sang est épuisé & appauvri; d'ailleurs leur imagination contribue beaucoup à en rendre les effets pernicieux ; elles croient fermement que la saignée perd la vue ; ce qui n'est peut-être pas dénué de toute vraisemblance. Les cauteres aux bras ou aux jambes leur sont plus salutaires, par l'égout qu'ils procurent à la nature pour évacuer peu-à-peu les humeurs impures, & elles s'y soumettent volontiers.

Quant à ceux qui ramassent les chiffons & qui cardent les matelas, il faut leur prescrire des remedes plus actifs, qui évacuent plus promptement, soit par haut ou par bas, les particules nuisibles qu'ils ont avalées ; ainsi les antimoniaux, les alexipharmaques propres à combattre les venins, leur conviendront mieux, comme le vinaigre thériacal, la thériaque, & d'autres de cette classe. Ils pourront encore, pour diminuer la quantité des molécules qu'ils avalent, & pour en corriger l'action nuisible, se boucher le visage & les narines avec un linge, & se gargariser avec de l'oxycrat, tandis qu'ils sont occupés à leur ouvrage (1).

_____

(1) Pour joindre l'exemple & la preuve à

R

l'assertion de Ramazzini sur les maladies des Cardeurs de matelas, qui sont les plus dangereuses de ceux dont il est question dans ce chapitre; & pour remplir la tâche que nous nous sommes prescrite, d'extraire de l'Ouvrage de Morgagni ce qui a un rapport direct à notre objet; nous devons rapporter ici l'histoire d'un de ces Ouvriers, que ce Médecin a consignée dans son épitre 17, art. 23 & 24.

Un homme de cinquante ans, occupé à carder les matelas, se plaignit d'abord de respirer avec bruit & difficulté. Quelquefois il étoit pris d'un malaise insurmontable vers la région du cœur, cette anxiété finissoit par une douleur des lombes très-vive : les arteres de son cou battoient avec violence; enfin, il cracha du sang, il eut la respiration difficile, troublée, & il mourut. Sa poitrine étoit remplie d'une humeur séreuse, semblable à de la lavure de chair; la partie inférieure du poumon gauche, & un lobe du droit, étoient pleins d'un sang noirâtre qui s'y étoit épanché; le cœur étoit volumineux, mais sans polype. L'aorte, près du cœur, étoit dilatée, & formoit un anévrysme dont les parois étoient parsemées d'écailles osseuses. Le cerveau mou & flasque contenoit un peu de serum; il y avoit plus de cette humeur au principe de la moëlle épiniere, & fort peu dans les ventricules. On n'ouvrit point le ventre à cause de l'odeur fétide qu'il répandoit. Morgagni fait judicieusement remarquer que les poumons de cet Ouvrier, affoiblis & lésés par la poussiere de la laine qu'il cardoit sans cesse, ont donné lieu à l'épanchement de sang qui s'y est fait, & qui a été en partie cause de sa mort. Il a donc reconnu avec Ramazzini cette pouſſiere malfaisante, capable de produire les plus grands maux.

A Paris les Cardeurs & Cardeuſes de matelas, qui y ſont en grand nombre, ſont tous maigres, pâles & foibles ; mais nous avons eu de plus une occaſion d'obſerver que ces Ouvriers n'ont pas ſeulement à craindre la pouſſiere de la laine, & les miaſmes virulens déposés par la ſueur & les excrémens des malades.

Une de ces Ouvrieres cardoit un matelas dont la laine étoit d'une couleur rouge noirâtre, ſur-tout celle qui formoit la premiere couche ſous la toile : bientôt la pouſſiere que ſes cardes faiſoient voltiger, & qu'elle évitoit cependant le plus qu'elle pouvoit, lui prit au nez & à la gorge, (ce ſont ſes expreſſions,) elle touſſa & éternua ; l'odeur de cette laine lui parut plus mauvaiſe que celle qui s'exhale ordinairement de cette ſubſtance ; enfin, des nauſées violentes l'obligerent de quitter ſon ouvrage, elle remonta chez elle, & vomit pluſieurs fois de ſuite des matieres noirâtres & filantes ; elle but de l'huile qu'elle avoit ſous ſa main, & continua de vomir. Nous eûmes occaſion de la voir à cet inſtant, nous lui fîmes pluſieurs queſtions ; &, étant enfin parvenus à ſavoir que le matelas qu'elle avoit à carder appartenoit à un Fondeur, nous nous apperçûmes que ces accidens étoient dus à des molécules cuivreuſes. En conſéquence nous la fîmes vomir pluſieurs fois, & nous lui conſeillâmes, lorſque le vomiſſement fut appaiſé, de boire du lait pendant pluſieurs jours. A l'aide de ces moyens ſimples, elle vit ceſſer peu-à-peu ſes nauſées. Nous eûmes la curioſité d'examiner la laine de ce matelas.

nous y trouvâmes , en effet , une poussiere noire, rougeâtre, très-fine, & qui offroit des parcelles brillantes en la regardant d'une certaine maniere.

Cet exemple qui n'est sûrement pas le seul , & que les Praticiens ont peut-être plus d'une fois observé, doit rendre les Cardeurs de matelas plus circonspects. Ils auront soin d'éviter la poussiere de la laine, en détournant le visage de dessus leurs cardes, en parlant le moins possible pendant qu'ils travaillent, & en ayant attention de se mettre contre une porte ou contre une fenêtre, ou le dos au vent s'ils travaillent dans des cours, afin de faire disperser & porter loin d'eux ces molécules dangereuses. Le vinaigre leur fournira un préservatif très - bon , pour se défendre des vapeurs nuisibles que répand la laine des matelas, qui ont servi à des malades morts de maladies putrides , malignes , & sur - tout contagieuses.

Mais ces dangers ne sont pas seulement à craindre pour ces Ouvriers, ils peuvent encore influer sur la santé des autres hommes. En effet, la laine imprégnée de différens virus , & qui est très-propre à les retenir , peut porter la contagion & propager une maladie. Il est donc très - important dans les constitutions putrides, malignes & sur-tout pestilentielles, de ne pas faire servir les matelas des malades qui en sont morts, ou de prendre plus de précautions en les faisant refaire ; c'est-à-dire, d'en exposer la laine à des vapeurs capables de la désinfecter ou de changer la nature des miasmes qui y sont adhérens. Telles sont celles du soufre , du nitre , de la poudre à canon & de l'esprit de sel dégagé du sel marin par l'acide vitriolique. Les Médecins ne peuvent qu'indiquer cès différentes précautions, & en démontrer l'utilité ; c'est aux personnes chargées de l'administration publique, au Gouvernement même, à pourvoir à leur exécution, & ce dernier peut lui seul faire plus de bien, dans ces circonstances, que tous les Médecins réunis.

En général, la malignité des vapeurs ou des molécules qui s'échappent des substances animales en putréfaction, est telle, qu'elles donnent naissance à des maladies terribles & souvent incurables. On trouve, dans la Gazette de Santé du Jeudi 6 Mars 1777, quelques détails sur une espece de charbon malin, ou d'anthrax particulier aux Cordiers - Criniers, & aux Chandeliers, qui n'est point rare à Paris. Cette maladie qui est due aux vapeurs des suifs & des crins pourris, a attaqué, dans le courant de Février 1777, quelques Ouvriers qui ont ouvert & épluché sans précaution des ballots de crin tirés de Russie. Il est donc très-important de faire une attention scrupuleuse aux maladies des Artisans, puisque les substances qu'ils travaillent peuvent entraîner avec elles, des pays d'où elles viennent, des miasmes contagieux capables de produire des maux redoutables par leur développement. Heureusement que le charbon des Cordiers Criniers n'est point contagieux, ce qui le fait différer de l'anthrax pestilentiel. On doit, dans ces cas, exposer les marchandises suspectes au grand air & à la vapeur de quelque substance active, comme le soufre, la poudre à canon, l'acide marin, &c. ; & les Ouvriers qui les emploient, doivent se laver souvent avec un mêlange d'eau & de vinaigre.

R iij

CHAPITRE XXXII.

Des Maladies des Coureurs.

DANS l'antiquité où la gymnastique étoit en vigueur, la course étoit comptée parmi les exercices, tant de l'éducation que de la guerre; les enfans libres & les esclaves l'apprenoient dans des maisons d'éducation; &, dans les jeux & les spectacles publics, une couronne étoit le prix de ceux qui arrivoient plutôt à un but désigné.

La course les formoit aussi pour la guerre, elle leur apprenoit, comme disoit Végéce, « à se jetter avec plus » d'impétuosité sur l'ennemi, à s'em- » parer avec plus de vîtesse des postes » avantageux, en prévenant leurs ad- » versaires, afin de pouvoir envelopper » plus facilement les fuyards ». Cet exercice est encore pratiqué par les Turcs, & l'usage où ils sont d'accoutumer leurs soldats à la course, est digne de beaucoup d'éloges. Platon (*a*) vouloit qu'on

(*a*) 2 De legib.

apprît aussi à courir aux femmes, afin
qu'elles pussent porter les armes, & défendre leur pays. Suivant Suétone, les
Princes, les Empereurs & la noblesse de
Rome avoient leurs Coureurs, qu'ils appelloient valets de pieds (*a*). Dans notre
siecle, cette coutume est abolie ; il n'y
a que les Seigneurs ou les Gentilshom-
mes qui aient des domestiques, dont
l'emploi est de courir devant leur char
& leurs chevaux, ou de porter quelquefois des lettres & d'en rapporter la réponse à leurs maîtres avec le plus de
vîtesse possible.

Ces hommes sont affligés de différentes
maladies ; ils deviennent sujets aux hernies & à l'asthme ainsi que les chevaux,
qui, à force de courir, deviennent pous-
sifs ; quelquefois ils ont des hémopty-
sies ; ainsi dans Plaute, l'esclave Achan-
tion se plaignant à Chrémes d'avoir trop
couru, & d'être si las, qu'à peine pou-
voit-il respirer, lui dit, « Je me suis
» brisé quelques vaisseaux à votre ser-
» vice, & je crache le sang depuis long-
» temps » : son maître lui répond :
» prends de la résine du miel d'Egypte.

(*a*) Pueros à pedibus.

p & tu feras guéri (*a*) ». C'eſt ainſi que
les Anciens eux-mêmes ont recommandé
les réſineux dans les maladies de la poitrine. Les Coureurs deviennent maigres
& efflanqués, comme des chiens de
chaſſe, parce que les parties les plus
ſpiritueuſes du ſang & la lymphe nour-
riciere ſe diſſipent avec la ſueur. Ils
ſont auſſi tourmentés des maladies de
la tête. Ariſtote (*b*) demandoit comment la courſe pouvoit produire des
maladies de la tête, tandis que le mouvement porte ordinairement les humeurs excrémentitielles par en bas. La
cauſe de ce phénomene, ſans parler de
ce qu'en ont dit Septalius & Guaſtavi-
nius, c'eſt que dans la courſe précipitée,
les véſicules pulmonaires diſtendues,
empêchent le retour du ſang par la veine
cave, & l'arrêtent au-deſſus du cœur;
de façon que ne pouvant ſe porter avec
tant de liberté dans les vaiſſeaux des
poumons, il ſtagne dans la tête, & y
cauſe des maladies graves; ce qui n'ar-

(*a*) Serv. *Tuâ causâ rupi ramicem, jam du-*
dùm ſputo ſanguinem.
   Chrem. *Reſinam ex melle Ægyptiam vorato,*
ſanum feceris.

Men., act. 1.

(*b*) Sect. 5, probl. 9.

rive pas dans une course modérée qui au contraire pousse les humeurs par en bas.

Les Coureurs sont aussi sujets aux maladies aiguës, aux pleurésies & aux péripneumonies. Exposés aux vents & à la pluie, & couverts d'habits légers, souvent lorsqu'ils sont tout en sueur le froid les saisit, bouche les pores de leur peau, & leur donne des maladies mortelles principalement aux organes de la respiration, qui sont les plus affectés & les plus échauffés par la course; ils pissent quelquefois du sang par la rupture de quelque vénule des reins; aussi Celse (*a*), dans les maladies de ces viscères, défend-il expressément la course. Les hernies leur viennent aussi très-facilement, parce que l'air trop resserré & trop comprimé dilate ou rompt le péritoine; de-là Paule d'Egine (*b*) avertit ceux qui ont des bubons & des hernies, de ne point s'exercer à la course.

Il est certain que dans cet exercice, on fait plus d'inspirations que d'expirations : car, pour le continuer quelque temps, il faut nécessairement re-

_____

(*a*) L. 8, c. 4.
(*b*) L. 3, c. 55.

R v

tenir l'air dans la cavité de la poitrine.
En effet, quand dans l'expiration les
muscles de cette cavité sont relâchés,
on sent diminuer ses forces; mais lorsque le thorax est dilaté, que les poumons sont distendus par l'air, le ton
des muscles & des fibres de tout le corps
s'affermit & s'augmente; si cependant
la course est trop précipitée & trop longue, les vésicules pulmonaires gonflées
d'air compriment les vaisseaux, en diminuent le calibre, & opposent ainsi
un obstacle au sang qui arrive aux poumons par les cavités droites du cœur;
c'est là ce qui donne naissance aux ruptures des vaisseaux & au crachement de
sang, comme Galien (*a*) nous le fait
observer; c'est aussi ce qui occasionne
les asthmes, soit primitifs, soit secon-
daires ou convulsifs qui attaquent les Coureurs, en produisant l'épanchement d'un
serum âcre dans le tissu des muscles inter-
costaux qui les irrite & les force à une
contraction violente. « Je suffoque & je
» ne puis respirer », dit un Coureur
dans Plaute (*b*). Ceux de notre temps,

(*a*) 6 Epid., t. 2 & 7, method.
(*b*) *Enecat me spiritus, vix differo anhelitum.*
Menæch., act. 1.

lorfqu'ils ont atteint leur quarantieme année, font reçus dans les hôpitaux publics comme vétérans. Quand je vois ces hommes effoufflés précéder en volant les chars & les chevaux de leurs maîtres, je me peins ceux dont a parlé Ætius Spartianus (a), & qui, par l'ordre de l'Empereur Verus, avoient des aîles à leurs épaules, & portoient chacun le nom de quelque vent ; les nôtres ont des aîles, non aux épaules, mais aux pieds. Voici comme s'explique Ætius à ce fujet : « Une » des chofes les plus légeres, c'eft qu'il » faifoit fouvent mettre des aîles à fes » Coureurs à l'exemple des paffions, & » qu'il les appelloit du nom des dif- » férens vents ; l'un Boréa, l'autre No- » tus, celui-ci Aquilon, celui-là Cir- » cius, & qu'il leur ordonnoit de cou- » rir, fans aucune efpece d'humanité & » fans repos ».

Les Coureurs ont auffi la rate enflée ; le tiffu lâche de cet organe permet au fang d'y arriver en plus grande abondance qu'il n'en fort, & d'y dépofer une humeur féreufe qui, ftagnant dans fes cavités, produit l'intumefcence qu'on y obferve ; c'eft pour cela que Pline a

(a) In vitâ Imperatoris Veri.

R vj

dit (*a*); qu'on avoit anciennement coutume de brûler la rate aux Coureurs, pour que ce viscere ne les empêchât pas de courir. Plaute fait dire à l'esclave déjà cité : « Les jambes manquent à ce » Coureur, & sa rate excite le trouble » dans sa machine (*b*) ».

Telles sont les maladies des Coureurs auxquelles contribuent encore l'intempérance dans la maniere de vivre. Pour se préserver des hernies, un bandage peut leur suffire, pourvu qu'ils le portent avant que d'en être attaqués. Ils pourront réparer l'épuisement & leur maigreur par les alimens humectans, les frictions douces & huileuses, & les bains, quand leur loisir leur permettra d'en prendre. Tous ces remedes préviennent aussi les obstructions de la peau, produites par les sueurs auxquelles leurs courses les exposent. Une saignée de temps en temps les préservera des ruptures de vaisseaux & des crachemens de sang, & elle ne doit pas être non plus oubliée, lorsqu'ils sont attaqués de ces maladies, parce qu'aucun organe ne tra-

---

(*a*) L. II, c. 37, H. N.
(*b*) *Genua hunc Cursorem defecerunt :
Perit, seditionem facit lien.*

vaille plus, & n'eſt plus foible dans les
Coureurs que les poumons. Hippocrate
a dit : (*a*) « Le travail convient aux ar-
» ticulations, l'aliment aux chairs, &
» le ſommeil aux viſceres ». En effet,
le mouvement renforce les articulations, le repos les fait languir & les affoiblir ; mais il n'en eſt pas de même
des poumons qui s'échauffent & perdent leur vigueur naturelle par une
courſe violente.

Ce ſont là les remedes & les avis qui
pourront entretenir la ſanté des Coureurs ; mais comme ils n'appellent des
Médecins, que lorſqu'ils ſont forcés de
ceſſer leur courſe, & de reſter au lit ;
dans ce cas il ne ſera pas inutile de
leur demander leur genre d'exercice.
Quant à l'obſtruction des viſceres & de
la rate ſur-tout qui leur eſt particuliere,
on fera ſuccéder aux déſobſtruans & aux
martiaux, une promenade modérée, qui
peut même tenir lieu de remedes. Ainſi
dans Plaute (*b*), Lénon de Cappadoce

(*a*) 5 In 6 Epid.

(*b*) Len. *Lien diſruptum eſt* :
Palin. *Ambula, id lieni optimum eſt.*
Curcul. Act. 2, Scen. 2

se plaignant à Palinurus d'être serré par la rate, & lui disant : « J'ai la rate rompue », l'autre lui répond : « Marchez, cet exercice est très-bon pour ce viscere ».

CHAPITRE XXXIII.

Des Maladies de ceux qui vont fouvent à cheval.

On peut mettre affez commodément dans la même claffe ceux qui s'occupent du foin & de l'inftruction des chevaux dans les manéges, ainfi que les Couriers qui, pour les affaires publiques, changent fouvent de chevaux, & portent les nouvelles dans différens endroits. Ils font fujets, comme les Coureurs, aux hernies, à l'afthme, & fur-tout aux douleurs fciatiques. Cette derniere maladie étoit propre aux Scythes, comme nous l'apprend Hippocrate (*a*), parce qu'ils étoient continuellement à cheval; ce qui les rendoit en même temps impuiffans. L'équitation continuelle occafionne auffi des ruptures de vaiffeaux dans la poitrine, comme le remarque Baillou (*b*), & des maux de reins, au point que les Ecuyers piffent fouvent du fang, & font quelquefois attaqués de

(*a*) De aër., aq. & locis.
(*b*) De fin. Med., p. 81.

paralysie des lombes. « Ceux qui ont
» été à cheval, ou qui ont voyagé, dit
». Hippocrate (*a*), sont paralysés des lom-
» bes & des cuisses ». Ils ont aussi des
coupures à l'anus & des hémorrhoïdes,
sur-tout lorsqu'ils montent des chevaux
scabreux & à poil. Martial faisant allusion à ces maladies, a dit : « Chas-
» seurs ne montez vos chevaux qu'avec
» l'attirail du Coureur, afin de ne pas
» vous blesser (*b*). » Je me souviens
qu'un jeune Ecuyer élégant de notre ma-
nége, me vint voir un jour, & me dit
en rougissant, & en attestant les Dieux
de son innocence, qu'il avoit depuis
long-temps une tumeur à l'anus ; je
le tranquillisai & l'avertis que ce mal
ne devoit faire naître aucun soupçon
contre ses mœurs, mais qu'il venoit de
son exercice.

_____

(*a*) 4 Epid., n. 17.

(*b*) *Stragula succinti venator sume veredi,*
  Nam solet à nudo surgere ficus equo.

  L. 14, ep. 86.

Nous ferons observer, à cette occasion,
que l'Abbé de Marolles a fait un contre-sens
en traduisant le dernier vers. Il a dit : « Car le
» cheval se blesse d'ordinaire, quand on ne
» lui donne pas de selle ». C'est au contraire
l'Ecuyer qui se blesse & non le cheval.

Il leur vient aussi aux fesses & au ra-
phé des ulceres calleux, longs & difficiles à se cicatrifer, aussi bien que des
varices aux jambes. Hippocrate raconte
à ce sujet (*a*) une histoire fort intéressante, que je rapporterai ici suivant
le texte de Fœsius. « Un homme qui
» demeuroit près la fontaine d'Elealcis,
» eut pendant six ans une maladie (1),
» produite par l'équitation, une tu-
» meur aux aines, une varice & des
» fluxions longues à la cuisse & aux ar-
» ticulations ». Hippocrate appelle donc
hippurin une maladie causée par une
longue équitation; savoir, un ulcere

(*a*) 7 Epid., c. finem.

(1) Le mot *hippurin*, par lequel Hippocrate
a désigné une maladie, est rangé par M. le
Clerc dans les maladies de la cinquieme classe,
désignées par Hippocrate sans nom ni description, de sorte qu'on ne peut les reconnoître.
« Telle est encore celle qu'il nomme hippou-
» ris, dit l'Historien de la Médecine, par où
» l'on soupçonne qu'il marque une certaine
» sorte de fluxion longue & opiniâtre, qui se
» jette sur les parties génitales de ceux qui
» vont trop long-temps & trop souvent à che-
» val, ou une foiblesse, ou quelqu'autre in-
» commodité de ces mêmes parties, prove-
» nantes de la même cause ». Histoire de
la Médecine, prem. part, l. 3, chap. 12,
pag. 175.

calleux aux feſſes, comme le traduit Valleſius. Ce ſont là les maux que les Ecuyers éprouvent auſſi bien que ceux qui vont trop ſouvent à cheval ; il n'eſt pas bien difficile d'en donner l'étimologie. La ſecouſſe qu'on éprouve renverſe toute l'économie des ſolides & des fluides ; tous les viſceres ſont agités par le mouvement « d'un cheval lent & qui » ſecoue beaucoup ceux qui le mon-» tent (*a*) » ; ils ſe déplacent de leur ſituation naturelle ; le ſang eſt mu en tout ſens, & ſon mouvement naturel eſt altéré. De ces effets de l'équitation ſuivent naturellement les fluxions & ſtagnations de ſerum ſur les articulations, les ruptures des vaiſſeaux dans les poumons, dans les reins, les ulceres & les varices aux jambes, à cauſe du retard du ſang, cauſé par l'action violente des muſcles des jambes & des cuiſſes, que ceux qui vont à cheval ſont obligés de mettre en jeu pour ſe tenir fermes. D'ailleurs, pour peu qu'on réfléchiſſe aux forces qu'il faut employer afin de ſe tenir ſur un cheval qui court, ou de lui faire faire diffé-

_____

(*a*) *Succuſſatoris tetri tardique caballi.*
Lucilius.

rens contours, ce qui demande nécessairement l'action tonique de presque tout le corps, & la contraction violente des muscles, on ne trouvera plus étonnant que les Ecuyers soient attaqués de toutes les maladies dont nous avons parlé.

Martianus, cet excellent Commentateur d'Hippocrate, en traitant un certain passage où ce divin maître établit (a) quels effets produisent sur notre corps les courses longues, obliques, lentes, rétrogrades, circulaires, &c. explique très-bien pourquoi la course circulaire est si pernicieuse, en citant l'exemple des Ecuyers; voici ses propres paroles : « Dans la course circulaire, le » corps est très-agité, parce que » quand un homme court en rond, la » masse & le poids de son corps portant » sur un seul côté, l'affecte sensiblement, » & fatigue beaucoup; aussi ce genre de » course est-il le plus capable d'épui- » ser le corps. Les Ecuyers connoissent » très-bien ce phénomene, & ils sa- » vent que les chevaux fatiguent plus » dans une course circulaire d'une » heure, que dans une course droite de

(a) 2 De diæt., vers. 416.

» deux heures. En outre, les courses
» dont nous parlons énervent tant, que
» l'homme le plus robuste ne peut les
» souffrir pendant une demie-heure ».
Ceux qui font métier de former des chevaux, mettent tout leur soin & toute
leur attention à les faire tourner en rond
& sans fin, pour me servir de l'expression d'Hippocrate.

La stérilité & l'impuissance qu'Hippocrate, en citant les Scythes, dit être
particulieres à ceux qui vont assidument
à cheval, vient, à ce qu'il me semble,
de ce que la force des lombes & des parties génitales se détruit & s'énerve par
cette secousse continuelle (1). Aristote (a)
paroît avoir pensé autrement, puisqu'il
a écrit que ceux qui vont à cheval sont
très-enclins à l'amour, à cause de la chaleur continuelle & du frottement des
parties génitales ; ce qui est vrai d'une
équitation modérée, & lorsqu'on monte
un cheval paisible & qui va réguliérement
le pas ou l'amble. Il y a donc de grands

---

(1) Les Scythes que l'exercice trop violent
du cheval rendoit stériles, ne le devenoient,
suivant Hippocrate, que parce que leurs testicules, froissées par le cheval, n'étoient plus
aptes à séparer la semence.

(a) L. 4, probl. 12.

maux qui suivent cette espece d'exercice,
sur-tout si l'on a un cheval scabreux &
de course, *cursuarium*. (Cassiodore (*a*) se
servoit de cette expression pour désigner
ceux que montent les Couriers, & que
nous nommons chevaux de poste.) Le
Roi Théodoric défendit, par un Edit,
de faire porter plus de cent livres à ces
chevaux, croyant qu'il étoit absurde
d'opprimer par la charge un animal
dont on exige en même temps de la vîtesse.

Je ne nie pas qu'une équitation modérée & douce puisse être utile, & servir
quelquefois de remedes dans la cure des
maladies chroniques ; Hippocrate & Avicenne nous en ont fait connoître les avantages. Le premier (*b*) nous apprend
qu'elle échauffe, desséche & exténue ;
le second, qu'elle est propre à chasser
les graviers des reins, & à exciter le flux
d'urine. Parmi les Modernes, Sydenham
lui donne beaucoup de louanges dans les
obstructions du foie & de la rate. Je me
rappelle avoir guéri un jeune Ecuyer qui,
après une fievre aiguë, fut attaqué d'obstructions à la rate, & menacé d'hydro-

(*a*) L. 5, ep. 5.
(*b*) 2 De diæt., n. 28.

pisie. Il reprit son métier par mon avis,
malgré sa foiblesse & sa mauvaise mine,
& il fut absolument rendu à la santé
après un mois d'exercice (1).

On peut rapporter à la classe des
Ecuyers, les Cochers dont le métier est
pénible & difficile. Pour conduire leurs
chevaux, il faut qu'ils aient les muscles
du bras dans une distension tonique continuelle, & qu'ils tiennent fortement les
guides. S'ils ne s'acquittent pas bien de

---

(1) L'exercice du cheval est utile sur-tout
dans la phtisie pulmonaire commençante, &
beaucoup de Médecins le louent dans cette
maladie. Le Baron Vanswieten en fait un grand
cas. On peut croire que le mouvement doux
& répété qu'il excite, agite le sang dans le
poumon, détruit ainsi les obstructions, &
déterge les petits ulceres qui s'y forment. En
outre l'air vif & renouvellé que l'on respire
à la campagne, où l'on fait ordinairement cet
exercice ; la diversité des objets dont l'œil est
frappé, le spectacle récréatif & merveilleux
de la nature qui s'offre sans cesse, contribuent
aussi pour beaucoup à ces bons effets.

Nous avons entendu dire qu'un Médecin
étranger ordonnoit aux phtysiques de suivre à
cheval les sillons formés par la charrue. Ce
conseil a du rapport avec ce que Vanswieten a
dit des bains de terre, & des exhalaisons qui
s'en élevent. *Comment. in aphoris. Boerh.*, t. 4,
p. 89.

ces fonctions, les chevaux les entraînent, &, comme a dit Virgile (*a*),

« Leur guide les rappelle & se roidit en vain ;
» Leur rebelle fureur ne connoît plus le frein ».

Chez les Anciens, conduire des chevaux étoit un exercice très-estimé dans les Jeux & dans les Spectacles ; les Grands se faisoient un honneur de s'y livrer quelquefois ; ainsi Néron, au rapport de Suétone, mena souvent des chevaux en public ; ainsi Caligula, quand il conduisoit un char, n'accordoit qu'aux Sénateurs la permission d'en conduire en même-temps. Dans notre siecle, il y a plusieurs Nobles qui prennent plaisir à bien mener un char.

Quant à la cure des maladies des Ecuyers & des Couriers, je n'arrêterai pas mon Lecteur sur cet objet, parce que tous les livres des Praticiens contiennent des détails relatifs que l'on peut consulter au besoin : on aura seulement soin d'écarter la cause occasionnelle ; je me contenterai donc de rapporter simplement les précautions que je crois utiles à ces hommes. Ils doivent porter un

___

(*a*) *Et frustrà retinacula tendens*
Fertur equis Auriga, neque audit currus habenas.
Virg. Georg., l. 1.

bandage , de peur qu'une équitation trop
forte ne leur produise une hernie , par le
relâchement ou la rupture du péritoine.
Quelques - uns ont une coutume salutaire , c'est d'avoir des étriers courts ;
ils seront sur-tout très-utiles à ceux qui
ont une hernie , & qui sont forcés de
monter à cheval de temps en temps : si
l'on soupçonne une rupture de quelque
vaisseau dans la poitrine , ou quelque
maladie dans les reins & la vessie, il faut
qu'ils quittent leur métier , parce que
rien n'est si nuisible à ces maux que l'é-
quitation.

Il y eut jadis un fameux Ecuyer, un
vrai Messape , dompteur & maître de
chevaux, nommé Louis Corbellus de la
Mirandole , si renommé pour l'éducation
& l'instruction des chevaux qu'on le fit
venir à la Cour de Philippe IV , Roi
d'Espagne. Après avoir monté long-temps
à cheval , il vomit beaucoup de sang;
malgré tous les remedes qu'on lui admi-
nistra, il fut réduit en quelques mois dans
un si triste état, qu'on attendoit sa mort
de jour en jour. Cet Ecuyer, je ne sais
trop par quel instinct, quoiqu'il eût hor-
reur de toute sorte d'alimens , dit qu'il
avoit envie de manger de la viande de
porc. Après avoir été satisfait, il parut
aller

aller mieux ; & avec cette nourriture, principalement du cochon de lait bouilli, il prolongea fa vie de plus d'un an (1).

___

(1) Les Ecuyers, les Poftillons, & tous ceux, en général, qui reftent trop long-temps à cheval, font fujets à avoir des écorchures à l'anus. M. de Sauvages a nommé cette maladie *proctalgia intertriginofa* ; Sennert, l'*intertrigo ani*. Auroit-elle quelque rapport avec l'*hippuris* d'Hippocrate ? Le premier de ces Médecins confeille d'appliquer deffus du fuif, de la graiffe, de l'huile rofat, de l'eau rofe : les Maquignons fe fervent du baume du Samaritain, du beurre, & de remedes triviaux qui peuvent avoir le même fuccès.

Si ce n'eft qu'une rougeur paffagere, on peut appliquer deffus des feuilles d'aune vertes. Sauvages, *erythema paratrima*, tom. 1, p. 501.

CHAPITRE XXXIV.

Des Maladies des Porte-faix.

Dans les villes peuplées & sur-tout maritimes, comme Venise, le grand concours de monde de différens pays, la quantité considérable de marchandises qui arrivent, exige un grand nombre de Porte-faix. Ils sont absolument nécessaires pour porter à bord les marchandises que les vaisseaux emportent, ou pour en retirer celles qu'ils ont apportées. Nous devons donc examiner les maladies de ces hommes bâtés, suivant l'expression de Plaute. Les poids énormes qu'ils portent sur leurs épaules, leur en occasionnent plusieurs, & d'assez dangereuses. L'action vigoureuse de tous leurs muscles, & sur-tout de ceux de la poitrine & du bas-ventre, qu'ils sont obligés de contracter violemment pour retenir l'air dans leurs poumons, rompt assez souvent quelque vaisseau dans ces organes. Un Porte-faix, en chargeant sur ses épaules la masse qu'il doit porter, inspire d'abord beaucoup d'air, & ne l'expire que peu-à-peu & en petite quantité. Les

véficules pulmonaires, enflées prodigieufement , compriment les vaiffeaux arté-
riels & veineux, les empêchent de faire
leur fonction comme il convient, & donnent ainfi naiffance à des ruptures dans
leur continuité.

La même caufe en détruifant l'action
tonique des mufcles de la poitrine, &
viciant la ftructure des poumons, rend
les Porte-faix afthmatiques. J'ai plus d'u-
ne fois trouvé, dans leurs cadavres, ces
vifceres adhérens aux côtes , à caufe de
l'air qui les a gonflés trop long-temps.
Ils ont auffi des varices énormes aux jambes, parce que le mouvement du fang
vers les parties fupérieures, retardé par
les mufcles des extrêmités inférieures
trop diftendus , donne naiffance à la
dilatation des valvules veineufes. Au
bout d'un certain temps ils deviennent
tous boffus , par la fréquente flexion des
verrebres du dos qui entraînent tout le
corps en devant. Quoiqu'ils ne connoiffent pas les loix de la Méchanique , la
nature leur a appris qu'on porte plus facilement un poids fur les épaules , lorfque
le corps eft courbé, que lorfqu'il eft
droit.

Les hernies font encore affez fréquentes chez les Porte-faix, parce que l'effort

qu'ils font en retenant l'air, rompt ou dilate leur péritoine. Fabrice de Hilden (*a*) rapporte l'histoire d'un Charpentier qui, ayant levé de terre une masse énorme, fut attaqué subitement d'une chûte de l'épiploon dans le scrotum, & mourut le septieme jour. Felix Platerus nous apprend (*b*) qu'ils sont sujets à la phtisie, & il parle de Carriers & d'autres Artisans qui, en soulevant des fardeaux, cracherent du sang à l'instant même.

Il y a, dans Hippocrate, une histoire assez semblable & digne d'être rapportée. « Un homme, dit-il (*c*), voulant, » par une gageure, enlever de terre un » Ane, eut sur-le champ la fievre, il » rendit du sang les 3, 4, 7, 8 de sa » maladie, & enfin il fut jugé par un » flux de ventre ». Ce Porte-faix, se fiant trop sur sa force, fut pris de la fievre ; & il y a tout lieu de croire que la cause occasionnelle de cette maladie, fut l'effort qu'il fit pour soulever l'Ane. Hippocrate ne dit pas par quelle partie il rendit du sang ; Wallesius, dans son

---

(*a*) Cent. 1, obs. 72.
(*b*) Q. Pat. q.
(*c*) 4 Epid. n. 13.

Commentaire, pense que ce fut par les narines, & que sa fievre fut guérie aussi bien que son ventre relâché par cette hémorrhagie. Il se fie sur cet aphorisme (*a*) : « Dès que le sang coule abondamment » par quelque partie que ce soit, le » ventre a coutume de se relâcher. Cependant Hippocrate, dans ses Epidémiques, a coutume d'ajouter ces mots , *è naribus* , des narines. Toutefois, de quelque partie que le sang ait coulé, il est certain que ces hommes sont très-sujets aux hémorrhagies, soit de la poitrine, des narines, ou des vaisseaux hémorrhoïdaux, maladies qui en entraînent de plus funestes après elles.

Telles sont donc les maladies des Porte-faix que le Praticien doit connoître pour agir comme il convient, lorsqu'ils en sont attaqués. Comme ils ont coutume de manger abondamment pour soutenir leurs forces, (ainsi que font les Athletes,) la saignée doit être un des remedes les plus convenables, aussi bien que ceux qui nétoient l'estomac & ôtent la lassitude, comme les bains, les frictions & d'autres semblables ; pour les hernies auxquelles il sont exposés, ils

_____

(*a*) 4 Aph. , 27.

porteront un bandage par précaution, & ils éviteront de disputer entr'eux lequel portera le fardeau le plus lourd, de peur que ces essais Miloniens ne leur causent des accidens pareils à celui de l'âne soulevé par gageure.

Qu'il me soit permis de proposer ici un problème méchanique; savoir, pourquoi les Crocheteurs portent plus facilement un fardeau sur leurs épaules, courbés & penchés, que lorsqu'ils sont droits, quoique dans cette derniere attitude ils aient plus de force, moins de crainte de tomber, & qu'ils devroient plus aisément soutenir des fardeaux. Ainsi des colonnes ou des poutres posées perpendiculairement à l'horison, soutiennent des masses énormes. Ainsi nos femmes de la campagne portent sur leur tête jusqu'à cent livres à la ville, & font plusieurs milles avec cette charge, en marchant toujours droites, & prenant garde de ne pas pencher plus d'un côté que de l'autre, de peur de tomber; cela vient-il de ce qu'un poids, dans la situation droite, presse la clavicule & plus dans le milieu que dans l'extrémité; de sorte que cet os assez foible d'ailleurs, peut se briser dans cette circonstance; au lieu que quand le corps est

courbé en devant, les fardeaux portant
fur l'omoplate qui eft un os grand, large
& robufte, y caufe moins de preffion,
& ne rifque pas de le fracturer. Seroit-
ce, dis je, par cette raifon que les Porte-
faix marchent courbés, pour porter leurs
fardeaux avec plus de facilité & de fûreté? Cela paroît affez vraifemblable:
car un corps grave eft foutenu avec moins
de peine par toute la main, que par un
feul doigt, & une boule d'or d'une livre
exerce plus de preffion dans la paume de
la main, qu'une boule de bois du même
poids, parce que le volume de la premiere étant plus petit, elle exerce toute
fa force fur moins de parties, que ne
fait la boule de bois. Ainfi un fardeau
pofé fur l'épaule d'un Porte-faix courbé,
eft appuyé fur une région plus robufte,
& fupporté par plus de parties, que fi
le Porte-faix étoit droit, foit que ce fardeau foit un corps folide comme du bois,
ou flexible comme un fac de froment.
Il eft donc plus facile à porter dans cette
attitude, & c'eft pour cela que les Crocheteurs, auffi-tôt qu'ils font chargés,
fe ploient en devant, & font prominer
en arriere le milieu de leur corps, afin
que le centre de gravité foit dans l'axe
de leur direction. À Venife & à Ferrare,

j'ai vu ces hommes porter des sacs de bled ou d'autres fardeaux, non sur une épaule comme ceux de notre pays, mais sur le cou & les vertebres du dos ; de sorte qu'ils appuient sur toutes ces régions ; ils disent que de cette maniere, ils ont moins de peine que s'ils les portoient sur une seule épaule ; ce qui est assez raisonnable, tant est vrai ce mot du Poëte : « Un poids porté avec adresse, » paroît moins lourd qu'il ne l'est effec- » tivement (*a*) ». Les femmes qui portent des fardeaux sur leur tête, sont forcées de marcher droites : car si elles penchoient la tête, leur fardeau appuyé sur cette partie posée hors de l'axe de leur corps, tomberoit nécessairement. Avec cette précaution, elles vont gaiment & également avec de grands paniers sur leur tête, & étonnent ceux qui les voient. Leur fardeau, dans cette attitude, appuie directement sur le crâne dont la forme voûtée ajoute beaucoup à la force, & sur toute la colonne vertébrale (1).

(*a*) *Leve fit, quod benè fertur onus.*

(1) Les travaux excessifs des Porte-faix disposent leur sang aux maladies inflammatoires. Ils meurent souvent, en très-peu de temps, de fievres violentes accompagnées de quelque inflammation dans les vifceres. Morgagni, qui nous rapporte fept hiftoires des maladies des Porte-faix, nous apprend qu'ils font fujets principalement à l'apoplexie fanguine. On peut voir, dans fon ép. 3, art. 4, l'hiftoire d'un de ces hommes qui mourut fubitement d'une femblable maladie ; fon cerveau conte-noit une affez grande quantité de fang épan-ché. La phrénéfie & le délire les attaquent auffi ; l'article 6 de l'ép. 7 du même Médecin peut en fournir un exemple frappant.

On ne fauroit donc trop leur recommander la modération, d'éviter les excès en tout genre, & fur-tout de ménager leurs forces dont ils ont tant befoin. Ils prendront auffi garde de ne pas négliger leurs maladies dans le commencement, & de ne les pas laiffer ainfi devenir incurables, comme fit ce cocher dont Morgagni nous donne l'hiftoire, ép. 20, art. 2, & qui, ayant continué imprudemment fon ouvrage, malgré les fymptômes violens d'une péripneumonie qui l'accabloit, ne fe rendit à l'hôpital de Padoue que fix jours après le commencement de fa maladie, & mourut en vingt-quatre heures.

Il eft une autre claffe d'hommes employés à porter des fardeaux, & qui ont des maux plus terribles à redóuter : ce font les Porteurs-d'eau. L'eau fouvent très-froide & même gla-cée dont ils font mouillés, les expofe à tou-tes les maladies que produit la tranfpiration fupprimée. Pour les prévenir, ils auront foin de fe bien couvrir, & de fe frotter le foir avec une flanelle en fe couchant. Ce moyen fimple & tant de fois recommandé par les Anciens, eft très-efficace pour rétablir l'équilibre entre la transpiration & les autres fonctions, & remédier aux incommodités qu'occasionne la gêne de cette excrétion salutaire.

Les Auteurs du Dictionnaire de Santé avertissent de ne pas noyer ces hommes de boissons tiedes & relâchantes, qui affoibliroient considérablement le ton de leur estomac, de leurs fibres en général, & les feroient passer ainsi d'une extrêmité à une autre; & conseillent, dans leurs maladies, l'eau aiguisée de vinaigre, & par la suite une boisson faite avec quatre cuillerées d'eau-de-vie dans une chopine d'eau.

CHAPITRE XXXV.

Des Maladies des Athletes.

QUOIQUE les révolutions des événemens aient détruit beaucoup de coutumes anciennes, & qu'elles aient enveloppé dans leurs ruines les spectacles d'Athletes & de Gladiateurs, (qu'on appelloit des Jeux, comme si c'étoit un jeu ou un métier, d'offrir aux peuples des boucheries d'hommes), il m'a semblé qu'il seroit utile de dire quelque chose des Athletes & de leurs maladies, pour faire connoître les soins & la sagacité des Médecins anciens dans l'observation & la guérison des maladies des Artisans; il n'y a personne, si nouveau qu'il soit en Médecine, qui, pour peu qu'il ait mis le pied dans les Ecoles, n'ait entendu réciter cet oracle d'Hippocrate, « l'extérieur des hommes qui » font de l'exercice, &c. ». passage dont la vraie explication a tant exercé d'esprits, a tant fait naître de commentaires auxquels il n'y a rien à ajouter depuis que le célebre Tozzi, autrefois premier Médecin du Pape, a entrepris de

S vj

traduire & d'expliquer les aphorifmes, suivant les opinions & les connoiffances des Modernes.

Il y avoit anciennement un grand nombre d'Athletes & de Lutteurs, à caufe de la fréquence de ces fortes de jeux. Cet exercice n'étoit pas laiffé aux efclaves feulement, puifque les enfans libres, les nobles même s'y adonnoient, & avoient des maîtres particuliers pour l'apprendre. Ainfi dans Terence, Parmenion offrant à Thaïs un jeune homme, lui dit : « Examinez-le fur les fciences, » éprouvez-le fur les exercices de la lutte, » & fur la mufique, je vous le donne pour » un garçon qui fait tout ce que les jeunes » gens de condition doivent favoir (a)». Il s'offroit donc aux Médecins de ces temps reculés, de fréquentes occafions de guérir des Athletes. Leurs maladies ordinaires étoient les apoplexies, les fyncopes cardiaques, les catarrhes fuffocatifs, des ruptures de vaiffeaux dans la poitrine, & des morts fubites affez fréquentes, dont la caufe principale étoit la

_____

(a) *Fac periclum in litteris ;*
Fac in palæftrâ, in muficis : quæ liberum
Scire æquum eft adolefcentem, folertem dabo.
                    In Eunucho.

grande abondance des humeurs, la dif-
tension des vaisseaux, le retard du sang,
ou son arrêt total ; de-là les intercep-
tions des veines, suivant l'expression
d'Hippocrate, la stagnation du sang, &
la stase de toutes les humeurs qui entraîne nécessairement la mort subite
après elle. Cet accident étoit d'autant plus
fréquent parmi les Athletes, qu'après
avoir resté dans l'inaction, & au sortir
de repas somptueux & excessifs, ils passoient subitement au combat & à la lutte.
« Il est plus dangereux, dit Hippocra-
» te (*a*), de passer du repos à l'exercice,
» que de l'exercice au repos ». En effet,
dans un travail violent, le sang s'échauffe, se raréfie beaucoup, & ne peut plus
passer si facilement des arteres dans les
veines, ou plutôt revenir dans ces dernieres aussi vîte qu'il coule dans les arteres, & sur tout lorsque les vaisseaux en
sont gonflés.

Hippocrate nous apprend dans l'histoire
de Bians, quelle étoit la façon de vivre
somptueuse des Athletes. Voici comme
il s'exprime (*b*) : « Bians le Lutteur,
» naturellement grand mangeur, tomba

(*a*) De rat. vict. in art., n. 24.
(*b*) 5 Epid., n. 27.

» dans une affection cholérique , & ren-
» dit la bile par haut & par bas , à cause
» de l'usage qu'il faisoit de la viande ,
» sur-tout de celle de porc, de vin odo-
» rant , de gâteaux , & de sucreries fai-
» tes avec le miel, le concombre, le
» melon, le lait , & la farine récemment
» séchée au feu ».

Ainsi se remplissoient les Athletes,
afin de se rendre forts & vigoureux. Aristote (a) a dit que ces hommes n'avoient
pas de proportion dans leurs formes,
parce qu'ils ne savoient pas distribuer
également les différens alimens dont ils
se nourrissoient. Platon (b) les appelloit avec raison , endormis, lâches, &
sujets aux vertiges.

Galien a aussi dit du mal de l'art Athlé-
tique dans différens endroits de ses ouvrages (c) , & il s'est assuré par sa propre expérience, qu'il étoit nuisible à l'esprit & au corps. Il nous apprend (d),
qu'à l'âge de trente ans, demeurant à
Rome, poussé par la vaine gloire de passer pour un lutteur fort & habile , il se

---

(a) 4 De gener. anim. , c. 3 & 8.
(b) 3 De Republ.
(c) Suasio ad bonas Art. , & l. ad Trasyb.
(d) Com. 1 in lib. de artic. , n. 60.

luxa l'épàule en s'exerçant dans l'arene. Il manqua mourir de cette maladie ; & ſuivant la deſcription qu'il a faite de ſa guériſon, peu s'en fallut qu'il n'ait eû les ligamèns diſtendus. Il fut obligé de ſe frotter pendant un jour & une nuit la partie luxée avec de l'huile chaude, & de reſter couché tout nûd ſur une peau, à cauſe des chaleurs de la canicule.

Tout le monde connoît les ſecours que les anciens Médecins ont fournis aux Athletes. La ſaignée étoit le principal remede qu'ils employoient, non pas pour que le corps pût ſe nourrir de nouveau après l'évacuation du ſang, mais pour rétablir le mouvement de ce fluide qui, preſque arrêté dans les vaiſſeaux pulmonaires & les arteres carotides, pouvoit leur cauſer une mort ſubite. Ils leur adminiſtroient auſſi des purgatifs actifs, un régime très doux & très-modéré, tant que la maladie donnoit du relâche, & en général leur médecine ſur cet objet étoit très étendue, tant pour les préſervatifs, que pour la cure, parce qu'ils avoient ſouvent de ces hommes à guérir. Les maîtres de lutte interdiſoient auſſi l'uſage du plaiſir de Vénus aux Athletes, de peur de les rendre foibles. En outre, ils avoient coutume de leur

passer des anneaux aux parties de la génération (1). Ainsi Martial a dit du
Juif Menophylus , « comme il luttoit
» devant le peuple , son anneau tomba
» dans l'arene , & on s'apperçut qu'il
» étoit circoncis (a) ». Cependant la trop
grande abstinence du coït avec la nourri-

(a) La maniere de passer des anneaux au
membre viril , pour empêcher les hommes de
jouir des plaisirs de l'Amour, n'étoit pas , à
ce qu'il paroît , la seule manœuvre employée
à cet effet chez les Anciens. En voici une plus
singuliere décrite dans Withof, *de Castratis*,
commentatio prima , §. 7 , & que cet Auteur a
indiquée d'après Celse. Les hommes à qui on
la faisoit subir étoient appellés *infibulati*. On
tiroit d'abord le prépuce au delà du gland qu'il
recouvroit , on marquoit deux points opposés
avec de l'encre à sa face intérieure , on le
lâchoit , & si ces points ne tachoient point le
gland , ils offroient le lieu où on devoit passer
l'anneau de chasteté. On y passoit alors une
aiguille enfilée , on la retiroit en y laissant le
fil , qu'on remuoit tous les jours afin d'entretenir ouverts les trous faits par l'aiguille. Enfin , on y plaçoit un anneau de cuivre ou d'argent , appellé *fibula*. Cette opération se pratiquoit principalement sur les jeunes gens qu'on
vouloit garantir , dit Withof, des dangereux
attraits des femmes publiques.

(a) *Luderet in mediâ, populo spectante, palestrâ,*
Delapsa est misero fibula , verpus erat.
Epig. , l. 7.

ture forte & abondante qu'ils prenoient,
les jettoit quelquefois dans une torpeur
extrême : alors, suivant Pline (*a*), on
leur ôtoit leur anneau, & on leur permettoit de jouir du plaisir de l'amour
qui leur rendoit leur premiere gaieté,
avec leur force : car, au rapport de
Celse (*b*) « le coït ne doit être ni trop
» desiré, ni trop redouté. De temps en
» temps il donne des forces, trop fré-
» quent il en ôte »; ainsi Hippocrate
a dit (*c*), « le travail, le manger, la
» boisson, le sommeil, l'amour, tout
» doit être fait avec modération ».

(*a*) L. 28 , c. 6 , H. N.
(*b*) L. 1 , c. 1.
(*c*) 6 Epid.

CHAPITRE XXXVI.

Des Maladies des Ouvriers en petits objets.

Il y a des Ouvriers qui travaillent des objets très-petits : tels font les Bijoutiers, les Horlogers, les Peintres fur les pierres précieufes, & les Ecrivains, comme celui qui, fuivant Tullius (a), mit toute l'Iliade d'Homere fur une petite peau, contenue dans une coquille de noix. Outre les incommodités que caufe la vie fédentaire, ces Ouvriers font encore affligés de myopie ou de cette affection des yeux affez connue, dans 'laquelle on eft obligé d'approcher les objets tout près de l'œil pour les appercevoir ; auffi fe fervent-ils tous de lunettes pour travailler. Wedelius a fait mention de ces Ouvriers (b) : il dit qu'ils font fujets à la foibleffe de la vue, parce que les organes de cette fonction font les plus exercés de tous dans leur travail. N'eft-il pas poffible de trouver une au-

(a) Vide Plin., l. 7, c. 21.
(b) Path. dogm., fect. 2, c. 10.

tre raifon de ce phénomene dans les principes de l'optique ?

Rien, felon moi, n'eft plus propre à nous apprendre la maniere dont fe fait la vifion, que la chambre obfcure dans laquelle les objets extérieurs fe peignent fur un linge blanc, (découverte due à Platerus (*a*), & enfuite à Fortunatus Plempius dans fon ophtalmographie.) Lorfqu'il y a un verre convexe au trou de la chambre obfcure, plus l'objet eft près du trou, & plus il faut en éloigner le linge, afin que l'image de l'objet foit plus diftincte; & plus l'objet eft éloigné du verre, plus il faut approcher le linge du trou, fans quoi les images feroient confufes, parce que ce n'eft que dans le point de la réunion des rayons que les images fe peignent fur la rétine, comme avec un pinceau. Afin que l'œil vit mieux & plus diftinctement les objets proches ou éloignés, & pour rendre fa ftructure encore plus admirable, il étoit donc néceffaire qu'il fût mobile & capable de changer de figure; il falloit que la rétine ou le cryftallin fuffent locomobiles. Nous favons tous par expérience, que quand nous ne voyons pas affez diftincte-

<hr>

(*a*) L. 4, probl. 39.

ment des objets éloignés, parce que leurs rayons presque paralleles en entrant dans l'œil, se réunissent trop près avant de parvenir à la rétine ; nous savons, dis-je, qu'en resserrant le globe de l'œil au moyen des muscles & des paupieres, les corps que nous n'appercevions que confusément, nous paroissent clairs & distincts à cause du changement de figure que nous donnons à cet organe.

Les Ouvriers, en petits objets, sont donc forcés, pour appercevoir distinctement leurs ouvrages, d'y fixer long-temps les yeux par une espece de mouvement tonique continu. Ainsi, malgré la proprieté qu'ils ont de les mouvoir pour mieux appercevoir les objets éloignés comme les proches, l'application & le mouvement tonique de ces organes font contracter à leur rétine une espece de fermeté & de constance dans une seule situation. C'est de-là que naît la difficulté de mouvoir cette membrane à leur gré pour mieux appercevoir les objets éloignés, & c'est-là l'origine de la myopie qui les attaque presque tous.

En outre, tandis que les yeux sont fixés & constamment attachés sur le même objet, leurs humeurs s'épaississent, deviennent opaques, & leur vue s'éteint petit-à-petit. Ainfi, quoique la nature leur ait donné de très-bons yeux, ils deviennent myopes & louches.

Tels font les malheurs que ces Artiftes retirent de leurs talens. Des ouvrages auffi beaux & auffi utiles que les pendules, rendent la vue fi foible, que les Horlogers font prefque aveugles avant leur vielleffe. J'ai connu une femme Juive dans cette ville qui avoit tant d'adreffe à enfiler des perles & à les placer avec ordre, qu'elle en cachoit les défauts par l'arrangement, & qu'elle s'amaffa beaucoup de biens à ce talent. A l'âge de quarante ans, ne pouvant trouver aucune efpece de lunettes qui lui rendît l'ufage de fes yeux, elle abandonna fon métier.

Il eft difficile de trouver les moyens de remédier à ces maux. On ne peut, en effet, leur confeiller d'abandonner un talent qui les fait vivre, & la Médecine ne fournit aucun remede propre à rendre aux yeux leur ancienne vigueur & leur mobilité, & à guérir un mal fi invétéré. On craint d'employer les purgatifs, les faignées & les autres fecours medicinaux pour des hommes qui d'ailleurs, font fains & vigoureux ; on ne peut non plus accufer l'épaiffeur & l'em-

barras des esprits, & tourmenter par des
médicamens un organe qui est innocent
de ce crime.

Outre l'usage des verres, il seroit cependant utile à ces Ouvriers de ne pas
avoir toujours la tête penchée, & presque sur leur ouvrage; mais d'en écarter quelquefois les yeux, de les porter
sur d'autres objets, & de laisser pendant
quelques heures leurs travaux, pour délasser ces organes. On ne peut concevoir
combien il est utile, pour entretenir la mobilité des membranes de l'œil, & la fluidité des humeurs, de regarder différens
objets de près, de loin, en droite ligne,
obliquement, & de toutes les manieres;
par ces précautions, la structure naturelle de l'œil se conserve, la pupille se
retrécit ou se dilate, le crystallin se rap-
proche ou s'éloigne de la prunelle pour
appercevoir les objets proches ou éloignés. Sans ce soin, l'œil, comme toutes
les autres parties qu'on tient trop long-
temps dans la même position, se roidi-
roit & deviendroit incapable des mouvemens qui lui sont propres. Cela s'observe aussi chez ceux qui sortent des pri-
sons obscures après y avoir été long-temps
enfermés. Ils faut qu'ils s'habituent peu-
à-peu à la lumiere; leur pupille qui a été

long-temps dilatée dans les ténebres, & dont l'élasticité a été un peu affoiblie, doit s'accoutumer peu-à-peu à se resserrer avec célérité, comme elle le faisoit auparavant (1).

---

(1) La myopie, vue courte, ou vue de jeunes gens, est la maladie principale des Ouvriers en petits objets. Ce vice dépend de ce que leur cornée est trop convexe, défaut qui leur vient, comme l'observe Ramazzini, de la nécessité où ils sont de fixer leurs yeux pour mieux voir leur ouvrage ; ce qu'ils ne peuvent faire sans contracter les muscles du globe de l'œil, qui le tirent en arriere & font prominer sa face antérieure au dehors. Quelquefois aussi c'est leur crystallin qui est trop convexe, & enfin cette maladie peut dépendre des humeurs de l'œil qui se sont épaissies, & qui refrangent trop les rayons visuels, de sorte qu'ils se réunissent avant la rétine. Pour remédier à cette incommodité, la dioptrique doit venir au secours de la Médecine. Les verres concaves des deux côtés, ou plan-concaves, ont la propriété de faire diverger les rayons, & de les faire tomber sur l'œil, comme s'ils partoient d'un objet voisin de cet organe. Ils pourront se servir de ces verres, & en proportionner la concavité à leur myopie. Il y a des regles très-précises à cet égard ; mais ces détails qui appartiennent entiérement à la dioptrique, ne peuvent être bien placés ici. Il suffira d'observer que plus un myope est obligé d'approcher un objet de son œil pour l'appercevoir distinctement, plus le verre dont il se servira doit avoir de concavité, afin de faire diverger davantage les rayons lumineux. On peut consulter Sauvages, qui donne les moyens exacts de s'assurer géométriquement 1°. du dégré de la myopie d'un Sujet ; 2°. du dégré de la concavité du verre qui lui convient. Nosolog., t. 5, p. 133 & suiv.

CHAPITRE XXXVII.

CHAPITRE XXXVII.

Des Maladies qui attaquent les Maîtres de Musique, les Chanteurs, & tous ceux en général qui exercent leur voix.

Il n'y a aucun exercice si salutaire & si peu nuisible qui ne puisse causer de grands maux, lorsqu'on en fait excès. Ce fait est connu des maîtres de Musique, des Chanteurs, des Prédicateurs, des Moines & des Religieuses qui font retentir leurs temples des pseaumes. Les Avocats, les Crieurs publics, les Philosophes antagonistes qui disputent dans les écoles jusqu'à perdre haleine, & tous ceux qui font métier de parler ou de chanter, savent aussi combien cet exercice continuel est nuisible. Ils sont pour la plûpart sujets aux hernies, si l'on en excepte les Castrats, à qui on extirpe les testicules. La longue expiration qu'ils font obligés de faire pour prolonger les sons ou pour réciter des discours, relâchent les muscles du bas-ventre qui servent à la respiration, aussi bien que le

T

péritoine, & facilitent par ce relâchement la production des hernies ingui-
nales ; ainsi les enfans sont attaqués de
cette maladie à cause de leurs cris & de
leurs gémissemens. Fallope (*a*) l'a observée particuliérement dans les Chanteurs & dans les Moines. « Les Chan-
» teurs, dit-il, qui ont la voix grave,
» ce qu'on appelle basse-contre ou basse-
» taille, & les Moines sont, pour la plû-
» part, attaqués de hernies par leur
» chant continuel qui demande une ac-
» tion violente des muscles de l'abdo-
» men ». Le savant Mercurialis remarque (*b*) que les Anciens qui chantoient
aussi, n'étoient pas sujets aux hernies
comme nous, « parce qu'ils prenoient
» fréquemment des bains, au moyen
» desquels le péritoine, le scrotum &
» les tuniques propres des testicules, hu-
» mectés & ramollis, pouvoient se dila-
» ter sans danger de rupture qui est com-
» mune de notre temps ». En effet, j'ai
observé que les Religieuses sont attaquées de hernies plus fréquemment
que les autres femmes ; ce qu'il faut
attribuer à leurs chants trop violens,

_____

(*a*) T. 3, de herniâ, cap. 21.
(*b*) L. 6, Gym., c. 5.

auſſi bien que celles qui arrivent aux Moines.

Le même Auteur remarque « qu'une » voix aiguë, une haute-contre on un » fauſſet, produit des gonflemens de la » tête, des palpitations aux tempes, des » pulſations du cerveau, des intumeſ- » cences des yeux, & des bruiſſemens » d'oreilles ». Ces phénomenes ne s'ob- ſervent pas chez ceux qui chantent d'une voix grave ; & en effet, on a beſoin d'une grande inſpiration & de beaucoup d'air dans les poumons pour pouſſer un ſon aigu & pour le ſoutenir. On s'en con- vainc en chantant une game : car dès qu'on a atteint le ſon le plus aigu, il faut contracter tous les muſcles de la poitrine & du bas-ventre ; ce qui arrête & retarde le ſang veineux, & donne naiſſance à la rougeur du viſage, aux pulſations des tempes, & à tous les ſymptômes énoncés ci-deſſus. Auſſi les enchifrenemens & les enrouemens ſont- ils ſi fréquens aux Chanteurs de theâtres qui épuiſent la lymphe des glandes ſa- livaires.

J'ai connu à Modene la fameuſe Chan- teuſe Marguerite Salicola-Scevina qui, après avoir beaucoup chanté, fut priſe d'un enrouement conſidérable auquel

T ij.

elle s'attend toutes les fois qu'elle exerce
sa voix pendant long-temps. On ne peut
concevoir la grande quantité de lymphe
visqueuse que cette femme peut cracher
en un instant selon sa volonté, quoiqu'elle jouisse d'ailleurs d'une santé parfaite, tant ses organes salivaires ont leurs
ouvertures béantes ; ce qui ne peut venir
que de l'effort violent qu'elle fait en
chantant. Elle m'a raconté que, lorfque sur la scene, elle soutient un ton
sans reprendre haleine pendant trop
long temps, elle est bientôt [après attaquée de vertige. Puis donc que le chant
& le discours précipités & violens char-
gent la tête, & la rendent lourde, c'est
avec raison que les Médecins, dans les
douleurs de cette partie, & dans les différentes maladies, défendent de parler
& de lire tout haut : exercices qui peuvent également nuire.

Je pense qu'aucun exercice n'est plus
capable d'échauffer tout le corps que le
chant. Après avoir parlé une heure, les
Prédicateurs sont tout en nage. Les poumons fatiguent plus dans le chant, le
discours & la lecture, que dans la course,
parce que la respiration doit être iné-
gale dans ces premiers exercices, pour
que la prononciation soit haute ou basse,
suivant l'exigence des cas. Il n'est donc

pas étonnant que ces Artistes soient essoufflés & se rompent quelquefois un
vaisseau dans la poitrine, comme je l'ai
vu derniérement chez un orateur célé-
bre S. J. qui, dans la convalescence d'une
maladie grave, ayant osé monter en chaire
pour prononcer un panégyrique, vomit
des flots de sang. Le même malheur est
arrivé à un savant professeur de Padoue,
qui avoit coutume de faire des leçons
publiques de plus d'une heure.

Il y a sur cet objet une excellente lettre
de Pline (a), où cet Auteur recommande
à Paulinus, son affranchi Zosime attaqué d'une hemoptysie & menacé de la
phtisie pulmonaire. Ce Zosime savoit
différents arts, entr'autres, lire & réciter parfaitement. Ayant parlé un jour
avec force & chaleur, il cracha du sang ;
& envoyé pour cette maladie en Egypte,
il en revint rétabli, mais avec une petite
toux qui indiquoit des restes de l'ancien
mal. Dans cet état, malgré qu'il eût
pendant plusieurs jours modéré sa voix,
il cracha encore une fois du sang ; c'est
à cette époque que Pline avertit Paulinus qu'il le reçoive & lui donne tous
ses besoins dans sa maison de campagne

_____

(a) L. 5, ep. 19.

T iij

située à Fréjus, & dont l'air ne pouvoit que lui être très-salutaire.

Je dois ici rapporter une précieuse sentence d'Hippocrate (*a*). « Tous ceux » qui exercent leur voix soit à parler, à » lire haut ou à chanter, agitent leur es- » prit. Le mot *animam* de ce passage ne signifie-t-il pas le sang? » Dans le chant, toute la masse de ce fluide est fortement agitée ; d'ailleurs on pense communé- ment que le sang est le siege de l'ame ; il y a même certains Auteurs qui le re- gardent absolument comme l'ame du corps (*b*). Les Musiciens avouent que le chant échauffe le sang ; & qu'après un opéra, ils rendent quelquefois au sortir de la scene, une urine sanglante. Hip- pocrate auroit - il voulu parler de l'air que nous expirons ? Cette derniere in- terprétation me paroît plus vraisembla- ble, parce que la voix est de tous les exercices celui qui agite le plus les or- ganes de la respiration (*c*).

(*a*) De diætâ, n. 26.

(*b*) Virgile a dit :

Purpuream vomit ille animam . . . .

Æneid., l. 9.

(*c*) Plaute a dit dans ce sens :

Fœtet anima uxoris meæ.

L'haleine de ma femme est d'une odeur dé- sagréable.

Les mêmes maux attaquent les Joueurs
de flûte, & de tous les autres instrumens à vent. La violente expiration qu'ils
emploient pour faire résonner leurs instrumens, leur en attire encore de plus
graves, comme des ruptures de vaisseaux dans les poumons, & des crachemens de sang subits. Diemerbroeck rapporte dans ses observations (*a*), une
histoire digne de compassion d'un Joueur
de flûte qui, poussé d'un désir violent
de surpasser ses Confreres, se rompit un
assez gros vaisseau du poumon, & expira
au bout de deux heures en vomissant
une grande quantité de sang.

Quant aux remedes qui leur conviennent, pour prévenir ou pour guérir les
hernies qui leur sont familieres, ils doivent porter un bandage, & rejetter comme inutiles les médicamens qu'on leur
vante ; tels que les linimens, les onguens,
les emplâtres, &c. Les bains d'eau douce
leur conserveront la voix ou en adouciront
la rudesse, comme aussi la térébenthine
de Chypre & le syrop qu'on prépare
avec cette substance. Galien leur recommande par-dessus tout les bains (*b*):

(*a*) Obs. med. , 56.
(*b*) 7 De comp. med. , 2 loc. , c. 1.

T iv

« Les Muſiciens, dit-il, qui ont forcé
» leur voix, & qui ont beſoin de s'en
» ſervir, les Joueurs de harpe, les Pa-
» négyriſtes, les Acteurs tragiques ou
» comiques, doivent prendre beaucoup
» de bains, & ſe nourrir d'alimens adou-
» ciſſans & relâchans »; mais dès que leur
poitrine eſt menacée de quelque maladie, ce qui ſe reconnoît à une petite toux
& à un changement du viſage & de l'embonpoint, il faut leur conſeiller d'abandonner leur état (1).

─────────────────────────

(1) Lanciſi, Albertini & Morgagni nous
ont laiſſé des obſervations de Joueurs d'inſtrumens à vent, attaqués d'anévryſmes dont *ils
moururent,* & dont ils ont attribué la cauſe
à cette eſpece d'exercice. Le dernier de ces
Médecins nous offre, dans l'épître 18, art.
22, 23, 24, l'hiſtoire d'un de ces Artiſtes qui
mourut ſubitement. On lui trouva un anévryſ-
me conſidérable à la croſſe de l'aorte, dont
les parois contenoient des lames ſemblables à
du ſuif, & qui ſe recouvroient l'une l'autre
à la maniere des pelures d'oignon.

Duiſingius & Fabricius ont vu des ulceres
aux poumons, & des adhérences de ce viſcere
à la plévre naître de cet exercice.

Les Muſiciens doivent donc jouer avec modération de leurs inſtrumens, & tâcher d'y
employer le moins d'efforts poſſible. Ils ne
peuvent cependant éviter les commencemens.
Rarement ceux qui apprennent à jouer de la
flûte, du baſſon, du hautbois, du ſerpent,

& de tous. les inftrumens à vent en général, font exempts de douleurs à la poitrine & de crachement de fang. Plufieurs même fe dégoûtent par cet accident , & ne veulent pas facrifier leur fanté à leur amufement.

Il eft des maux moins graves qui attaquent quelquefois les Muficiens , & dont nous devons les avertir ici. L'air humide & froid des foirées peut bleffer les organes de la voix & de l'ouie. Il y a des exemples de Muficiens qui ont perdu la voix en s'y expofant & en chantant le foir en plein air ou fur les eaux. Quant à la léfion de l'ouie , Sauvages rapporte deux faits affez finguliers, & qui dépendoient de la relaxation du tympan. Deux Muficiens, après avoir eu l'imprudence de refpirer cet air qui leur eft nuifible , entendoient deux fons au lieu d'un , ce qui détruifoit l'harmonie : l'un d'eux fut obligé d'abandonner fon inftrument , jufqu'à ce que la guérifon d'un rhume l'eût débarraffé de cette incommodité. Sauvages donne à cette maladie le nom de *paracufis duplicata*, la double ouie. Nofol. , t. 5 , p. 194.

Il faut auffi obferver que la Mufique dégénere quelquefois en paffion , & peut alors faire naître des maladies particulieres. La mufomanie a été obfervée par plufieurs Médecins ; on peut cependant tirer parti de cette paffion dans les maladies des Muficiens. Louis Roger, Médecin de Montpellier , a donné , en 1758 , une differtation *de vi foni & muficès iatrichâ*, dans laquelle il a détaillé les différens fecours que la Mufique peut fournir à la Médecine. Ainfi le bruit d'un tambour a guéri une fievre rémittente ; un concert a guéri un Muficien d'une fievre tierce , accompagnée de

T v

délire & d'insomnie ; un Maître de danse d'Alais, nommé Masson, fut guéri d'une maladie aiguë par le son d'un violon. C'est à cause de ce rapport avec la guérison de la maladie causée par la tarentule, que Sauvages a mis la musomanie dans le genre du Tarentisme. On peut voir dans une dissertation de M. Nicolas sur la Médecine morale, qui se trouve à la fin de son Ouvrage intitulé, *Cri de la Nature*, &c., quelques faits qui ont rapport à cet objet.

CHAPITRE XXXVIII.

Des Maladies des Laboureurs.

« Heureux le Laboureur ! Trop heureux, s'il
fait l'être (*a*) » !

TELLES font les paroles du prince
des Poëtes ; mais elles ne doivent s'entendre que des anciens Laboureurs qui
cultivoient leurs champs avec leurs
bœufs, & non de ceux de notre temps,
qui, labourant dès terres qui ne font
pas eux, ont à combattre & les fatigues
de leur état, & la pauvreté qui les accable. Les maladies qui tourmentent
ceux de l'Italie, & fur-tout en-deçà &
au-delà du Pô, font les pleuréfies, les
peripneumonies, l'afthme, les coliques,
les éréfipeles, les ophtalmies, les efquinancies, les douleurs & la carie des
dents, qui toutes reconnoiffent pour caufes occafionnelles, l'air & la mauvaife
nourriture. Dans les campagnes où ils
travaillent, ils font expofés aux intem-
peries de l'air, au vent du midi, à celui

_____

(*a*) *O fortunatos nimiùm fua fi bona nôrint*
Agricolas !

T vj

du nord ; ils ont à essuyer la pluie, la
rosée du matin & les ardeurs du soleil.
Ils sont baignés de sueurs ou transis de
froid ; & malgré leur constitution robuste, ils ne peuvent supporter tant d'alternatives impunément. A ces causes se
joint une nourriture très-mauvaise qui
engendre un amas d'humeurs épaisses &
glutineuses, d'où dépendent tous les
maux qui les assiégent ; bientôt un mouvement fébrile excité dans leurs fluides,
fait stagner les humeurs visqueuses dans
les vaisseaux de leurs poumons qui reçoivent tout le sang veineux ; aussi au
commencement d'une maladie des poumons épidémique, ce sont eux sur qui
elle donne, pour ainsi dire, le signal,
& qu'elle moissonne les premiers,
comme je l'ai plusieurs fois observé. De
la même cause naissent les coliques, &
l'affection hypocondriaque qu'ils appellent *il mal del padrone*, parce qu'elle a
quelques caractères de la passion hystérique. Les alimens grossiers & visqueux
déposent dans leurs premieres voies une
grande quantité de saburre pituiteuse &
acide, d'où naît facilement l'irritation
des intestins.

Les différens travaux de la campagne,
suivant la diversité des pays & des sai-

sons, fait varier leurs maux. En hiver & au
commencement du printemps, les maladies de la poitrine, les fluxions aux
yeux, les esquinancies régnent parmi
eux, & doivent leur naissance au sang
épais & visqueux qui coule lentement
dans ses canaux, & qui stagnant dans
différens endroits, y produit des inflammations. En effet, le sang qu'on leur
tire dans ces circonstances est si épais,
qu'il ressemble à de la cire par sa den-
sité & sa couleur.

Il n'y a, je crois, aucun genre d'hommes chez qui le sang éprouve des changemens si subits, que chez les Laboureurs; épais & glutineux au printemps,
lorsqu'ils ont la moindre maladie au
commencement de l'été, on le trouve
fluide & d'une couleur de rose animée.
Il faut donc que les travaux de la campagne aient une singuliere énergie, pour
changer subitement la crasse de leurs
humeurs; changement qui ne s'observe
pas de même dans les habitans des villes.

J'ai fait sur les paysans de nos cantons, & sur-tout sur leurs enfans, une
observation assez curieuse. Au mois de
Mars, vers l'équinoxe du printemps,
les enfans de l'âge de dix ans ou environ, sont attaqués d'une grande foiblesse

de la vue ; ils ne voient que très-peu pendant le jour, & vont errans dans les
campagnes comme des aveugles, sans
presque connoître leur chemin ; dès que
la nuit approche, leur vue revient un
peu. Cette maladie cesse sans aucun remede, &, environ vers le milieu d'A-
vril, leurs yeux reprennent leurs fonctions. Ayant souvent eu occasion d'examiner les yeux de ces enfans, j'ai vu
leur prunelle extrêmement dilatée. C'est
le mydriasis des Auteurs, sur la cause
duquel ils ne sont pas d'accord entr'eux,
comme on peut le voir dans Sennert,
Riviere & Platerus.

Gorræus dit (*a*) que cette maladie ne
diffère pas beaucoup de la paralysie de la
prunelle. Il me semble que les rayons
du soleil peuvent, dans le mois de Mars,
procurer une fonte dans le cerveau & les
nerfs de la vision, qui détruit le ton de
l'uvée & la fait tomber sur elle-même.
Les enfans de la campagne restent tout
l'hiver dans des étables chaudes & humides ; ils en sortent vers le printemps,
& exposent leur tête nue au soleil : alors
il se fait un écoulement d'humeurs,
qui dilate la pupille & rend la vue foi-

(*a*) De fin. Med.

ble , à cause de trop de rayons qui entrent dans l'œil. Sur la fin d'Avril , l'énergie de ces rayons augmentée résout les humeurs épanchées , & remet la vue dans son premier état , parce que la pupille se resserre & reprend sa premiere tension.

En été , les gens de la campagne sont attaqués de fievres ardentes , sur-tout lorsqu'ils sont brûlés par les chaleurs du Lion. En automne , les flux dysentériques les tourmentent , & sont produits par les fruits & les erreurs de régime. C'est dans cette saison qu'ils ont coutume de faire roüir dans des mares le chanvre & le lin. Les femmes occupées à retirer hors de l'eau les paquets de chanvre, & à les laver, sont obligées de se plonger jusqu'au milieu du corps dans les érangs & dans les lacs. Elles sont souvent prises de maladies aiguës après cet ouvrage impur , & elles meurent très-vîte, à cause du resserrement de la peau, de la suppression de la transpiration, & encore plus de l'altération qu'éprouvent leurs esprits animaux par la vapeur infecte qui s'éleve de ces eaux , & qui se répand dans le voisinage. C'est avec bien de la raison que les habitans des villes regardent ce temps pernicieux pour aller à la campagne, parce que toutes les maisons sont infectées de cette odeur exécrable. Le Pere Kirker (*a*) regarde cette exhalaison comme capable de faire naître des pestes dans les villes voisines. La virulence des vapeurs de l'eau où le chanvre a roüi, est assez démontrée par Schenckius dans ses observations, par Petrus à Castro (*b*), Simon Pauli (*c*), & d'autres. Les femmes hystériques savent d'ailleurs quelle est la force & l'énergie des différentes odeurs.

Le peu de soins que les Laboureurs ont de leurs demeures, contribue encore beaucoup à détruire leur santé. Telle est, par exemple, la mauvaise coutume où ils sont d'amasser le fumier pour les engrais devant leurs étables, & même devant leurs maisons qu'on pourroit appeller avec justice des toîts à porcs, & de les conserver pendant l'été comme par délices. Les exhalaisons fétides qui s'en élévent en grande abondance, gâtent l'air qu'ils respirent. Aussi Hésiode condamnoit-il le fumage des terres avec les excrémens, pensant qu'il falloit avoir

---

(*a*) Scrutin. pest., sect. 1, §. 1.
(*b*) L. 7, obs. 8, de feb. puncticul.
(*c*) Quadripart. Bot.

plus à cœur la salubrité que la fertilité.

P. Zacchias remarque que les Jardiniers sont souvent cachectiques & hydropiques ; forcés d'être continuellement dans des jardins humides par l'arrosement dont ils ont besoin, leur corps attire beaucoup d'humidité (1). Je me souviens d'avoir guéri un maraîcheux paralytique, dont l'une des jambes n'avoit plus de mouvement, mais étoit sensible, & dont l'autre avoit perdu la sensibilité, & conservoit encore de la mobilité. La décoction de gayac, & beaucoup d'autres remedes le mirent en convalescence, au bout de quelques années.

Voici une histoire que raconte Hippocrate (*a*) : « Le malade qui habitoit le

_____

(1) Une observation constante faite par beaucoup de Médecins, & qui peut jetter quelque jour sur la nature des fievres, c'est que dans tous les lieux humides, bas, marécageux, voisins des rivieres, des étangs, des mares, les fievres intermittentes sont très-communes & vraiment endémiques. Nous nous contenterons d'avoir indiqué ce fait dont nous sommes très-sûrs, sans vouloir en tirer aucune induction sur la cause de ces fievres. Nous ferons seulement observer que cette cause une fois bien connue, facilite & assure même le traitement qui convient à ces maladies.

(*a*) 3 Epid., ægr. 3.

» jardin de Déalcis, ressentoit depuis
» long-temps une pesanteur de tête, une
» douleur à la tempe droite, lorsqu'il
» fut attaqué d'une forte fievre à la suite
» de quelque dérangement, & obligé de
» garder le lit ». Galien, en cet endroit,
se fâche contre Sabinus, qui pensoit que
le mot *horto* avoit été ajouté au texte
d'Hippocrate, comme si c'eût été la cause
de la maladie; & il la rejette sur l'air des
jardins, gâté par le fumage & les exhalaisons dangereuses des arbres, du buis,
& des autres plantes semblables.

Ceux qui habitent au bord des plaines, ont les mêmes maladies; ces lieux
rendent, en effet, l'air insalubre par les
mêmes causes. De-là les Jurisconsul-
tes (*a*) ont décidé, qu'il est possible d'in-
tenter un procès à un voisin, qui veut
faire un pré d'un champ en friche. Aussi
les Cultivateurs des prés & les Faucheurs
de foin ont-ils des incommodités très-
graves.

Quels sont les secours que la Médecine peut donner à ces hommes dont l'u-
tilité est si grande? Il seroit ridicule de
leur proposer des précautions préservati-

(*a*) L. pratum, ff. de rer. & verb. signif. —
Zacch., loc. cit., n. 14.

ves, puifqu'ils n'ont jamais recours aux Médecins pour cet objet, & que d'ailleurs ils n'obferveroient pas ce qu'on leur prefcriroit. Je me contenterai feulement de faire quelques remarques utiles pour la guérifon de leurs maladies, lorfqu'on les a tranfportés dans les hôpitaux des villes, ou lorfque leur aifance leur permet de faire venir un Médecin chez eux. D'abord, dans la pleuréfie & dans les autres maladies de la poitrine, on aura foin de ne pas prodiguer les faignées comme chez les habitans des villes; leurs corps épuifés par le travail s'affaiffent facilement; leur fang eft prefque tout gélatineux, & contient peu d'efprits: lorfqu'on le fait couler à grands flots, leurs forces fe diffipent aifément, & il ne leur en refte pas affez pour fupporter la maladie, & pour qu'elle puiffe fe terminer par les crachats. Je fais que plufieurs Médecins penfent qu'on peut faigner fans crainte, lorfque le fang paroît épais, afin de lui procurer plus de mouvement. Cela leur eft très aifé à dire; mais qu'ils apprennent du favant Bellini (*a*) combien il faut de précautions pour opérer, par la faignée, une di-

_____

(*a*) De fang. miffion., prop. 6.

motion du sang de la partie où il y est amassé en trop grande quantité. Il est certain que ce fluide ne se meut pas dans ses canaux par lui-même, ou par la force de sa gravité, mais par l'effort violent des esprits poussés par l'action du cœur; c'est pour cela que, quand les esprits sont affoiblis, la saignée; loin de pouvoir augmenter le mouvement du sang, ne fait que le diminuer & le ralentir.

Baillou (*a*) recherche pourquoi les servantes & les domestiques, dont le corps est dur & robuste, & dont la santé est vigoureuse, sont plus accablés par les purgatifs & les saignées, que leurs maîtres qui sont plus foibles & plus délicats. Il croit que cela vient de ce que leurs corps durs, épais, distendus par des viscères robustes, résistent à l'action des purgatifs, & ne retirent pas une grande utilité des saignées; cela peut se rapporter aux gens de la campagne. Hippocrate décrit aussi (*b*) une certaine constitution où les femmes esclaves étoient attaquées de l'angine, & en mouroient; ce qui n'arrivoit point aux filles libres. Ce n'est donc pas seulement le tempé-

---

(*a*) L. 1, ep., p. 96.
(*b*) 7 In 6 Épid.

rament du malade, mais encore sa manière de vivre, le métier qu'il exerce, qui doivent entrer pour beaucoup dans l'observation des maladies & dans leur traitement.

Il se commet donc beaucoup d'erreurs dans la guérison de ces hommes, parce que l'on s'imagine qu'en raison de leurs forces, ils peuvent supporter des remedes puissans plus facilement que les habitans des villes. J'ai souvent vu avec pitié, des pauvres Laboureurs transportés dans les hôpitaux, confiés à des jeunes Médecins à peine sortis des écoles, qui les épuisent par les cathartiques violens & les saignées répétées, sans faire la moindre attention à leur peu d'habitude à prendre des remedes actifs, ni à la foiblesse produite par leurs travaux excessifs. Aussi ces malheureux aiment-ils mieux succomber à leurs maux dans les étables, que de périr à force de saignées & de purgatifs dans des hôpitaux. Chaque année, après la moisson, ces lieux publics sont pleins de Moissonneurs malades; & il n'est pas aisé de décider si la faux de la mort en immole plus que la lancette du Chirurgien.

J'ai souvent été étonné comment beaucoup d'entr'eux échappent aux maladies

aiguës qui les attaquent, (je ne dirai pas
fans remedes, car, dans ce cas, je ne
m'en étonnerois pas), mais en mangeant
beaucoup & plus qu'à leur ordinaire. En
effet, dès que les payfans font malades,
malgré la pauvreté dans laquelle ils gémif-
fent, leurs parens, leurs amis les viennent voir en foule, leur apportent des
œufs, des poulets, & les mets qu'ils en
apprêtent, ou les guériffent ou les déli-
vrent plutôt d'une vie que la mifere leur
rend a charge; auffi a-t-on coutume de dire
dans notre pays, que les gens de la campagne vont à l'autre monde après avoir
été raffaffiés & remplis de nourriture,
tandis que les habitans des villes meurent de faim & de jeûne au milieu des
tourmens que les Médecins leur font
éprouver.

Dès qu'ils entrent en convalefcence,
ils reprennent leur premier train de
vie, & fe bourrent d'ail, d'oignons qui
leur tiennent lieu de mets fucculens &
analeptiques. Je croirois volontiers que
ces fubftances âcres font l'office de médicamens, & que leur eftomac & leur
fang tournant à l'acide après les travaux
& les fatigues de l'été, les oignons &
l'ail, comme tous les remedes anti-fcorbutiques, font propres à diffoudre ce

gluten, & à émouffer cet acide. J'en ai
connu beaucoup qui, par l'ufage de l'ail
& des oignons avec du bon vin, fe font
guéris au milieu de l'hiver des fievres
tierces dont ils étoient attaqués.

Galien rapporte (*a*) l'hiftoire d'un
payfan qui fe guérit de la colique de la
maniere fuivante. Il fe ceignit fortement, mangea enfuite de l'ail avec du
pain, continua fon travail pendant tout
le jour, & fut délivré de fon mal. « C'eft
» pourquoi, dit Galien, j'appelle l'ail la
» thériaque des Payfans, & je penfe que
» fi on en interdifoit l'ufage aux Thra-
» ces, aux Gaulois, ou à ceux qui habitent
» des pays froids, on leur nuiroît in-
» finiment ». Nos Laboureurs ont un
autre remede pour la colique, ils prennent & pilent les feuilles d'ivette (1),
& ils en font un cataplafme avec des

(*a*) 12 Met., c. 8.

(1) L'ivette eft une plante échauffante, qui
ne pourroit tout au plus convenir que dans la
colique venteufe. Elle feroit même très-dan-
gereufe dans la colique inflammatoire. Les
Auteurs de matiere médicale la rangent parmi
les médicamens vulnéraires, céphaliques,
hyftériques, &c. Ils la recommandent dans le
rhumatifme, la paralyfie, les affections ca-
tarrhales, &c.

jaunes d'œufs, qu'ils appliquent sur le
ventre.

On trouve dans Hippocrate une histoire assez curieuse (*a*); voici ses propres paroles : « Il y a des situations qui
» soulagent. Ainsi un homme qui tra-
» vailloit l'osier étant attaqué de dou-
» leurs vives, se trouva mieux en s'ap-
» puyant fortement sur l'extrêmité d'un
» bâton (*b*) ». Hippocrate n'ayant pas
indiqué le lieu de la douleur, Galien,
dans son Commentaire, pense que c'étoit
la main. Vallesius imagine que ce malade avoit une colique, & qu'il com-
prima avec le bout d'un bâton le lieu
de la douleur, où il avoit un sentiment
pareil à celui que causeroit un croc de
batelier enfoncé dans le ventre. Il dit
que de telles douleurs diminuent « par
» une compression forte ; par le mouve-
» ment du corps, & le changement de
» figure » moyens que la nature indique
elle-même, puisqu'on cherche à se sou-
lager en portant la main ou le poing sur
l'endroit douloureux ; ce qui empêche

_____

(*a*) ; In 6 Epid.
(*b*) *Figura magis allevantes ; velut qui sar-
menta manu nectebat & obtorquebat, præ dolori-
bus decumbens, correptâ paxilli summâ parte
seipsum infixâ inhærebat, melius habuit.*

&

& la diftenfion & l'élévation de cet endroit. C'eft ainfi qu'Hippocrate recom-
mandoit la compreffion avec la main
dans les affections hyftériques, afin de
contenir la matrice dans fes limites;
remede que j'ai éprouvé être très bon,
& furpaffer en qualité tous les médicamens hyftériques.

Pour réfumer fur ce que nous avons
dit affez au long de la guérifon des Laboureurs, l'expérience & la raifon nous apprennent que leurs corps brifés par le
travail & mal nourris, font épuifés par
des faignées trop grandes & trop répétées, auffi bien que par des purgatifs
trop réitérés, & qu'ils fupportent plus
facilement les vomitifs. Les ventoufes
fcarifiées font des merveilles dans leurs
fievres continues, foit à caufe de la confiance qu'ils y mettent, foit à caufe d'une
vertu qui nous eft cachée. Les alexipharmaques qui leur conviennent, doivent être pris dans la claffe des remedes volatils. On imite en cela la nature
qui les rend fujets aux fueurs copieufes
en hiver & été, comme cela s'obferve
chez les hommes qui font des exercices
violens. Dès qu'ils ont vaincu la maladie
& qu'ils font entrés en convalefcence,
on doit leur permettre de retourner dans
V

leurs chaumieres, & de reprendre leur
façon de vivre accoutumée, & se sou-
venir que Platon (*a*) se moquoit avec
raison du Médecin Hérodicus qui vouloit prescrire des regles diététiques aux
Ouvriers.

Telle est la méthode simple & pré-
cise dont je crois qu'on doit se servir
pour traiter les habitans de la campagne, qui, sans cette cure accélérée, lan-
guissent & deviennent plus malades à
force de médicamens (1).

(*a*) 3 De Repub.

(1) La mauvaise nourriture & les changemens subits de l'air sont deux causes puissantes
qui, malgré la salubrité de la campagne, agissent sur ses habitans, & les exposent à des
maladies graves & souvent épidémiques. Ramazzini a décrit une fievre tierce qui a attaqué
les gens de la campagne en 1690, & qui ne
s'est point répandue dans la ville de Modene.
Ces épidémies ont leur caractere particulier;
& c'est aux Médecins, qui sont à portée de
les observer, à en donner l'histoire.

Quant aux travaux de la campagne, ils sont
de nature à incommoder peu les hommes qui
s'y livrent. Il n'y a que le long & pénible
exercice de certaines parties qui puisse les affecter. Ainsi les Terrassiers, les Vignerons, les
Moissonneurs, &c., qui sont obligés de se
tenir sans cesse courbés, restent dans cette situation gênante lorsqu'ils sont parvenus à un
certain âge. On voit souvent, parmi ces Ou-

vriers, des vieillards pliés en deux, & hors
d'état de travailler. Lorsque ce mal est ancien,
il n'y a absolument aucun remede à y apporter. Peut-être ces hommes pourroient-ils le
prévenir en se courbant moins qu'ils ne font
dans leurs travaux, en se redressant de temps
en temps, & en se faisant tous les jours, sur
l'épine, des frictions douces avec une flanelle
imbibée d'huile récente.

Il en est de même des mains de ceux qui
manient la bêche, la houe, & tous les instrumens du labourage. Leurs doigts deviennent
peu-à-peu crochus, se roidissent dans cet état,
de sorte qu'ils ne peuvent plus les redresser.
Ces maux sont inévitables, & il n'y a que
l'interruption & le repos dans leur ouvrage,
qui pourroit les en garantir.

Mais les gens de la campagne ont encore
moins à craindre les maladies qui les attaquent, que les abus qu'ils commettent, ou
qu'ils laissent commettre par des gens grossiers
& sans connoissance auxquels ils donnent leur
confiance. Il y a, dans les provinces, de ces
hommes sans état, qui, avec des certificats
souvent falsifiés, vont guérissant ou plutôt
tuant tout ce qu'ils rencontrent. Les remedes
incendiaires & âcres, qu'ils vendent cher aux
malheureux paysans, rendent leurs moindres
maladies mortelles; & le seul mérite de ces
Charlatans, c'est de promettre la guérison
qu'ils ne tiennent pas. Il vaudroit mieux cent
fois ne rien faire du tout, que d'avoir recours
à de pareils remedes.

Lorsque les habitans des campagnes sont
pris de fievre ou de mal-aise, ils doivent faire
diete, ou au moins diminuer beaucoup leurs
alimens, boire de l'eau pure, ne pas s'étouf-

fer sous les couvertures, ouvrir les fenêtres
de leurs chambres, écarter la foule de leurs
parens qui viennent, par leurs haleines, corrompre encore l'air mal-sain qu'ils respirent :
ils doivent aussi, lorsque le voisinage leur permet, appeller à leur secours des Médecins,
qui tous se font un devoir de visiter & de
donner leurs soins aux malheureux comme
aux riches.

Les Curés, les Syndics des villages, &
tous les gens à portée de veiller à la conservation de leurs habitans, peuvent leur être très-
utiles, en écartant les Charlatans & tous les
Guérisseurs sans titre, & en puisant dans l'*Avis
au peuple*, de M. *Tissot*, & dans la *Médecine
domestique du Docteur Buchan*, *traduite par*
M. *Duplanil*, des connoissances précieuses,
pour traiter eux-mêmes les malheureux qui périssent quelquefois faute de secours.

Il y a encore bien des préceptes à donner
aux habitans de la campagne, mais que les
bornes que nous nous sommes prescrites ne
nous permettent pas de détailler ici. Nous terminerons cette note par deux avis importans.

1°. Ils s'exposeront le moins qu'ils pourront aux chaleurs du soleil, de peur de subir
le sort de ces deux Moissonneurs dont parle
le Baron Vanswieten, qui, pour avoir dormi
nue tête sur du foin à l'ardeur du soleil, moururent, en vingt-quatre heures de temps,
d'une inflammation des membranes du cerveau.

2°. Ils auront soin de ne pas boire de l'eau
de source qui est très-froide, lorsqu'ils se
trouvent altérés par leurs travaux, mais d'attendre un peu & jusqu'à ce qu'ils aient moins
chaud. De l'eau raisonnablement fraîche,
avec un peu de vinaigre, est une boisson salutaire, & qui les désaltérera très-bien.

CHAPITRE XXXIX.

Des Maladies des Pêcheurs.

Si les gens de la campagne qui labou-
rent & enfemencent les terres, font vivre les peuples en leur fourniffant les
biens de premiere néceffité, les Pêcheurs
en épuifant les mers & les fleuves de
leurs habitans, contribuent auffi à les
nourrir & à orner leurs tables. Le Conti-
nent feul ne fuffiroit pas pour alimen-
ter une fi grande quantité d'hommes,
fi la mer ne leur fourniffoit pas l'énorme
quantité de poiffons qu'elle nourrit dans
fon fein; c'eft pour cela que les villes
maritimes & les ports de mer fouffrent
moins des ravages de la mifere, que les
régions méditerranées. Il y a certains
peuples ictyophages qui ne vivent que
de poiffons, tels font les habitans de la
Mer Rouge, qui font cuire les poiffons
fur des pierres échauffées par les rayons
du foleil, & qui s'en nourriffent comme
de pain. La Médecine doit donc avoir
autant de foin des Pêcheurs que des Laboureurs, lorfqu'ils font attaqués de
quelque maladie, (ce qui leur arrive
V iij

assez souvent), puisque, suivant Hippocrate, cet Art doit ses secours à tous les hommes. Lorsqu'un Médecin aura un Pêcheur à guérir, il fera bien de repasser en lui-même les maux & les difficultés de ce métier, les vents qu'ils sont obligés d'essuyer, les froids rigoureux des hivers, & les chaleurs excessives de l'été qu'ils supportent ; leur maniere de se nourrir, leur genre de vie irrégulier, le travail qu'ils sont forcés de faire la nuit, tandis que les autres Ouvriers se reposent des fatigues de leurs ouvrages de jour. Ainsi les Apôtres se plaignoient au Sauveur du Monde de n'avoir pris aucun poisson pendant la nuit. Le sort de ces hommes est donc digne de compassion. Souvent une petite nacelle fait toute leur demeure ; & quand ils sont malades, ils se font transporter dans les hôpitaux, dont les Médecins ne peuvent les guérir comme il convient, s'ils ne connoissent pas leur métier.

Leurs habits continuellement humides, les rendent sujets à toutes les maladies qui dépendent de transpiration supprimée, comme aux fievres aiguës, aux pleurésies, péripneumonies, à la toux, la dyspnée, & aux autres maladies de la poitrine ; les poissons les plus communs dont ils se nourrissent, réservant les plus rares & les plus chers pour la bouche des Grands comme ce turbot dont parle Juvenal (*a*), leur donnent une apparence cachectique, & les fait tomber dans l'hydropisie. « Les alimens foibles rendent la vie courte », a dit Hippocrate (*b*), ou bien, suivant Vallesius, ne concourent pas à la prolonger ; c'est pour cela que Levinius Lemnius (*c*) a écrit que, quand on mangeoit du poisson, il falloit manger en proportion plus de pain, parce que la premiere de ces nourritures se putréfie très-vîte. Leurs jambes sont aussi attaquées d'ulceres très-difficiles à guérir, à cause des lieux humides où ils habitent (1). Les ulceres

_____

(*a*) Satyr. 4.

(*b*) 5 In 6 Epid. , tex. 20.

(*c*) De occ. nat. mirac. , l. 2, c. 21.

(1) Nous avons eu occasion de voir un exemple de cette vérité. Un de ces Ouvriers qui tirent le bois hors de l'eau, se blessa à la jambe, qu'il tenoit plongée dans l'eau, avec une espece de hache qui leur sert à séparer les bûches des trains. Le soir, sa jambe s'enflamma, & il ne put le lendemain retourner à son ouvrage. Les cataplasmes, une saignée, calmerent pour l'instant les accidens : mais comme ils devinrent de plus en plus violens, on

des Pêcheurs d'eau douce, de rivière &
d'étang, sont très-différens de ceux qui
attaquent les Pêcheurs sur mer ; ceux
des premiers sont sales, dégénérant facilement en gangrene ; ceux des autres
sont secs & livides, comme nous le fait
remarquer Hippocrate (a), qui propose,
pour la cure de ces ulceres, une fomen-
tation d'eau salée. Ce passage avoit besoin d'explication. En effet, il paroît

---

fut obligé de faire une incision à l'endroit
blessé, on le traita méthodiquement & comme
une plaie simple. Malgré tous les soins possibles, le mal ne s'adoucissoit pas ; & la plaie,
loin de se cicatriser, fit des progrès, & se
creusa des clapiers qu'on ouvrit. La pierre à
cautere, appliquée à cette époque, procura
une suppuration abondante & longue : enfin,
au bout de plus de deux mois, l'ulcere se ci-
catrisa avec peine ; le malade, à l'instant où
nous écrivons, marche encore difficilement,
& sa jambe enfle tous les soirs. Il éprouve du
mieux par des embrocations de gros vin avec
des plantes aromatiques : on ne peut douter
que la longueur de cette maladie n'ait été
produite par l'eau bourbeuse & sale qui péné-
tra par la plaie, parce que le blessé eut l'imprudence & le courage de rester dans l'eau
après sa blessure ; d'ailleurs le relâchement
qu'un bain continuel & sale doit apporter dans
toutes les fibres des jambes, a dû aussi contribuer à la lenteur de cette cicatrisation.

(a) In lib. de humid. usu, n. 7.

d'abord peu conforme à la raison de fe
fervir d'eau falée qui irrite par fon âcreté,
& ne peut qu'augmenter le flux des humeurs vers ces ulceres fecs & livides.
Mais Martianus démontre qu'Hippocrate
a eu raifon de prefcrire ce remede, parce que les ulceres des Pêcheurs en mer
étant durs & fecs, l'irritation produite
à propos, doit les conduire à la fuppu-
ration, le feul moyen de guérifon dans
ce cas-là. Galien fait à ce fujet la mêmɔ
remarque (*a*) : il faudra traiter autrement les ulceres de ceux qui pêchent
dans les fleuves & les étangs ; les médicamens defféchans leur conviennent,
puifque, fuivant Hippocrate (*b*), « un ul-
» cere fec eft plus près de la guérifon qu'un
» humide ». Les Pêcheurs en mer ont aufli
coutume d'avoir le ventre ferré, quoiqu'ils foient plus grands mangeurs que
ceux qui vivent fur terre. Vanhelmont (*c*)
qui a obfervé ce phénomene, en rapporte la caufe à l'air imprégné de particules falines, qui aiguifent l'appétit &
refferrent en même temps le ventre, &
au mouvement des eaux qui renouvelle

(*a*) De fimpl. Med. fac. , l. 1, c. 7.
(*b*) De ulcerib.
(*c*) Blev. hum. , n. 36.

continuellement l'air , & augmente la
fermentation du fang. Ainfi les lavemens
d'eau falée font rendre beaucoup de matiere, mais occafionnent un defféchement
après l'évacuation qu'ils procurent. On
trouve dans Hippocrate (a) un paffage
remarquable où il dit, « qu'on fe trompe
» fur les propriétés des eaux falées, &
» qu'on les ignore abfolument, en di-
» fant qu'elles font capables de lâcher
» le ventre , puifqu'au contraire elles
» produifent un effet oppofé à ces éva-
» cuations ». Combien donc font éloignés des préceptes de notre divin maître, ceux qui, lorfque le ventre eft refferré, prefcrivent des clyfteres âcres, &
où le fel entre en grande quantité. Pour
cette maladie des Pêcheurs, il faut préférer les lavemens émolliens & huileux,
les doux relâchans , & les purgatifs peu
actifs.

Les Pêcheurs font encore fujets à
l'engourdiffement des bras & des pieds,
lorfqu'ils prennent une torpille dans leurs
filets; la mer a fes animaux vénimeux
comme la terre, & Pline en a fait mention (b). Si l'on en croit Diofcoride,

(a) De aërib., aq. & locis, n. 16.
(b) Hift. Nat., l. 9, c. 88.

Mathiole , Pline , & quelques autres Naturalistes , cette maladie ne se gagne pas seulement par le contact du poisson , mais encore par une vapeur vénimeuse qui se communique au bras du Pêcheur par sa ligne ou son javelot (1). Mais Etienne Lorentinus a prouvé par un grand nombre d'expériences , que cet engourdissement n'est produit que par le contact immédiat de ce poisson , & non de toutes

---

(1) Cette propriété de la torpille , découverte depuis quelque temps dans un autre poisson , *l'anguille tremblante de Cayenne* , & qui existe peut-être dans plusieurs animaux , a beaucoup d'analogie avec les phénomenes produits par l'électricité. Cette espece de commotion que la torpille donne lorsqu'on la touche , se fait encore ressentir avec plus de force par le contact de l'anguille tremblante ou électrique. Ses effets durent plus ou moins long-temps , & sont plus ou moins vifs , suivant le dégré de sensibilité & d'irritabilité du sujet qui la reçoit absolument comme dans la commotion électrique. Est-elle due , ainsi que cette derniere , à un fluide qui a ses propriétés & ses loix particulieres ? On assure que l'anguille tremblante , observée à Londres , a donné une étincelle avec la commotion. Nous connoissons un Médecin Naturaliste qui soupçonne que ces poissons respirent le fluide électrique. Il n'y a que des observations ultérieures & suivies qui puissent autoriser cette conjecture ingénieuse & d'ailleurs vraisemblable.

les parties de son corps, mais seulement
de certains muscles faits en forme de
faulx. Sennert a traité assez au long de
la qualité engourdissante de la torpille,
& des remedes qu'il convient d'employer, lorsqu'on a touché ce poisson (1).

_____

(1) Pour éviter les maux que procure l'humidité, Hecquet & les Auteurs du *Dictionnaire de Santé* conseillent aux Mariniers, &
à tous les Ouvriers qui travaillent sur l'eau ou
dans l'eau même,

1°. De se couvrir le mieux possible, de
porter sur leurs habits une capote de toile ci-
rée, & de garnir leurs jambes de bottines.

2°. De changer de linge après leurs travaux, & de se faire des frictions devant le
feu.

3°. D'avoir dans leurs poches un mêlange
d'eau & d'eau-de-vie, un poisson de cette
derniere sur une pinte d'eau, & d'en boire un
coup si-tôt qu'ils se sentent saisis de froid.

4°. De prendre du tabac, ou de le fumer,
afin de se garantir des mauvais effets de l'air
épais & mal-sain qu'ils respirent sans cesse.

Ces hommes sont aussi exposés à périr dans
l'élément qui les fait vivre. S'ils n'ont resté
dans l'eau que quelques heures, on doit leur
administrer les moyens suivans, & espérer de
les rendre à la vie. On doit les couvrir en sortant de l'eau, les approcher du feu par dégrés, leur faire des frictions par tout le corps,
leur faire respirer des eaux spiritueuses de
l'alcali volatil. On pourra introduire l'air dans
leur trachée-artere de bouche à bouche, ou

bien par le moyen d'un tuyau. On les cou-vrira de cendres, ou de fable chaud, de fien-tes deffechées, de fel marin en poudre ; &, lotfqu'ils auront donné des fignes dé vie, on aura recours aux faignées, on les fera vomir avec les potions émétifées, l'oxymel fcillitique, & on finira la cure en foutenant la circulation, & ranimant les forces vitales par le vin & les cordiaux. Les boëtes fumigatoires, dépofées dans tous les corps-de-garde, feront de la plus grande utilité dans ces cas malheureux. Ce fecours néceffaire prouve que le Gouvernement a les yeux ouverts fur la fanté publique, & que fa fageffe ne laiffe rien à defirer fur les befoins des citoyens.

On trouvera beaucoup de détails fur cet objet important, dans les Ouvrages que M. Pia a publiés fur les moyens de rappeller les noyés à la vie.

CHAPITRE XL.

Des Maladies des Armées.

L'ART Militaire qui difpute de rang
& de nobleffe avec les Belles Lettres,
auffi bien que du droit de faire paffer le
nom des hommes à la poftérité, me paroît différer effentiellement des autres
Arts, en ce que ceux ci s'occupent du
foutien de la vie, & qu'il paroît inftitué
pour en trancher le fil, ou pour en diminuer le cours. De notre temps, il n'y
a affurément aucun genre de vie plus malheureux que celui des foldats foudoyés,
foit dans les Armées, foit dans les fie-
ges, ou dans les quartiers d'hiver ; la dif-
cipline militaire qui s'eft relâchée fur
l'entretien de la fanté des foldats, contribue beaucoup à leur malheur. Les
triftes reftes de ceux qui ont échappé
au fer & au feu après les expéditions,
ont fouvent à craindre des maux encore
plus formidables ; & on a vu quelquefois le dixieme d'une Armée immolée
par une maladie épidémique. De là la
célébrité ou plutôt l'infamie de ces fievres des camps, & de plufieurs autres

maladies mortelles & contagieuse. Telle
est, entr'autres, la fievre de Hongrie
qui s'est montrée pour la premiere fois,
en 1566, dans la guerre de Pannonie, de
l'Empereur Maximilien II, contre Soli-
man, fievre dont Sennert nous a donné
une excellente description (1). Ce Médecin la nomme fievre militaire ou des
camps, & en attribue la cause aux alimens de mauvaise qualité, aux eaux corrompues, dont on a fait usage, aussi bien
qu'aux veilles, aux travaux excessifs, aux
intempéries de l'air, à la pluie, la chaleur, le froid, aux terreurs inopinées,
& à mille autres maux semblables qui
ne sont bien connus que de ceux qui en
ont fait la funeste expérience.

Rien, selon moi, n'est plus capable
de faire naître ces maladies, que la mal-
propreté & le peu d'ordre qui regne dans
les camps. Autrefois chez les Israëlites;
une loi divine défendoit aux soldats de
satisfaire aux besoins naturels dans leurs
camps, & leur enjoignoit de creuser à cet
effet un trou dans un endroit écarté (a),

---

(1) Il y a aussi un Traité particulier de
Teïchmeyer sur cette maladie, intitulé : *De
morbo Hungarico, seu febre Castrensi. Jenæ,
1741.*

(a) *Habebis locum extrà castra ad quem*

& de recouvrir leurs excrémens de terre;
chaque soldat avoit à son côté un bâton
pointu pour cet usage. J'ai appris que
cette loi étoit encore en vigueur parmi
les Turcs, dont les Armées sont entre-
tenues avec la plus grande propreté. Je
n'ai jamais pratiqué dans les camps,
mais j'ai appris par des Médecins des
Armées, que dans ces lieux, il regne une
odeur si affreuse, que rien n'est compa-
rable à sa fétidité; il n'est donc pas étonnant qu'il y naisse des maladies particulieres inconnues dans tout autre lieu,
& qui demandent un traitement particulier : plusieurs savans Médecins ont
écrit sur ces maladies. Tels sont Mindererus qui a donné un Traité sur la Médecine Militaire ; Henri Screta qui a
décrit une fievre maligne des camps, &
le savant Antoine Portius qui a fait un
ouvrage sur la maniere de conserver la
santé des soldats dans les camps (1).

egredieris ad requisita natura , & habebis paxil-
lum cum armis tuis, cùmque federis per circui-
tum & egesta operies, quo relevatus est; Deus
enim ambulat in medio castrorum.

Deuteron., cap 23.

(1) Plusieurs autres Médecins avoient écrit
sur les maladies des Armées avant ceux que
Ramazzini cite. Voyez la note à la fin de ce

Je me figurois que la Médecine des camps étoit bien différente de celle des villes ; qu'elle n'avoit pas de loi, & qu'on y prefcriroit des remedes avec une affurance qui tenoit de la témérité. Je m'imaginois qu'à l'inftar de la maniere de vivre de ces lieux, l'art de guérir y devoit être prompt ; que l'occafion étant précipitée, l'expérience devoit être funefte ; & qu'enfin un Médecin ne pouvoit pas faire tout le bien qu'il defireroit, à caufe des hafards & des événemens inopinés, auffi bien que du changement fréquent de campement ; ce qui doit empêcher les malades eux-mêmes de s'y prêter. Mais le célebre George Erricus Barfntorff, premier Médecin du Duc d'Hanovre, m'a appris, lorfqu'il vint à Modene, que la Médecine des camps n'étoit pas fi groffiere ni fi inexacte qu'on le croit communément, parce que les Princes & Généraux d'Armées, pour leur bien & celui de leurs foldats, paient à grands frais des Médecins habiles, & fe muniffent d'un affortiment complet de remedes. Ainfi

---

chapitre. Il paroît qu'il a choifi ces trois Auteurs de préférence, & qu'il les a indiqués comme les meilleurs de fon temps.

dans la guerre de Troye , le célebre
Machaon secouroit les Grecs. Ce Médecin savant (Barsntorff) qui a assisté en
Hongrie les troupes de Brunswick & de
Lunebourg dans cinq camps différens,
m'a appris beaucoup de faits intéressans,
que je me fais un devoir de publier ici,
& dont je lui dois l'hommage.

Outre les blessures qui sont les ré-
compenses des Militaires , toutes les
maladies des camps peuvent se rapporter à deux principes , suivant l'illustre
Medecin, à qui je dois ces détails ; savoir,
à la fievre maligne & à la dyssenterie,
dont elles ne sont que des acolytes, &
dont elles reconnoissent l'empire. Il en
rapporte la cause prochaine & immédiate à un miasme virulent, reçu dans
la masse du sang, & combiné avec ce
fluide, & la cause occasionnelle à la
longueur du campement dans le même
lieu, aux cadavres des hommes & des
animaux, & à leurs excrémens qu'on
n'enterre pas , & qui sont capables de
corrompre l'air par les exhalaisons pernicieuses, & de porter la mort dans le
foyer de la vie. Il attribue cette malignité
à un acide impur volatil & très actif qui
détruit & altere la nature des esprits &
des humeurs par un mouvement de fer-

mentation qu'il y excite. Il dit que les fievres malignes commencent ordinairement vers la fin de l'été, & qu'elles font fuivies de cephalalgies, de délires, de convulfions, de flux colliquatifs, comme la caufe l'eft de fes effets. Il a obfervé qu'elles abandonnent les camps & battent en retraite, dès que les nuits commencent à être froides, parce que le foleil s'éloignant, l'air fe refferre, concentre en un foyer particulier les vapeurs fétides, & fait cefler la malignité en même temps que ces vapeurs fe diffipent, & que l'acide folaire diminue d'activité.

C'eft donc dans l'air corrompu & infecté, qu'eft femé ce germe de malignité, qui produit & entretient la fievre des camps; de forte que s'il y a quelques maladies à qui le *quid divinum* d'Hippocrate convient, ce font affurément les fievres des camps qui le méritent (1). On peut

_____

(1) C'eft encore une queftion de favoir fi l'air contient des molécules contagieufes, & s'il fuffit feul pour donner des maladies de cette nature à des hommes fains d'ailleurs. Il y a cependant quelques maladies dans lefquelles il eft prouvé que l'air ne fait rien pour leur production; telles font, par exemple, la vérole, la rage, & la petite vérole. M. Paulet, qui a donné une hiftoire très-complette de cette derniere maladie, prouve dans fon

dire la même chose des remedes qu'on
y emploie. Hippocrate nous apprend
lui-même que les malades où il recon-
noissoit ce quelque chose de divin, devoient leur naissance à l'air (*a*); ce pere

---

dernier Ouvrage, *Le seul Préservatif de la
petite vérole*, que l'air seul ne peut la communiquer, & que le virus qui lui donne naissance est d'une nature fixe, & doit être porté
en substance dans nos humeurs pour produire
ses effets. Mais doit-on conclure de-là que la
contagion de toutes les autres maladies ré-
side de même dans des molécules fixes qui ne
peuvent être volatilisées ? Ne peut-il pas se
faire que les miasmes virulens soient assez
subtiles pour voltiger dans l'air, & être portés par ce fluide dans notre corps, qu'il pénétre si facilement & en si grande quantité ?
Le pus variolique, par exemple, desséché &
réduit en poussiere, donne la petite vérole,
pris par le nez comme du tabac : ne peut-on
pas concevoir que des molécules de cette
poussiere peuvent être assez ténues pour être
suspendues dans l'air, & obéir à ses différentes impulsions ? On ne peut encore rien établir de certain à cet égard. Il y a, il est vrai,
de fortes présomptions pour la puissance de
l'air dans les maladies contagieuses, d'une
nature très-maligne, comme la peste : cependant l'on manque de preuves décisives, & l'on
ne peut encore combattre victorieusement l'o-
pinion de ceux qui regardent l'air comme innocent dans tous ces cas.

(*a*) De flat., n. 4.

de la Médecine attribue le principe des maladies au Ciel & à l'air , & appelloit cet élément l'auteur & le maître des événemens qui arrivent à nos corps. Vanhelmont (*a*) a entendu par ce *divinum*, la propriété admirable de fon ferment. Le célebre Barfntorff remarque qu'Hippocrate, dans fon Livre des Maladies (*b*), appelle αιεπιτηδειαν le principe des maladies dû au Ciel,' & qu'il s'eft fervi du même mot dans fon Livre de la Médecine Ancienne (*c*), pour défigner une humeur acide oppofée à une douce ; ce qui démontre qu'on peut expliquer convenablement la contagion prife de l'air par un acide volatil.

Les fymptômes précurfeurs de ces fievres font un trouble, un ennui de la vie & de foi - même, que les malades éprouvent un ou deux friffons légers, indices certains du miafme virulent qu'on a contracté. Ceux qui l'accompagnent font l'infomnie, le délire, une grande chaleur, des anxiétés dans les entrailles, une envie de dormir accablante, des douleurs de tête, & fouvent des fueurs jufqu'à l'état de la maladie.

(*a*) In ign. hofp.
(*b*) L. 4, n. 26.
(*c*) N. ultim.

Il faut avoir la plus grande attention, suivant notre Auteur , à la présence ou à l'absence de cette sueur, pour porter un pronostic assuré sur la suite de la maladie. Le pouls grand qui l'accompagne même dès le commencement, donne une espérance certaine de salut, malgré les symptômes dangereux qui tourmentent le malade ; tandis que ceux dont la maladie paroît plus douce, & qui n'ont point de sueur, meurent sans qu'on s'y attende. Il ne faut pas non plus s'inquiéter tant si elle ne paroît pas dans les jours critiques , puisque Hippocrate nous apprend que toute sueur est bonne, lorsqu'elle rend la maladie moins grave.

Quant à leur cure, il atteste que la saignée y fut presque toujours funeste,& qu'il s'en est scrupuleusement abstenu. Après un ou deux frissons, avant que de laisser le miasme vénimeux pénétrer plus avant dans les organes vitaux, il administroit un alexipharmaque volatil, tel que la teinture bézoardique de Vedelius, avec l'esprit de corne de cerf rectifié. Ensuite il passoit à un cardiaque plus doux, tel que la poudre de contrayerva, la corne de cerf, le sel de vipere, administré toutes les six heures, jusqu'à ce que la

sueur coulât abondamment. Alors il agis-
soit moins, diminuoit peu-à peu la dose
& la fréquence du remede, se gardoit
bien de lâcher le ventre, à moins que
la nécessité ne l'y contraignît, parce qu'il
avoit remarqué qu'un flux de ventre diminuoit la sueur & la transpiration ; au
contraire il entretenoit ces deux dernieres excrétions par une décoction d'avoine
& de scorsonere, par la corne de cerf
rapée, & d'autres remedes semblables ;
les vésicatoires aux bras & aux jambes
lui ont constamment paru avoir du succès
dans trois circonstances ; savoir, dans
l'assoupissement, les douleurs de tête,
& dans les pétéchies cachées sous la peau.

Il pense qu'il faut traiter de même la
dyssenterie des Armées, donner dans le
commencement deux ou trois fois les mêmes bézoardiques, mêler à petite dose
des opiates, pour arrêter le cours des
humeurs vers le ventre, & ouvrir un
chemin aux sueurs en relâchant les fibres
nerveuses par les couvertures appliquées
sur les malades, & en mettant sur le
nombril une croûte de pain trempée
dans de l'esprit de vin chaud. Quand la
sueur couloit suivant ses vœux, si le malade avoit besoin de purgation, il leur
donnoit une poudre laxative composée

de rhubarbe, de corail rouge, de corne de cerf dans un bouillon; & ce remede deux ou trois fois répété, a souvent guéri la maladie, en y ajoutant, s'il en étoit besoin, un stomachique pour réveiller l'appétit.

Pour appaiser les douleurs de colique, il recommande beaucoup les remedes nervins, carminatifs mêlés aux opiates, comme la mixture polychreste décrite par Vedelius dans son Opiologie, & les sachets parégoriques composés avec les fleurs de camomille, les semences de lin, le son & le sel. Lorsque le flux de ventre dure trop long-temps, il a éprouvé des effets salutaires des absorbans & des styptiques; tels sont les remedes qui lui ont réussi dans les maladies des Armées, dont il a banni la saignée.

Quant aux maladies de solution de continuité, ou aux blessures, le Médecin célebre dont je tiens ces détails, a une observation bien intéressante; c'est que dans les blessures, même les plus légeres, & qui ne comportent aucun danger par elles mêmes, il y a quelque chose de malin & qui est propre aux camps. Il a vu dans les sieges qui durent long-temps, les blessures d'armes à feu les moins conséquentes, sur-tout celles
qui

qui font accompagnées de contufions &
fiégent à la tête, être très-difficiles à
guérir, devenir mortelles par l'inflammation & la gangrene qui y furviennent,
& couvrir de honte les Chirurgiens, au
lieu de la gloire qu'ils méritoient par
leurs foins affidus. On a même été jufqu'à foupçonner quelquefois les ennemis d'avoir empoifonné leurs balles ;
mais des déferteurs ayant inftruit que
les bleffures des affiégés avoient le même
fort, à caufe de la malignité que l'air
leur communique, on éleva plufieurs
doutes fur ce foupçon, & on guérit plus
heureufement les bleffures en donnant
intérieurement des remedes bézoardiques & abforbans avec des vulnéraires
céphaliques, en appliquant fur la partie
bleffée des médicamens appropriés à la
nature de cette partie, en injectant avec
une feringue dans les bleffures la décoction d'abfynthe, de fcorfonere, de
rhuë mêlée avec le miel, & en mêlant
au digeftif ordinaire l'huile de mille-
pertuis, le baume du Pérou, & les remedes femblables.

L'illuftre Barnftorff, excellent obfer-
vateur en tout genre, m'a appris auffi
un fait bien curieux fur une maladie
qu'il a vu fréquemment dans les camps,

X

& qu'il m'a dit attaquer non·seulement les simples Soldats, mais encore les Officiers; c'est un desir ardent & pressant de revoir sa patrie & sa famille, appellé en allemand *das·heimwehe*, & qui est presque toujours très-dangereux. En effet, les Guerriers qui en sont attaqués périssent ou d'une maladie qui leur survient, ou dans le carnage; & à peine, dit notre Observateur, de cent en échappe-t-il un; ce qui a donné lieu à ce proverbe qu'on dit dans les camps:

Qui cherche son pays, ne trouve que la mort.

Il dit avoir connu des hommes d'une assez bonne naissance, & d'ailleurs courageux, frappés comme d'un coup de foudre à la simple annonce d'une expédition, se mettre subitement dans l'esprit qu'ils y seroient tués, & être si certains de périr dans le combat prochain, que le jour d'avant ils disoient adieu à leurs amis, distribuoient leurs richesses, & pourvoyoient à leur sépulture, après quoi ils ne survivoient pas à la bataille qui se donnoit.

Cette maladie de l'esprit auquel une terreur réfléchie peint continuellement l'image de la mort, ne peut se guérir que par une impression contraire, un amulete qui ranime la confiance du malade, & qu'on lui fait porter à temps & avant que le mal n'ait jetté de trop profondes racines. Une efpece de cachet ou de fceau quelconque qu'on leur fait porter avec myftere, rétablit le cours des efprits enchaînés par crainte, & détruit l'idée de mort dont ils étoient frappés.

Il y a tout lieu de croire que cet effet n'a pas lieu à caufe d'une vertu particuliere attachée à ce médicament myftérieux; mais que, comme la force de l'imagination & l'image de la mort toujours préfente à leur efprit, abbat leurs forces, la même puiffance peut détruire cette image & cette frayeur par la qualité du talifman auquel ils croient, quoique vraiment il n'en ait aucune. On trouve dans les différens Ecrivains beaucoup de chofes fur les amuletes, & en général ils ne leur attribuent aucune vertu phyfique, que celle que peut procurer la crédulité de l'efprit qui cherche à fe tromper, tant eft vrai ce que Senéque a dit, que certaines maladies fe guériffent par fraude. Ici peut fe rapporter un paffage de Defcartes fur la force de l'imagination, où il regarde comme un grand remede la diftraction de l'ame, de l'idée où elle eft attachée.

X ij

En effet, « fi quelqu'un, dit-il, se livre
» tout entier aux tragédies qu'il voit re-
» préfenter, la crainte & la frayeur s'em-
» pareront de lui, fes foupirs réitérés
» marqueront la détreffe de fon ame,
» fon cœur & fes fibres fe contracteront,
» la circulation fe ralentira, & il fe for-
» mera des obftructions dans fon foie
» & dans fa rate; au contraire, fi un
» malade écarte de fon efprit l'image
» de fon mal, s'il ne fe repréfente que
» des objets gais & réjouiffans, il s'ou-
» vrira ainfi un chemin à la fanté ».

Je finirai ces détails par un fait bien
fingulier, que m'a communiqué le Médecin à qui je dois ce chapitre. Il a obfervé qu'après les combats, les cadavres
qui font reftés fur le champ de bataille,
& qui font dépouillés de leurs habits,
ont tous les parties génitales enflées,
diftendues, & comme préparées à l'acte
de la génération; que les femmes même
qui ont été tuées, ont la vulve roide,
gonflée, & dans une certaine érection.
Cela vient-il de ce que les foldats qui
vont au combat, animés d'un courage
prefque furieux, pouffent tous leurs efprits & leur fang hors de leur corps pour
renverfer leurs ennemis, & renverfés
eux-mêmes, ont leurs parties de la gé-

nération dans un état convulfif par les
efprits qui y font renfermés, ainfi que
dans leur vifage qui, même après leur
mort, infpire encore la rage & la terreur. Il y a affurément une grande différence entre le vifage d'un homme
mort dans fon lit d'une maladie aiguë
ou chronique, & celui d'un homme
mort violemment, & encore plus d'un
foldat qui meurt aux champs de Mars.
Valere Maxime rapporte, qu'à la journée de Canne, un foldat Romain mu-
tilé, & ne pouvant tenir fes armes, fe
jetta fur la tête d'un Numide qui vouloit le dépouiller, le défigura en lui
mordant le nez & les oreilles, & mourut au milieu de cette vengeance.

Tels font les faits que j'ai cru rapporter, tant pour l'ufage de ceux qui feront
la Médecine dans les Armées, que pour
ceux qui pratiquent dans les villes &
les bourgs. En effet, quand la guerre
ravage les Provinces & les Empires, fouvent les troupes vont paffer leur quartier d'hiver dans les villes, & les Médecins ont alors à traiter des maladies
particulieres aux foldats. Ces dernieres
années, les troupes Allemandes ayant
paffé l'hiver dans nos cantons, j'ai eu
occafion d'obferver les fievres & les dyf-

senteries décrites dans les Auteurs, &
je sais qu'il est mort beaucoup de militaires distingués par la faute de leurs
Médecins qui, ne connoissant pas la Médecine des Armées, & le genre de leurs
maladies, leur ont administré des remedes à contre-temps, comme les saignées & les purgatifs violens, & ont
oublié ou méconnu la principale indication qui est de corriger le miasme
malin & actif, & de le chasser par les
pores transpiratoires. Il faut donc suivre
la méthode que j'ai indiquée pour ces
maladies, & en croire à l'expérience qui
doit prononcer en pareil cas. Toutes
les fois que l'occasion de les traiter se
présentera, on consultera avec fruit Mindererus, Screta & Portius. Vanhelmont(*a*)
fait en outre mention d'une fievre qui
parcourt toutes ses périodes sans aucun
sentiment de chaleur, & qu'il nomme
fievre des camps. Il y a quelque détail
sur cette maladie dans Graaff (*b*), Bon-
tekoë (*c*), Etmuller (*d*), & quelques autres. Je terminerai ce chapitre en faisant

---

(*a*) De feb., c. 1.
(*b*) De suc. pancr.
(*c*) 2 Diatrib., de feb.
(*d*) 3, T. 1, c. 17, de feb.

obferver que tous les Auteurs qui ont traité de ces maladies, en ont unanimement attribué la caufe à un acide volatil, corrofif, fauvage & arfénical, & qu'il faut corriger, émouffer ce venin, & fur-tout le chaffer dans les glandes cutanées par l'ufage des fels volatils (1).

_____

(1) Beaucoup de Médecins avoient écrit fur la fanté des foldats, & fur les maladies des Armées, avant que Ramazzini eût donné fon Traité des Maladies des Artifans au Public. Outre Screta, Mindererus & Portius qu'il cite avec éloge, il y en a une foule d'autres, dont voici les plus connus rangés par ordre chronologique :

Ambroife Paré : Maniere de traiter les plaies faites par arquebufes, flêches. Parif., 1551, *in*-8.

Ant. Schneberger : De bonâ militum valetudine confervandâ. Cracoviæ, 1564, *in*-8.

Leon. Botall. : De vulner. fclopetorum curandis. Lugd., 1565, *in*-12.

Joubert : Traité des arquebufades. Lyon, 1574, *in*-12.

Jof. Quercetan : Sclopetarius de curand. vulneribus quæ fclopet. & fimil. tormentor. ictibus acciderunt, liber cum antidotario fpagyrico adversùs eofdem ictus. Lugd., 1600.

Fab. Hildanus : De combuftionibus libellus. Bafil., 1607, *in*-8.

Ejufd. : De vulnere felopetario. Oppenheim, 1614, *in*-8., *fig.*

Mart. Dickelius : Antidotarium militaria Jena, 1627, *in*-12.

X iv

J.-Nic. Pechlin: *De vulner. sclopetorum in genere. Kil.*, 1674, *in-4.*

Georg. Francus : *De feb. militum diæteticâ. Francof.*, 1674, *in-4.*

J.-Val. Willius : *De morbis castrensibus internis. Hafniæ*, 1676, *in-4.*

Léon. Tassin : *Chirurgie militaire. Paris*, 1688.

Georg.-Ern. Stahl. : *De curationibus castrensibus. Halæ*, 1711.

La plus grande partie de ces Ouvrages, il est vrai, appartient plutôt à la Chirurgie qu'à la Médecine Militaire, puisque, sur treize Auteurs cités, il n'y en a que quatre qui aient parlé des maladies internes.

Depuis Ramazzini, il a paru un grand nombre de Traités sur la Médecine des Armées. Nous n'en citerons que quelques-uns.

De milit. valet. tuendâ, Ant.-Mich. Alberti. Halæ, 1719, *in-4. De præservatione morb. militar.* 1745, *in-4.*

La Médecine d'Armée ; par Meyserey. Paris, 1754, 3 *vol. in-12.*

Recueils d'Observations de Médecine des Hôpitaux Militaires, avec des formules à l'usage des Hôpitaux des Armées ; par M. Richard de Hautesserck. Paris, 1766, 2 *vol. in-4.*

Observations sur les maladies des Armées, traduites de l'Anglois du Docteur Pringle. Paris, 1771, 2 *vol. in-12.*

Description abrégée des maladies qui regnent le plus communément dans les Armées ; par M. Vanswieten. Paris, 1761, *in-16.*

Médecine d'Armée, &c. ; par M. Monro, traduction de l'Anglois par M. le Bégue de Presle, Docteur-Régent de la Faculté de Médecine de Paris, Censeur Royal. Ce dernier Médecin a beaucoup ajouté au travail du Docteur Anglois. Ces additions font, 1°. un Discours préliminaire très-étendu fur les moyens de conferver la fanté des foldats en temps de guerre, & fur l'établiffement & l'adminiftration des Hôpitaux Militaires. 2°. Une Lifte de tous les Ouvrages fur la Médecine des Armées, dont nous avons extrait celle que nous préfentons dans cette note. 3°. Un Supplément à chaque chapitre, dans lequel il expofe la doctrine de MM. Pringle & Vanfwieten, avec les obfervations qui lui font particulieres. Ces additions confidérables rendent cet Ouvrage un des plus complets qu'il y ait fur cette matiere.

Enfin, M. Colombier, Docteur Régent de la Faculté de Médecine en l'Univerfité de Paris, & Cenfeur de notre Effai, s'eft beaucoup occupé de ce travail. On a de lui deux Ouvrages fur cet objet, qui peuvent être très-utiles à ceux qui pratiquent dans les Armées : favoir, le *Code de Médecine Militaire*, en 5 vol. in-12., & l'*Hygiene Militaire*.

La Chirurgie des 'Armées a beaucoup fait de progrès depuis le commencement de notre fiecle : on a vu paroître fucceffivement beaucoup de Traités fur les plaies d'armes à feu; trois d'entr'eux fur-tout ont la réputation la mieux méritée.

1°. *Traité ou Réflexions tirées de la pratique fur les plaies d'armes à feu ; par M. le Dran. Paris*, 1732, *in-12.*

2°. *Differtatio de vulneribus machinarum ignivomarum, à Laurent. Heifter. Helmftad*, 1744, *in-4.*

3°. *Traité des plaies d'armes à feu ; par M. Ravaton. Paris, en* 1750, *in-12.,* & 1768, *in-8.*

X v

Nous avons indiqué les principales sources où l'on peut puiser des connoissances sur la Médecine & la Chirurgie des Armées. Nous avons donné une liste abrégée de quelques Ouvrages rangés par ordre chronologique. Telle est la tâche que nous nous étions imposée, parce que nous avons cru qu'il étoit inutile de s'appesantir sur des objets traités par les plus grands Maîtres, & auxquels il n'y a rien à ajouter.

CHAPITRE XLI (1).

Des Maladies des Imprimeurs.

L es Anciens, privés de l'Imprimerie, faifoient copier leurs ouvrages à la main. Cet Art que le quatrieme fiecle a vu éclore, a peut-être fait plus de mal que de bien aux hommes. Lorfqu'après fa découverte, on en fit ufage, des milliers d'hommes perdirent tout d'un coup l'avantage de gagner leur vie & celle de leurs familles ; les Moines fe reffentirent eux-mêmes de fa mauvaife influence, & fe virent enlever le gain honnête qu'ils faifoient en copiant des

---

(1) Ce chapitre, dans les différentes éditions de Ramazzini, eft le premier du Supplément qu'il a ajouté à fa Diatribe en 1713. Nous avons cru qu'il étoit de notre devoir 1°. de retrancher ce titre féparé de SUPPLÉMENT, & de mettre les douze chapitres qui y font contenus à la fuite des précédens, afin que l'ordre foit plus exact & préfente une fuite de faits enchaînés méthodiquement; 2°. d'avertir le Lecteur de ce léger changement, qui ne fait aucun tort au Texte, afin d'éviter tout reproche, & de ne point manquer à l'exactitude que nous avons promife.

X vj

livres après leurs offices. L'Imprimerie
n'a pas encore passé dans la Turquie,
& Cornelius Magnus de Parme, fameux
voyageur de l'Orient, rapporte que le
bruit s'étant répandu dans Constanti-
nople qu'on parloit au Divan d'introduire cet Art en Turquie, peu s'en fallut qu'il ne s'éleva une sédition ; il y a
beaucoup de choses à dire pour & contre l'Imprimerie. On lit dans les nou-
veautés du Parnasse de Traj. Bocalinus,
que l'inventeur de l'Imprimerie étant
entré avec magnificence au Parnasse,
pour prendre place parmi les gens de
lettres, on le chassa comme le corrup-
teur des beaux Arts. Mais c'est assez nous
occuper de l'historique de cet Art ; nous
devons passer aux maladies auxquelles
sont exposés les Imprimeurs, & qui nous
intéressent particuliérement.

Il y a deux classes d'Ouvriers parmi
les Imprimeurs. Les uns, nommés Compositeurs, choisissent les lettres dans leurs
cassetins, & forment les mots par leur
arrangement, ou bien ils les replacent
lorsque l'on ne se sert plus de la planche. Ce dernier ouvrage est le plus ordinaire. Ceux qui travaillent à la presse
sont deux qui ont une occupation différente. L'un impregne d'encre des tam-

pons de peau remplis de crins, & en frotte les planches d'Imprimerie ; l'autre avec fa main droite meut la partie fupérieure de la preffe, & appuie fortement deffus ; de forte qu'en un inftant, tous les caracteres des planches fe tracent fur le papier. Ils répétent cette manœuvre jufqu'à ce qu'ils aient tiré autant d'exemplaires qu'il leur en faut. Cette découverte feroit bien ingénieufe & bien utile, fi elle ne fervoit qu'à tranfmettre aux hommes les livres des vrais Savans, & non de ceux qui cherchent à tromper le Public. Les Compofiteurs font d'abord fujets aux maladies qu'occafionne la vie fédentaire. Les Ouvriers occupés à la preffe font expofés aux maux de la vie ftationaire & laborieufe. Leur ouvrage en effet agite tout leur corps, ils font fouvent accablés de fatigues ; & parvenus à un âge un peu avancé, ils font forcés de quitter leur métier. Les Compofiteurs ont en outre un autre malheur à craindre ; leurs yeux fans ceffe attachés fur les caracteres noirs, s'affoibliffent peu à peu, & ils ont naturellement les organes mal conftitués, ils deviennent fujets à la foibleffe de la vue, aux gouttes fereines, & aux autres maladies des yeux. J'ai connu deux freres

Imprimeurs qui avoient naturellement des yeux grands & saillans, & qui furent contraints d'abandonner l'Imprimerie, pour ne pas devenir tout-à-fait aveugles. Je me souviens qu'un jour ayant resté environ quatre heures dans un attelier d'Imprimerie, pour corriger un de mes Ouvrages, j'eus long-temps devant les yeux, après en être sorti, les images des presses que j'avois regardées avec attention, & que les songes me représenterent toute la nuit. La vue continuelle des caracteres, soit en les composant, soit en les brisant, affoiblit donc & énerve le ton des membranes & des fibres de l'œil, & sur-tout de la prunelle; ce qui rend les Imprimeurs sujets aux maladies des yeux. Ils disent eux-mêmes, qu'après avoir travaillé toute la journée, en sortant de leurs atteliers, ils ont devant les yeux l'image de leurs caracteres pendant plusieurs heures, & quelquefois même pendant toute la nuit, image qui ne se détruit que par les autres objets multipliés qui se présentent à eux.

Outre les maladies des yeux, ils en ont encore d'autres à redouter, telles que des fievres continues, des pleurésies, des péripneumonies, & d'autres maladies de la poitrine. En hiver, après

avoit travaillé tout le jour dans des atteliers fermés & chauds, pour faire fécher leurs feuilles d'impreſſion, ils s'expoſent ſubitement & ſans précautions
à l'air froid qui bouche les pores de la
peau, arrête la tranſpiration, & donne
naiſſance aux maladies énoncées ci-deſſus.
Ce ſont ſur-tout les Ouvriers qui travaillent à la preſſe qui ſont attaqués de ces
maladies, parce que l'effort exceſſif de
leurs bras & de tout leur corps ayant
provoqué la ſueur, ils ſortent témérairement de leurs atteliers, & vont au-
devant du mal.

Quant aux ſecours que la Médecine
peut donner à ces miniſtres de la république littéraire, je ne vois pas quel préſervatif on peut leur indiquer, ſi ce n'eſt
de les avertir de travailler avec modération, de ſe dérober à leur ouvrage quelques heures par jour, & d'avoir ſoin de
ne ſortir l'hiver de leurs atteliers, qu'en-
veloppés dans un manteau. Les lunettes
ſeront utiles aux Compoſiteurs pour con-
ſerver la force de leurs yeux; ils feront
bien de détourner la vue de temps en
temps de leur ouvrage, de les frotter avec
la main, pour exciter le mouvement lan-
guiſſant de leurs eſprits, de les laver
avec l'eau d'euphraiſe, de violette, &

d'autres semblables. Dans leurs maladies
aiguës, on les traitera avec les remedes
appropriés à chacune d'elles; mais pour
les guérir avec plus de succès, il sera
utile au Médecin d'être instruit du métier de son malade (1).

──────────────

(1) Les Auteurs du Dictionnaire de Santé
ajoutent aux maladies décrites par Ramazzini
les tremblemens, les descentes, les hydropisies & les ulceres aux jambes, qui attaquent
ceux des Imprimeurs qui travaillent à la
presse. Il seroit à souhaiter, selon eux, pour
leur santé, qu'ils travaillassent alternativement à la casse & à la presse. Ils recommandent aux Pressiers de se frotter, soir & matin, les bras avec l'huile d'olive, d'éviter les
excès du vin & de la fatigue.

Ceux qui travaillent à la casse, ou les Compositeurs, sont sujets à certaines maladies particulieres. Quelques-uns d'entr'eux ont une
coutume qui peut leur être funeste, c'est de
mettre dans leur bouche les caracteres dont
ils se servent pour la composition. A la longue
du temps il peut s'amasser dans leurs intestins, une assez grande quantité de particules
de plomb, pour leur donner la colique que
ce métal a coutume de produire. Il est donc
très-important de les avertir du danger qu'ils
courent, en se livrant à une pareille habitude.

Nous devons encore leur mettre sous les
yeux l'accident arrivé à un Compositeur, &
rapporté par M. Gardane, pag. 43 de son
Commentaire sur Stockhusen. Cet Ouvrier
en travaillant, malgré une blessure qu'il s'é-

toit faite au pouce, perdit la main à la suite d'un ulcere qui s'y forma, & qui fut dû, sans doute, à l'irritation produite par le mêlange métallique qui constitue les caracteres. M. Gardane demande si le régule d'antimoine est nuisible aux plaies ? Mais ne pourroit-on pas soupçonner le plomb d'avoir part à cet accident ? Ou bien seroit-il produit par l'alliage de ces deux substances métalliques, le plomb & le régule d'antimoine ? Quelle que soit la cause de ce malheur, les Compositeurs doivent éviter avec le plus grand soin de travailler, lorsqu'ils ont une blessure à la main ; ou du moins ils auront l'attention de défendre exactement la partie blessée du contact des caracteres, en la couvrant d'un linge blanc & d'un doigt de gant par dessus le linge.

CHAPITRE XLII.

Des Maladies des Ecrivains & des Copistes.

Les Anciens avoient plus d'Ecrivains & de Copistes que de notre temps, à cause de l'Imprimerie qui leur manquoit; tout le monde fait qu'avant cette découverte, il y avoit dans chaque ville & dans les bourgs beaucoup d'hommes qui se soutenoient, eux & leurs familles, en copiant des Ouvrages. Rofinus prouve assez au long que les Ecrivains étoient esclaves ou affranchis. Par le mot *Notarii*, je n'entends pas ces hommes qui, parmi nous, font les actes & les testamens; mais ceux qui autrefois avoient le talent d'écrire très-vîte au moyen de certaines notes, d'où leur est venu le nom qu'on leur donnoit; ainsi Pline, au rapport de son neveu qui a écrit sa vie, avoit coutume, lorsqu'il voyageoit, d'avoir à son côté un Ecrivain muni d'un livre & de tablettes. L'hiver, les mains de cet Ecrivain étoient couvertes de gants, afin que la rigueur de cette saison ne dérobât aucun temps à ses études. Parmi nous, ces hommes qu'on nommoit *Notarii*, font remplacés par les Secrétaires, les Greffiers & les Commis, qui, chez les Magiftrats, dans les boutiques des Marchands, & aux cours des Princes, font payés pour tenir les livres & les regiftres. Ce font donc des maladies de ces Artiftes que nous devons nous occuper. Il y a trois caufes en général qui font naître ces maladies; premiérement l'ufage où ils font d'être continuellement aflis. La feconde caufe, c'eft le mouvement perpétuel & toujours le même de la main ; la troifieme enfin, l'attention de l'efprit qui eft néceffaire pour qu'ils ne faffent point d'erreurs, & pour qu'ils ne trompent pas ceux qui les emploient en faifant l'addition, la fouftraction, & toutes les regles de l'Arithmétique. Les maux auxquels leur vie fédentaire les rend fujets, font les obftructions du foie, de la rate, les crudités d'eftomac, la foibleffe des jambes, une ftafe du fang vejneux, & un extérieur cachectique. En un mot, ils font privés des avantages que procure un exercice modéré : quand ils voudroient en jouir, leur état les en empêche, parce que, pour gagner leur vie, ils font forcés d'écrire depuis le matin jufqu'au

soir. La nécessité où ils sont aussi de tenir
sans cesse la plume, & de la mouvoir
pour écrire, lasse leur main, & même
tout leur bras, à cause de la tension continuelle & presque tonique des muscles
& des tendons; ce qui fait qu'au bout
d'un certain temps, leur main droite
perd toute sa force. J'ai connu un Ecrivain encore vivant, qui, toute sa *vie*,
a continuellement écrit, & qui y a gagné
du bien; il s'est plaint d'abord d'une
grande lassitude dans tout le bras, qui résista à toutes sortes de remedes, & qui
se termina par la paralysie complette de
cette extrêmité. Pour obvier à ce malheur, il s'accoutuma à écrire de la main
gauche; mais après quelque temps, elle
fut attaquée de la même maladie.

Ce qui fait le plus de mal à ces Artistes, c'est la contention d'esprit qu'ils
sont obligés d'employer à leur ouvrage.
La tension des fibres du cerveau & des
nerfs, produit peu-à-peu l'atonie de ces
parties. De là les migraines, les enchifrenemens, les enrouëmens, les fluxions
sur les yeux, qui sont d'ailleurs affoiblis
par l'aspect continuel du papier blanc.
Ces maux, sur-tout, sont fréquens aux
Calculateurs, qui sont employés au service des Marchands. Il faut mettre aussi

dans le même rang les Secrétaires des grands Seigneurs, dont il leur eft très-difficile de faifir l'efprit. Quand ils écrivent leurs lettres, ils mettent leur imagination à la torture, tant à caufe de la multiplicité des objets, que par la difficulté de les traiter au gré des Grands auxquels ils font attachés, & qui veulent fouvent laiffer en balance & embarraffer ceux à qui ils écrivent. Auffi ceux qui font ce travail, le déteftent-ils fouvent auffi bien que la gêne de la Cour.

Quels fecours la Médecine peut-elle apporter aux maux de ces hommes ? D'abord, pour fe préferver des incommodités de la vie fédentaire, ils feront un exercice modéré les jours de fête, après l'Office divin. Les frictions leur feront auffi utiles. Ce remede a des qualités oppofées fuivant fon adminiftration. Celfe a dit (*a*) : " Une friction forte endurcit " le corps, une douce l'amollit, une " multipliée le diminue, & une modé- " rée le remplit ". Ce paffage appartient à Hippocrate (*b*). S'il y a des fignes d'obftruction commençante dans les vifceres, il fera bon d'adminiftrer de temps en

(*a*) L. 2, ch. 14.
(*b*) De chir. offic., n. 11.

temps les apéritifs, & de les purger au
printemps & à l'automne. Quant à la
lassitude du bras & de la main droite,
on pourra faire des frictions modérées
avec l'huile d'amandes douces, à laquelle
on ajoutera une petite quantité d'eau-
de-vie pour renforcer ces organes. En hiver, de peur que leurs mains ne souffrent trop du froid, ils doivent porter
des gants épais. Pour préserver la tête
des maux qui la menacent, on recommande tous les remedes céphaliques ;
ceux sur-tout qui contiennent du sel volatil, comme l'esprit de sel ammoniac
dont la seule odeur dissipe l'assoupissement. On pourra aussi, pour purger la
tête des humeurs qu'elle contient, administrer de temps en temps les pilules
de J. Craton, les masticatoires & les
ptarmiques, qui chassent au-dehors les
humeurs séreuses : entre les masticatoires, on pourra choisir le tabac dont l'u-
sage modéré peut leur être très - utile.
On leur entretiendra le ventre libre
avec des alimens doux & tempérans, ou
avec des clysteres, si les alimens ne suffisent pas. Hippocrate nous apprend (*a*)
que la paresse du ventre trouble tous les

_____

(*a*) ; In 6 Epid.

organes, furcharge les vaiffeaux de fucs impurs, & épuife le cerveau (1).

———————————————

(1) Les maux qui attaquent les Ecrivains font encore plus redoutables, lorfqu'ils font produits par des écritures difficiles à dé-chiffrer.

Pour prévenir les maladies qui menacent leurs yeux, ils porteront de bonne heure des conferves, ils fe frotteront foir & matin les yeux avec de l'eau & de l'eau-de-vie, & ils ne travailleront à la lumiere que munis d'un défenfif de taffetas verd, ou même, s'ils le peuvent, dans un lieu tapiffé tout en verd.

Quant à la paralyfie des mains, pour s'en garantir, ils fe les laveront foir & matin avec du vin aromatique, ou une eau fpiritueufe quelconque. On trouve, dans le Dictionnaire de Santé, une pommade compofée de vin, de beurre frais, de fauge, de romarin & d'hyf-fope, dont ils peuvent fe frotter les mains deux ou trois fois par jour avec fuccès. Le repos & la modération dans leur travail leur fera auffi d'un grand fecours.

CHAPITRE XLIII.

Des Maladies des Confiseurs.

On a coutume, tant pour l'ornement des tables que pour d'autres usages, de confire avec le sucre différentes semences, telles que les amandes, les pistaches, les pignons, les fenouils, la coriandre & le santonicum, aussi bien que les fruits encore verds. Ces préparations agréables pour ceux qui en usent, produisent de grands maux aux Ouvriers qui les font. On met les fruits & les semences dans une bassine de laiton, suspendue par une chaîne de métal, & sous laquelle est un réchaud rempli de charbons allumés. Le sucre liquide tombe goutte à goutte du robinet d'un vaisseau, suspendu à une certaine hauteur sur la bassine. A Venise où on fait beaucoup de dragées, deux garçons, & un seul dans d'autres endroits, agitent cette bassine, &, par ce balancement, les semences & les fruits se couvrent d'une couche de sucre. Ces garçons occupés tout le jour à ce travail, le visage sur la bassine, respirent l'air chaud & les vapeurs qui s'en
élevent,

élevent, & gagnent ainfi très - facilement des maladies graves , comme des
douleurs de tête, d'yeux, & des étouffemens très-violens.

Trois caufes principales nuifent à ces
Ouvriers : la vapeur du charbon qui
brûle, l'odeur de la baffine échauffée ,
& enfin le fucre lui-même. Le charbon
eft un produit du feu , enfant noir du
pere le plus lumineux, dont on peut plus
admirer que connoître la nature. « Qu'y
» a-t-il dans les charbons, s'écrioit Saint
» Auguftin (*a*) ? N'eft - il pas étonnant
» que foible comme il eft , au point de
» céder au moindre coup, & d'être ré-
» duit en poudre par une preffion affez
» modérée , il ait cependant affez de
» force pour réfifter à tous les agens
» les plus actifs , à la faulx du temps
» même, comme le prouvent ceux qui
» le pofent pour limite, afin d'empê-
» cher les difputes & de prévenir les pró-
» cès » ? Mais ce qu'il y a encore de plus
étonnant , c'eft cette qualité peftilen-
tielle qui tue en un moment, fi on ne lui
ouvre une iffue libre dans l'atmofphere:
qualité inconnue & cachée jufqu'à cette
heure , & d'autant plus furprenante que

(*a*) De Civit. Dei, l. 21, cap. 4.

de la braise, allumée dans un lieu clos, ne produit pas le même effet (1). On a beaucoup d'exemples de cette force suffocative. Vanhelmont (*a*) nous a laissé l'histoire des maux que lui causa la vapeur des charbons. Au milieu de l'hiver,

---

(1) La braise produit quelquefois des effets aussi funestes que le charbon. Il y en a plusieurs exemples. Il n'est d'ailleurs pas étonnant que sa vapeur ne soit pas aussi constamment meurtriere que celle du charbon ; la théorie de l'air fixe explique très-bien ce phénomene. Le charbon est du bois qu'on a éteint avant qu'il ait fini de brûler tout-à-fait. La braise est du charbon déja brûlé, ou du bois qui a brûlé plus long-temps que celui avec lequel on fait le charbon. Dans le premier cas, on renferme toutes les vapeurs que le feu commençoit à volatiliser ; ces vapeurs rentrent dans le charbon, & se dissipent lorsqu'on l'enflamme de nouveau : c'est à cette volatilisation secondaire que sont dus les effets pernicieux que le charbon produit. La braise ne contient presque plus d'air fixe, &, si elle a été étouffée à propos, elle n'en rend que peu lorsqu'on l'allume, & n'altére presque pas l'air qui l'environne : c'est aussi à l'absence de l'air fixe de la braise qu'est due la promptitude avec laquelle elle brûle & se réduit en cendre, tandis que le charbon a besoin d'un temps plus long, & d'un embrasement plus violent, pour passer dans l'état purement terreux ou salino-terreux.

(*a*) In Jure Duumviratûs.

étant renfermé & travaillant dans une
petite chambre, une poële de charbon
qu'on lui apporta, le frappa si vivement
qu'il eut à peine la force de sortir de son
cabinet, & qu'il tomba par terre à demi-
mort. Il accuse de cet effet un certain gas
sauvage caché dans le charbon, produit par
un soufre inflammable qui y est contenu.
La bassine où sont les dragées a les inconvéniens du cuivre ; car le laiton est
fait de ce métal & de la pierre calami-
naire. Ce vaisseau échauffé répand une
vapeur acide que les Confiseurs avalent.
Enfin, le sucre fondu qu'on verse sur les
semences, exhale des vapeurs corrosives
d'autant plus âcres, que celui dont ils se
servent pour faire leurs dragées est blanc,
& purifié à l'eau de chaux. Comme on
ne sert les dragées qu'à la fin des repas, elles donneroient plus de dégoût
que d'appétit aux convives rassasiés, si
leur blancheur ne les invitoit. Toutes
ces exhalaisons mêlées ensemble sont
donc capables d'affecter dangereusement
le cerveau, les yeux, & sur-tout la poitrine des Confiseurs. Leur tête est douloureuse, leurs yeux sont picotés & ir-
rités par les vapeurs ignées comme par
des épingles, ils s'enflamment & rou-
gissent. La respiration est aussi blessée par

l'air saturé de particules âcres, qu'ils
avalent en travaillant. Entre les précautions qu'on peut indiquer à ces Ouvriers, ils doivent d'abord choisir, autant qu'il leur est possible, un endroit
ouvert & vaste, afin que les vapeurs nuisibles se dissipent plus facilement. Secon-
dement, interrompre leur travail pendant quelques heures; pour respirer un
air frais, se laver le visage avec de l'eau
fraîche, & se gargariser avec de l'eau &
du vinaigre. Pour corriger la malignité
des charbons, je dois leur proposer un
moyen, employé par tous les Ouvriers
qui, l'hiver, sont forcés de brûler du
charbon dans leurs boutiques : c'est de
mettre entre les charbons un morceau
de fer qui, selon eux, corrige la virulence des vapeurs ; on pourroit, peut-
être, dire que ces vapeurs exercent leur
action sur le fer, ou que le fer lui-même
les absorbe (1).

———————————

(1) N'est-ce pas là avoir deviné l'absorp-
tion de l'air fixe par les métaux qui se calcinent ? Quoique Ramazzini n'ait pas spécifié
la substance qui s'exhale du charbon, il n'a
pas moins soupçonné que le fer chauffé l'ab-
sorboit & empêchoit ses mauvais effets. Les
Ouvriers qui, suivant lui, emploient cette
manœuvre, ne sont-ils pas les premiers au-

teurs de cette découverte ? Non, sans doute, l'honneur doit en rester à M. Lavoisier, qui a tant répandu de lumieres sur la doctrine de l'air fixe, & qui a soumis au calcul la quantité donnée de cet air qu'absorbent les métaux dans leur calcination. Il y a bien loin de la manœuvre grossiere des Ouvriers, & du soupçon vague de Ramazzini, à ces expériences exactes & précieuses, qui demandent un opérateur habile pour leur exécution, & un génie vraiment chymique pour les conséquences qu'on peut en tirer.

CHAPITRE XLIV.

Des Maladies des Tisserands.

L'UTILITÉ & la nécessité de l'Art des Tisserands est si grande, qu'aucun homme ne peut se passer de leurs ouvrages pour cacher sa nudité. Nous ne devons cependant pas nous plaindre de la Nature, quoiqu'elle ait donné aux oiseaux des plumes, & des poils aux quadrupedes, pour se défendre des injures de l'air, puisque notre intelligence & notre main nous suffisent, & que par leurs moyens l'homme se fabrique différentes étoffes, qui non-seulement le couvrent, mais ajoutent encore à la beauté de sa forme. L'art de faire des tissus étoit autrefois confié presqu'uniquement aux femmes : les Dames nobles même ne dédaignoient pas de s'en occuper ; ainsi Pénelope, en l'absence de son époux, se déroboit aux poursuites de ses Amans en faisant de la toile. Virgile nous apprend aussi qu'Enée, aux funérailles de Pallas, se fit apporter deux robes enrichies d'or, que Didon avoit tiffues de fes propres mains (*a*). Maintenant ce métier eft exercé par des hommes & des femmes du peuple, & les Dames de condition favent tout au plus broder à l'aiguille. Octavius Ferrarius, dans l'excellent Traité qu'il a fait fur les vêtemens (*b*), décrit deux méthodes de tiffer : l'une très~ancienne, dans laquelle les femmes debout travailloient en-haut ; l'autre, où affifes elles travailloient en-bas. Cette derniere, fuivant lui, eft due aux Egyptiens, qui pouffoient la trame en-bas, ou la conduifoient vers leur poitrine. Actuellement les femmes travaillent affifes, mais de maniere qu'elles paroiffent debout. Cet ouvrage eft affurément très - pénible ; tout le corps, les deux mains, les bras, les pieds, le dos y font exercés, & il n'y a aucune partie qui n'y contribue. Les femmes de la campagne, quand l'hiver interrompt leurs travaux ruftiques, font de la toile avec du fil de chanvre ou de lin dans les étables : les jeunes filles fur tout, avant de fe marier, s'y occu-

---

(*a*) *Quas illi, lata laborum,*
Ivfa fuis quondam manibus Sidonia Dido
Fecerat, & tenui telas difcreverat auro.
        Æneid., l. 11.

(*b*) **De re veftiariâ.**

                Y iv

pent; souvent elles n'apportent que ce
métier pour dot à leurs maris, & il est
honteux parmi elles de ne pas le savoir.
Les femmes grosses, sur-tout, se ressen-
tent des incommodités que ce métier
procure; elles font souvent & très-facilement des fausses couches qui font suivies de maladies très-dangereuses. Il faut
donc qu'elles soient robustes & de forte
stature pour faire ce travail, sans quoi la
fatigue les affoiblit, & elles font forcées
de le laisser à un certain âge. Cependant,
outre le gain qu'elles y font, elles ont
encore l'avantage de voir couler leurs regles avec abondance & facilité; rarement
elles éprouvent des suppressions, & au
contraire elles font plus exposées à avoir
des especes de pertes, si elles travaillent
avec trop d'activité : aussi, lorsque quelques jeunes filles viennent me consulter
pour des suppressions, ou des retours
irréguliers de regles, je les renvoie aux
femmes des Tisserands plutôt qu'aux
Médecins. Les femmes avides de gain,
à peine après avoir mangé retournent
dans leurs atteliers, & font le plus grand
tort à l'estomac & à la digestion par le
mouvement violent du roton qu'elles
tirent vers leur poitrine. Cet exercice
trouble le mouvement fermentatif des

alimens, pouffe le chyle imparfait dans fes canaux, & le force de remplir les vaiffeaux fanguins de crudités. Les Tifferands-Drapiers, s'ils ne font robuftes & bien mufclés, ont coutume d'être tourmentés d'une laffitude exceffive des bras, du dos & des pieds. Pour faire le tiffu du drap, deux hommes aux bouts du métier, lancent la navette avec la trame l'un après l'autre, & tirent avec force le peigne vers leurs poitrines. En outre les Tifferands - Drapiers ont d'autres maux que ceux qui travaillent le lin, le chanvre, la foie, à caufe de la fubftance qu'ils manient. En effet, la laine imprégnée d'huile fétide, répand des vapeurs très-défagréables dans leur attelier : auffi fentent-ils une odeur infecte, & ont-ils l'haleine puante, les yeux rouges, comme tous les Ouvriers qui manient la même fubftance.

Pour prévenir ces maux, les Tifferands devroient modérer leurs travaux, & fe fouvenir du proverbe RIEN DE TROP. Afin de guérir leur laffitude, ils feront des frictions légeres fur les bras & fur les jambes avec l'huile d'amandes douces. Les Drapiers, fur-tout, auront foin de s'entretenir très-propres, de changer d'habits, & d'en avoir de pro-

Y v

pres les fêtes ; de se laver les mains , les bras & les jambes, avec du vin chaud.

Il y a en outre dans les atteliers des Tisserands , des Ouvriers occupés à tondre les draps avec des grands ciseaux : ce sont les Tondeurs de draps. Ce travail est très-pénible pour leurs bras & leurs mains sur-tout : aussi le Médecin doit-il y faire attention , & apporter les mêmes remedes à leurs maux qu'à ceux des Tisserands (1).

(1) Nous devons avertir ici , d'après le Dictionnaire de Santé , que les Tisserands , les Drapiers , les Mousseliniers , & tous les Ouvriers de ce genre , supportent difficilement les saignées , & qu'elles leur sont contraires. Les alimens nourrissans leur conviennent à merveille ; ils doivent éviter avec soin les liqueurs & les excès en tout genre.

CHAPITRE XLV.

Des Maladies auxquelles sont sujets les Ouvriers en Cuivre.

Parmi les métaux que l'industrie des hommes a su arracher du sein de la terre où ils sont enfouis, le fer & le cuivre sont les plus usités, & sont par cela même plus utiles que l'or & l'argent. Aussi les habitans du Mexique, où la Nature a fait naître l'or & l'argent en abondance, portoient-ils envie aux Européens qui venoient les combattre, en voyant le fer dont ils étoient armés. Dans l'Antiquité, on en faisoit aussi un usage très étendu, puisque Athénée nous apprend que Platon & Lycurgue avoient choisi le cuivre & le fer pour suffire aux besoins de leurs Républiques, de sorte que leurs monnoies n'étoient faites que de cuivre ; usage d'où est venu le nom latin *Æra-rii* (1). Nous devons donc nous occuper des maladies des Ouvriers qui se ser-

---

(1) Le mot latin *Ærarii* répond, dans notre langue, à ceux de Financiers, Trésoriers, Caissiers, Receveurs, &c.

vent de ce métal dans leurs boutiques,
& non de ceux qui le tirent des mines,
dont nous avons fait mention dans le
premier chapitre de notre Essai, qui
traite des maladies des Mineurs. Dans
chaque ville, comme à Venise, les
Chaudronniers sont tous rassemblés
dans un fauxbourg, occupés tout le jour à
battre & à forger leur cuivre, & à le pla-
ner pour en faire différens uftenfiles ;
leurs marteaux font tant de bruit, qu'ils
font obligés d'être relégués à part & écar-
tés de tous les autres Ouvriers. Affis par
terre & le dos courbé, ils battent le cuivre d'abord avec des maillets, puis avec
des marteaux, pour lui donner le dégré
de ductilité nécessaire. Le bruit continuel qu'ils font, affecte leurs oreilles &
toute leur tête ; aussi ont-ils tous l'ouïe
dure, & deviennent-ils tout-à-fait
fourds dans leur vieilleffe. Leur tympan,
frappé fans cesse par ce bruit, perd la
tenfion qui lui est propre ; & l'air intérieur, toujours repouffé latéralement,
affoiblit & dérange les organes immédiats
de l'oreille : il leur arrive la même chose
qu'aux habitans du Nil en Egypte, qui
deviennent fourds par le fracas de l'eau
de ce fleuve impétueux. Leur attitude
courbée les rend aussi boffus par la suite

du temps : les Batteurs d'or font expofés
aux mêmes maladies.

Outre ces maux des oreilles & de la
tête , leurs poumons & leur eftomac
fouffrent encore de leur métier. En frappant le cuivre à coups de marteau, il s'en
éleve des miafmes vireux qui pénétrent
dans leur eftomac & leurs poumons,
comme ils le difent eux-mêmes. Les médicamens que le cuivre fournit , tels
que la fleur, l'écaille du cuivre , le verd-
de-gris, font tous émétiques & corro-
fifs. Les Chaudronniers éprouvent cette
vertu rongeante & exficcative , en en
avalant avec l'air qu'ils refpirent. Je leur
ai demandé fi ces vapeurs cuivreufes leur
faifoient mal aux yeux , ils m'ont répondu que non ; & cela eft conforme à ce
qu'a dit Macrobe , « que dans les mines
» de cuivre les yeux des Mineurs fe gué-
» riffent, lorfqu'ils font chaffieux ». Auffi
a-t-on coutume de préparer avec le cuivre des collyres très-utiles par leur activité.

Ces maladies ne peuvent gueres être
prévenues. Toutefois ils feront bien de fe
boucher les oreilles de coton, pour que
le bruit en affecte moins les organes in-
térieurs, & ils pourront verfer dans cel-

les qui font malades de l'huile d'amandes
douces. Pour corriger l'âcreté qui affecte
les poumons, à caufe des vapeurs reçues
avec l'air, on emploiera avec fuccès les
émulfions d'amandes, de femences de
melon, de courge dans l'eau de violette,
d'orge, & d'autres remedes femblables;
le petit-lait de vache, & les alimens
préparés avec le lait. Si l'Ouvrier *eft*
d'un tempérament fec & aride, & fujet
aux maux de poitrine, il n'y a point
d'autre remede que de quitter fon métier & d'en embraffer un autre; le gain,
en effet, eft très mauvais, lorfqu'il conduit à une mort prompte. Quand un
Chaudronnier aura une maladie aiguë,
le Médecin tirera un avantage de la connoiffance de fa profeffion; car, dans les
fievres aiguës, fouvent le malade a des
tintemens ou des bruiffemens d'oreilles.
Le Médecin, dans ce cas, n'en tirera
pas, avec Hippocrate, un fi mauvais pré-
fage, parce que ces Ouvriers ont naturellement l'oreille plus délicate, plus
foible, & que des fons peuvent très facilement s'y faire entendre dans leurs maladies. Il fera auffi attention, dans les affections de poitrine, de faire beaucoup
boire d'émulfion déja indiquée à ces

Ouvriers, afin que le feu de la fievre n'augmente pas la sécheresse de leurs poumons (1).

---

(1) Le cuivre & le plomb sont les deux métaux les plus employés dans les besoins de la vie, & cependant les plus dangereux & ceux qui portent le plus d'atteintes à la santé. Mille exemples funestes en ont prouvé les mauvais effets; on a vu des maisons entieres empoisonnées par le verd-de-gris. Toute une famille, au rapport de M. le Baron Vanswieten, fut attaquée de la colique de Poitou, pour avoir bu de l'eau qui avoit séjourné dans des vaisseaux de plomb.

S'il est des cas où la Médecine doit éclairer le Gouvernement, & agir de concert avec lui pour le bien du peuple, c'est assurément celui dont il s'agit ici. Le seul moyen de prévenir les malheurs auxquels on est journellement exposé, seroit de proscrire absolument ces deux métaux des usages domestiques.

CHAPITRE XLVI.

Des Maladies des Ouvriers en Bois (1).

Après les grains, la Nature n'a rien donné de plus utile à l'homme que *les arbres & les forêts*. Pline a dit (*a*): « C'est aux arbres que les hommes doi- » vent leur premier aliment , l'ombre » de leur caverne , &c. ». Après la découverte de la scie , les arbres coupés en planches , fournirent des matériaux aux maisons , & servirent à beaucoup d'autres usages. Il y a apparence qu'autrefois Lyon étoit bâti en bois , puisque cette ville ayant été toute brûlée en une nuit , au rapport de Séneque , les Paysans qui y venoient le matin pour y vendre leurs denrées , ignorant cet incendie malgré leur voisinage , & ne la voyant plus devant eux , furent interdits & ne surent ce qu'elle étoit devenue. « Ainsi , dit le

(1) Ramazzini traite , dans ce chapitre , des maladies des Scieurs de bois, des Charpentiers , des Charrons , des Tonneliers , des Tourneurs, &c.

(*a*) In Præf. , l. 12.

» Philofophe en gémiffant fur les évé-
» nemens humains, ainfi une antique
» forêt peut en un inftant être réduite
» en cendres ». De notre temps, dans
les pays feptentrionaux, il y a des villes
toutes bâties en bois comme Mofzka.
On y trouve de vaftes magafins qui contiennent des maifons toutes faites & de
différentes grandeurs, pour contenter
ceux qui veulent en acheter, de forte
qu'en peu de jours on peut avoir une
maifon toute prête à habiter dans le lieu
où on la defire.

Les Ouvriers en bois font plufieurs
claffes. Les uns conftruifent des chars,
les autres des tonneaux & des cuves,
d'autres font occupés à la fabrique des
vaiffeaux. Il en eft qui fculptent des bor-
dures de tableaux & de glaces qu'on dore
enfuite. Tous ces métiers font pénibles,
& fatiguent ceux qui les exercent; cependant ceux de tous qui en font le plus
maltraités, font les Scieurs de planches.
Pour cet ouvrage, ils pofent des arbres
quarrés fur deux tréteaux: l'un des Ouvriers monté deffus & le pied pofé fur
chacun de ces tréteaux, l'autre placé def-
fous, tirent enfemble la fcie, en fuivant des lignes tracées avec de la pierre
rouge. Hippocrate a élégamment décrit

cette manœuvre dans son premier Livre sur la diete. « Ainsi, dit-il, des Ouvriers » qui scient le bois, l'un tire la scie, » l'autre la pousse. Celui qui est en-bas » entraîne l'autre qui doit céder à pro- » portion; car si cet accord n'a pas lieu, » l'ouvrage ne va pas comme il con- » vient ». L'Ouvrier en-haut a plus de peine que celui d'en-bas, parce qu'il est obligé de tirer à lui la scie qui est assez lourde. Mais celui qui est dessous les tré- teaux éprouve une incommodité très- grande, par la poudre de bois qui lui tombe dans les yeux & dans la bouche; ce qui lui donne & de la rougeur & de la douleur dans ces organes, & l'oblige de clignoter continuellement.

Ceux qui travaillent au tour, & qui se servent de buis, d'olivier, de téré- binthe, & d'autres bois semblables, éprouvent aussi des maux assez graves dans cet ouvrage. Ils sont, en effet, obligés de tenir leurs mains & leurs bras dans un effort continuel, afin d'appuyer & de retenir le ciseau comme il con- vient, pour qu'il n'emporte que ce qu'il faut du bois; & de remuer continuelle- ment leur pied droit, pour agiter en dif- férens sens le bois qu'ils travaillent. Le mouvement de rotation du tour attaque auffi leurs yeux, qu'ils ont fans ceffe fixés fur leur ouvrage, & fait naître dans les efprits & dans les humeurs un mouvement de vertige. La fubftance que travaillent ces Ouvriers ne leur caufe aucune efpece de maladie, fi ce n'eft le bois de cyprès, dont l'odeur forte donne un mal de tête à quelques-uns d'entr'eux.

On ne peut confeiller à ces Ouvriers, de préfervatifs, que le travail modéré & fans excès, de peur que le defir du gain ne leur occafionne des maladies, & ne les empêche de travailler pendant longtemps. Ils pourront faire ufage des frictions douces avec l'huile, ainfi que tous les Ouvriers qui font expofés à la fatigue. Pour faire moins fouffrir leurs yeux, ils quitteront de temps en temps leur ouvrage; s'ils font rouges & douloureux, ils les laveront avec des adouciffans, tels que l'eau d'orge, de violette, & le lait de femme. Lorfqu'ils font attaqués de maladies aiguës par une caufe quelconque, le Médecin, en leur adminiftrant des remedes actifs, prendra les précautions que nous avons recommandées pour tous les Ouvriers en général, dont les forces font épuifées par le travail.

CHAPITRE XLVII.

Des Maladies de ceux qui aiguisent au grès les Rasoirs & les Lancettes.

Il y a, selon moi, peu de métiers qui ne nuisent plus ou moins aux Ouvriers qui les exercent. Qui pourroit croire, par exemple, que ceux qui aiguisent à une petite meule de grès les rasoirs & les lancettes, affoiblissent leurs yeux à cet ouvrage ? L'expérience prononce sur cette assertion, & la raison d'ailleurs en fait cesser le merveilleux. En effet, comme ces Ouvriers sont obligés d'avoir sans cesse les yeux attachés sur la meule, qui tourne avec une rapidité extrême, la force de ces organes se perd nécessairement, & la vision s'affoiblit peu-à-peu, comme on l'observe chez les Ouvriers en petits objets. Après avoir travaillé tout le jour, ils ont ordinairement des vertiges, sur-tout ceux qui ont la tête foible; &, après leur ouvrage, l'agitation de la meule est toujours présente à leur esprit. Il est probable que cette cause externe

& occafionnelle agite les humeurs de l'œil, & principalement l'aqueufe qui eft très mobile par elle-même ; qu'elle excite un mouvement irrégulier dans les efprits animaux, & qu'elle altère ainfi l'économie naturelle de l'œil. Il y a dans notre ville un Ouvrier fort adroit à ce métier, & qui y fait un gain confidérable. Quelquefois il éprouve de la rougeur dans les yeux & des ophtalmies, qu'il attribue avec raifon à fon ouvrage. J'ai vu auffi plufieurs autres Ouvriers pareils, qui tous fe plaignent de maux d'yeux. Ce qui leur eft le plus pénible, c'eft le mouvement qu'ils font obligés de communiquer avec le pied à une grande roue de bois, qui fait mouvoir en même temps la petite ; mais plufieurs d'entr'eux s'évitent cette peine, en faifant tourner leur grande roue par des enfans. Cependant leurs mains & leurs bras qu'ils emploient à aiguifer fe fatiguent prodigieufement ; mais ce font, fur-tout, leurs yeux qui font le plus vivement affectés. Il n'y a que la modération dans leur travail, & une intermiffion de quelques heures, qui puiffent les préferver de ces maux ; ils doivent faire plus de cas de la fanté que du gain. Afin de ne pas ennuyer nos Lecteurs par des répétitions, nous nous contenterons de dire, qu'on leur prescrira les remedes que nous avons indiqués pour tous les Ouvriers qui travaillent en petits objets (1).

---

(1) Les accidens des Ouvriers qui repassent à la meule seront d'autant plus graves, que les efforts qu'ils feront, & les outils qu'ils auront à repasser seront plus grands. Alors il peut naître de ce travail violent des tremblemens avec convulsions, comme M. Boucher a eu occasion de l'observer dans un Ouvrier qui repassoit de grandes cisailles à tondre les draps. Ce Médecin regarde l'ouvrage de ces Artisans comme une électrisation naturelle, qui fait éprouver à leurs nerfs une commotion générale à laquelle succede une sorte d'atonie. Dans ce cas, voici la cure qui a réussi à M. Boucher. Un régime humectant & émollient dans les commencemens, des aposèmes acidules pour lâcher le ventre, ensuite une poudre antispasmodique, dont nous nous faisons un devoir d'inférer ici la composition. Prenez de quinquina, une demi-once ; de cascarille, de safran de Mars apéritif, & de succin, de chacun deux gros ; de canelle, un gros : le tout pulvérisé & partagé en vingt-deux doses, dont le malade prendra deux par jour, une le matin, & l'autre le soir.

Il seroit bien précieux, pour la Médecine, que les bons Praticiens eussent consigné leurs observations sur les maladies des Artisans, comme a fait M. Boucher. *Journal de Médecine,* *12, p. 20.*

CHAPITRE XLVIII.

Des Maladies des Briquetiers.

IL paroît assez vraisemblable que les premiers hommes n'ont point eu de maisons, « lorsque les cavernes leur » servoient de retraites, qu'ils y fixoient » leurs Dieux Lares, & qu'ils s'y enfer- » moient avec leurs troupeaux (*a*). D'a- bord, pour se procurer une habitation plus commode, ils ont construit des ca- banes avec le chaume & les roseaux ; bientôt ils se sont formé des maisons un peu plus solides avec les cailloux & les pierres tendres que leur a fourni la Na- ture : ainsi l'on en voit encore dans les montagnes, qui sont bâties de cailloux liés ensemble avec la terre glaise, & couvertes de larges pierres. Dans les lieux plats & dans les plaines, où il n'y a pas de carrieres, on a peu à peu ima- giné de former des briques avec de l'ar- gille, de les dessécher au soleil, & de

(*a*) *Cùm frigida parvas Præberet spelunca domos, ignemque laremque, Et pecus & dominos communi clauderet umbrâ.*

les cuire dans des fours, enfin d'en bâtir
des maisons dont la forme & la solidité
l'ont de beaucoup emporté sur les premieres. Comme les Ouvriers qui font les
briques forment une classe particuliere
d'Artisans, connue sous le nom de Briquetiers ; & comme leur métier est nécessaire tant pour réparer des maisons
anciennes, que pour en bâtir de nouvelles, il est de notre devoir de rechercher
les maladies qui leur sont propres. Nous
ne nous occuperons pas ici à décrire les
manœuvres employées dans la fabrication
des briques ; elles sont assez connues,
puisque les atteliers des Briquetiers sont
très-communs au dehors de toutes les
villes. Cet ouvrage est un des plus pénibles. Les Israélites, dans leur esclavage
en Egypte, étoient condamnés à faire
des briques, & n'avoient, pour consolation, que de l'ail & des oignons pour
nourriture. Ces Ouvriers occupés au soleil à former l'argille en briques, à les
dessécher à l'air, & enfin à les cuire dans
des fours pour les durcir, endurcissent en
même temps & desséchent leurs fibres.
Ils sont très-disposés aux maladies aiguës, aux fievres malignes & inflammatoires; forcés par état d'être exposés à
toutes les injures de l'air, aux fraîcheurs
du

du matin , aux rayons brûlans du midi
& au froid des soirées , & souvent aux
pluies ; nourris très-mal, avec du pain
bis , de l'ail , des oignons, du vin gâté ,
ils ne peuvent échapper à ces maladies,
& il est même étonnant qu'ils puissent
soutenir un ouvrage si pénible pendant
plusieurs mois. Leurs fievres sont presque toujours accompagnées du délire ;
s'ils en réchappent , ils tombent bientôt dans des maladies chroniques ,
telles que les fievres quartes , la cachexie & l'hydropisie. Dès que ces Ouvriers,
pour la plûpart paysans , sont pris de la
fievre , ils retournent dans leurs chaumieres , se confient aux soins de la Nature , ou vont dans des hôpitaux & y
sont traités , comme les autres , par les
remedes accoutumés , les purgatifs & la
saignée , parce que les Médecins igno-
rent leur profession , & ne savent point
qu'ils sont épuisés & affoiblis par un travail excessif.

Ces malheureux trouveroient un grand
secours dans les bains d'eau douce , au
commencement de leur fievre : ce remede en lavant leur peau, l'humecteroit,
en dilateroit les pores , & ouvriroit un
passage au feu fébrile. Mais malheureusement l'usage des bains est aboli , & nous

Z

sommes privés d'un remede dont les anciens Médecins faisoient le plus grand cas. A Rome autrefois les bains étoient ouverts publiquement ; les Ouvriers, après avoir travaillé tout le jour, y alloient le soir pour se laver & se refaire de leurs fatigues : aussi étoient-ils moins sujets aux maladies que les Ouvriers de notre siecle. Ni le sexe, ni l'âge, ni la condition n'excluoit personne des bains. Les femmes & les filles y alloient dans les premiers temps de l'Eglise naissante, comme nous l'apprend Saint Jérôme dans une Lettre à Eustochius, où il l'avertit que dans le bain, qui convient pour entretenir la propreté & la santé, une fille ne doit point se voir nue. Peut-être auroit-il desiré que les filles se fussent baignées dans des lieux très-clos & où la lumiere n'eût pas pénétré, ou bien pendant la nuit. En effet, de son temps, la construction des bains étoit devenue un objet de luxe très-considérable. On peut lire sur cet objet Séneque (*a*), dans sa description de la maison de campagne de Scipion. « Après la conquête d'Afri-
« que, ce Général, la terreur de Car-
» thage, retiré à Linterne, se plongeoit

_____

(*a*) Epist. 89.

» dans le bain lorsqu'il étoit fatigué des
» travaux rustiques ; mais il ne se li-
» vroit pas tous les jours à cet exercice,
» puisque, suivant ceux qui ont écrit sur
» les anciennes mœurs de cette ville, ses
» habitans se lavoient tous les jours les
» bras & les jambes, pour en ôter la mal-
» propreté que l'ouvrage y avoit amassée,
» & ils ne se baignoient entiérement
» que les Nundinales (1) ». Le bain seroit donc très-utile, tant pour entretenir
la santé, que pour guérir les maladies
des Briquetiers qui sont toujours dans
la fange. Mais malheureusement la Religion, plus occupée du salut des ames
que de la santé des corps, a défendu &
laissé abolir petit-à-petit l'usage des
bains, & a privé la Médecine d'un secours, dont elle connoît si bien l'efficace
dans presque toutes les maladies.

---

(1) C'étoient des Foires qui arrivoient tous
les neuf jours. Les gens de la campagne ne
travailloient pas ces jours-là, & ils appor-
toient à la ville leurs denrées. Voyez les articles *Nundina*, dans Calepin ; & Nundinales,
dans le Dictionnaire encyclopédique.

CHAPITRE XLIX.

Des Maladies des Cureurs de Puits.

Si l'ardeur du soleil & des fours brûle les Briquetiers, l'éloignement de cet astre, le froid, & la trop grande humidité que les Cureurs de puits sont obligés de supporter, font le tourment de ces malheureux Ouvriers. En hiver & au printemps la terre fournissant abondamment l'eau dont on a besoin, ce n'est que l'été qu'on emploie ces Ouvriers, quand l'avant-chien & le lion répandent le feu sur la terre, parce que cette saison est la plus convenable pour creuser de nouveaux puits, ou curer les anciens. On sent assez le danger d'un pareil travail, puisque ces Ouvriers sont forcés de passer alternativement du chaud au froid, & du sec à l'humide. Le séjour trop long dans un lieu froid, la fraîcheur & l'humidité des eaux qui coulent de toutes parts, agissent sur leur peau, arrêtent la transpiration, & font naître des fievres aiguës de mauvais caractere. Ajoutons à ces causes l'exhalaison nuisible & affreuse que répandent les puits, sur-tout ceux

des collines & des montagnes remplies
de foufre, de nitre, & d'autres fubftances minérales qui en altèrent les eaux.
Dans les lieux bas & dans les plaines, il
n'y a pas le même inconvénient : cependant tous les puits ont une mauvaife
odeur particuliere, d'où eft venu leur
nom latin (1). Cette vapeur fétide doit
néceffairement altérer les efprits animaux, dont la nature eft éthérée & fubtile. On peut auffi ranger avec les Cureurs
de puits, ceux qui nétoient les égoûts,
& en ôtent les immondices dont les
eaux des pluies les ont remplis, en tombant par les gouttieres & les tuyaux des
maifons. Cet ouvrage eft affez commun
à Venife, fur tout en été : les malheureux obligés de nétoyer & de balayer ces
lieux infects, en font auffi maltraités
que les Cureurs de puits.

Je dois, à cette occafion, parler de
nos puits de la campagne de Modene,
d'où découle une efpece de pétréole fi
blanc & fi pur, que tous ceux de l'Europe
ne l'égalent pas. Au fommet de l'Apen-
nin, il y a une montagne nommée *Fefti-*
nus, éloignée de la ville d'environ vingt
mille pas, dont la cime offre une plate

---

(1) *Puteus* de *putidus.*

forme, percée de plusieurs puits anciens ou nouveaux, d'où on tire le pétréole qui nage sur les eaux. Ces puits sont très-profonds & n'ont été fabriqués qu'au ciseau & au marteau, parce que toute la montagne est une roche ; ce qui fait nommer le pétréole par les habitans, huile de rocher. Lorsqu'on construit un puits nouveau, les Ouvriers sont infectés par la mauvaise odeur qui se répand même dans l'air voisin; car je me souviens qu'en allant visiter ces puits, je fus frappé de cette odeur à la distance d'un mille (1). Quelquefois il arrive qu'un Ouvrier, en piochant, ouvre quelque veine de pétréole, d'où il en sort sur le champ une grande quantité : alors il crie

___

(1) Dans un petit Traité de Ramazzini, sur le pétréole du mont Zibinius, dont nous allons parler dans la note suivante, on lit une phrase qui confirme ce qu'il avance sur l'odeur de ce bitume. *Odorem autem adeò gravem exhalant ha petrolei scaptensula, ut in illis diutiùs immoranti graves capitis dolores suboriantur ; hinc per astatem, ob partium volatilium promptam diffusionem, petrolei collectio operarios non parùm infestat, quod hieme non sic evenit : quin procul ab ipsis fontibus ad integrum ferè stadium petrolei odor tam manifestè percipitur, ut pro ductore esse possit ad locum undè emanat.* Tom. 1, pag. 255.

qu'on le remonte promptement avec une corde, pour n'être pas fuffoqué, & on le retire refpirant avec peine; il y en a eu même parmi eux qui ont péri par cet accident. J'ai fait imprimer une Lettre fur le pétréole du mont Feftinus, adreffée à l'Abbé Dom Felix Viali, Profeffeur & Intendant du Jardin de Botanique de Padoue. J'y ai joint une nouvelle édition d'un Traité fur le pétréole du mont Zibinius, de F. l'Ariofte, manufcrit trouvé par Oligerus Jacobæus dans la Bibliotheque Royale de Copenhague, & qu'il a fait lui-même imprimer dans cette ville (1). On obtient

––––––––––––––––––

(1) Cette Differtation en forme de Lettre, datée du 15 Juin 1698, eft inférée dans le premier volume des Oeuvres de Ramazzini, édit. de Londres. Elle a environ dix pages. L'Auteur y décrit le mont Zibinius, les lieux qui y font fitués & qui fourniffent le pétréole, la manœuvre que les habitans emploient pour le retirer, & qui eft affez femblable à celle dont les Chymiftes fe fervent pour féparer une huile effentielle de l'eau fur laquelle elle nage. Dans ce détail il ajoute aux connoiffances données par l'Ariofte fur les fources du pétréole, fur les volcans qui en font voifins, & fur l'état de leurs craters. Il cite quelques Auteurs qui ont parlé de la vertu de cette huile minérale, tels que Fernel, Fallope, Baccius, Matthiole, Cæfalpin, Schroderus,

cette espece de pétréole en creusant à
peu de profondeur. Dans une vallée profonde se trouve une petite fosse, où le
pétréole nage sur l'eau, mais il est coloré
& bien inférieur à celui du mont Festinus, qui est blanc, & dont l'odeur n'est
pas si désagréable. Il y a à Modene
d'autres Ouvriers qui creusent les puits
au milieu de l'hiver & non en été. Mais
ces derniers sont bien différens des autres; l'eau en est vive, pure & très-claire,
comme je l'ai dit dans mon Traité Phy-
sico - Hydrostatique sur la source des
fontaines de Modene, dont je viens de
faire une nouvelle édition à Padoue,
parce qu'il n'y avoit plus d'exemplaires

Sylvius Deleboë, Etmuller, &c. Il passe à
l'origine & à la formation du pétréole de
Modene, qu'il regarde comme le produit
d'une distillation faite par le feu des volcans,
& qu'il croit être dégénéré depuis l'Ariofte.
Il le recommande néanmoins dans les entor-
ses, les douleurs chroniques de goutte, les
affections hystériques à la dose de quelques
gouttes, les vers, les ulceres invétérés, & la
galle. Il dit avoir cherché en vain sur le mont
Zibinius une plante nommée *famana*, que
Fr. l'Ariofte assure y avoir trouvée. Il finit
en indiquant les sources de pétréole, situées
sur le mont Festinus, & en donnant quelques
détails sur sa nature & son analyse chymique.

de la premiere, & que les Savans la de-
firoient avec empreffement. Il feroit
trop long de rapporter ici la maniere
dont ces puits font conftruits ; je ferai
feulement obferver qu'il y a différens
lits de terre ; qu'après plufieurs couches
de craie & d'argille on en trouve une
de cailloux très-fins. Lorfque les Ouvriers y font arrivés, ils-fe regardent
comme à la fin de leur ouvrage. En effet, on entend bientôt le bruit d'une eau
courante ; alors, attachés aux côtés du
puits, ils percent la couche fablonneufe
à deux ou trois coudées de profondeur,
& il s'en éleve fubitement une fi grande
quantité d'eau, que l'Ouvrier, affis fur
les côtés de la tarriere, eft quelquefois
au milieu de l'eau avant qu'on ait eu le
temps de le retirer. En un inftant le puits
s'emplit, & l'eau coule après fans aucune
interruption à la furface de la terre. J'ai
fait beaucoup d'obfervations intéreffantes fur la fouille des terres pour la formation de ces puits ; telles font, par
exemple, celles de grands arbres enfouis à cette profondeur, d'os énormes,
& d'autres fubftances dont j'ai fait mention dans mon Ouvrage fur cet objet (1).

_____

(1) Le premier chapitre du Traité de Ra-
Z v

Ce travail est pénible & très - dangereux l'été : les exhalaisons qui s'en éle-

---

mazzini, sur la source des fontaines de Modene, offre quelques observations sur des arbres & d'autres corps enfouis dans la terre. Il
paroît que le terroir de Modene a été renouvellé, puisqu'on trouve dans la profondeur
de la terre des forêts entieres, des maisons,
des boutiques, avec différens ustensiles de
fer. Lorsque les Ouvriers qui y creusoient les
puits, rencontroient un arbre, il s'en élevoit
une exhalaison très-infecte, & les fragmens
de végétaux, tirés hors de la terre, étoient
d'abord mous & humides, & se durcissoient
ensuite comme le corail. *Raró autem excavan-*
tur hi putei, quin passim varia arborum species
occurrant, facile enim dignoscuntur, quales sunt
quercus, nuces, ulmi, fraxini . . . . Ligna veró
quæ frustulatim à Fossoribus caduntur satis mollia
sunt, ubi autem aëri exposita fuerint, non secùs
ac corallia, duritiem aasciscunt . . . . Haud mi-
nùs curiosa ac scitu digna in ipsâ puteorum fos-
sione occurrunt ; primò quidem à soli superficie
usque ad pedes 14 circiter nonnisi cæmenta & an-
tiqua urbis vestigia apparent ; in tali enim pro-
funditate viarum strata ex silicio lapide, artifi-
cum taberna, pavimenta ædium & opera tessel-
lata passim observantur . . . . . . Identidem mul-
tis cochlearum testis est refertum (stratum creta-
ceum). Inventa quoque sunt in summâ horum
puteorum profunditate ossa magna, carbones,
silices, ac ferri frustula. Bernard. Ramazz., de
font. Mutin. admir. scaturigine, cap. 1, tom.
I, p. 189, 191, 192.

vent & le froid rigoureux qui regne dans ces puits, empêchent les Ouvriers d'y travailler. En hiver, ils sont obligés de rester pendant près d'un mois dans ces lieux chauds comme une étuve : la chaleur qui y est concentrée & qui ne peut s'évaporer, les flambeaux allumés & que la vapeur éteindroit dans l'été, le travail excessif auquel ils se livrent, les mettent tout en sueur, & les exposent aux maux que produit la lésion de la transpiration. Les maladies qui les attaquent ordinairement sont celles de la poitrine, telles que les fluxions & les inflammations, &c. La plûpart sont cachectiques, à cause de leur mauvaise nourriture & de leur pauvreté ; ils ont le visage blême & livide, &, parvenus à peine à quarante ou cinquante ans, ils sont forcés de quitter leur métier avec la vie : telle est la fin de leur misere. Un Médecin instruit & qui connoîtra leur métier, trouvera facilement la méthode qu'on doit employer dans leurs maladies lentes ou aiguës. Il saura qu'il faut rétablir la transpiration arrêtée par l'humidité & la puanteur des lieux infects où ils travaillent, corriger & évacuer les humeurs vicieuses, & réparer les forces de la nature affoiblie. Il emploiera, avec

succès , les frictions répétées sur tout le
corps, l'onction d'Aëtius, les ventouses
sèches , le bain des jambes & des bras
dans du bon vin , dans lequel on aura mis
infuser des feuilles de sauge , de lavande ,
des fleurs de romarin , & d'autres substances aromatiques. Il leur ordonnera
des ventouses scarifiées au dos, remede
qui est familier à ceux qui font beaucoup d'exercice. Il épargnera leur sang,
il préférera à la saignée l'application des
sangsues aux veines hémorrhoïdales, &
il aura soin de ne les purger que légérement & à plusieurs reprises, pour ne pas
abattre leurs forces, en se souvenant de
ce précepte d'Hippocrate (*a*) : « Une
» purgation violente nuit aux mouve-
» mens critiques dans ceux qui sont
» mal nourris (1) ».

_____

(*a*) Sect. 2 , aphor. 36.
(1) Plusieurs exemples ont prouvé l'existence & le danger de ces exhalaisons singulieres qui s'élevent dans les puits , même après
qu'ils sont creusés.

Avant l'édition de 1713 du Traité de Ramazzini, dans laquelle il a donné son Supplément , il arriva un malheur affreux de ce
genre , dont il auroit pu tirer parti. Ce fait
est inséré dans les Mémoires de l'Académie,
année 1701. A Rennes en Bretagne, un Ma-
çon laissa tomber son marteau dans un puits.

Un Manœuvre qui y defcendit pour le retirer, fut fuffoqué avant d'avoir atteint la furface de l'eau. Deux autres éprouverent le même fort. Un quatrieme qu'on y defcendit, cria qu'on le retirât, ce qu'on fit avant qu'il ait eu le temps d'être fuffoqué : il dit avoir fenti une chaleur dévorante dans les entrailles, & il mourut trois jours après. On y defcendit auffi un chien qui cria, étant arrivé près de l'eau ; on lui jetta de l'eau fur le corps, & il en revint. Les trois hommes morts dans le puits, n'offrirent rien à la diffection qui pût apprendre la caufe de leur mort. L'eau de ce puits étoit cependant bonne à boire, & ne faifoit aucun mal.

En 1761, il eft arrivé un accident femblable, mais plus terrible encore, à Bergen en Norvege. Ce fait eft dû au Docteur Hannæus. Une Servante voulant puifer de l'eau dans un puits qui avoit été fermé anciennement & ouvert depuis peu, remonta promptement, fe fentant fuffoquée par une vapeur fétide & chaude qui s'en élevoit. Une autre Servante plus hardie, defcendit plus avant, & tomba morte. Le Maître & deux voifins, qui voulurent fe fecourir mutuellement, furent fuffoqués de même.

Des événemens auffi effrayans font fouffrir fur le fort des Ouvriers, qui s'occupent à creufer & à curer les puits. Ils doivent être tout prêts à fuir à la moindre apparence du danger ; ils peuvent de plus prendre toutes les autres précautions que nous avons déja recommandées, contre l'action de toutes les vapeurs nuifibles que la terre exhale. Voyez la note à la fin du premier chapitre.

CHAPITRE L.

Des Maladies des Matelots & des Rameurs.

De tous les Arts qui contribuent au bonheur des Peuples & à l'entretien du Commerce, la Navigation est celui qui a le plus d'utilité. C'est elle qui joint l'orient avec l'occident, le nord au midi, & qui rend communes à différens pays, les richesses que chacune d'eux produit en particulier. Cet Art, un des plus anciens, est si estimé, que ses inventeurs ont eu les honneurs réservés aux dieux; ainsi les Argonautes qui pénétrerent jusqu'à Colchos, furent comptés au rang des demi-dieux, & leur vaisseau Argos fut placé au ciel par les Poëtes. Que mériteroient donc ces Navigateurs de notre siecle, qui, passant les colonnes d'Hercule, ont porté leurs flottes armées jusqu'au Pérou? La Navigation conduite à la perfection, a démontré l'existence des Antipodes. Nous devons donc nous occuper des maux qui assiégent les Navigateurs, ou plutôt rechercher quelles sont les maladies qui les épargnent. Nous ne parlerons pas de ces hommes que le commerce transporte fur les vaisseaux dans les différentes contrées, & qui y restent dans l'oisiveté, mais de ces Matelots qui sont jour & nuit en travail. Toutes les maladies aiguës, pour le dire en un mot, les attaquent. Leur gente de vie, les miseres qu'ils essuient fur ce perfide élément, sont telles qu'il n'y a aucune maladie aiguë qui n'épuise sa fureur fur ces malheureux. Les chroniques les affaillent aussi ; mais elles leur durent moins longtemps qu'aux Ouvriers fur terre, parce qu'un vaisseau n'est pas un séjour propre à les nourrir.

Avant la découverte de l'aimant, la Navigation étoit beaucoup plus difficile que de notre temps, puisque les Pilotes étoient contraints d'avoir toute la nuit les yeux fixés fur la petite ourse, pour connoître leur chemin ; ainsi Virgile a peint Palinure, Pilote de la flotte des Troyens, qui, fixé fur le gouvernail de son vaisseau, & interrogeant sans cesse les astres, tomba dans la mer pris d'un sommeil pareil à celui que produit l'eau du Lethé. Mais depuis la découverte de la propriété de l'aimant, un Pilote ne craignant plus rien des troupes aërées, tran-

quille & la bouſſole en main, conduit
ſon vaiſſeau au milieu de la nuit, & le
mene où il veut ſur les flots plus facilement qu'un homme ne ſe conduiroit
ſur terre au milieu des ténébres.

Les Navigateurs expoſés aux injures
du ciel, de la mer & des vents, & à
mille autres incommodités attachées à
leur Art, ſont ſujets à toutes les maladies aiguës, comme je l'ai déjà dit, principalement aux fievres malignes & inflammatoires ; mais ils n'en ſont pas
long-temps malades : car elles ſe terminent promptement, & ſe jugent très-
vîte, ou par une criſe heureuſe, ou par
la mort. Les préceptes de la Médecine
y ſont de peu de valeur, & il faut, ſuivant Celſe, leur preſcrire des remedes
avec une certaine témérité, comme on a
coutume de faire dans le fort d'une tem-
pête. Les patrons des vaiſſeaux ont pour
uſage de porter avec eux des drogues,
& d'avoir un Médecin pour l'équipage:
ils auront donc ſoin de faire proviſion
des remedes thériacaux & bézoardiques
principalement, afin de chaſſer les humeurs corrompues au-dehors par les conduits de la ſueur. On les donnera auſſi
à une doſe beaucoup plus forte que
l'on ne air ſur terre, parce les gens de

mer fe nourriffent bien différemment, & que leurs maladies font d'un plus mauvais caractere. Thomas Bartholin (*a*) affure qu'il faut prefcrire aux Marins les remedes les plus actifs, tant purgatifs, que diaphorétiques, diurétiques & autres, fi l'on veut en avoir du fuccès. J. de Vigo, Chirurgien du Pape Jules II, a fait un chapitre particulier (*b*) fur les fievres des gens de mer, dans lequel il confeille les remedes puiffans. En effet, il eft naturel d'imaginer que dans ces malades, la nourriture vifqueufe, la chair falée, le bifcuit de mer à demi-carié, l'eau putréfiée, ont rendu leurs humeurs capables de réfifter aux remedes ordinaires. Quoique ces deux Médecins n'aient entendu parler que des hommes qui voyagent fur mer pour leur intérêt, les précautions médicinales qu'ils ont indiquées, n'en font pas moins convenables aux Matelots & à tous les Ouvriers en général qui vivent fur mer.

Il eft encore un autre ordre de Marins qui ont des maux bien plus redoutables, ce font les Rameurs qui, rangés fur leur

---

(*a*) Bonnet, de Med. Sept., tom. 1, l. 8, p. 4, fect. 2, c. 9.
(*b*) L. 9, ch. 4, de add.

banc, exposés aux vents, aux tempêtes
& aux pluies, sont forcés de résister à
force de rames aux fureurs des flots &
des vents, pour éviter une grêle de coups
qui les accableroient, s'ils négligeoient
un seul instant leur travail. Les maladies aiguës qui les attaquent, les déli-
vrent bientôt en leur ôtant la vie. Il est
cependant étonnant que beaucoup d'entr'eux, malgré les fatigues qui les accablent le jour & la nuit, soient gras &
colorés. Verulamius (*a*) apporte pour
raison de ce phénomene, « qu'étant con-
» tinuellement assis, leur estomac est
» soutenu, tandis que ce viscere pend
» chez les Ouvriers qui travaillent de-
» bout, & chez ceux qui marchent sou-
» vent. Il en déduit qu'il faut, pour pro-
» longer la vie, choisir les exercices qui
» agitent plus les membres que l'esto-
» mac ou l'abdomen, tels que ceux de
» ramer assis, ou de faire agir la scie dans
» la même attitude ».

Les vaisseaux sont souvent ravagés par
des maladies épidémiques, soit que le
germe ait été apporté du dehors, soit
qu'elles aient pris naissance de la mauvaise nourriture, & sur-tout des eaux

(*a*) In syl. syl., cent. 8, exp. 738.

corrompues , auſſi bien que du grand nombre d'hommes raſſemblés dans un vaiſſeau , & dont la plûpart voyagent ſur mer pour la premiere fois , & des ter- reurs fréquentes cauſées par les tempê- tes. Toutes ces cauſes peuvent faire naî- tre des maladies malignes & peſtilen- tielles, dont le germe ſe répand & ſe communique à tous les hommes de l'é- quipage. Dans ce malheur , il n'y a point de fuite à eſpérer , tous ſont dans le même vaiſſeau ; ils ont à leurs côtés des mourans , & voient dans l'élément au- quel ils ſe ſont confiés , leur tombeau commun. Un homme ſage n'a rien autre choſe à faire en cette circonſtance mal- heureuſe , qu'à mettre ſon eſpérance & ſa vie entre les mains du ſouverain Ar- bitre des êtres ; cependant il ne négli- gera pas les remedes thériacaux que cha- cun porte avec ſoi pour une longue na- vigation.

Il y a encore d'autres maladies moins dangereuſes , il eſt vrai, mais auſſi in- commodes que les précédentes, qui at- taquent les Navigateurs. Ils ont d'abord le ventre reſſerré , à cauſe de leur mau- vaiſe nourriture , du biſcuit que Pline recommande dans les cours de ventre , & des viandes fumées & ſalées. Vanhelmont (*a*) attribue ce vice à l'air de la mer & au mouvement des flots. En effet, les Marins étant plus voraces que ceux qui vivent sur terre, & rendant moins d'excrémens, il est nécessaire, dit ce Médecin, qu'il se dissipe beaucoup de substance par l'insensible transpiration ; ce qui rend le ventre paresseux : car Hippocrate a dit, « quand la peau est relâchée, le ventre est resserré ». J'aimerois cependant mieux ne rien faire à ce vice, que de le détruire avec des purgatifs violens qui ne peuvent que l'augmenter, lorsque leur premiere action est passée. On ne peut non plus proposer les lavemens aux Matelots, puisqu'ils manquent & d'instrumens & de matiere propre à constituer ces remedes (1). Ils font

_____

(*a*) Elaf. hum., n. 56.
(1) *Quandò clysterium usum naves non agnoscunt, nec aptam materiam habent.* Le Docteur Rouppe, (*de morb. Navigant.*, pag. 355) fait observer qu'on donne peu de lavemens aux Matelots malades, à cause de la difficulté de les leur administrer sur les hamacs. Quant à la matiere des lavemens, que Ramazzini a dit manquer aux Navigateurs, il a, sans doute, voulu parler de l'eau douce. Maintenant cette difficulté est presque entiérement vaincüe, depuis qu'on a trouvé les moyens de conserver l'eau douce dans les vaisseaux, & de dessaler celle de la mer. On ne sauroit

auffi fujets à des veilles opiniâtres. Les
foins qu'ils font obligés de prendre de
tout l'équipage, ne leur laiffent pas le
temps de dormir, fi ce n'eft dans une
bonaffe, à laquelle ils ne fe fient pas encore trop, & dont ils prévoient toujours
l'incertitude. La craffe que la tranfpiration amaffe fur leur peau, les rend
fujets aux démangeaifons ; le lieu où
ils vivent ne leur permet pas d'entretenir leur corps propre ; fouvent ils n'ont
pas affez d'eau pour fe laver les mains
& le vifage, & encore moins leurs chemifes ; ce qui leur donne une énorme
qnantité de poux. Les punaifes font auffi
en fi grande quantité dans les vaiffeaux,
qu'ils ne peuvent fe préferver de leur
morfure. Ces infectes répandent une
odeur fi défagréable, qu'elle fait naître
les naufées & le vomiffement, conjoin-
tement avec le mouvement du vaiffeau.
En outre les Rameurs qui, pour la plû-

---

trop recommander l'ufage fréquent des lavemens aux Marins, dont le ventre eft ordinairement très-refferré, & qui doivent l'entretenir
libre, s'ils veulent fe préferver des maux que
ce vice entraîne après ui. S'ils en ont befoin
lorfqu'ils font malades, il faut les faire enlever du hamac & prendre garde qu'ils ne gagnent du froid. Ce précepte eft donné par le
Docteur Rouppe, *loc cit*,

part, marchent nuds pieds, ont aux jambes des ulceres livides & secs, parce qu'ils sont produits par une eau salée, comme nous en avons observés aux Pêcheurs sur mer. Nous renvoyons aussi pour leur cure à ce que nous avons dit au sujet de ces derniers. Enfin, ils sont tourmentés de violens maux de tête, & sur-tout dans les voyages aux Indes Orientales & Occidentales, en passant les Zones Tempérées & la Torride. Le ciel & les astres nouveaux qu'ils voient, l'ombre située tantôt à droite, tantôt à gauche, lorsqu'ils passent sous la ligne équinoxiale, leur occasionnent la céphalalgie, avec un trouble de tout le corps & de l'esprit.

Les Navigateurs & les Matelots, nés sous un astre malheureux, vieillissent rarement au milieu de tant de maux, aussi bien que ceux qui habitent dans les camps : telles sont les principales choses que je me suis proposé de dire sur les maladies des gens de mer, & des remedes qui peuvent leur porter du secours. Je conseille de lire sur cet objet le livre du savant Glauber, intitulé : *Consolation des Navigateurs* (1).

_____

(1) La santé des Navigateurs est un objet

qui doit intéreffer beaucoup les Médecins qui pratiquent dans les vaiffeaux. L'air humide & mal-fain, les alimens falés, l'eau gâtée dont ils fe fervent, font des fources fécondes des maux qui les attaquent. MM. Deflandes & Halles fe font occupés des moyens de prévenir la putréfaction de l'eau douce qu'on emporte dans des tonneaux. Quelques gouttes d'huile de vitriol par pintes, & à-peu-près une once trente-huit grains de cette liqueur par muid d'eau, font fuffifantes, fuivant eux, pour empêcher qu'elle ne fe gâte. M. Halles a donné auffi les moyens de garantir le bifcuit des infectes qui le rongent : c'eft la vapeur du foufre reçue par des trous pratiqués au fond des tonneaux pleins de cette provifion. Le Docteur Huxham a fait une petite Differtation, intitulée : *Nautarum, in curfibus exploratoriis & itineribus, fanitatem confervandi methodus. Huxhami opera, t. 3, p. 86.*

Après avoir rapporté en peu de mots la caufe du fcorbut qui les attaque à l'air humide & falin, au vice des alimens corrompus, à la biere gâtée ; après en avoir indiqué très-briévement les fymptômes, il remarque que cette maladie fe guérit par les acides, la diete végétale & acefcente, les oranges, les cítrons, les vins ; qu'elle attaque moins les Capitaines qui fe muniffent de cidre, de citrons, d'alimens frais ; & il croit qu'il eft poffible d'établir un régime pareil pour tout l'équipage. Voici ce qu'il prefcrit à cet effet. 1°. Faire une provifion néceffaire de cidre qui ait au moins trois mois, le filtrer avant de le boire, s'en fervir quand même il tourneroit à l'aigre, en donner au moins une mefure par jour aux Matelots outre la biere & l'eau. 2°. Leur faire user du vinaigre, sur-tout si la viande commence à se pourrir. 3°. Faire nétoyer & laver souvent le vaiffeau, & l'arrofer de vinaigre, en renouveller l'air par la machine de Sutton, ou le ventilateur de M. Hales. 4°. Emporter, en automne, une provifion de pommes entourées de flanelle dans des caiffes, ou bien fi l'on ne peut en avoir, ou fi cela eft trop difficile, prendre un mêlange de rhum & d'acide de citron, appellé *shrub* en anglois, beaucoup plus falutaire que l'eau-de-vie dont on fait un excès dans les vaiffeaux. 5°. Corriger l'eau gâtée avec l'élixir de vitriol ou le vinaigre : tels font les préceptes que renferme la Differtation du Docteur Huxham, & que nous nous fommes fait un devoir de tranfmettre aux Navigateurs.

Le Docteur Rouppe dans la quatrieme partie de fon Ouvrage, où il s'occupe des moyens de conferver la fanté des Navigateurs, recommande 1°. l'ufage des légumes, du finapi, des oignons, du vinaigre, pour affaifonner la viande. 2°. Le renouvellement de l'air à la maniere de M. Duhamel du Monceau, qu'il préfere à la machine de Sutton. 3°. L'entretien de la propreté dans les habits, que l'on peut obtenir, fuivant lui, 1°. en veillant à ce que chaque homme d'un vaiffeau foit muni de tous les vêtemens qu'il eft néceffaire d'avoir, & dont il donne une lifte exacte; 2°. en affujettiffant chaque Matelot à entretenir avec le plus grand foin fes habits, & à être toujours prêt pour la vifite de leurs Supérieurs; 3°. en établiffant dans chaque chambrée un Infpecteur particulier, dont l'occupation feroit de vifiter les Matelots, & de veiller à la propreté de leurs habits. Ce dernier confeil eft dû à M. Duhamel.

Quelquefois ;

Quelquefois, dans des voyages que les in-
conftances des temps ont prolongés, l'eau
manque ainfi que la terre qui pourroit en fournir : c'eft dans cette circonftance que les
Marins reffentent toute l'utilité de la découverte précieufe de deffaler l'eau de la mer, &
de la rendre auffi douce que celle des fleuves
& des fources. Le meilleur moyen qu'on ait
employé jufqu'à préfent pour cet effet, eft la
diftillation (*a*).

Les maladies des Navigateurs font fréquentes, rebelles, & difficiles à guérir. Le mauvais état de leurs humeurs, entretenu par les
alimens fouvent corrompus dont ils font ufage,
contribue pour beaucoup à les rendre telles ;
& les travaux exceffifs que la navigation exige,
ajoute encore à cette caufe & en augmente
l'énergie. Nous n'avons rien de plus complet
jufqu'à ce jour, fur les maladies des gens de
mer, que le Traité du Docteur Rouppe, *de
morbis Navigantium liber unus ; Lugd. Batavo-
rum, apud Theod. Haak, 1764.* Ce Médecin
divife fon Ouvrage en quatre parties.

Dans la premiere, il parle des maladies qui
attaquent les Matelots dans la Hollande ; telles
font les fievres inflammatoires, la fauffe péripneumonie, les fievres intermittentes, catar-
rhales, les tumeurs au cou, & l'épilepfie. On
fent affez que ces maladies des *gens de mer
dans leur patrie,* doivent être différentes fuivant la température des régions qu'ils habitent. On ne peut donc rien établir de général
à cet égard ; & chaque Médecin doit faire,

_____

(*a*) Voyez *Maniere de deffaler l'eau de la mer* ; par
M. Puiffonier.

Aa

relativement à son pays, ce que le Docteur Rouppe a fait pour la Hollande.

La seconde partie de cet Ouvrage est destinée aux maladies produites par la navigation, & qui attaquent les Matelots en mer. L'Auteur divise cette partie en deux chapitres. — Le premier offre les maladies qu'on observe chez les Marins, lorsque le vaisseau va d'un pays froid dans un pays chaud. On y trouve le détail de toutes les causes qui peuvent donner naissance à ces maux ; tels sont l'air de la mer qui a différentes qualités, les vapeurs qui s'exhalent des vaisseaux, la construction diverse de ces derniers, le travail excessif, la mauvaise nourriture, les excès dans le travail & la boisson, le peu d'ordre qui regne quelquefois parmi les Marins, le défaut de l'air non-renouvellé, l'eau corrompue & fétide, enfin, la trop grande quantité d'hommes réunis dans un trop petit espace. — Dans le second chapitre, le Docteur Rouppe expose les maladies qui attaquent les gens de mer, lorsqu'ils passent d'un pays chaud dans un froid : le rhumatisme, le scorbut, la diarrhée & la dyssenterie, font les maux que produit cette espece de navigation. La premiere de ces maladies n'offre rien de particulier chez les Marins, & on la guérit comme chez les autres hommes, Le scorbut de mer est si terrible, qu'on a cru devoir en faire une espece distincte, & le séparer de celui de terre. Le Docteur Lind prouve cependant, dans son troisieme chapitre (a), que ces deux especes ne différent point l'une de l'autre, & qu'on les combat victorieusement par les mêmes remedes. On

_____

(a) *Traité du Scorbut*, &c. Paris, 1771.

a beaucoup écrit fur cette maladie, & il n'y a aucun Médecin qui ne connoiffe les moyens employés avec fuccès pour la guérir. Nous n'ajouterons donc rien fur cet objet, & nous nous contenterons de faire obferver que le Docteur Rouppe, dans la fection où il traite du fcorbut, eft d'accord avec Lind qu'il paroît avoir fuivi avec exactitude, quoiqu'il foit moins long que lui. La diarrhée eft commune fur mer en automne : elle dégénere prefque toujours en dyffenterie, & devient contagieufe. La cure de ces maladies confifte, fuivant notre Auteur, 1°. à entretenir une tranfpiration abondante, au moyen des couvertures & des vafes pleins d'eau chaude mis aux pieds & aux côtés des malades; 2°. à faigner ceux des malades qui font pléthoriques ; 3°. à évacuer le levain putride des premieres voies avec l'ipecacuanha, ou avec la rhubarbe & quelques grains de nitre ; 4°. à envelopper, adoucir & diffoudre l'humeur âcre qui irrite les inteftins, avec les décoctions d'orge, de réglifle, de guimauve, les bouillons de poulet, l'huile d'amandes douces, les émulfions, les lavemens émolliens. Enfin, le camphre & le nitre, la thériaque, le diafcordium, les fomentations émollientes, le fimarouba offrent auffi des fecours qu'on peut employer avec fuccès.

Dans la troifieme partie de fon Traité, le Docteur Rouppe donne l'hiftoire des maladies qui attaquent les gens de mer dans les ports & les pays étrangers. — Le premier chapitre comprend celles qu'on obferve dans les pays froids : ce font 1°. les fievres intermittentes, quotidiennes, tierces & double-tierces, (on y voit très-rarement des fievres quartes) ; 2°. deux especes de fievres continues remittentes que l'Auteur décrit assez au long, savoir, la fievre humorale dépuratoire ou la sinoque simple des Anciens, & la fievre critique ou sinoque putride. — Dans le deuxieme chapitre, on trouve le détail des maladies produites par la chaleur excessive de certains pays. Cette cause donne naissance aux douleurs rebelles, aux boutons, au dragonneau, aux fievres bilieuses, ardentes, putrides & exanthématiques. Ces dernieres sont quelquefois épidémiques parmi les Marins. Notre Auteur en décrit une de cette espece qui a régné, en 1760, sur des Matelots Hollandois nouvellement débarqués dans l'isle Curacao. Les remedes qu'il recommande dans les différentes maladies dont il s'occupe dans cette troisieme partie, n'ont rien de particulier, & sa pratique est absolument celle que tous les Médecins suivent en pareil cas. Quant au régime des malades dans les pays chauds, il est très-essentiel d'avoir attention à la qualité des alimens qu'on leur donne, de leur défendre la viande & les bouillons, & de ne leur permettre que l'usage des végétaux farineux pour noursiture, & d'un peu de vin, de biere, & de sucre pour assaisonnement.

Enfin, la quatrieme partie concerne les moyens de conserver la santé des gens de mer. Nous en avons donné un court Extrait avant l'énoncé des maladies, & nous ne répéterons pas ce que nous avons dit à ce sujet.

CHAPITRE LI.

Des Maladies des Chaffeurs.

L'ECRITURE-SAINTE nous apprend que la Chaffe fut en ufage dès les premiers âges du monde, après la faute de notre premier pere; puifqu'on y lit que Lamech, grand Chaffeur & inventeur de beaucoup d'Arts, tua par mégarde Caïn d'un coup de fleche. Il paroît vraifemblable que dans ces temps reculés, avant que la charrue fillonnât les champs, & que les bleds doraffent les campagnes, la Chaffe étoit le moyen dont fe fervoient les hommes fauvages qui habiterent les premiers notre terre, pour fe procurer la nourriture; & que cet Art, après la conftruction des villes & la réunion des hommes en fociété, eft devenu un de leurs amufemens, & même une de leurs études. De notre temps, tout le monde n'a plus la liberté de chaffer comme dans l'antiquité; les Princes & les grands Seigneurs feuls ont fait conftruire des bois féparés pour y nourrir des bêtes fauves qui, à l'abri des traits de tous les autres Chaffeurs,

sont destinées uniquement à leurs plaisirs. Mon objet est de m'occuper des
maladies de ceux qui font métier de la
Chasse. Les Seigneurs ont parmi leurs
domestiques des Piqueurs & des Faucon-
niers qui ne sont occupés qu'à fournir
la table de leurs maîtres du gibier & des
oiseaux qu'ils tuent. Il y a encore d'autres hommes qui chassent toute l'année,
portent leur gibier aux marchés publics des villes, & retirent un grand
profit de ces riches oiseux qui ne desi-
rent que les mets recherchés & rares. Ce
métier, louable en lui-même, peut rapporter un gain considérable à ceux qui
le font, sans qu'on doive leur en faire
un crime : car on ne sauroit croire combien de peines, de fatigues & de veilles
il leur en coûte pour se procurer ces animaux rares; souvent après avoir couru
sans relâche tout un jour, ils n'ont rien
pris, & quelquefois, ce qui est encore
plus affreux, en poursuivant des bêtes
fauves, ils gagnent des maladies plus redoutables que les animaux qu'ils chassent.
C'est principalement des maladies auxquelles ces malheureux sont si fréquemment sujets, que nous nous occuperons.
Quelquefois aussi les Princes eux mêmes
& tous ceux qui se livrent à cet exer-

cice avec trop d'ardeur, ne font pas exempts de ces maux. Les Hiſtoriens rapportent beaucoup de faits de Seigneurs tués par les bêtes fauves, ou qui ont ſuccombé à la fatigue de la Chaſſe. Il eſt bien étonnant que cet exercice plaiſe à tous les hommes, au point que ni la chaleur, ni le froid, ni les fatigues ne les épouvantent; qu'ils oublient les ſoins de leur maiſon; qu'ils paſſent les nuits à la belle étoile, & délaiſſent leurs tendres épouſes (*a*).

Je ne prétends cependant pas déſapprouver l'uſage de la Chaſſe qui, par elle-même, eſt ſalutaire, peut guérir beaucoup de maladies chroniques, & en prévenir de très-dangereuſes, puiſque, s'il en faut croire Rhazes, des Chaſſeurs furent les ſeuls hommes préſervés dans une conſtitution peſtilentielle (1). La

---

(*a*) *Manet ſub Jove frigido Venator, tenera conjugis immemor.*
Horat., od. 1, lib. 1.

(1) Ce phénomene peut avoir eu lieu ſans qu'on doive s'en étonner. Des Chaſſeurs plus ſouvent dans les bois que dans les villes, ne ſont pas expoſés à la contagion comme ceux qui reſtent au milieu d'elle, qui voient ou touchent les malades, qui habitent la même maiſon qu'eux, qui reſpirent le même air, &c. L'exercice violent ſeroit-il auſſi un préſervatif

Chasse exerce toutes les parties du corps,

---

ou un défensif contre l'action des miasmes pestilentiels , en portant à la peau les humeurs
dont le mouvement accéléré s'oppose à l'in-
tromission des molécules contagieuses ? C'est
sous ce point de vue qu'on a conseillé les remedes sudorifiques , tels que les thériacaux ,
les aromatiques , les alexipharmaques , les
cardiaques , &c. Telle est donc la raison pour
laquelle les Chasseurs dont parle Rhazes ont
été préservés.

Ramazzini a déjà donné plusieurs exemples
d'Artisans préservés dans les pestes. Nous ferons observer , pour résumer sur cet article ,
qu'il semble exister trois moyens préservatifs
contre les maladies pestilentielles & contagieuses , constatés par l'observation des différens Ouvriers dont la profession les met à l'a-
bri de ces maladies.

1°. D'éviter la contagion , en s'éloignant
des malades & de tout ce qui les approche.
C'est ainsi que les Ouvriers , logés au dehors
des villes , *extrà urbis pomaria* , ont souvent été
préservés , chez les Romains & chez les Grecs ,
des maladies qui ravageoient leurs habitans.

2°. De faire un exercice assez violent & assez continué pour entretenir la peau moite.
Par ce moyen , les humeurs agitées & portées
vers la circonférence se fraient une route par
les pores de la peau , & la direction de leur
mouvement s'oppose sans cesse à ce que les
molécules contagieuses pénétrent dans l'intérieur des vaisseaux cutanés. En outre , la sueur
qui baigne la peau , dissout les miasmes qui
s'y arrêtent , les emporte par son évaporation ,

ſuivant Galien (*a*). En effet , un Chaſ-

ou peut-être les dénature entiérement par ſon mêlange. C'eſt pour cela que les gens de la campagne ſont moins attaqués de maladies peſtilentielles que ceux de la ville , & que ces maladies ſont moins de progrès parmi les premiers.

3°. Le troiſieme moyen de ſe garantir de la contagion , eſt le plus ſingulier & le plus difficile à concevoir. Beaucoup d'Ouvriers dont les atteliers répandent des exhalaiſons fétides, ſont aſſez conſtamment préſervés des maladies peſtilentielles : tels ſont les Corroyeurs , les Vidangeurs. Quelques Médecins , ayant réfléchi ſur ce phénomene , ont propoſé de répandre des excrémens dans les rues des villes où regne la peſte. Ces vapeurs fétides ſeroient-elles d'une nature oppoſée à celle des miaſmes peſtilentiels , & les détruiroient-elles par leur mêlange ? Ou bien , doit-on attribuer ſimplement leur effet à la barriere qu'elles oppoſent aux particules contagieuſes ? Cette derniere façon de conſidérer leur action eſt celle de beaucoup de Médecins. Cependant on peut concevoir qu'il doit exiſter un correctif des miaſmes peſtilentiels , & on eſt même en droit de ſoupçonner que les peſtes ne ceſſent que lorſque ce correctif a détruit leur germe ; car on ne voit pas d'ailleurs comment une maladie , qui ſe propage ſi facilement & ſi vîte, pourroit s'éteindre ſans cette cauſe. Si cette derniere apperçue peut jamais être conſtatée, ce ſera , ſans doute , par l'obſervation multipliée des différens Artiſans préſervés ou atta-

(*a*) De tuend. val.

seur est forcé de marcher, de courir, de sauter, de se tenir debout, courbé, de pousser des cris, enfin d'exercer tous ses organes, tant vers le soir que pendant la nuit ; en hiver, sous un ciel nébuleux & agité par les vents, leur corps souffre & se lasse, il s'y prépare plusieurs maladies, & sur-tout chez celui qui en fait métier, parce qu'il n'a aucun jour de repos dans l'année, & qu'il est obligé de chasser au milieu de l'été dans les ardeurs de la canicule, comme dans l'hiver, lorsque les campagnes sont couvertes de neige ; alors, comme a dit Virgile de l'habitant de la campagne :

Il tend des rêts aux cerfs, prend l'oiseau dans
  un piege ;
Ou presse un lievre agile, ou, la fronde à la
  main,
Fait siffler un caillou qui terrasse le daim (*a*).

Autrefois la Chasse étoit bien plus pé-

qués de la contagion, & par la comparaison de la nature de leurs travaux avec celle de la maladie. Nous nous proposons de recueillir dans les Auteurs qui ont écrit sur toutes les pestes observées jusqu'à nos jours, les différens faits qui ont rapport à ces idées, & nous nous ferons un devoir d'offrir ce travail au Public, lorsque l'occasion s'en présentera.

(*a*) *Gruibus pedicas & retia ponere cervis,*
  Auritosque sequi lepores, & figere damas,

nible que de notre temps : un Chasseur
étoit armé d'un arc, d'un carquois & de
fleches qui l'incommodoient beaucoup,
il falloit des bras très-forts pour tendre
leur arc : actuellement à ces instrumens
lourds & fatigans, ont succedé les fu-
sils, dans la Chasse à terre, au vol, &
l'onde même ne met pas à l'abri de l'action foudroyante de la poudre à canon,
les habitans muets qu'elle nourrit dans
son sein.

Comme les Chasseurs de profession ne
peuvent apporter de modération dans
leur métier, ainsi que tous les autres
Ouvriers des villes, puisque leur vie dépend de leur travail, ils sont ordinairement attaqués de différentes maladies aiguës, suivant les saisons de l'année. Ainsi
en été, leur bile rendue très-âcre par les
rayons brûlans du soleil, la soif & la
faim qu'ils souffrent, & les erreurs qu'ils
commettent, les rendent sujets aux fievres ardentes, aux cholera secs, & à la
dyssenterie. Le froid rigoureux de l'hiver
bouchant les pores de leur peau arrosée
d'une petite sueur, leur donne des maladies de poitrine, tels que des pleurésies & les péripneumonies. Ils sont aussi
tourmentés de violens maux de tête,
parce que cette partie est la plus expo-

sée aux intempéries de l'air, à l'action du froid & de la chaleur; enfin les sauts & les mouvemens irréguliers & trop vifs qu'ils font en poursuivant les animaux qu'ils chaffent, leur donnent affez souvent des hernies.

Un Médecin expérimenté fait affez les remedes qui conviennent à ces maladies, lorfqu'il aura un Chaffeur à traiter, il fera attention que les forces d'un pareil malade font très-affoiblies par épuifement, plutôt que par des humeurs de mauvaife qualité; il ordonnera en conféquence avec précaution les remedes actifs, il faura que ces hommes ne fupportent pas facilement les faignées répétées, ainfi que les purgatifs violens, & qu'ils différent fur-tout beaucoup de ceux que l'exercice a fortifiés; dont parle Hippocrate : car la Chaffe eft une efpece d'exercice qui, loin de fortifier le corps, l'atténue & rend les Chaffeurs auffi mài-gres que leurs chiens. Auffi Galien a-t-il dit que les Chaffeurs doivent être durs & fecs, & que, dans leurs maladies, il ne faut pas les réduire à une diete trop exacte, de peur d'abattre davantage leurs forces languiffantes. En effet, il eft né-ceffaire que ceux qui embraffent l'état de Chaffeur, foient d'une conftitution robufte, finon ils s'épuifent bien-tôt, & font expofés à beaucoup de maladies. Il y a dans Hippocrate (*a*), un paffage remarquable fur cet objet, qui eft conçu en ces termes : « Un Eunuque devint hydropique par la Chaffe & la Courfe », ce n'eft donc pas aux Eunuques ni aux Caftrats que la Chaffe eft convenable, mais feulement aux tempéramens robuftes. Il faut donc traiter les Chaffeurs avec précaution, avoir fur-tout en vue d'adoucir leurs humeurs en portant à la peau les plus âcres, & en leur donnant dans leurs maladies aiguës, des diaphorétiques principalement, puifqu'ils font fi habitués à la fueur. Les anciens Médecins employoient à cet effet les bains, dont l'ufage eft maintenant aboli : fi cependant un froid fubit leur a donné la fievre, en refferrant leurs pores cutanés, on pourra avoir recours avec confiance à ce remede ; mais quand une maladie aiguë les a jettés dans une affection chronique, fur-tout dans des fievres quartes rebelles, il ne faut employer ni les défobftruans, ni le quinquina lui-même, mais les renvoyer à leur profeffion qui, exercée modérément, peut

---

(*a*) 7 Epid., n. 58.

les guérir, & leur faire ainsi recouvrer la
santé par la cause même qui les en a privés.

Telle est la medecine des Chasseurs
qui peut convenir à ceux qui prennent
les oiseaux. Quoique ces derniers aient
moins à souffrir, cependant comme ils
sont obligés de parcourir les campagnes
& les forêts en automne, saison où les
oiseaux sont en plus grande quantité, le
travail excessif & fatigant, la sueur
arrêtée par la fraîcheur des soirées, leur
occasionnent des fievres tierces & quartes. Lorsqu'en Octobre les Oiseleurs s'occupent à prendre au filet des alouettes
& des cailles, ils sont souvent attaqués
de maladies aiguës. Chez nous ce dernier
genre de Chasse est très-familier. Tous
les matins les Oiseleurs tendent leurs
filets, & y font venir par leur voix trom-
peuse, les cailles qui sont cachées dans
les roseaux. Il y a encore plus de danger pour ceux qui, occupés à prendre
des oiseaux aquatiques, passent les jours
& les nuits dans de petites nacelles au
milieu des vallées & des étangs pendant
les rigueurs de l'hiver. Beaucoup d'entr'eux gagnent des fievres malignes, des
cachexies, & souvent des hydropisies,
par les exhalaisons nuisibles de ces lieux,
& par l'air humide qu'ils y respirent.

CHAPITRE LII.

Des Maladies des Savonniers.

L'HISTOIRE nous apprend que les Anciens se servoient du savon pour détacher les habits de laine & de lin. On lit dans l'histoire naturelle de Pline, que cette substance est de l'invention des Gaulois, peuple également dévoué à l'élégance & à la propreté. Voici ce qu'il en dit (*a*) : « Cette substance, dont la » découverte est due aux Gaulois, est » composée de suif & de cendre. Le meil- » leur savon est fait avec du suif de mou- » ton & de chevre ; il est ou liquide ou » épais : chez les Allemands, l'un & » l'autre est plus employé par les hom- » mes que par les femmes ». Galien, dans son Traité des médicamens simples, & dans plusieurs autres endroits de ses Ouvrages, fait mention du savon ; il dit qu'on le fait avec la chaux, la lessive, le suif de bouc, de bœuf ou de chevre, & qu'il a la propriété d'enlever les ta- ches. Il y a donc une grande analogie

(*a*) L. 28, cap. 12.

entre le savon des Anciens & le nôtre.
Les premiers mêloient à la lessive de
chaux ou des cendres, le suif de différens animaux. De notre temps, au lieu
de suif on emploie l'huile. On recommande sur-tout le savon de Venise,
qu'on envoie même en très-grande quantité dans les pays éloignés. Il seroit trop
long de rapporter ici la maniere de faire
le savon, qui est très-curieuse & moins
pénible qu'on le pense communément:
on le compose avec trois substances, la
chaux vive, la cendre & l'huile. Les Ma-
nufacturiers ont la chaux nouvelle &
très-bonne des montagnes voisines; ils
font venir la cendre de très-loin, ou de
l'Espagne, ou d'Alexandrie en Egypte.
Les Ouvriers préferent celle qui vient en
monçeaux de l'Espagne à Venise. Je n'ai
pu m'instruire avec quelle plante on prépare cette cendre, & je suis très-porté
à croire que c'est avec celles qui croissent au bord de la mer. Ils commencent
par délayer la chaux en l'agitant dans
l'eau, souvent ils se servent à cet effet
d'eau salée, lorsque l'eau douce leur
manque. Ils mêlent ensuite à cette chaux
étendue d'eau, la cendre qu'ils ont fait
passer auparavant sous la meule. Ils ajoutent de l'eau, s'il est nécessaire, afin

de favorifer le mêlange, jufqu'à ce que toute la maffe fe réduife en grains, & qu'elle acquiere un certain liant. Ils mettent ce mêlange dans des foffes creu- fées exprès ; ils y verfent de l'eau qui diffout peu-à peu les particules âcres & falées qu'il contient, & coule par des canaux particuliers dans d'autres foffes qui lui fervent de réfervoirs. Ils conti- nuent d'en verfer de nouvelle, jufqu'à ce que cette eau ait acquis une âcreté prefqu'égale à celle de l'eau forte. Dès qu'ils en ont préparé autant qu'il leur en faut, ils en mettent une certaine quan- tité dans de vaftes chaudieres de cuivre, en ayant foin de ne les pas remplir tout-à- fait. Ils les expofent à un feu très-vio- lent, & l'évaporent pendant un jour en- tier, après lequel temps ils y ajoutent de l'huile d'olive dans une proportion telle que l'huile récente, foit à cette lef- five, comme un & demi eft à huit. On augmente un peu cette dofe fi l'huile eft ancienne. Enfuite ils continuent d'éva- porer le mêlange à un feu plus doux ; & toutes les fix heures, ils tranfvafent cette liqueur dans d'autres chaudieres, en en laiffant une certaine quantité dans la premiere, dans laquelle ils remettent de leur leſſive ; & en répétant cette manœuvre, ils ont grand ſoin d'obſerver toutes les ſix heures, ſi la matiere commence à s'épaiſſir : alors ils la retirent des chaudieres, & la verſent ſur le ſol d'un lieu ouvert à l'air, où elle devient concréte & capable d'être coupeé en morceaux. Telle eſt la maniere dont on fabrique le ſavon de Veniſe, ſi fameux dans toute l'Europe.

Ces Ouvriers ne ſont point incommodés par la ſubſtance qu'ils emploient, & malgré les particules âcres qu'ils reſpirent avec l'air, ils n'en éprouvent aucun mal, ni à leur poitrine, ni à aucune autre partie. Ils ſont ſains, robuſtes & bien colorés. Comme ils marchent nuds pieds, ces parties s'excorient, ainſi que toutes celles que touche leur leſſive. La ſeule incommodité qu'ils aient à craindre, c'eſt le travail exceſſif, la chaleur trop vive à laquelle ils ſont expoſés jour & nuit, & la néceſſité où ils ſont de ſortir de temps en temps de leurs atteliers brûlans, pour reſpirer un air frais. Ces Ouvriers continuellement en habits d'été, même au milieu de l'hiver, s'expoſent à l'air froid qui ſupprime à l'inſtant même leur tranſpira-

tion, & les jette dans des fievres aiguës
& des maladies de poitrine , telles que
les pleuréfies & les péripneumonies ; les
erreurs de régime qu'ils commettent ,
ajoutent encore à leurs maux. Brûlés &
defféchés par le feu de leurs atteliers,
ils vont dans des cabarets où ils fe noient
dans le vin. Je ne puis rien leur confeiller de mieux , que de faire un travail
modéré, de fe couvrir d'habits chauds,
& de garantir exactement leur tête , lorfqu'en hiver ils fortent de leurs atteliers
qui font de vraies étuves. Lorfqu'ils font
attaqués de maladies aiguës , on les guérira avec des faignées promptes & répétées , & en général avec tous les remedes qui conviennent aux fievres ardentes.

Ce travail du favon fert beaucoup à
expliquer la nature des remedes auxquels
on attribue une vertu favonneufe ; c'eft-
à-dire, capable de nétoyer le corps, &
de le priver des humeurs fales qui l'altérent. En effet, cette qualité confifte
principalement dans des parties alcalines & lixivielles, tempérées par le mêlange d'une fubftance huileufe ; & comme dans le favon l'huile eft mêlée à la
liqueur lixivielle, ainfi dans les médi-

camens savonneux, la sage nature a mis
une substance huileuse pour modérer les
parties âcres, & pour en adoucir l'action. Ainsi la saponaire qui, macérée dans
l'eau, mousse comme le savon, est composée de parties grasses qui modèrent &
adoucissent les molécules acrimonieuses,
& détruisent les mal-propretés produites
par le mal vénérien, lorsqu'on administre cette plante seule ou mêlée avec
d'autres remedes de la même nature.
Ainsi le gayac, cet alexipharmaque si
vanté dans la même maladie, contient
beaucoup de parties âcres masquées par
une substance huileuse. C'est donc l'huile
qui a la propriété, par sa douceur, de
tempérer l'acrimonie, d'en émousser les
traits. On a donc raison de dire qu'elle
corrige également l'âcreté des acides &
des alcalis. Hippocrate, dans le Cholera-
morbus, recommande l'huile préférab-
lement à tous les autres remedes.
« Donnez, dit-il, de l'huile, afin de
» tranquilliser le malade, & de lui lâ-
» cher le ventre (*a*) ». Cette substance
est également propre à adoucir l'âcreté
acide. Ainsi le soufre qui contient beau-

_____

(*a*) 4 Acut.

coup d'acide, n'a point le goût de ce
sel, parce qu'une substance grasse & inflammable le masque. L'huile d'olive ne
nuit donc à aucune substance, mais
communique à tout sa bonté & sa douceur ; tant il est vrai que rien n'est vraiment bon, s'il n'a la propriété de communiquer sa bonté à d'autres corps.

F I N.

APPROBATION.

J'AI lu, par l'ordre de Monseigneur le Garde des Sceaux, un Ouvrage intitulé : *Essai sur les Maladies des Artisans, traduit du Latin de Ramazzini, avec des notes & des additions*, par M. DE FOURCROY; & je n'y ai rien trouvé qui puisse en empêcher l'impression. A Paris, ce 12 Janvier 1777.

COLOMBIER

PRIVILEGE DU ROI.

LOUIS, par la grace de Dieu, Roi de France & de Navarre, à nos amés & féaux Conseillers, les Gens tenant nos Cours de Parlement, Maîtres des Requêtes ordinaires de notre Hôtel, Grand-Conseil, Prévôt de Paris, Baillifs, Sénéchaux, leurs Lieutenans-Civils, & autres nos Justiciers qu'il appartiendra : SALUT. Notre amé le sieur DE FOURCROY, Nous a fait exposer qu'il desireroit faire imprimer & donner au Public un Ouvrage intitulé : *Essai sur les Maladies des Artisans, traduit du Latin de Ramazzini, avec des notes & des additions*, s'il Nous plaisoit lui accorder nos Lettres de Privilege pour ce nécessaires. A CES CAUSES, voulant favorablement traiter l'Exposant, Nous lui avons permis & permettons par ces Présentes, de faire imprimer ledit Ouvrage autant de fois que bon lui semblera, & de le vendre, faire vendre & débiter par tout notre Royaume, pendant le temps de six années consécutives, à compter du jour de la date des Présentes. F a i s o n s défenses à tous Imprimeurs-Libraires, & autres personnes, de quelque qualité & condition qu'elles soient, d'en introduire d'impression étrangere dans aucun lieu de notre obéissance : comme aussi d'imprimer, ou faire imprimer, vendre, faire vendre, débiter, ni contrefaire ledit Ouvrage, ni d'en faire aucuns extraits sous quelque prétexte que ce puisse être, sans la permission expresse & par écrit dudit Exposant, ou de ceux qui auront droit de lui, à peine de confiscation des Exemplaires contrefaits, de trois mille livres d'amende, contre chacun des contrevenans, dont un tiers à Nous, un tiers à l'Hôtel-Dieu de Paris, & l'autre tiers audit Exposant, ou à celui qui aura droit de lui, & de tous dépens, dommages & intérêts. A l a c h a r g e que ces Présentes seront enregistrées tout au long sur le Registre de la Communauté des Imprimeurs-Libraires de Paris, dans trois mois de la date d'icelles ; que l'impression dudit Ouvrage sera faite dans notre Royaume & non ailleurs, en beau papier & beaux caracteres, conformément aux Réglemens de la Librairie, & notamment à celui du dix Avril mil sept cent vingt-cinq, à peine de déchéance du présent Privilege ; qu'avant de l'exposer en vente, le Manuscrit qui aura servi de copie à l'impression dudit Ouvrage, sera remis dans le même état où l'Approbation y aura été donnée, ès mains de notre très-cher & féal Chevalier Garde des Sceaux de France, le sieur H u e d e M i r o m e n i l ; qu'il en sera ensuite remis deux Exemplaires dans notre Bibliotheque publique, un dans celle de notre Château du Louvre, un dans celle de notre très-cher & féal Chevalier Chancelier de France, le sieur d e M a u-

PROU, & un dans celle du sieur HUB DE MIROMENIL, le tout à peine de nullité des Présentes : du contenu desquelles vous mandons & enjoignons de faire jouir ledit Exposant, & ses ayans causes, pleinement & paisiblement, sans souffrir qu'il lui soit fait aucun trouble ou empêchement. Voulons que la copie des Présentes, qui sera imprimée tout au long, au commencement ou à la fin dudit Ouvrage, soit tenue pour duement signifiée, & qu'aux copies collationnées par l'un de nos amés & feaux Conseillers, Secrétaires, foi soit ajoutée comme à l'original. Commandons au premier notre Huissier ou Sergent sur ce requis, de faire, pour l'exécution d'icelles, tous actes requis & nécessaires, sans demander autre permission, & nonobstant clameur de haro, charte normande, & lettres à ce contraires : car tel est notre plaisir. DONNÉ à Paris, le vingt-huitieme jour du mois de Mai, l'an de grace mil sept cent soixante dix-sept, & de notre regne le quatrieme. PAR LE ROI EN SON CONSEIL.

Signé, LE BEGUE.

Registré sur le Registre XX de la Chambre Royale & Syndicale des Imprimeurs-Libraires de Paris, N°. 824, fol. 361, conformément au Réglement de 1723 ; qui fait défenses, article IV, à toutes personnes, de quelque qualité & condition qu'elles soient, autres que les Libraires & Imprimeurs, de vendre, débiter, faire afficher aucuns Livres pour les vendre en leurs noms, soit qu'ils s'en disent les Auteurs, ou autrement ; & à la charge de fournir à la susdite Chambre huit Exemplaires, prescrits par l'article CVIII du même Réglement. A Paris, ce 2 Juin 1777.

Signé, LAMBERT, Adjoint.

Lightning Source UK Ltd.
Milton Keynes UK
UKOW02f2210240314

228748UK00010B/515/P